# COLLECCAO
## DE
## TRATADOS E CONCERTOS DE PAZES

# COLLECCAO
de
# TRATADOS E CONCERTOS DE PAZES
que o

## Estado da India Portugueza
fez
com os Reis e Senhores com quem teve relacoes
nas partes

da Asia e Africa Oriental
desde
O principio da conquista ate ao fim do seculo XVIII
por

**Julio Firmino Judice Biker**
Primeiro Official e Chefe de Reparticao aposentado
da Secretaria d'Estado dos Negocios Estrangeiros, Socio
correspondente do Instituto de Coimbra,
e da Real Academia de Historia de Madrid,
e Official da Academia em Franca

**Tomo III**

GYAN

*Published by*

Gyan Publishing House
5, Ansari Road
Daryaganj, New Delhi-110002
Phone: 011-47034999, 9811692060
E-mail: books@gyanbooks.com

*Distribution Network*
gyanbooks.com
India, USA, Canada, UK, Australia, France



ISBN : 978-81-212-3260-9 (Set)
ISBN : 978-81-212-4775-7 (HB)
First Published, 1883

2nd Impression 2020

*Printed at:* Gyan Press, Delhi.



**Colleccao de Tratados e Concertos de Pazes Tomo III**
Author: Julio Firmino Judice Biker

# Collecção

de

# Tratados e concertos de pazes

que o

## Estado da India Portugueza

fez

com os Reis e Senhores com quem teve relações

nas partes

**da Asia e Africa Oriental**

desde

o principio da conquista até ao fim do seculo XVIII

por


**Julio Firmino Judice Biker**

Primeiro Official e Chefe de Repartição aposentado
da Secretaria d'Estado dos Negocios Estrangeiros, Socio correspondente
do Instituto de Coimbra,
e da Real Academia de Historia de Madrid.
e Official da Academia em França


**Tomo III**


Lisboa–Imprensa Nacional–1883

# INTRODUCÇÃO

A restauração de Portugal deve-se em grande parte, como é sabido, aos esforços e conselhos da Côrte de França.

Em 1634 tentou Luíz XIII, e o seu primeiro Ministro o Cardeal de Richelieu, por uma negociação secreta, persuadir o Duque de Bragança a apossar-se da Corôa de Portugal, promettendo-lhe por escripto a coadjuvação e auxilio da França; e desde essa epocha a politica do gabinete francez trabalhou com maior efficacia em promover a separação dos dois reinos da peninsula, bastando lembrar as diligencias do Cardeal de Richelieu em 1638, para fazer sublevar os portuguezes.

Consummada a revolução, d'ali a dois annos, e subindo ao throno D. João IV, enviou logo o novo Monarcha por seus Embaixadores ao Rei Luiz XIII, Francisco de Mello, Monteiro mór, e o Doutor Antonio Coelho de Carvalho, Desembargador do Paço, os quaes aportárão á Rochella em 5 de Março de 1641, e chegárão a Paris a 22. Depois de fazerem a sua entrada publica em 25, tiveram a primeira audiencia do Cardeal de Richelieu, que lhes fez os maiores offerecimentos em favor da nossa causa; e negociárão o Tratado, que foi assignado n'aquella cidade no 1.º de Junho do dito anno, pelo qual se estipulou a alliança perpetua das duas Corôas, comprehendendo a Hollanda, se estabeleceu o livre commercio entre as duas nações, e se obrigou El-Rei de França a combater a Hespanha por mar e por terra com vinte navios de guerra, os quaes deverião juntar-se a outros tantos galeões de Portugal. Estipulou-se mais n'um artigo secreto que, no caso que El-Rei de França e seus confederados viessem a fazer a paz com a casa de Austria, Sua Magestade Christianissima promettia de se reservar a liberdade de assistir Portugal, comtanto que seus alliados nisso concordassem, obrigando-se El-Rei de Portugal a não fazer tratado algum com El-Rei de Castella sem o consentimento do de França.

Por essa occasião escreveu El-Rei ao Cardeal de Richelieu a carta seguinte, e recebeu a resposta, que estão n'um livro manuscripto antigo pertencente ao archivo do Ministerio dos Negocios Estrangeiros, de onde as copiei:

«Eminentissimo em Christo Padre, e muito excellente Duque Par de França. Eu Dom João, por graça de Deus, Rey de Portugal e dos Algarves, d'aquem e d'alem Mar, em Africa Senhor de Guiné, e da Conquista, Navegação, e Commercio da Ethiopia, Arabia, Persia e da India, etc. Envio muito saudar a V. Em.ª como aquelle que muito amo e préso. Enviando a Francisco de Mello, do meu conselho, e meu Monteiro mór, e ao Doutor Antonio Coelho de Carvalho, do meu conselho, e meu Desembargador do Paço, por meus Embaixadores á Magestade de ElRey Christianissimo, meu Irmão e Primo, para lhe dar conta da minha restituição á Corôa destes meus

Reinos, e de outros negocios de grandissima importancia, me pareceo ordenar-lhes que dem a V. Em.ª da minha parte a mesma conta, e lhe representem a grande estimação que faço da sua pessoa, e o que desejo que V. Em.ª o entenda assim, e se certifique de que em todas as occasiões que se offerecerem achará em mim a boa amisade e correspondencia devida ao muito que espero e me prometto de V. Em.ª e do seu valor e prudencia. A tudo o que os meus Embaixadores disserem e proposerem da minha parte peço muito a V. Em.ª que dê inteira fé e credito como a minha propria pessoa, tendo por certo que para seu bom e breve despacho lhe será de muito effeito a ajuda e protecção de V. Em.ª

«Eminentissimo em Christo Padre, e muito excellente Duque Par de França, Nosso Senhor tenha a pessoa de V. Em.ª em sua santa guarda.

«Escripta em Lisboa, 21 de Janeiro de 1641 annos. — João.»

«Senhor.—Eu não mostrei a Vossa Magestade o amor com que me dispuz a servil-o diante de Sua Magestade El-Rey Christianissimo porque Vossa Magestade o conhecerá pelos effeitos de minhas obras, e pela relação que lhe farão os seus Embaixadores, os quaes fizerão dignamente o que Vossa Magestade lhes mandou, e sómente quero assegurar a Vossa Magestade da continuação de meus serviços, dos quaes não poderei dar melhor prova, que pedindo a Vossa Magestade trate mui deveras das fortificações das fronteiras desse Reino, e de seu provimento, procurando de seus vassallos sujeitos que sejão tão capazes na disciplina militar, como são animosos e valentes, formando duas boas Armadas, uma por mar outra por terra, ordenando que uma e outra sejão bem providas de gente, e das mais cousas necessarias, sem que os povos sejam por esta causa avexados; e que ambas busquem o inimigo fóra dos Estados de Vossa Magestade, não dando lugar a que elle venha a elles. Vossa Magestade sabe mui bem o como eu estou certo em que saberá usar da prudencia e do animo que Deos lhe deu para governar sua Corôa, e que não dormirá na quietação que gosa de presente pelas occupações que tem seus inimigos. Isto é o que póde dizer uma pessoa que deseja a Vossa Magestade todas as felicidades, e que verdadeiramente é de Vossa Magestade humilissimo e obedientissimo servidor.

«De Abbeville, 15 de Junho de 1641.—Richelieu.»

Fallecido Richelieu em 4 de Dezembro de 1642, e Luiz XIII em 14 de Maio do anno seguinte, tomou a direcção dos negocios o Cardeal Mazarino como primeiro Ministro de Luiz XIV, mudando a politica do gabinete, que tratou de renovar a alliança com a Hespanha.

Portugal não conseguio ser comprehendido no tratado da paz geral de Munster, e sendo excluido pelo outro, chamado vulgarmente dos Pyreneos, dos beneficios da paz com França, emquanto não se submettesse a El-Rei Catholico, ficou de todo abandonado.

El-Rei D. João IV confiava tão pouco no caracter do Cardeal Mazarino, que mostrou o maior sentimento, quando lhe constou era fallecido o Cardeal de Richelieu, como quem antevia a mudança da politica da França. Assim o refere Mr. Lanier, Ministro de França em Lisboa, em officio de 4 de Janeiro de 1642, dizendo que logo que entrára no Tejo um navio com a noticia da morte do Cardeal, o mandára El-Rei chamar, e o recebêra com lagrimas nos olhos, e entrára a discorrer sobre as consequencias d'aquella morte, dizendo havia perdido no Cardeal o seu melhor amigo. No mesmo dia 4 de Janeiro escreveo El-Rei D. João IV ao Cardeal Mazarino sobre o sentimento que tivera com a noticia da morte do grande Ministro seu antecessor. Mr. Lanier acrescenta no mencionado officio que El-Rei se queixára de que aquelles que haviam contribuido para que elle renunciasse ás doçuras e socego de que disfructava em Villa Viçosa, fossem os mesmos que naquella occasião lhe voltassem as costas.

Assignado a 7 de novembro de 1659 o famoso Tratado dos Pyreneos, Mazarino obrigava-se por elle, em nome do seu governo, a deixar Portugal exposto a todas as eventualidades de uma guerra, que não lhe promettia senão revezes, e que terminaria pela ruina da nossa liberdade, e pela quéda da dynastia de Bragança.

Nos artigos X, XIII e LX do Tratado, apesar das instancias do Enviado Conde de Soure, o Ministro de Luiz XIV não se pejou de tratar o Monarcha Portuguez como se não existisse, reconhecendo de novo a soberania do Rei de Castella, e violando o pacto solemne jurado em Junho de 1641, entre D. João IV e Luiz XIII, quando Richelieu abraçára com ardor a defeza da revolução de 1640, capitulando-a como um dos successos mais importantes no sentido da politica grandiosa e previdente que tinha inaugurado.

No principio do anno de 1661 a posição de Portugal tinha-se tornado critica, porque, por um lado via-se ameaçado por todas as forças de Castella, e por outro, desamparado da protecção e dos soccorros da França.

O Cardeal Mazarino, votado aos interesses exclusivos do seu paiz desde que subira ao poder, não duvidou modificar as tradições da vigorosa administração de Richelieu, expondo a causa da independencia portugueza e a corôa de Affonso VI aos perigos de uma lucta, que elle mesmo julgava que não podia ser longa, nem feliz.

Nesta precaria situação a Rainha Regente, D. Luiza de Gusmão, voltou todas as suas esperanças para a Inglaterra, procurando ligar-se com ella mais estreitamente.

Instado, pois, pelo aperto das circumstancias, o nosso governo encarregou o Marquez de Sande de propor ao Rei da Gram Bretanha o seu casamento com a Infanta D. Catharina, autorisando-o a prometter que o dote da Princesa se elevaria a milhões, com outras vantagens de igual preço.

A morte do Cardeal Mazarino, em 9 de Março de 1661, não concorreu pouco para se modificar a respeito de Portugal a politica da França. As idéas pessoaes de Luiz XIV não erão favoraveis á intima alliança com a casa de Austria, e por isso elle promoveu tambem o casamento da Infanta com o Rei Carlos II, confessando nas suas memorias que não tinha poupado meio algum para persuadir a este o concordar no dito casamento, e mencionando até o offerecimento que mandára fazer ao Chanceller Hyde (o Conde de Clarendon) por meio de uma negociacão secretissima.

Estimulado pois pelas diligencias da França, e bem disposto pelos conselhos dos mais prudentes dos seus Ministros, Carlos II communicou ao Parlamento que, depois de ouvir o seu conselho privado, tinha resolvido, de accordo com o seu Chanceller e com o Marquez de Sande, desposar-se com a Infanta de Portugal D. Catharina.

O Conde de Schomberg tambem não foi indifferente a um acontecimento que de certo concorreu poderosamente para salvar o paiz do perigo imminente a que o tinha exposto o Tratado dos Pyreneos.

Á sua passagem por Londres foi elle o primeiro que lembrou a Carlos II a conveniencia da sua união com a Infanta de Portugal; e apenas desembarcado e admittido á presença da Rainha Regente D. Luiza de Gusmão, não perdeu tempo em a informar do bom resultado que poderia ter uma proposta neste sentido, e das immensas vantagens que produziria no estado presente das cousas o casamento do Rei de Inglaterra com uma filha de D. João IV.

O seu voto prevaleceo, o Marquez de Sande partio, e á custa de diligencias infatigaveis conseguio realisar um successo que roubava á Hespanha todas as esperanças de recuperar a monarchia que perdêra em 1640.

Em Portugal não se conhecia o Tratado original, em latim, de paz e alliança entre El-Rei D. Affonso VI e Carlos II de Inglaterra, e do casamento deste Monarcha com a Infanta D. Catharina, filha de El-Rei D. João IV, assignado em Londres a 23 de Junho de 1661, que foi publicado pela primeira vez no Tomo I do meu Supplemento á Collecção de Tratados.

No Estado da India tambem não existe copia delle. A versão portugueza está por extracto na *Historia de Portugal restaurado* pelo 3.º Conde da Ericeira D. Luiz de Menezes, Parte 2.ª, Livro 6.º; e por inteiro nas *Provas da historia genealogica da Casa Real Portugueza,* por D. Antonio Caetano de Sousa, Tomo IV, pag. 827. Na Collecção de Tratados publicada pelo sr. Castro em 1856, ha uma copia em portuguez tirada do Livro 2.º das Cartas de D. Francisco de Mello, Marquez de Sande, Conde da Ponte; e bem assim os artigos em inglez transcriptos da *Collection of Treaties between Great Britain and other powers, by George Chalmers Esq.*, vol. II, pag. 286, que eu emprestei. No Tomo XVII do *Quadro elementar das relações politicas e diplomaticas de Portugal,* continuado pelo sr. Rebello da Silva, acha-se a pag. 211 um extracto dos artigos do dito Tratado; e na Bibliotheca de Evora, Ms. Cod. 116-A n.º 10 está um extracto das condições do mesmo Tratado, no que diz respeito á cessão feita á Inglaterra do porto e Ilha de Bombaim.

A ratificação ingleza, que devia estar archivada em Lisboa, não apparece. Foi pois publicado por mim o Tratado original de 23 de Junho de 1661, porque obtive uma copia da ratificação portugueza, que existe no *Public Record office Treaties* em Londres.

Este Tratado foi, e tem sido muito censurado pelos Portuguezes, por conceder aos Inglezes as vantagens que facilitárão o seu engrandecimento na India.

O Embaixador D. Luiz da Cunha diz no § 11 do Tomo 1.º das suas Memorias manuscriptas da Paz de Utrecht, que possuo: «Restituido Carlos a Inglaterra, ajustou tambem o seu «matrimonio, e o celebrou em Portsmouth aos 31 de Maio «(1662) com a Serenissima Senhora D. Catharina, Infanta «de Portugal, e com ella levou em dote a Praça de Tanger «na Costa de Africa, e a Ilha de Bombaim na India oriental «com outras vantagens, que facilitárão mais aos Inglezes o «grande commercio que hoje têem em toda a Asia; porém a «Corôa Portugueza não deixou de sentir os bons effeitos desta «alliança, assim nos soccorros para a guerra, como na me«diação para a paz com Hespanha».

Ablancourt nas suas Memorias diz a pag. 54: «O Tratado «do casamento da Senhora D. Catharina com Carlos II, foi «celebrado com regosijos publicos pelo exercito portuguez, «porque entre outras condições se estipulára que Sua Ma«gestade Britannica enviaria immediatamente a Portugal «tres mil homens de infanteria e mil cavallos, e mandaria «cruzar no verão sobre as costas de Portugal oito Fragatas «com ordem de soccorrerem os Portuguezes».

Pelo Tratado de 23 de Junho de 1661 cedemos pois á Inglaterra a cidade e fortaleza de Tanger, em Africa, e o porto e Ilha de Bombaim nas Indias orientaes; e deram-se dois milhões de cruzados portuguezes em dote da Infanta; e era considerado tão importante este negocio, que esteve para dar-se Setubal!

Deve reconhecer-se que a alliança da Inglaterra foi muito util para Portugal na Europa, porque nos livrou da sujeição á Hespanha, e consolidou no throno a dynastia da casa de Bragança. Na India porém não aconteceo o mesmo, pois tendo-se obrigado os Inglezes a defender e proteger os Portuguezes contra a força e invasão dos Estados das Provincias Unidas, etc., etc., faltárão a tudo quanto se estipulou no Tratado, e ás capitulações que se fizerão na occasião da entrega da Ilha de Bombaim, apossando-se de territorios que lhes não forão cedidos, etc.

Pelos documentos que publico verá o leitor as contestações que houve a similhante respeito. Elles são copiados de uma collecção de tudo quanto se achava na Secretaria do Estado da India sobre a Ilha de Bombaim desde a sua entrega aos Inglezes, a qual está n'um livro manuscripto em folio grande de 120 paginas, que faz parte da minha collecção de documentos ultramarinos, e é precedida do seguinte officio do Vice-Rei Marquez de Louriçal para o Secretario de Estado Antonio Guedes Pereira:

«Ill.$^{mo}$ e Ex.$^{mo}$ Sr.—Em execução do que achei recommendado ao Conde Vice-Rey meu antecessor, por carta de V. Ex.$^{a}$ de 26 de Abril de 1738, sobre a disputa com os Inglezes de Bombaim, a respeito dos direitos dos portos da Ilha de Salsete, mandei tresladar na Secretaria deste Estado tudo o que nella se acha a este respeito, de que remetto a copia inclusa, ainda que com a perda daquella Ilha me parece inutil esta diligencia.

«Deus guarde a V. Ex.$^{a}$ etc. Goa, 10 de Fevereiro de 1743.—Marquez de Louriçal.»

Lisboa, 1.° de Dezembro de 1882.

*Julio Firmino Judice Biker.*

Para testemunhar o meu profundo reconhecimento aos estrangeiros, que tanto me têem distinguido, e a alguns, ainda que poucos, compatriotas, aos quaes tambem devo muito favor, publico as seguintes cartas:

Monsieur. — Mille remercîments pour ce précieux cadeau que vous avez bien voulu faire à la Bibliothèque de l'Université de Leipsig, qui vous est déjà redevable pour tant de bienfaits.

Je regrette de jour en jour de ne pas être en état de vous remercier par le fait. Néanmoins j'espère que vous voudrez bien garder à notre Bibliothèque, ainsi pour l'avenir, votre chère bienveillance.

Agréez, Monsieur, l'assurance des sentiments les plus distingués de la plus haute estime avec lesquels j'ai l'honneur d'être, Monsieur,

Votre très dévoué serviteur,

Dr. Ludolf Krehl.

Leipsig, le 10 Janvier 1883.

---

Bibliothèque Sainte Geneviève. — Paris, le 22 Janvier 1883.

Monsieur et très honoré confrère. — Je m'empresse de vous remercier au nom de l'administration, du second volume de l'importante et précieuse collection que vous pourrez désormais continuer (et appliquer à la première série), grâce à la sollicitude éclairée qui a animé votre travail Monsieur

Serpa Pimentel. Secondé en effet, comme vous l'êtes par cet habile Ministre, votre zèle persévérant ne peut manquer de conduire à bonne fin cette réunion de documents historiques relatifs *à l'Asie et à l'Afrique Orientale,* dont le défaut pour ainsi dire absolu se faisait si vivement sentir: Cette série nouvelle, j'aime à le répéter, n'est pas seulement d'un haut prix pour votre pays; elle était depuis long temps réclamée par ceux qui cherchent des origines positives pour écrire l'histoire des anciennes conquêtes du Portugal, et elle deviendra indispensablement un complément de la Collection du Vicomte de Santarem, si parfois elle ne la surpasse, à en juger seulement par le plan que vous suivez.

Au précieux volume qui nous parvient, et dont nous allons faire jouir notre nombreux public, vous avez bien voulu joindre une brochure d'un intérêt historique exceptionnel. Les lettres du Marquis de Pombal que vous nous faites parvenir, sont pour l'histoire de votre pays un complément qu'on chercherait aujourd'hui vainement ailleurs, et ces épitres historiques, si minutieusement reproduites sans commentaires, en disent plus sur le grand Ministre de D. José que d'épaisses dissertations.

Avec mes remercîments, Monsieur et très honoré confrère, veuillez agréer l'expression de mes sentiments les plus reconnaisants et les plus dévoués.

Votre empressé serviteur,

Ferdinand Denis.

---

Kaiserlich Deutsche Gesandtschaft in Portugal. — Lisbonne, ce 28 Février 1883.

Monsieur. — Le Chancellier de l'Empire a reçu il y a peu de temps sous bande la seconde partie du recueil précieux: «Collecção de tratados e concertos de pazes que o Estado da India Portugueza fez com os Reis e Senhores com quem teve relações nas partes da Asia e Africa Oriental», ainsi qu'un ouvrage intitulé: «O Marquez de Pombal, alguns documentos ineditos».

Comme tout fait supposer que cet envoi provient de votre part, supposition qui a été confirmée par les informations que j'ai pu prendre à cet égard, le Chancelier de l'Empire, agréablement surpris de cette marque renouvelée d'attention, m'a chargé de vous transmettre ses meilleurs remercîments.

En m'acquittant de cette agréable tâche, je vous prie, Monsieur, de vouloir bien croire à ma considération la plus distinguée.

Le Ministre d'Allemagne,

Baron de Schmidthals.

A Monsieur J. F. J. Biker, ci-devant Chef de Département au Ministère des Affaires Étrangères à Lisbonne.

---

République Française—Légation en Portugal.—Lisbonne, le 27 Décembre 1882.

Monsieur.—Je reçois de Monsieur le Gouverneur de la Cochinchine la lettre suivante:

«Monsieur le Ministre.—J'ai l'honneur de vous accuser reception de votre lettre du 28 Juillet dernier par laquelle vous m'adressez la très intéressante étude de Monsieur Biker sur l'origine des Métis Portugais au Cambodge.

«Le travail du savant Monsieur Biker sera publié par notre revue de Cochinchine, intitulé *Les excursions de reconnaissances,* dont il enrichera la collection; je vous enverrai ultérieurement les exemplaires réservés à l'auteur à qui a été conférée la Commanderie de l'Ordre Royal du Cambodge. Je vous remets ci-inclus le brevet qui consacre cette distinction, en vous priant de le faire parvenir à l'intéressé.—Signé, Le Myre de Vilers.»

Je m'empresse, Monsieur, de m'acquitter de cette agréable commission, et je saisis avec plaisir cette occasion de vous assurer de ma considération la plus distinguée.

P. Laboulaye.

Monsieur Biker, etc., etc., etc.

---

Coimbra, 11 de Janeiro de 1883.

Meu bom amigo.—Agradeço muito o favor do tomo 2.º da Collecção de Tratados, etc., no Estado da India Portugueza.

Estimei ver que o meu amigo não desanimou, e se presta espontaneamente a continuar as suas publicações de tanto interesse para a historia e para o paiz. E folguei sobremaneira de ler a Portaria de 8 de Novembro ultimo, pela qual o Ministro Serpa Pimentel reparou a maneira secca e injusta com que foi redigido o Decreto da sua aposentação. Bem haja; e console-nos ver que não estão apagadas de todo as idéas de justiça e de decencia.

Com as nossas lembranças, receba tambem um abraço do

Seu constante, verdadeiro amigo e obrigado,

Francisco de Castro Freire.

---

E. sr. e amigo.—Apesar de ter já felicitado a V. pela publicação do seu ultimo volume dos Tratados e concertos de pazes, volto a agradecer-lhe agora e a felicital-o novamente, lembrando-me que o Portuguez Julio Firmino sabe esquecer resentimentos officiaes, para consagrar á patria o fructo do seu trabalho e das suas locubrações. Os que de futuro se servirem dos preciosos documentos que o meu amigo tem colleccionado, ainda mais agradecerão a quem lhes poupou fastidiosas, longas, e muitas vezes vãs indagações.

Receba, pois, um novo aperto de mão do

Seu velho amigo,

Thomáz de Carvalho.

20 de Janeiro de 1883.

---

E. amigo e sr.—Recebi ha tempos um opusculo com alguns documentos que honram a memoria do Marquez de Pombal, e depois o 2.º tomo da sua Collecção de Tratados da India.

Desculpe a tardança em lhe agradecer. Dir-se-ía que estava á espera do tomo 3.º, visto que V. publica um volume, em quanto a outra gente escreve uma carta. Mas na verdade os negocios da minha casa, que ha muito tempo andavam descurados, absorveram toda a minha attenção nos ultimos dois mezes, e eu fiava da amisade de V. que a todo o tempo receberia com generosidade os agradecimentos que lhe tributo agora.

Estimo ver que V. ficou animado com a Portaria do sr. Antonio de Serpa, que foi justo para com V. , como era de esperar de um homem de tão boas letras para um auctor tão laborioso e benemerito.

Continue assim até ao fim da sua vida, e seja esta tão longa que lhe dê tempo de pôr em letra redonda todos os nossos archivos.

De V.
Amigo muito respeitador e agradecido,

Adriano Machado.

Porto, 13 de Fevereiro de 1883.

E. amigo e sr.—Desejando que V. tenha felizes festas, vou ao mesmo tempo repetir os meus agradecimentos pelo segundo volume dos Tratados da India, no qual encontrei logo ao principio um documento, que li com prazer, por ver que V. tinha encontrado a justiça nas altas regiões, onde ella não costuma ter aposentadoria.

Sou como sempre
De V.
Amigo e venerador muito obrigado.

Pedro Diniz.

26 de Março de 1883.

## Ordem de ElRey D. Affonso VI para o Governador de Tanger entregar a praça aos Inglezes

(Torre do Tombo, Ms. de S. Vicente, T. 20.º, p. 248.)

Quando daqui partistes para esse governo levastes enten- 1661
dido se estava tratando o cazamento da Infanta Dona Catharina, minha muito amada e prezada Irmãa, com ElRey da Grão-Bretanha, meu bom Irmão e primo, e que no contrato do cazamento se lhe offerecia essa praça, para que fosseis dispondo as cousas de maneira que ao tempo da entrega não pudesse haver nella a menor duvida, fiando de vossa muita prudencia zello e amor de meu serviço hum negocio de tão grande confiança como este; e porque está ajustado o cazamento e a Infanta recebida com ElRey por procuração, e se não espera para ElRey a mandar buscar mais que a entrega dessa praça, mando avizar envie a sua armada a tomar entrega e posse della na forma que vereis pela copia da carta que será com esta. Encomendo-vos muito que logo que ahi chegar a Armada, e o general della vos der esta carta, lhe mandeis entregar essa praça para ElRey a possuir assi e da maneira que lha prometi em dote á Infanta, advertindo que os moradores della que quizerem ali ficar hão de viver na mesma Religião Catholica Romana que professão, sem nella terem nenhũa alteração ou molestia, e lograr todos os foros e izenções que hoje tem, porque nesta forma se fez o contrato e com este pressuposto se ha de fazer a entrega, como vereis do capitulo do tratado que vos mando remetter. E se ElRey meu bom Irmão vos ordenar mais alguma cousa sobre o modo da entrega, o cumprireis muito pontualmente. E feita ella na forma referida, vos hei por levantada a omenagem que dessa praça me tendes feito, e vos podereis recolher ao Reino, onde vos agradecerei o particular serviço que espero me façais nesta occasião e farei por elle a honra e mercê que justamente mereceis.

## Noticia historica sobre a entrega de Tanger, e seu abandono pelos Inglezes

(Hist. de Tanger, pag. 271.)

D. Fernando de Menezes, Conde da Ericeira, era 49.º Governador de Tanger quando a Rainha Regente lhe ordenou que se detivesse alli para dar a posse d'aquella Praça aos Inglezes, na fórma que se lhe declararia, guardando o segredo, para que os moradores o não soubessem antes. Replicou o Conde pedindo á Rainha que o dispensasse. Tornou esta a escrever-lhe, promettendo-lhe o titulo de Marquez do Louriçal, e outros despachos, se ficasse até se executar o que se lhe ordenava, insinuando-lhe o seu desagrado, e que nomearia outro que não podesse fazer este reparo, pois seria nomeado para dar a posse de Tanger aos Inglezes, como dote da Infanta, e levaria as ordens em segredo; ao que o Conde respondeu que usava da segunda permissão, e entregaria a Praça ao Governador Portuguez, que Sua Magestade nomeasse para seu successor. A Rainha nomeou logo a D. Luiz de Almeida, promettendo-lhe o titulo de Conde de Avintes e outras mercês.

Os Inglezes chegaram a Tanger com uma poderosa armada, e entraram na cidade pela porta da Ribeira, que o Governador lhes mandou abrir; e como conquistadores, metteram grosso presidio no castello antigo e no novo, que defende o desembarque, saqueando os soldados o que os moradores tinham; mandaram recolher na Sé os conegos, os frades de S. Domingos, e os clerigos que havia na cidade, e tiraram todas as imagens e vasos sagrados de tres Ermidas, e do Convento. Eram mais de quatro mil Inglezes e muitos cavallos. Embarcou-se o general D. Luiz de Almeida com a sua familia, e toda a mais gente com a pouca bagagem que se lhe permittiu levar, continuando assim o despejo de mais de seis mil pessoas que havia na cidade.

Reconhecendo os Inglezes as excessivas despezas que tinham feito em Tanger, tomaram a resolução de desmantelar aquella cidade no anno de 1685, pela difficuldade de a soccorrer de Inglaterra, e porque não haviam conseguido as conveniencias que imaginavam. Tendo esta noticia El-Rei D. Pedro II, ordenou a José de Faria, seu Enviado junto ao Rei Carlos II, que tratasse de obter a restituição da cidade ao dominio portuguez, visto a Inglaterra se resolver a largal-a, obrigando-se Portugal a contribuir para este fim com o que se ajustasse; nada porém se conseguiu.

Em consequencia da resolução tomada foi a Tanger uma armada de vinte navios de guerra com engenheiros, que arrasaram quanto foi possivel toda a cidade, retirando della tudo o que estava nos armazens de armas e mantimentos, e com as ruinas entupiram o porto; minaram as muralhas, todas as fortificações e o castello, retirando-se para Inglaterra, levando por despojos muitas pedras com inscripções antigas.

---

## Diario de noticias da viagem, e do mais que succedeu com os Inglezes ao Governador da India Antonio de Mello de Castro

(Collecção dos meus Mss.)

Partimos de Lisboa a 19 de Abril; e como o governador da India no mesmo ponto que entrou na nao se fez á vella, não teve noticia de que a todos os portuguezes tinha desarmado o capitão Ricardo Minors, tirando-lhes as espadas e adagas, que foi claro prognostico do trato que nos deo na viagem. 1662 Dezembro

A 21 do dito mez amanhecemos em estado, pelos furtos que nos tinham feito os inglezes, que todos julgámos por impossivel podermos passar á India, tanto, que o governador se resolveu a ir tomar na caravella a ilha da Madeira, para se prover do necessario e continuar a viagem.

O capitão julgou que lhes não estava bem esta resolução e atalho, fazendo restituir a maior parte dos mantimentos que se tinham furtado, e promettendo que dalli por diante

1662 Dezembro correria por sua conta o cuidado de que não houvesse semelhantes excessos. Com isto se aquietou o governador. Seguimos nossa derrota: e tanto que nos apartámos da caravella, crescerão as insolencias e roubos, de modo que não bastava aos pobres portuguezes vigiarem as suas arcas, porque á sua vista lhas quebravão, tomando-lhes o que tinhão dentro; e se o querião defender, era muito peor, porque não só o perdião, mas, como auctores dos motins, depois de levarem muita punhada, querião que fossem castigados; e muitas vezes os mandava prender o governador, sabendo que estavão innocentes, só por conservar a paz, porque se não fôra o seu respeito cada dia nos deramos huma batalha.

Entre estas calamidades passámos a linha, dia de Assenção; e em tres graos da parte do sul topámos cinco naos hollandezas, ao amanhecer, que nos vierão buscar a barlavento. E vendo o governador que já se conhecião as bandeiras e que os inglezes não fazião diligencia nem para pelejar nem para se afastar d'ellas, subio ao castello da popa e perguntou ao capitão o que determinava: o qual lhe respondeu que nas pazes que tinhão com os hollandezes estava assentado que se deixarião visitar; e que elle não trazia nenhuma ordem para romper com elles. «Logo, disse o governador, não vem esta nao com o conde de Maleburg a nos ajudar contra elles?» Respondeo o capitão que aquella nao mandava El-Rey de Inglaterra para levar a Sua Ex.ª á India; e o conde de Maleburg mandava que fosse á Persia, cobrar humas fazendas que se tinhão tomado á Companhia, em humas feitorias, com que se lhes levantarão; e que o governador se escondesse em hum camarote, e os mais portuguezes se mettessem no porão, que aquillo não era nada. Encheo-se o governador de paixão e lhe disse: «Quando estavamos em Lisboa, segurava V. M.cê que se não havia deixar visitar de todo o poder de Hollanda, e n'esta confiança deixei eu de vir em hum galeão portuguez; agora quer que com as mãos atadas nos entreguemos aos hollandezes! Prepare-se V. M.ce para pelejar, e mande dar aos portuguezes as suas armas, porque eu não sou homem que me esconda dos inimigos; e quando não tenha outro remedio, esteja certo que hei de pôr fogo á nao, onde acabaremos todos». Nem com isto quiz o dito capitão dar as armas aos portuguezes. Mas quiz Deus que, porque a volta que levámos fazia perder aos hollandezes caminho, depois de conhecerem a nao, continuarão a sua viagem, deixando-nos certos de que nos inglezes não haviamos de achar o soccorro que em Portugal se entendia. 1662 Dezembr

Dia do corpo de Deus enchemos a altura de 35 gráos, muito a sueste das ilhas de Tristão da Cunha, e virámos na demanda do cabo de Boa Esperança. E a dous de Julho, dia da Visitação, o vimos e o dobrámos, com vento noroeste bem rijo e os mares bem grossos.

Dia de S. Boaventura surgimos na bahia de Santo Agostinho, da ilha de S. Lourenço, onde pelos negros da terra, que logo vierão a trazer refrescos á nao, soubemos que da charrua que alli se perdera, havia dous annos, era viva alguma gente, que estava captiva nella. O governador tratou logo de cobrar esta gente, por todos os meyos; e promettendo-se-lhe cada dia, que ia dilatando o effeito da entrega *(sic)* e juntamente se dilatavão carnes e refrescos que queria comprar para os portuguezes que trazia, cujo provimento corria pelo capitão da nao, que lhe pedia que não deixasse comprar nada aos portuguezes, porque, como não sabiam o modo de contratar com aquella gente, serião causa de que tudo se lhe vendesse a pezo d'ouro. Mas, como se chegava o tempo da partida, tratou com mais aperto de huma e outra cousa; e soube por alguns negros, que no posto de Macelagem haviam communicado os portuguezes, quão maos officios o dito capitão lhes fazia, desacreditando a nossa nação com a gente da terra: dizendo-se-lhes que se não fiasse de nós nem nos desse alli nenhuma commodidade, porque logo haviamos de vir com armas a tomar a terra, como fizeramos em Moçambique e nas outras partes da India. E que comiamos os meninos, e outros disparates que n'aquella gente bruta fizerão impressão tão grande que, quando sahiamos a terra, ou fugião de nós ou se armavão para nos esperar.

Fugirão n'este tempo do captiveiro dous homens dos que

1662 Dezembro la estavão; e porque o guardião do navio os trouxe da terra comsigo, lhe deo o capitão muitos bengalaços, dizendo-lhe que nenhuma cousa havia de fazer sem sua ordem; e porque d'isto se escandalisou o governador (que com elle se tinha reconciliado pela grandeza e galanteria com que presentiou humas inglezas parentes do dito capitão, que em outra nao de Inglaterra chegarão áquella bahia) mandou trazer quatro rapazes: pelo que se vio melhor que elle só impedio o resgate dos portuguezes. E não faltarão inglezes da mesma nao que descobrissem ao governador esta verdade, dizendo-lhe que o dito capitão tinha medo de que se ajuntassem na nao mais portuguezes, porque como os havia tratado tão mal na viagem não se dava por seguro d'elles.

Fez o governador hum protesto, por escripto, que lhe mandou entregar, no qual; relatando a união das duas corôas, com o cazamento dos Serenissimos Rey de Inglaterra e Infanta de Portugal, e a obrigação que tinhão os inglezes de nos soccorrer, pelas capitulações d'aquelle contrato, concluia que fazião contra as ditas pazes, negando-lhe toda a ajuda que por vezes lhe pedira, para tirar do poder daquelles barbaros christãos vassallos de El-Rey seu Senhor, pois não havia querido dar-lhe para este effeito nem gente nem armas, nem emprestar-lhe os bateis para elle ir em pessoa com os portuguezes que trazia, nem tão pouco deixar-lhe prender dois irmãos do Parança, que vinham todos os dias áquellas prayas, desconhecidos, para com elles se commutarem os portuguezes. Juntaram-se os quatro capitães inglezes das naos que alli se achavam, e responderão por escripto ao mesmo protesto, que não tinham ordem de seu Rey, nem de outra pessoa alguma que seu poder tivesse, para ajudarem os vassallos de El-Rey de Portugal contra os naturaes daquella ilha, nem queriam por nosso respeito perder suas commodidades. E dizendo-lhe o governador, ao outro dia, que aquella reposta excluia Portugal das esperanças dos soccorros de Inglaterra, pois com todas as outras nações tinha mais antigas pazes que com a nossa, lhe respondeo que assy era e que nem com os hollandezes nem com os castelhanos havião de quebrar por amor de nós,

Partimos da ilha de S. Lourenço; e tanto avante como o baixo de João da Nova encontrámos a nao de Maleburg. Mandou logo o governador o vedor da fazenda e o padre Francisco Pimentel, da Companhia de Jesus, com muitos creados a visital-o, o qual o recebeo com tão pouca cortezia que o esperou sentado; e depois de entrar pela porta da camara se levantou em pe e lhe mandou pôr um tamborete longe, e o deixou ficar descoberto; o que vendo o vedor da fazenda, poz o chapeo na cabeça e veio arrastando o tamborete. Dalli a dous dias mandou Maleburg visitar o governador pelo capitão da sua nao: elle o recebeo na mesma fórma, porém mandou-o logo cubrir. 1662 Dezembro

Tratarão os inglezes desde aquelle dia quem era o primeiro que havia de ir visitar o outro, contendendo que o governador tinha esta obrigação. Ao que se respondia que a tinha Maleburg de visitar o hospede, tanto mais sendo o posto tão differente do general de tres navios, como elles confessavão, do de um governador da India, que debaixo do seu poder e jurisdição tinha tantos generaes; e comtudo, por evitar esta competencia, mandando pôr silencio nella, e se for doente o governador *(sic)* e nem com esta occazião o quiz visitar Maleburg; antes com soberbissimas demonstrações nos desprezavão, mandando-nos cantar pelos que sabião a lingua portugueza uma cantiga, em que os portuguezes pedião aos hollandezes que os não comessem, ainda que erão gallinhas; sobre que houve um dia muita punhada, e foi necessario sahir da camara o governador para se compor o negocio: e dalli por diante pareco que entenderão que não eramos gallinhas, nem nos havião botar bragas, como cativos, como o capitão tinha dito antes do cabo de Boa Esperança. Aos que lhe fizerão queixa de que, havendo bôa agoa que se dava aos carneiros e ás gallinhas, a corrupta e fedorenta se escolhia para a ração dos portuguezes, e querendo-a elles trocar pela que se levava aos animaes, o não quizerão consentir. E na ilha de S. Lourenço metterão os inglezes tripas de vaca dentro nas pipas, que apodrecerão e fizerão a agoa peçonhenta; e foi necessario que o Senhor governador no-la desse de suas ta-

1662 Dezembro lhas, porque para elle se não podia negar o escolher-se: e se isto não fora todos pereceramos.

Na ilha de Anjuane achámos quarenta e tantas pessoas, que alli tinhão ficado de uns Parangues portuguezes de Moçambique, que na mesma ilha tomarão os hollandezes; e no porto estava surto outro Parangue de Arabios, carregado de negros da Macelagem. Tratou o governador com o capitão de recolher esta gente; e porque o não quiz fazer sem se lhe pagarem os fretes, se assentou quanto havia de ser por cada pessoa, e como couza infallivel (porque o Rey da terra logo os entregou). Comprou o governador grande quantidade de mantimentos, assim para a gente que trazia como para a que tomava de novo, que todos os havião mister, por ser o nosso biscouto a melhor mercancia com que os inglezes na ilha de S. Lourenço fizerão a sua veniaga.

Isto feito, e a gente recolhida, mandou o governador pedir a Maleburg pelo padre Francisco Pimentel que, por quanto El-Rey da ilha não queria entregar-lhe quatro moças cativas, christãs, que tinha comsigo, e erão d'aquella mesma gente dos Parangues, e as queria fazer mouras; e juntamente lhe não entregava o ouro e roupas dos portuguezes, que estavão na feitoria ao tempo que os hollandezes tomarão os Parangues; e aquelle que no porto estava era de Arabios nossos mortaes inimigos; lhe pedia quizesse ajudal-o ou dar-lhe bateis em que levasse a sua gente, para obrigar o Rey da terra á dita restituição, e para tomar o dito Parangue. Ao que respondeo que com a gente da terra e com os arabios tinhão os inglezes grande amizade, e que elle não trazia ordens para quebrar por amor dos portuguezes com os amigos de Inglaterra. Que fosse o governador em algũa nao, aonde mandaria chamar tambem os mouros, e que ouvindo todos faria justiça.

Replicou o governador que no estado da India elle era o juiz e não reconhecia mais superior que El-Rey de Portugal seu senhor; e que assim não vinha a instituir acção no seu juizo. Se queria ajudar, como era obrigado pelas capitulações, que o fizesse quando entendesse: que havia de ser o mesmo em todas as occasiões; porque, se não havia de quebrar por amor de nós nem com os negros de S. Lourenço, nem com os mouros de Anjuane, nem com os Arabios, em razão das pazes que com elles tinha, que tambem não quebraria com os hollandezes, porque tambem tinha paz com elles. Ao que respondeo ao dito padre Francico Pimentel (que lhe descobria aquelle segredo) que não trazia nenhuma ordem para nos dar favor contra os hollandezes. 1662 Dezembro

Ao outro dia mandou o capitão da sua nao, Guilherme Brum, e o capitão da nossa, Ricardo Minors, para que dissessem ao Senhor governador que os Mouros e os Arabios lhe tinhão feito duas petições, ambas justas; e erão que o governador mandasse hum recibo aos Mouros de tudo o que ficava em seu poder, dos portuguezes; e aos Arabios, hum cartaz para navegarem seguramente. Respondeo o governador que o recibo da gente, que lhe entregarão, mandava, como de feito mandou, ao dito Maleburg; que das fazendas não podia dar recibo, pois as não recebia, e que tambem não mandava o cartaz, porque isto se concedia aos amigos e não aos inimigos; nem era justo que quizesse o dito Maleburg que na confiança d'elle viessem seguros os Arabios a fazer damno aos portuguezes. Replicou Maleburg, á boca da tarde, por escripto, que o não contentava aquella resposta do governador; que elle lhe mandava escripto como havia de ser e que o assinasse. E como o papel continha o mesmo que o primeiro recado, lhe tornou a mesma reposta; com a qual mandou Maleburg tirar do navio as quarenta e tantas pessoas e entregal-as aos Mouros, não o movendo nem as lagrimas dos pobresinhos, nem o nome de christãos, nem o abominarem aquelle feito até os mesmos seus hereges. E mandando-lhe o governador pedir que lhe deixasse huma negra, com hum filho ainda de peito, que alli se tinha baptisado com grande ostentação e festa, porque foi seu padrinho o mesmo governador, não houve remedio para que lho concedesse. E por evitar hum protesto, que o dito governador lhe queria fazer, mandou-lhe dizer pelo capitão Ricardo Minors, que tolerava o protesto que se fizera aos capitaes de El-Rey de Inglaterra, na ilha de S. Lourenço; porém que lhe não fizesse outro, por-

1662 Dezembro que lhe havia de mandar cortar a cabeça, como se fizera em Londres ao irmão do Embaixador de El-Rey de Portugal. Respondeo-lhe o governador que, todas as vezes que conviesse ao serviço de El-Rey seu Senhor fazer-lhe protestos, os faria sem nenhum receyo daquelle ameaço, porque estimava mais a sua obrigação que a sua vida; porém que lhe lembrava que na sua cabeça não tinha jurisdição outro algum principe, senão El-Rey de Portugal, cujo vassallo era; e que se em Londres se cortára a cabeça ao irmão do Embaixador, fôra porque tão infame e tão injustamente a cortaram a seu proprio Rey e Senhor; porém que agora tinha Inglaterra hum principe natural e justo, em cujo tempo não passarião sem castigo semelhantes excessos.

Mandou mais Maleburg hum bando, que se fixou ao pé do mastro, no qual ordenava que qualquer portuguez que tivesse desavença com inglez o matassem logo, dando-lhe com marrões na cabeça, não pondo nenhuma pena aos inglezes, ainda que fossem agressores.

Tanto avante como a ilha de Sacotorà foi avisado o governador, por dous inglezes catholicos, que o querião matar aquella noite, e aos demais portuguezes; e que para isso tinham preparado os marrões e outras armas, e assentado por desculpa que, em cumprimento do bando, havião morto um, e que nós nos levantaramos contra elles, e nos havião morto em sua defença. Chamou o governador os portuguezes, e, depois de lhes fazer uma pratica, com que os animou, dispoz o que n'aquelle caso convinha, e as pessoas a cujo cargo havia de estar o senhoriar-se da praça de armas, distribuio as sentinellas, e mandou chamar o capitão, tres vezes, o qual não quiz ir fallar-lhe. Porém como nos virão juntos e em tamanho cuidado, não se atreverão a executar esta maldade.

Pareceu ao governador conveniente abrandar o animo de Maleburg com alguma demonstração, que satisfizesse a sua arrogancia e soberba; mandou-lhe dizer que já se achava melhor alli e que queria ir dar-lhe hum abraço. Respondeo-lhe, que então estava elle doente; que como se achasse melhor receberia a mercê que lhe fazia, porque de presente estava incapaz. Dalli a tres ou quatro dias lhe escreveo que se hião chegando á India, e que seria conveniente verem-se as ordens e ajustar-se a fórma em que se havião de executar. Respondeo, que se purgára aquelle dia; porém que segunda feira viria na sua chalupa a bordo da nao *Leopardo*, e que alli desceria o governador é irião á sua capitania. Chegou-se o dia, e veio a chalupa com o capitão da nao, e não veio Maleburg, mas escreveo que se achára indisposto, e que por isso mandava o seu capitão. Foi o governador: veio a recebelo Maleburg ao portaló, entraram na camara, e, sem comprimento nenhum, tomou Maleburg o melhor assento. Acabada a pratica, que não foi larga, querendo-se vir o governador, o convidou Maleburg a jantar, que elle acceitou, depois das primeiras escuzas e das segundas persuações; e nisto se passou o dia. Ao sair da capitania, lhe mandou dizer Maleburg que por trazer pouca polvora não disparava toda a artelharia. Ao que respondeo o governador que a guardasse para os inimigos, que não era bem gastal-a em ceremonias. Comtudo salvou-o com onze peças. 1662 Dezembro

Desde esta visita nos tratarão os inglezes com menos asperezas. Chegámos a Bombaim a 28 de Septembro, á boca da tarde; e apenas surgimos, quando entrou Maleburg a requerer ao governador que lhe entregasse logo Bombaim. Respondeo-lhe que descançasse; que era necessario fazer primeiro hum brinde ao feliz fim da viagem, e que depois tratarião do negocio. Poz-se a meza, chamarão-se os capitães e fidalgos a ella e foi a merenda com ostentação. E porque o governador daquella praça, de Maleburg e de outras noticias antecedentes, entendeo que o queria reter, em quanto não fazia a entrega, lhe disse: «Já estamos no vosso territorio e na vossa ilha; quero-me ir despedir d'ella, pois amanhã, sem a vossa licença, não poderei pôr os pés naquella arêa». Com isso se despedio Maleburg. E porque se vinha armando um grande chuveiro, a que chamão a ellefante, tratarão de amarrar e segurar ambas as naos; e porque descarregou com grande vento e chuva, que durou a maior parte da noite, não pôde o governador desembarcar logo,

1662 como quizera. Fel-o ao outro dia, que foi o de S. Miguel;
Dezembro e dizendo-lhe o capitão que tinha ordem do general Maleburg para sair com cem homens a fazer guarda em terra á pessoa delle governador, lhe respondeo que, se a gente quizesse sair, para se refrescar, toda a que vinha nas naos o podia fazer; que, para a guarda de sua pessoa, seria manifesto o aggravo que faria aos portuguezes, a quem vinha governar e não era justo que lhes mostrasse nenhuma desconfiança. Que o dissesse assim ao general; e que em tudo fizesse o que elle lhe mandasse. Emquanto o capitão foi a esta diligencia, se metteo o governador em hum balão e se veio a terra, aonde estavão já alguns fidalgos e soldados, e os naturaes, em numero de 400, com suas armas, que se repartirão em corpo da guarda, como ao governador lhe pareceo conveniente; que bem entendia que os cem inglezes de guarda eram para prendel-o e fazerem delle o que quizessem.

Tratou-se logo da entrega; e o governador pedio a procuração del-Rey de Inglaterra, na fórma da ordem de Sua Magestade. Respondeo Maleburg que a não trazia. Sem ella, disse o governador que se não podia obrar nada. Houve sobre isto escritos e resposta; e ultimamente foi o Senhor governador avisado que Marleburg mandava vir a Bombaim todas as naos inglezas, que se achassem em Surrate, para onde despachou logo o guardião de S. Francisco de Baçaim, e, por outra via, hum baneane, para que lhe mandassem as noticias, assim da resolução dos inglezes como dos intentos dos hollandezes. Chegarão as naos de Surrate, que forão cinco, e entre ellas a de Abrahão Shipman, que vinha por governador de Bombaim. Mandou-lhe ordem Maleburg que não entrasse, mas que surgisse fóra, duas legoas afastado da ilha. E mandou ao governador o capitão Ricardo Minors, para que lhe dissesse que apparecião cinco naos e que entendia erão hollandezas. Respondeo-lhe o governador que poucos eram os hollandezes; e que em Baçaim se tivera vista das naos, e porque entenderão o mesmo, lhe mandarão 300 soldados portuguezes e mil e quinhentos topazes, que já estavão na mesma ilha; podendo-se escusar aquelle movimento, pois se achavão naquelle porto aquellas duas naos del-Rey de Inglaterra, com hum tão grande general. 1662 Dezembro

Foi Maleburg para a nao de Abrahão Shipman, adonde esteve tres dias; no cabo dos quaes, escreveo ao governador, dizendo-lhe que era chegado Abrahão Shipman e que trazia todas as ordens necessarias, na fórma em que se lhe haviam pedido (e não era muito pois nos tres dias se fizerão todas). Respondeo o governador que folgava muito com a sua boa vinda, pois com ella e com trazer os despachos na fórma conveniente se acabarião todas as duvidas.

Entrou Abrahão Shipman e dezembarcou. Foram-no esperar á praya muitos fidalgos; e no territorio das cazas o esperarão os de mais; ao pé da escada o receberão os filhos do governador e o capitão de Baçaim; e o governador o esperou em pé, e o veio receber a mais de meia casa. Assentou-se o governador em huma cadeira, Abrahão Shipman em hum tamborete de encosto e os mais inglezes em hum banco. Estas forão as descortezias, de que Maleburg, e elle por sua causa, se queixaram ao governo.

Apresentou ao governador huma carta, que disse ser del-Rey, e huma patente. Depois dos costumados comprimentos, lhe disse: «Não vejo aqui a firma do Serenissimo Rey de Inglaterra.» Respondeo Abrahão Shipman: «Ahi está.» Tornou o governador: «Mostre-ma Vossa Senhoria, que eu a não acho.» E lhe tornou a dar a patente. Vendo-a Abrahão Shipman, disse: «Nesta forma se passam em Inglaterra.» Respondeo o governador: «De outro modo muito differente se costuma fazer em Portugal. Verei a carta de Sua Magestade, e amanhã responderei.» Levantou-se Abrahão Shipman, e, acompanhado pela mesma fórma que veio, se foi embarcar.

Chamou logo o governador os fidalgos, e dous tabaliões, e lhes mostrou a carta d'el-Rey de Inglaterra, notando-lhes os vicios que tinha: o primeiro, que a obrea era fresca, daquella hora; que a chancela era dourada, e o papel todo irmão do em que Maleburg escrevia; que o sobreescrito da carta vinha para Antonio de Mello de Castro, Viso Rey da

1662 Dezembro India, e a data em 25 de Março, sendo a patente do governador passada em treze de Abril, tempo em que não estava ajustada a sua vinda, e mal podia saber El-Rey de Portugal; que a patente de Abrahão Shipman não vinha assinada por El-Rey de Inglaterra; e ao governador lhe constara desta falta e não daquelle custume. De tudo isto se fez auto e termo, em que assinarão todos. Mas, por não exasperar estes homens, persistia só o governador na falta da procuração, dizendo que erão muito differentes as cartas de crença das cartas missivas, porque havião de ser por lettras patentes.

Abrahão Shipman assinou hum protesto, que notou Maleburg, como se conheceo pela muita soberba e descomedimento delle, motejando do governador, dizendo que elle não entendia as ordens e que não era fiel; e outras cousas deste porte. Ao que o governador respondeo com grande modestia e prudencia, como se verá dos mesmos papeis que envia a Sua Magestade, vencendo o seu natural e a sua razão, por não dar o menor motivo para que se lhe atribuisse o ser origem de dezavenças; e porque da paixão e soberba de Maleburg entendeo que faria alguma demonstração, que prejudicasse a paz, que estava assentada, e que elle guardava mal, disse, na mesma resposta, que remetteria aquelle negocio ao conselho, por quanto não podia tomar sobre si resolução de tanto peso.

Com esta resolução se conformaram os inglezes, por huma suspeita que tiverão, segundo depois se soube, de que tratavão com o governador os hollandezes, offerecendo-lhe a paz, só com a condição de que não entregasse Bombaim. Mandarão a Goa Abrahão Shipman. Maleburg, com os outros navios, se foi para Surrate.

Despachou o governador aviso aos governadores passados, Luiz de Mendonça e Dom Pedro de Lencastre, com os treslados de todos os papeis, duvidas e fundamentos d'ellas, e com particular advertencia de quanto convinha ao serviço de Sua Magestade — ou aprovar as duvidas ou dilatar a resposta até a sua vinda, sem decedir a questão. E no mesmo dia em que os inglezes se fizerão á vella, despachou segunda almadia, e por terra hum Patamar, com os mesmos avizos. Destes papeis só se virão no conselho os que servirão menos; os outros desapparecerão. A razão dará quem deo esta ordem. Derão os conselheiros os seus votos, dizendo ser sufficiente o poder que Abrahão Shipman trazia. Os governadores não quizerão dar seu parecer, nem assinar-se no assento, de cujos treslados mandou-se hum, fechado, ao governador; outro se deo aberto ao mesmo Abrahão Shipman, porque o mesmo Luiz de Mendonça e Dom Pedro de Lencastre lhe escreverão que, visto os papeis que tinha mandado, parecia que naquella materia se devia obrar com mais consideração, sem embargo dos votos dos conselheiros. E desta sua carta e de não quererem dar seu voto no conselho se deixa bem ver que se preparavão á desculpa, em qualquer successo. 1662 Dezembro

Chegado a Baçaim Abrahão Shipman, mandou-o receber á praya o governador pela maior parte dos fidalgos, nas portas da cidade; pelas justiças, no adro de S. Paulo (adonde estava aposentado); por seus filhos, o capitão de Baçaim, e fidalgos mais velhos: veyo elle recebel-o a mais de meya casa; deo-lhe cadeira de espaldas, fóra do docel; e depois de receber as cartas lhe disse que aquella noite as veria, e que em tanto fosse descançar. Levarão-no, com o mesmo acompanhamento, ás casas de Brás Telles, que são bem grandes, e estavão mui bem adereçadas com tudo o que tinha Baçaim. Ali se lhe deu de comer com toda a grandeza, jantando com elle os filhos do governador, o capitão de Baçaim, Dom Jeronymo Manuel, capitão mór das naus da India, e outros fidalgos, que para isso estavão nomeados. Durou a meza até ser bem noite; e pelas nove horas, o governador, que tinha saido da cidade e se demorou de proposito, quando se veio recolhendo e passou pela porta, se apeiou e subiu arriba, dizendo: «Sem mim se dão aqui batalhas, quando sou governador da India!» E tomando hum copo, brindou a Abrahão Shipman, e á saude del-Rey de Inglaterra; de que o inglez ficou tão satisfeito que o abraçou com submissão, sendo a primeira vez que se vio nelles esta demostração de cortezia. Sentarão-se logo a huma janella, onde estiverão praticando sobre a resolução da entrega, mostrando-lhe o dito gover-

1662 Dezembro nador que os votos do conselho não podiam ter força, sem os sinaes de Luiz de Mendonça e Dom Pedro de Lencastre; porém que elle tomava sobre si esta circunstancia, e que faria logo a entrega, se os senhores inglezes, como erão obrigados pelas capitulações, quizessem ajudal-o ao socorro de Cochim. E que pois contra os negros de S. Lourenço, contra os mouros de Anjuane e contra os arabios lhe não quizerão dar ajuda, reservando o desempenho da palavra real para as occaziões que houvesse com os hollandezes, alli tinhão presente a de maior importancia que podia haver na India. Que mostrasse agora a verdade e valor da nação Ingleza. Respondeo que pela manhã responderia. Disse-lhe então o governador: «Porque Vossa Senhoria se não esqueça, lhe deixo esta memoria.» E tirou do dedo hum annel de diamante, que para isso mandára comprar na mesma tarde por 1:200 patacões, que fazem 1:800 cruzados, e lho deo. Porém não houve remedio para que elle o acceitasse, por mais instancias que o governador lhe fez; nem tão pouco o secretario de outro, de 400 cruzados, que tambem lhe dava. No outro dia logo pela manhã, lhe escreveo o governador, na mesma fórma em que lhe tinha fallado à noite, mandando de palavra saber como a passára. Á carta respondeu, que elle não governava a armada, nem era vindo a mais que a tomar posse da ilha; que, se lha tiverão entregue, não duvidava que o conde de Maleburg lhe dera a ajuda que lhe pedia; mas que de presente se tinhão espalhado os navios e que se espantava que os senhores portuguezes quizessem tudo o que pediam aos inglezes, sem cumprirem nada da sua parte. Ao que respondeu logo o governador que Portugal tinha satisfeito, dando o dinheiro promettido do dote, entregando a praça de Tanger, e que só faltava, para cumprir com todas as obrigações, entregar a de Bombaim; porém que os inglezes, de tudo o que prometterão, não tinham até o presente feito cousa nenhuma. Que elle estava prompto a entregar Bombaim, comtanto que elles o ajudassem a soccorrer Cochim. E quanto ao estar a armada dividida, que elle se contentava com aquella nao em que sua senhoria vinha, e duas das que estavão em Surrate, porque, juntas com seus galiões e navios, bastavão para fazer o soccorro; ou a expressa negação. Elle não respondeu a esta carta. Quando se veio despedir lhe tornou a referir o mesmo, chamando para testemunhas o vedor da fazenda deste estado, o capitão da cidade e fortaleza de Baçaim, o capitão mór das naos, Dom Jeronymo Manuel, e outros fidalgos, diante de quem passou o referido. Abrahão Shipman lhe respondeu que o communicaria em Surrate ao general Maleburg, e ao presidente Georgen Oxidem, e que se lhe enviaria reposta, que até hoje, trinta e hum de dezembro, não he chegada, vindo de Surrate cada dia embarcações, que passão por esta barra para o Canará; passando hontem a mesma nao, em que o governador veio, e em que foi para Bombaim o dito Abrahão Shipman, que aqui deitou em terra o escrivão e outros inglezes. 1662 Dezembro

Isto é tudo o que se tem passado nesta materia, de que vão a Sua Magestade papeis autenticos. E para que melhor conste de como os inglezes estão resolutos a nos não darem nenhuma ajuda, mandou tambem o governador certidões, assim do governo como da secretaria do estado, de que consta que estando nesta barra de Goa huma nao, que ia para o Canará, poucas leguas de Cananor, e dalli a Persia, que de necessidade havia de passar pela mesma fortaleza e pela de Cochim, pedio o governo que lhe levasse a Cananor huma pouca de polvora, para dalli se metter em almadias em Cochim, que muito necessitava della; e não se pode acabar com elles, que, querendo depois desculpar esta acção, disserão aqui que bem tinhão feito em não haverem a dita polvora, por que a perderiam, se fôra, em razão de que os hollandezes lhe havião mettido na nao huma companhia de infanteria, dando-lhe tão exacta busca que lhe fizerão revolver até as pipas de agoada; e não faltou quem lhe respondesse «que ainda era mayor vergonha o confessar aquella affronta que o soffrel-a.» Goa, ...

## Carta do Governador da India, Antonio de Mello de Castro, para ElRey, sobre a entrega de Bombaim aos Inglezes

(Collecção dos meus Mss.)

1662 Dezembro 28 Senhor. Do que padeci nesta jornada com os Inglezes dou conta a V. Magestade, mais pela obrigação do lugar, que porque seja necessario, pois delles mesmos hade sahir esta noticia, que não faltárão muitos que estranhassem os excessos do capitão Ricardo Minors, em cuja companhia passei a este Estado, os quaes com maior inurbanidade continuou o General Maleburg, ainda no porto de Bombaim.

Por essa relação que vai com esta carta, será V. Magestade servido de mandar vêr que não houve dia sem molestia, e alguns chegou a termos que fui avizado que nos querião matar a todos os Portuguezes. Bem podérão a semrazão, com que me provocavão, meter-me as armas nas mãos para a vingança, mas eu me contentei com os prevenir só para a defensa, e tendo os olhos mais no serviço de V. Magestade, que na minha vida, tolerei o risco e os despresos, reservando para offerecer a V. Magestade as minhas queixas com maior serviço no meu soffrimento, de cuja grandeza espero que veja o mundo que não fez a minha paciencia damno á minha honra, pois V. Magestade me acrecenta por ella.

Não me pareceo que convinha entregar a Ilha de Bombaim, porque me não quizerão soccorrer os Inglezes, pedindo-lho eu em muitas occasiões, de que me desenganou Maleburg, não só de palavra, affirmando que as que continhão as Capitulações era modo geral, que não induzia nenhuma obrigação, mas ainda com as obras, mandando impiamente entregar aos Mouros de Anjuanne quarenta e dois vassallos de V. Magestade, em que entravão vinte e sete christãos, que eu tinha já comigo no mesmo navio, e executou-se com tão barbara descompostura, que me tirárão dos braços uma criança de peito, que eu recolhi na camara com sua mãe, por haver sido tres dias antes seu Padrinho no baptismo.

Tambem fo causa de não fazer a entrega a mesma ordem que recebi de V. Magestade, a que devia dar inteiro comprimento, e porque a não entendo como os Conselheiros deste Estado, me he necessario relatar a V. Magestade as mesmas palavras, que foi servido escrever-me sobre esta materia, lembrando a V. Magestade que em caso de duvida era a minha obrigação buscar-lhe o sentido que julgasse mais conveniente a seu serviço. Diz a carta: 1662 Dezembro 28

*Logo que chegardes ao Estado da India, pedireis Procuração d'ElRei, e entendereis por ella a pessoa, a quem se ha de dar a posse e fazer a entrega.*

Abrahão Shipman me apresentou em logar da Procuração que lhe pedi, huma carta fechada escrita em latim, e huma Patente em inglez. Tinha a carta os defeitos, que consta do Auto que mandei fazer, e a Patente não trazia a firma d'El-Rei de Inglaterra. Duvidei da validade de huma, e de outra cousa, porque todas as Patentes, que tenho visto, erão firmadas pela mão Real, e não havia mais rasão para faltar a firma na sua Patente, que na minha carta, que vinha firmada, porque ou he costume de Inglaterra firmar-se ElRei, ou não; se he costume, como não vinha firmada a Patente? se não he costume, como vinha firmada a carta? Considerei alem disto que ha grande differença entre a Procuração, e a Carta missiva; porque a Carta he para ver só a pessoa a quem se escreve; a Procuração é para que conste a todos, e se as pessoas Reaes não fazem como nós as Procurações, fazem-nas por Cartas Patentes, e publicas, e não por Cartas missivas, e particulares. Se eu, Senhor, duvidei bem na Carta, que elles chamavão Procuração, mal podia entregar-lhes a Praça, pois faltava a condição, debaixo da qual V. Magestade expressamente o mandava.

Diz mais a dita Carta, que V. Magestade foi servido escrever-me, que conhecida a pessoa, lhe farei dar a posse:

*No modo e forma daquella Capitulação, guardando-a, e fazendo-a guardar muito pontual, e inteiramente.*

Diz o Capitulo secreto, que he um dos que V. Magestade me mandou entregar, que El-Rei de Inglaterra se obriga a

1662 Dezembro 28 tratar as pazes entre V. Magestade, e os Estados de Olanda, com condições honradas, proveitosas e seguras para V. Magestade; e que não querendo os Olandezes vir nellas, mandará huma tal armada, que defenda, e ampare todas as cousas de que os Portuguezes estão de posse na India, e que esta armada virá no mesmo tempo, em que mandar tomar posse de Bombaim.

Se V. Magestade me manda entregar a Ilha de Bombaim no modo e forma destas Capitulações, segue-se infalivelmente que me manda que a não entregue em outra forma. A forma da entrega prescripta nas Capitulações, requere que primeiro ElRei de Inglaterra trate as pazes; e que primeiro os Olandezes, ou as aceitem, ou se determinem a proseguir a guerra; e ultimamente que primeiro venha esta armada prevenida assi de forças, como de ordens, para nos ajudar. Dê-me V. Magestade licença para tresladar aqui as mesmas palavras no mesmo Latim, porque tem ainda mais vigor que em Portuguez:

*Qui, si hujusmodi conditiones concedere recusaverint, tunc dictus Magnæ Britaniæ Rex, cum classem suam ad capiendam possessionem portus, et Insulæ Bombaym miserit, tales, ac tantas copias simul mittet, instructas tam viribus, quam mandatis, ut possint defendere, ac protegere omnes Lusitanorum possessiones in Indiis Orientalibus.*

De modo, Senhor, que ElRei de Inglaterra não pode tomar posse de Bombaim, senão depois de ajustadas as pazes, ou negadas; e *(tunc)* então, que he a palavra exclusiva de qualquer outro tempo, quando se não ajustarem, mandará tomar a dita posse, e juntamente a dita Armada, que trará poder, e ordens para nos defender. Pois se V. Magestade me manda fazer a entrega no modo e forma destas Capitulações, e não de outra maneira, como fica dito, e nem as pazes estão ajustadas, nem negadas, nem veio esta Armada, porque só vieram tres navios, nem trazem forças nem ordens para nos ajudar; que conta dera eu de mim a V. Magestade entregando a Ilha de Bombaim?

Sobretudo, Senhor, eu vi o porto mais formoso e mais capaz, que tem a India, a que não faz ventagem esse de Lisboa, e de que só a Nação Portugueza não fizera grande caso. Vi na Ilha de Bombaim tantas mil almas christãs, que ao outro dia hão de obrigar os Inglezes a mudar de crença, porque mal farão pelo nosso respeito depois da posse o que não fizerão antes d'ella; e como hade soffrer que vivão na sua terra catholicos quem na Ilha de Anjuanne os entregou aos Mouros? Considerei que não tinha V. Magestade outro lugar onde se podessem recolher as Naus do Reino, e os Galiões da Armada, estando esta Barra impedida, e que se naquella Ilha se forteficavão os Inglezes, de todo o ponto se perdia quanto V. Magestade tem no Norte, porque elles havião de voltar á dita Ilha todo o comercio, assim porque trazem os generos, que nós trazemos, e de melhor qualidade, como porque hão de obrigar todos os navios a arribar a aquelle porto, e fazer nelle direitos, como nós faziamos antigamente, e viremos a receber das suas mãos tudo o que Europa buscava nas nossas; até os mantimentos das nossas terras, de que se provêm todas as outras Fortalezas, lhe havemos de comprar a elles, porque dando hum os dous xerafins mais por cada Murâ de Batte, o colherão todo, vendendonolo depois a pezo d'ouro: e não cuide V. Magestade que o poderá impedir, porque nenhuma diligencia basta, e este foi o modo, com que os Mogores vão destruindo aquellas terras, onde por esta cauza morreo nestes annos muita gente de fome; ainda para se obviar a elles que não levem os mantimentos será mui facil, e para isso deixei naquellas partes as ordens necessarias; mas para Bombaim he impossivel, por estar só apartada de Salcete hum tiro de espingarda, e haver-se de gastar em vigias mais do que rende. Ultimamente terão aquelle coito os delinquentes, e se com a vizinhança dos Mouros se cometem tantos cazos, que atrevidades não veremos com aquelle seguro? 1662 Dezembro 28

Todas estas couzas, Senhor, se considerão, antes se vem, estando os Inglezes em boa paz comnosco; mas que será se algum dia nos fizerem guerra? como se hão de defender aquel-

1662 Dezembro 28 las Ilhas, que são o graneiro da India, estando entaladas entre os Inglezes, e os Mogores? por donde se lhes hade meter socorro? quem hade ter mão nos naturaes, para que se lhe não passem? que drogas, e mercadorias hão de buscar em Goa os mercadores?

Eu tenho reprezentado a V. Magestade como obedeci suas Reaes ordens, e como cumpri com minha obrigação, conservando a reputação de suas armas, impedindo o damno de seus vassallos, e a total perda, e destruição de suas terras, em não entregar Bombaim.

Agora mande V. Magestade considerar este negocio, lembrando-se de quão differente fee se hade dar aos olhos, que aos ouvidos, e pois he meu Rei, e Senhor, mande V. Magestade que se execute o que se achar mais conveniente, que por minha conta só corre dar estas noticias a V. Magestade. Se não parecerem bem, terei grande pena, mas bastame que em nenhum tempo se me possa pôr a culpa.

Para remedio de tudo o referido, não ha outro caminho senão comprar V. Magestade esta Ilha a ElRei de Inglaterra: em outra carta desta mesma via digo a V. Magestade que se lhe pode dar 200 até 300 mil cruzados em tres annos; agora digo que se lhe podem dar 500, e 600, e um milhão, e eu me obrigo ao mandar deste Estado, que todo concorrerá com grande gosto, por se livrar deste jugo, com tanto que elles cumprão o que nos prometêrão melhor do que o tem feito; e ainda servirá esta compra de ficar mais firme a paz com os Inglezes, porque não pode deixar tão má vezinhança de occazionar cada dia desgostos, e pendencias que de ordinario vem a parar em publica guerra; porem será necessario que no manejo deste negocio se obre com grande cautella e desimulação, porque não entendão os Inglezes que move a V. Magestade outro respeito mais que a resistencia, que lhe faz este Estado, e o desejo de não descontentar seus vassallos: porque se entenderem outra cousa, tudo lhes hade parecer pouco. V. Magestade perdoe os dezacertos que achar nesta Carta, porque o merece bem o amor e zelo, com que a escrevo. Deos guarde a muita alta e poderosa pessoa de

V. Magestade como seus vassallos havemos mister. Goa, 28 de dezembro de 1662. Antonio de Mello de Castro. 1662 Dezembro 28

## Resposta do Governador da India, Antonio de Mello de Castro, á carta de Sua Magestade, sobre a entrega de Bombaim

(Collecção dos meus Mss.)

A esta carta de V. Magestade não dei cumprimento sobre a entrega de Bombaim, de que ella trata, pelas rasões que serão presentes a V. Magestade pela relação que envio com ella com os mais papeis que precederão em ordem ao mesmo negocio, esperando de V. Magestade que mandará na materia a resolução que mais for servido, a que eu obedecerei como devo. Deus guarde, etc. Goa, 4 de janeiro de 1663. Antonio de Mello de Castro. 1663 Janeiro 4

## Carta de ElRey de Inglaterra a D. Abrahão Shipman, nomeando-o Governador e Capitão geral de Bombaim

(Arch. da India, livro verde 1.º, fol. 272.)

Carlos Segundo, por graça de Deos, Rey de Inglaterra, Escosia, França, Irlanda, Defensor da Fé, etc. Ao nosso fiel e amado Dom Abrahão Shipman, fidalgo e hum dos gentis homens *in ordinario* da nossa camara secreta, saude. Como nós somos contentes a dar toda a protecção, animo e assistencia aos nossos vassallos e povo sobre nossa Ilha de Bombaim, nas Indias Orientaes, e assi julgamos ser necessario prover para a seguridade e governo della, e por isso sabem todos que pomos especial confiança na habilidade, discrição, fidelidade e experiencia do sobredito Dom Abrahão Shipman: tenho assinado, constituido e apontado, e para esta presente comissão assim constituo e aponto-vos por ser governador e capitão geral sobre nossa sobredita Ilha de Bombaim, e de todos nossos fortes e forças alevantadas e para alevantar ali 1663 Março 14

1663 Março 14 por nossa defença, ou na dita Ilha, ou em qualquer outra Ilha, ou parte na terra firme nas Indias Orientaes, que oje em diante sejão conquistadas para nós, ou rendidas ou entregadas a nós, até ser conhecida nossa ultima vontade e até que vem outras ordens novas mandadas para nós; e para fazer executar todas as cousas em boa maneira pertencentes a dita fidelidade e officio, que pode resultar para a defença, seguridade e bom governo de nossa sobredita Ilha, e as outras circumstancias. E mais para a boa ordem e paz e preservação dos soldados e os outros moradores ali residentes, conforme os taes poderes e authoridades que se achão nesta presente comissão, e taes instrucções que ao presente e no tempo diante serão dadas a vós por nós, conforme aos bons e justos costumes, e constituições que se guardão em todas as outras colonias e povoações, ou quaesquer outros que depois de maduro aviso e consideração forem julgados serem necessarios e proprios para o bom governo e segurança de nossa sobredita ilha de Bombaim, e as mais circumstancias; comtanto que não sejão repugnantes ás nossas leis de Inglaterra, nem ás ultimas pazes concluidas entre nós e nosso bom irmão, ElRey de Portugal. E assim nós para esta commissão damos poder pleno, e authoridade a vós o sobredito Dom Abrahão Shipman para ensinar, mandar e disciplinar todas as forças militares da nossa sobredita Ilha, e as mais circumstancias, aos seus tempos convenientes, e para brigar, matar, assolar, reprimir e sujeitar todos aquelles que por maneira de hostilidade ou motins pertendam de perturbar, invadir, acommeter contra a paz, ou pertendem de tomar a nossa sobredita Ilha de Bombaim, ou quaesquer outras que em tempo diante forem sujeitadas e rendidas ás nossas armas. E para melhor reprimir os motins e alevantamentos e invasões, quando o ordinario curso de justiça não o pode bem e com segurança ser applicada; ordenamos a vós o sobredito Dom Abrahão Shipman a pôr em execução as leis marciaes conforme o costume e constituição da Corte marcial, e isso somente sobre os soldados. E tambem para esta mesma comissão damos poder e authoridade para vós nomear e constituir todos os officiaes em lugar daquelles que forem morrendo, e quaesquer outros lugares vagos; e também para esta nossa comissão ordenamos que todos os officiaes, ministros, e todos os mais soldados e povo da nossa sobredita Ilha, e as demais que ao tempo adiante forem conquistadas ou rendidas ás nossas armas a reconhecer a vós por nosso governador dellas; e todos os sobreditos soldados e povo serem obedientes a vós, como nosso governador e capitão geral sobre nossa dita Ilha de Bombaim, e todas as mais circumstancias por virtude desta nossa commissão real, e as mais instrucções que haveis de receber oje em diante de nós, em testemunho do qual tenho causado estas nossas cartas a ser patente, eu o mesmo sou testemunha desta verdade. Escripta em Westminster aos 14 do mez de Março nos 14 annos do nosso governo. — *Per ipsum Regem*[1]. 1663 Março 14

Nós cujos nomes abaixo escriptos testificamos que o sobreescripto he a verdadeira copia da comissão real debaixo do sello pendente de Inglaterra, conforme seu original, o qual original fica nas mãos de Dom Humphrei Cooque, ao presente governador; e assi juramos ser esta verdade. Escrita en Angediva aos 27 do mez de Outubro de 1664. — Randolph Taylor — João Beltf — Roberto Mastrs — Walter Golopher — Philippe Gittard — Guillelme Lincolne — Roberto Buroin — Valentim Foroler.

Eu o padre João Gregorio, da Companhia de Jesus, Certico *in verbo sacerdotis* que este treslado he conforme o seu original em quanto pode ser, sem acrescentar nem diminuir. Oje aos 11 de Novembro de 1664 — João Gregorio. — Porém se acaso ouvesse duvida naquellas palavras (e todas as mais circumstancias), declaro que he o mesmo que dizer: — (depois da nossa sobredita Ilha, e de todos nossos fortes e forças alevantado, e para alevantar ahi por nossa defençá, ou na dita Ilha, ou em qualquer outras Ilhas ou parte na terra firme, nas Indias Orientaes, que oje em diante sejão con-

[1] Notão-se algumas incorrecções na traducção d'este documento, que não parece deverem emendar-se.

1663 Março 14 quistadas para nós ou rendidas ou entregadas a nós); e isso foi para não repetir muitas vezes o mesmo, e por ser mais breve. — João Gregorio.

Conforme com o original. — Alvares — Madeira — Antonio da Maia Barreira.

---

## Procuração de ElRey de Inglaterra a Abrahão Shipman para tomar posse da Ilha de Bombaim

(Arch. da India, livro verde 1.º, fol. 270 v.)

1663 Novembro 23 Carolus Dei gratia Magnae Britaniae, Franciae, et Hyberniae Rex, Fidei defensor, etc. Omnibus et singulis ad quos praesentes literae pervenerint, salutem. Quandoquidem tractatu inter nos, et Serenissimum Principem Dominum Alphonsum, eadem gratia Regem Portugaliae, etc. Fratrem consanguineum et amicum nostrum charissimum, facto atque inito, dictus Dominus Portugaliae Rex dederit, transtulerit, consesserit, et confirmaverit nobis, haeredibus et successoribus nostris in perpetuum Portum ac Insulam Bombaim, in Indiis Orientalibus, cum omnibus suis juribus proficuis, et territoriis quibuscumque, atque insuper dicto tractatu conventum et conclusum fuerit, quod quieta et pacifica ejusdem portus ac Insulae possessio nobis vel personis ad hoc per nos deputandis in usum nostrum libere tradatur; sciatis igitur, quod nos, prudentia ac integritate fidelis ac dilecti subditi nostri Abrahami Shipman, equitis aurati, et a privato cubiculo nostro, plurimum confidentes, eundem fecimus, ordinavimus, et deputavimus, ac per praesentes facimus, ordinamus, ac constituimus nostrum verum et indubitatum comissarium, deputatum, ac procuratorem ad dicti portus ac Insulae Bombaim possessionem capiendam, dantes eidem Abrahamo Shipman, et concedentes veram et omnimodam potestatem, et authoritatem dictum portum et Insulam, una cum propugnaculis, caeterisque rebus, ad nos ex foedere pertinentibus, nostro nomine, et in usum nostrum recipiendi in plenam executionem dictae concessionis nobis factae. In cujus rei fidem, et testimonium praesentes manu et sigillo nostro signavimus, et muniri fecimus. Dabantur apud Palatium nostrum Whitehall 23.º die mensis Novembris 1663.º anno Regni nostri 15.º—Carolus R.—Ad mandatum Serenissimi Regis—Henrique Bonot. 1663 Novembro 23

## Carta do Vice Rey Antonio de Mello de Castro para ElRey

(Collecção dos meus Mss.)

Tanto que cheguei a esta cidade, e se me entregou o governo, que foi a 16 de Dezembro do anno passado de 1662, tratei logo de despedir para esse reino a Caravella Nossa Senhora da Nazareth, que tinha vindo em minha companhia, e de que era capitão Francisco Gonçalves Ferraz. Nella se embarcou Luiz de Mendonça Furtado, e partiu de Chaul aos 26 de Janeyro de 1663: nesta embarcação dei conta a Vossa Magestade do successo da minha viagem, e do mais que até aquelle tempo se me havia offerecido, e porque me pareceu justo não fiar só de uma embarcação noticias tão importantes, preparei a charrua para fazer viagem na mesma monção, e, depois de carregada, não pôde sahir, por terem impedido esta barra os hollandezes; com que me determinei a mandar na monção de Mayo o galleão Sacramento de Esperança, em que foi o capitão mór Bertholomeu de Vasconcellos da Cunha; e saiu daqui a 15 do dito mez. Com elle foi a 2.ª via, com o que mais accresceu. De Moçambique tive avisos que Luiz de Mendonça chegara ao Cabo da Boa Esperança e dalli arribara áquella fortaleza, onde se ficava concertando para tornar a seguir a sua viagem, receosa a gente de alguns aggravos, agouros ou superstições, em que sempre o povo acha mysterios. Será Deus servido haver levado ambas a salvamento, com cuja chegada ficará Vossa Magestade entendendo o estado em que esta India fica, falta de todo o necessario, mas ainda assim, trato de acudir e socorrer as fortalezas de Vossa Magestade, com todo o cuidado e desvello conveniente, e para o 1664 Janeiro 12

1664 Janeiro 12 poder fazer, tirei um quartel de todos os ordenados e ordinarias, e não cobrei até hoje dos meus soldos couza alguma, e espero em Deus me ajudará de maneira que se conserve o que Vossa Magestade ainda tem; e que alguma cousa se recupere. Os reis visinhos respeitam a quem mais pode; eu não falto da minha parte com aquella correspondencia necessaria, para os conservar de modo que não entendão que a necessidade nos obriga senão só a amizade. O Mogor, como principe tão poderoso, rompe facilmente a guerra, ainda que seja sem cauza, como fez na despedida deste inverno, entrando pelas aldeas que Baçaim tem na terra firme, onde fez algum damno nos gados e novidades. Mandei d'aqui em soccorro daquella praça dez navios, a cargo do capitão mor Luiz de Mendonça Henriques, com cuja chegada e com a voz que espalhei de que o havia de seguir, e preparações que fiz para isto, se socegou este movimento, e tem pedido paz; mas de modo que a sua assistencia nos deixa o receio de que quer continuar a guerra. Á fortaleza de Mombaça mando a caravella Nossa Senhora da Nazareth, que nesta monção veio do reino, com mais duas galliotas, com os provimentos necessarios para se sustentar e defender. Vai nesta embarcação José Homem da Costa servir aquella capitania, de que estava provido. Conveniente fôra levar mais poder, para dar hum castigo ao regulo de Patte, que he levantado, e se ajudou de huma grande armada dos arabios, para fazer guerra á dita fortateza, e destruir aquella costa, como o tem feito. Porém não dão logar as couzas presentes a este empenho; porque me acho impossibilitado, por falta de gente e de dinheiro. Em outra occasião procurarei conseguir este intento. Para a fortaleza de Moçambique e Sofalla, vai por capitão Antonio de Mello de Castro, por compra que della fez aos procuradores de Henrique Carvalho de Sousa; e succede a Dom Manuel Mascarenhas, em cujo tempo succederão as couzas de que dou conta a Vossa Magestade por carta particular, cuja catholica e real pessoa Deus guarde, como a christandade e seus vassallos havemos mister. Goa, 12 de janeiro de 1664. Antonio de Mello de Castro.

## Carta de ElRey a Antonio de Mello de Castro, para se cumprirem as ordens sobre a entrega de Bombaim

(Secretaria do Governo de Goa, livro das Monções, n.º 30.º, fol. 15.)

Antonio de Mello de Castro, amigo. Eu ElRey vos envio muito saudar. Pela vossa carta que trouxe por terra Manuel Godinho, Religioso da Companhia de Jesus, vi com grande sentimento a dilacção e dificuldades, que se offerecêrão para se não entregar a Ilha de Bombaim á ordem delRei da Gram-Bretanha, meu bom Irmão e Primo, na forma das nossas Capitulações, e como vos ordenei quando de aqui partistes. O que está capitulado, e as razões que ha para em tudo dar contentamento a ElRey meu Irmão, não permitte duvida nesta materia, espero que com a vossa prudencia a hajais disposto de modo que se execute com toda a brevidade, que tenho mandado; mas em caso que ainda haja qualquer impedimento, vos ordeno e mando que todos vençais, e faciliteis de maneira que tenha eu que vos agradecer. Aos moradores daquella Ilha direis se equivocárão no modo, com que entendêrão o artigo da capitulação, que se lhes mostrou, porque com ella se lhes não tirão suas fazendas, antes as ficão possuindo como atégora, e somente vivirão debaixo do dominio delRei da Gram-Bretanha, meu Irmão, que os governará com toda a justiça, e com a liberdade na Religião Catholica Romana, como em Europa se pratica com muitas Cidades e Povos em semelhantes tratados, e com seu poder os defenderá e segurará em tanto commercio, que venhão a lograr a opulencia que podem desejar. A isto mesmo hão de ajudar as armas del Rey meu Irmão nas Praças,que tenho nesse Estado, que foi um dos principaes motivos, que me persuadio a dar-lhe aquella Ilha; e sendo seus moradores tão aliados por nação, parentesco, e conveniencias com os mais Portuguezes de toda a India, parece que por este caminho devem concorrer para o bem comum, de que promiscuamente hão de participar. Para conseguir esta entrega uza- 1664 Fevereiro 8

1664 Fevereiro 8 reis com todos os mêos que vos forem possiveis, procurando que sejam todos os que bastarem para effectivamente se dar cumprimento ás minhas ordens, e advertindo que este negocio não admitte replicas, nem dilação, e que não poderei deixar de estranhar muito, e mandar proceder com as demonstrações, que o caso pedir; e tanto que a entrega estiver feita me avizareis pela via que vos parecer, porque importará muito ter-se aqui entendido. Escrita em Lisboa em Salvaterra de Magos *(sic)* 8 de Fevereiro de 1664. REI. O Conde de Castello Melhor. — Para Antonio de Mello de Castro.

---

## Carta do Vice-Rey Antonio de Mello de Castro á Relação de Goa sobre a entrega de Bombaim

(Arch. da India, livro verde 1.º, fl. 269 v.)

1664 Novembro 3 Tive huma carta de Sua Magestade, que Deus guarde, em que me ordena entregue Bombaim, porem eu não sei a quem se hade entregar, em rasão de que ElRey de Inglaterra manda procuração para a receber Abrahão Shipman, que he morto, e não extende poder a outra alguma pessoa. E porque a mesma ordem me remette na forma da primeira que veio em minha companhia, e nella prescreve Sua Magestade que peça procuração para conhecer por ella a pessoa, a que ElRey de Inglaterra quer que se consigne aquella ilha, e que se faça auto, em que a mesma procuração fique inserta, para constar a todo o tempo, como se recebeu em virtude do capitulado; me pareceu, pois estas materias são mais de letras, remetter a esse tribunal as mesmas cartas e procuração, para que se veja em que modo se fará judicial a entrega, para que se satisfaça a ElRey de Inglaterra o que se lhe tem prometido, e fique servido ElRey nosso Senhor, e as suas ordens pontualmente obedecidas, e se possa fazer auto com as circunstancias que a carta accusa, e o direito requer. Encomendo muito aos desembargadores que, vistos os papeis e ponderadas as palavras, me remettão seus pareceres por escrito, para que se vejão em conselho de estado, e se ajustem os outros pontos tocantes a este negocio, e seja tudo com toda a brevidade. Panelim 3 de Novembro de 1664.— Antonio de Mello de Castro. 1664 Novembro 3

## Resposta do Tribunal da Relação á Carta do Vice-Rey Antonio de Mello de Castro

(Arch. da India, livro verde 1.º, fol. 271.)

Neste tribunal da Relação nos apresentou o Secretario do estado, o Dr. Luiz Monteiro da Costa, a carta de V. Ex.ª, e com ella as copias de duas cartas de Sua Magestade, huma de 9 de Abril de 662, outra de 16 de Agosto de 663; e assim mais a commissão de ElRey de Inglaterra, para se haver de entregar Bombaim a Abrahão Shipman, de 23 de Novembro de 663, sem a dita commissão se extender a outra pessoa alguma. E porque o mesmo Secretario trouxe á esta mesa o testamento do dito Abrahão Shipman, e reposta que o capitão inglez lhe deu ao que lhe havia perguntado sobre se trazia commissão, em rasão da falta do dito Abrahão Shipman, dizendo que se V. Ex.ª se não satisfizesse com o testamento do dito Abrahão Shipman, mandaria a Angediva buscar a resolução de ElRey da Gram Bretanha: e pareceu aos desembargadores abaixo assignados que, para respondermos em termos de direito a estes papeis, se deve mandar tresladar o dito testamento, que está em idioma inglez, e o tornar a levar o Secretario; e que se tem os inglezes em Angediva outros papeis de ElRey de Inglaterra sobre a successão do dito Abrahão Shipman fallecido, os devem apresentar. Goa 4 de Novembro de 664.— Sebastião Alvares Migos — Antonio da Maia Barreira — Manoel Martins Madeira — Francisco de Figueiredo Cardoso — Luiz Monteiro da Costa. 1664 Novembro 4

## Resposta definitiva do Tribunal da Relação ao Vice-Rey Antonio de Mello de Castro

(Arch. da India, livro verde 1.°, fol. 273.)

1664 Novembro 13 Com os papeis que V. Ex.ª oje mandou a este tribunal, a saber: o testamento de Dom Abrahão Shipman, e a commissão que trouxe do Serenissimo Rey de Inglaterra, e sendo vistos: pareceu aos desembargadores abaixo assinados, que o mesmo poder fica tendo Humphrey Cooque, nomeado pelo dito Dom Abrahão em virtude da dita commissão real de seu Rey; e que na forma das ordens de Sua Magestade, que Deos guarde, se lhe deve fazer entrega de Bombaim. E com esta tornamos a V. Ex.ª a procuração do mesmo Rey da Gram Bretanha, e sua commissão e testamento do dito Dom Abrahão. Goa 13 de Novembro de 664.—Sebastião Alvares Migos—Manoel Martins Medeiros—Luiz Monteiro da Costa—Francisco de Figueiredo Cardoso—Antonio da Maia Barreira.

---

## Carta do Vice-Rey Antonio de Mello de Castro a ElRei, sobre a entrega de Bombaim

(Secretaria do Governo de Goa, livro das Monções, n.° 31, fol. 162.)

1665 Janeiro 5 Senhor.—Por via de Inglaterra me chegou este anno huma carta de V. Magestade sobre se fazer a entrega de Bombaim,

---

## Auto da entrega da Ilha de Bombaim feito em 18 de Fevereiro de 1665, entre Portugal

(East-Indies, 1663-1665, n.° 6.)

1665 Fevereiro 18 In the name of God amen. Know all men that shall see this publique Instrument of possession and delivery of the Port and Island of Bombaim, that on the eighteenth day of the month of February in the year of the birth af our Lord Jesus

e postoque a procuração, que se me apresentou, trazia maiores duvidas, que a primeira, por ser passada a *Abrahão Shipman,* que era morto, e não trazer successão; como se entendeo ser este o gosto de V. Magestade, e parecendo a todo o Conselho que sem outro algum reparo se desse posse aos Inglezes, e á Relação que a procuração, ainda naquella forma, era bastánte; ordenei que o Vedor da Fazenda, e o Chanceller do Estado, passassem ao Norte a este effeito, e lhe dei o Regimento, cuja copia vai com esta. Confesso aos pés de V. Magestade que só a obediencia, que devo, como vassallo, pudera forçar-me a esta acção, porque antevejo os grandes trabalhos que desta vizinhança hão de nacer aos Portuguezes; e que se acabou a India no mesmo dia em que a Nação Ingleza fizer assento em Bombaim. Eu tenho satisfeito á confiança, que V. Magestade fez da minha pessoa, servindo-se de mim neste logar, e á honra, que me deixárão meus Avós, e eu professei em todo o tempo, com dar conta a V. Magestade dos inconvenientes que tinha esta resolução, e dos motivos por que deixei de fazer a entrega; e espero da grandeza de V. Magestade, que havendo visto os meus papeis, mande considerar o que obrei, e que procedi como devia, havendo-se V. Magestade por bem servido do meu zelo, que he só o premio a que aspiro. Deus Guarde a Catholica e Real Pessoa de V. Magestade como a Christandade e seus vassallos havemos mister. Goa 5 de Janeiro de 1665. Antonio de Mello de Castro. 1665 Janeiro 5

---

**na conformidade do artigo IX do Tratado de 23 de Junho de 1661. e a Inglaterra**

(Arch. do antigo Conselho Ultramarino.—Copia.)

Em nome de Deos amen. Saibão quantos este publico instromento de posse e entrega do porto e ilha de Bombaim virem, como no anno do nascimento de Nosso Senhor Jesus Christo de mil seiscentos sessenta e cinco annos, aos dezoito 1665 Fevereiro 18

1665 Fevereiro 18 Christ one thousand six hundred sixty five, Lewis Mendes de Vasconcellos of His Majesties Councel and his Chancellor of the General Exchequer of the estate of India, and Doctor Sebastian Alvares Migos Chancellor of the Courts of Goa, the aldermen and other Officers of the Chamber of the City of Baçaim, gentlemen dwelling in the same, the Factor and Governor of the said City, and Judge thereof; and also Humphry Coque, wich in the Portingal and Spanish tongues is the same as Inofre Coque, Governor of the soldiers of the most Excellent King of Great Britain, the Ensign John Thorne and other Englishmen being all present with me Tabellion of notes hereafter named in the said Port and Island of Bombaim, wich is in the jurisdiction of the said City of Baçaim, in the great house of Mrs. I. de Miranda widow of Don Rodrigo de Monssanto deceased, the said Lewis Mendes de Vasconcellos Chancellor of the general Exchequer, and Doctor Sebastian Alvares Migos Chancellor of the Court of Goa said, that they came thither from the City of Goa by order of Anthony de Mello de Castro Vice King and Captain General of India, who sent them, giving them two letters of the King our Lord with Instructions of the said Vice King and with Warrant of the most excellent King of Great Britain and a substitution wich Don Abraham Shipman left ready for the said Humphry Coque to succeed him in his place after his decease, all wich are here copied and are as followeth.

Powers given by the Vice King for the surrender. 10 jan. 1664/5 I Anthony de Mello de Castro of his Majesties Councel of Estate, Vice King and Captain General of India etc. doe make known to those that sahll see this warrant, That whereas according to the order wich I received from his Majesty touching the delivery of the Port and Country of Bombaim to the person named by the most Excellent King of Great Britain, I have named for this purpose Lewis Mendez de Vasconcellos Chancellor of the General Excheker, and Doctor Sebastian Alvares Migos Chancellor of Estate: and that for the better definition of whatsoever shalbe treated on in this particular, it is convenient for them to have sufficient power, as the importance of the matter requires, therefore for the confidence I have in them that

dias do mez de Fevereiro do dito anno e sendo ahy no dito porto e Ilha de Bombaim, que he da jurisdicção da cidade de Baçaim, em as cazas grandes de Dona Ignez de Miranda, viuva do defunto Dom Rodrigo de Monçanto, presentes Luiz Mendes de Vasconcellos, do conselho de Sua Magestade e seu Vedor da fazenda geral do Estado da India, e o Doutor Sebastião Alvares Migos, Chanceler da relação de Goa, os Vereadores, e mais oficiaes da camara da dita cidade de Baçaim, fidalgos moradores nella, Feitor, e Alcaide mór da dita cidade, e o Ouvidor della, e bem assim Humphrey Cooque, que em lingoa Portugueza e Espanhola, he o mesmo que Inofre Cooque, Governador da gente de guerra do Serenissimo Rey da Gram Bretanha, e o Alferes João Torne, e outras pessoas da nação Ingleza, todos comigo Tabellião de notas abaixo nomeado, logo pelos ditos Luiz Mendes de Vasconcellos, Vedor da fazenda geral, e o Doutor Sebastião Alvares Migos, Chanceler da relação de Goa, foi dito que elles havião vindo alli da cidade de Goa por ordem do Vice Rey e Capitão geral da India Antonio de Mello de Castro, que os mandou dando-lhes duas cartas delRey Nosso Senhor; e com Regimento do dito Vice Rey, e com hum papel de procuração do Serenissimo Rey da Gram Bretanha, e outro da nomeação que Dom Abrahão Shipman deixou feito para lhe succeder por seu falecimento no seu lugar o dito Humphrey Cooque, que tudo vae aqui tresladado, e he o seguinte: 1665 Fevereir 18

Antonio de Mello de Castro, do Conselho de Estado de Sua Magestade, Vice Rey e Capitão geral da India, etc. Faço saber aos que este Alvará virem que, por quanto em conformidade da ordem que recebi de Sua Magestade sobre se haver de entregar o Porto e terra de Bombaim á pessoa nomeada pelo Serenissimo Rey da Gram Bretanha, e ter nomeado para este effeito a Luiz Mendes de Vasconcellos, Vedor da fazenda geral, e ao Doutor Sebastião Alvares Migos, Chanceler do Estado, e convir para melhor difinição de tudo o que neste particular se ouver de tratar levarem bastantes poderes, como a importancia da materia requer, e pela confiança que faço dos acima nomeados, que procederão de maneira que Sua Ma-

1665 Fevereiro 18 they will proceed so as his Majesty may be well served and the most Excellent King ot Great Britain satisfied, I have thought good to grant, as by these presents I do grant all my power to the said Lewis Mendez de Vasconcellos and Sebastian Alvares Migos to determine and resolve any doubts that shalbe moved, observing notwithstanding in all things the Instructions that I have commanded to be given them: and whatsoever they shall so doe and act shalbe as effectual as if I had commanded and determined it, advertising that if the cases be such that they think my order ought to be first had therein, they shall send an accompt of all the particulars with their judgments, that so I may resolve what shalbe most convenient. I doe so notify it to the Captains of the City of Chaul, and Baçaim, Factors and Judges thereof, and to all other Ministers of the Exchecker and Justice Officers and persons that it may concern, and I doe command them to accomplish and keep it and cause it to be fully accomplished and kept as therein is contained without any doubt or contradiction, and it shalbe as valid as a letter passed in his Majesties name, and it shall not pass in the Cancery nor pay the duty of the mea annata being for the service of the said Lord, notwithstanding the orders of the second Book intituled thirty nine and fourty, wich are to the contrary. Nicholas Ferreira did write it. Pangim, the tenth of January one thousand six hundred sixty five. I Doctor Lewis Monteiro da Costa did cause it to be written. Anthony de Mello de Castro.

The Docquett of the foregoing Power

Warrant whereby your Excellency hath thought good to graut, as by these presents you doe grant all your Excellencies power to Lewis Mendes de Vasconcellos Chancellor of the General Exchequer, and to Doctor Sebastian Alvares Migos Chancellor of Estate to determin and resolve any doubts that shall be made touching the delivery of Bombaim, observing notwithstanding in all things the Instructions that your Excellency hath commanded to be given them, and whatsoever they shall so doe and act shalbe as effectual as if your Excellency had commanded and determined it, advertising that if the cases be such that they think your Excellencies

gestade seja bem servido, e o Serenissimo Rey da Gram Bretanha satisfeito: Hei por bem de lhes conceder, como por este concedo todos os meus poderes aos ditos Luiz Mendes de Vasconcellos, e Sebastião Alvares Migos para poderem determinar, e resolver quaesquer duvidas que se moverem, guardando porem em tudo a forma do Regimento, que lhes tenho mandado dar, e tudo o que assim obrarem e fizerem terá seu inteiro effeito, como se por mim fosse mandado, e determinado, com advertencia que sendo os casos taes que lhes pareça deva preceder nelles ordem minha, se me dará conta com toda a particularidade, e com seus pareceres para assim poder resolver o que mais conveniente for. Notifico-o assim aos Capitães da Cidade de Chaul, e Baçaim, Feitores, e Ouvidores della, e a todos os mais Ministros da fazenda, e justiça, oficiaes, e pessoas a que pertencer, e lhes mando que assim o cumprão e guardem, e fação inteiramente cumprir e guardar este alvará como nelle se contem sem duvida, nem contradição alguma, e valerá como carta passada em nome de Sua Magestade, e não passará pela Chancellaria, nem pagará a meia annata, por ser do serviço do dito Senhor, sem embargo das ordenações do livro 2.°, titulo 39 e 40 que o contrario dispoem. Nicolau Ferreira o fez em Pangim a dez de Janeiro de mil seis centos sessenta e cinco: eu o Doutor Luiz Monteiro da Costa o fiz escrever. — Antonio de Mello de Castro.

1665 Fevereiro 18

Alvará por que V. Ex.ª ha por bem conceder, como por este concede todos os poderes de V. Ex.ª a Luiz Mendes de Vasconcellos, Vedor da fazenda geral, e ao Doutor Sebastião Alvares Migos, Chanceler do Estado, para poderem determinar, e resolver quaesquer duvidas, que se moverem sobre a entrega de Bombaim, guardando porem em tudo a forma do regimento, que V. Ex.ª lhes tem mandado dar, e tudo o que assim obrarem, e fizerem terá seu inteiro effeito, como se por V. Ex.ª fosse mandado e determinado, com advertencia que sendo os casos taes que lhes pareça deva preceder nelles ordem de V. Ex.ª, darão conta com toda a particularida-

1665 Fevereiro 18 orders ought to be first had therein, they shall give an account of all the particulars with their judgments, that so your Excellency may resolve what shalbe most convenient as afore is declared: for your Excellency to see, and it shalbe valid as a letter, and it shall not pass in the Chancery nor pay the duty of mea annata being for his Majesties service. Monteiro. It is entred in the first book of the General Grace at folio forty one, and it paid nothing. Monteiro. Registred in the second book of general Registers at folio thirty two, and it paid nothing. Nicholas Ferreira.

The first letter from the King of Portugall for the surrender. 9 abril 1662

Anthony de Mello de Castro, Friend, I the King wish you much health. By the articles of what was contracted with the King of England my good Brother, touching the Dowre of the Queen his wife my most beloved and esteemed Sister, wich shalbe sent with this letter, you will understand how and wherefore the Port and Country of Bombaim doth belong unto him and the obligation I have to command the delivery thereof to be made him; as soon as you arrive at the Estate of India you shall demand the Kings warrant, and thereby you will know the persons to whom the possession is to be given and the delivery made, and you shall cause it to be given in the form and manner of that Capitulation, keeping it and causing it to be most punctually and fully kept, and of all things you shall cause Instruments to be made with all clearness and distinction, that what passes in this business may at all times appear, and you shall send them Me by wayes that thereby may be had the acquittance of the Dowre that was promised to the King. By the other articles of the Treaty you wil see the Union that we celebrate, and the obligation that the King hath to assist Me in all the straits and necessities that by reason thereof I shalbe in, if in them you shall see convenient to make use of the English, you may so doe, as also you shall help them in what you possible may. Written in Lisborne the ninth of april one thousand six hundred sixty two. Queen. For Anthony de Mello de Castro. According Lewis Monteiro de Costa.

King of Por- Anthony de Mello de Castro, Governour, Friend. I the King

de, e com seus pareceres para assim poder V. Ex.ª resolver o que mais conveniente for, como acima se declara. Para V. Ex.ª vêr, e valle como carta, e não passará pela Chancelaria, nem pagará a meia annata por ser do serviço de Sua Magestade. — Monteiro. Fica assentado no livro 1.º das mercês geraes a folhas 41, e pagou nada. Monteiro. Registado no livro 2.º dos registos geraes a folhas 32. Pagou nada. Nicolau Ferreira. 1665 Fevereiro 18

Antonio de Mello de Castro Amigo, Eu ElRey vos envio muito saudar. Pelo capitulo do que se contratou com ElRey de Inglaterra, meu bom Irmão, e Primo sobre o dote da Rainha sua mulher minha muito amada e presada Irmã, que será em companhia desta carta entendereis como, e o modo por que lhe toca o Porto e terra de Bombaim, e obrigação que tenho de lhe mandar fazer entrega della. Logo que chegardes ao Estado da India pedireis procuração delRey, e entendereis por ella a pessoa a que se ha de dar a posse, e fazer a entrega, e a fareis dar no modo, e forma daquella capitulação, guardando-a e fazendo-a guardar muito pontual, e inteiramente, e ordenareis se fação de tudo instrumentos com toda a clareza, e distincção para a todo o tempo constar do que neste negocio passou, e mos remetereis por vias, para com isso se acabar de ajustar a quitação do dote, que se prometeo a ElRey: pelos outros capitulos daquelle tratado vos será presente a união que celebramos, e a obrigação que ElRey tem de me socorrer em todos os apertos e necessidades que disso tiver, se nos em que vos vires, for conveniente valeres-vos dos Inglezes o fareis, como tãobem os ajudareis no que vos for possivel. Escrita em Lisboa a nove de Abril de mil seis centos sessenta e dous.—Rainha.—Para Antonio de Mello de Castro. — Conforme. — Luiz Monteiro da Costa.

Antonio de Mello de Castro, Governador Amigo. Eu ElRey

Ingall's second letter for the surrender. 16 august 1663

wish you much health. By the way of England I had notice that in that Estate there was question made touching the delivery of the place of Bombaim to the order of the King of Great Britain my good Brother and Couzin according to mine wich you received, wich was here extreamly wondred at and much troubled Me. And because, besides the reasons of the conveniences of this Crown and especially of that Estate of India wich caused me to take that resolution, I desire much to give the King my Brother all satisfaction for those and other considerations thereabout, and because the King my brother is to send new orders wich will satisfy any doubt that was had touching the first I sent, I doe order you that in accomplishment of those you have of mine you cause the said Delivery to be most punctually made without any contradiction, since the matter admits not any and delay is very prejudicial; and in so donig (as I expect of you) I shall hold myself well served: and you shall cause those that shall hinder it to be proceeded against with the demonstration that the case requires. Written in Lisborne the sixteenth of august one thousand six hundred sixty three. King. For Anthony de Mello de Castro; the Earl of Castel Melhor. According Lewis Monteiro da Costa.

Instructions lymiting the surrender. Signed by the Vice King. 14 jan. 166$\frac{4}{5}$

1. The Island of Bombaim is to be delivered to the English under declaration. That whereas the other Islands of the Jurisdiction of Baçaim have by the Bay wherein the said Island lyes, their trade, all equal action and liberty wherewith they sail, the said English shall never hinder it, nor impose any tribute or custom nor on the exportatiou of salt and other goods out of those Islands and Countries, nor on others to be imported into them from other places, and all ships laden or not laden shalbe free and at liberty to sail from the said Islands and Countries of the Portingals and to come to them from other nations without that the subjects of the King of England shall first oblige them to pay Duties or to pay any thing in their Custom house or otherwise howsoever, nor shall they for this have any pretence for that from henceforth for evermore it is so declared. And they shall have the pas-

vos envio muito saudar. Por via de Inglaterra me chegou noticia que nesse Estado ouvera duvida a se entregar a Praça de Bombaim á ordem delRey da Gram Bretanha, meu bom Irmão e Primo, na conformidade das minhas que levastes, o que nesta parte se estranhou muito, e me causou grande sentimento; e porque alem das rasões das conveniencias desta Coroa e particularmente desse Estado da India, que me fizerão tomar aquella resolução, desejo muito dar toda a satisfação a ElRey meu Irmão, e por estas e outras considerações que para isso ha, e porque ElRey meu Irmão deve mandar novas ordens, que tirem qualquer duvida que ouvesse nas primeiras que mandou, vos ordeno que em comprimento das que levastes minhas, façais que se execute a dita entrega muito pontualmente sem contradição alguma, pois a materia a não admite, e a dilação he muito prejudicial, e em assim o cumprides, como de vós espero, me haverei por bem servido, e contra quem o impedir mandarei proceder com a demonstração que o caso pede. Escrita em Lisboa a dezaseis de Agosto de mil seis centos sessenta e tres.—Rey.—Para Antonio de Mello de Castro. — O conde de Castel-melhor. — Conforme. — Luis Monteiro da Costa. 1665 Fevereiro 18

Capitulo 1.º Hasse de entregar aos Senhores Inglezes a Ilha de Bombaim com declaração, que por quanto as outras ilhas da jurisdicção de Baçaim, tem pela bahia, em que está a dita Ilha, seus commercios todos igual acção, e liberdade com que navegão, não poderão nunca os ditos Senhores Inglezes impedir-lho, nem impor tributo ou gabella alguma, nem na extracção do sal, e mais mercadorias daquellas Ilhas, e terras, nem nas outras que de fora se trouxerem a ellas, e serão livres e desembargadas todas as embarcações carregadas, ou descarregadas que navegarem das ditas Ilhas, e terras dos Portuguezes, e das outras Nações, que vierem a ellas, sem que os obriguem os subditos delRey de Inglaterra a fazer primeiro direitos, ou pagar cousa alguma em sua Alfandega, ou por outro qualquer modo que seja, nem para isto se poderão valler de pretexto algum, porque desde

1665 Fevereiro 18 sage and trade free as well for our Countries as for other places as hitherto they have had.

2. Item that the Port of Bandora in the Island of Salcete, nor any other of the same Island shall be stopt and all the shipps as well those that shall goe out of the said Port or Ports, as those that shall come to them shall freely pass, and the English shall not alledge that they pass under their artillery, because with this condition, the said Island is delivered to them and they shall not desire more then what is granted them by the articles of Preace, and treaty of marriage.

3. Item that they shall not admitt any person runn away out of our Countries for any cause whatsoever, nor under any pretence conceale or defend any such, for that, this is the way to preserve peace and friendship between both Crowns, and hereby only scandalls and damages may be avoided for the future, and in case that if any person goe to them, they shall be bound to comand him to be delivered immediately to the Captaine of the fort of Baçaim, for the time being, and because many Gentils that have goods and moneys of the Portingals, and of other of his majesties subjects, may to keepe all thee same goe to the said Island of Bombaim to secure and protect themselves under the Banner of the most Excellent King of England, they shall not only not be admitted, but the English shall be bound to secure them until they fully satisfie what they owe. And if they shall not doe so within two months, they shall deliver them to the said Captaine of Baçaim to doe the parties right according to Justice.

4. Item that the English shall not concerne themselves in matters of faith, nor oblige the Inhabitants of the said Island of Bombaim directly or indirectly to alter their beliefe, nor to come to heare their sermons. And they shall let the Eclesiasticall ministers exercise their Jurisdiction without any disturbance, this express condition being in the articles of peace, and under it the delivery is comanded to be made to them, and they doing at any time to the contrary, it shall be

agora para todo sempre o ão assim por declaradas, e terão a passagem, e trato livre assim para nossas terras, como para as demais partes como até agora se fazia. 1665 Fevereiro 18

Capitulo 2.º Que o porto de Bandorá na Ilha de Salcete, nem qualquer outro da mesma Ilha será impedido, e francamente passarão todas as embarcações, assim as que houverem de sahir do dito Porto ou Portos, como as que vierem para elles, e os Senhores Inglezes não poderão alegar que passão por baixo da sua artelharia, porque com esta condição se lhe entrega a dita Ilha; e não podem querer mais que aquillo que se lhes concedeo pelos capitulos da paz, e tratado de cazamento.

Capitulo 3.º Que não admittirão pessoa alguma fugida das nossas terras por qualquer causa que seja, nem debaixo de algum pretexto a ocultarão, ou defenderão, por ser este o meio de se conservar a paz e amisade entre ambas as coroas, e com que só se podem evitar escandalos e damnos no futuro, e sendo caso que alguma pessoa se passe a elles se obrigão a mandala entregar logo ao Capitão da Fortaleza de Baçaim, que ao tal tempo for, e porque muitos gentios que tem em si fazendas, e dinheiro dos Portuguezes, e mais vassallos de Sua Magestade, para se ficarem com tudo, pode suceder que se passem á dita Ilha de Bombaim, á sombra, e amparo das bandeiras do Serenissimo Rey de Inglaterra, não só não serão admitidos, mas serão os Senhores Inglezes obrigados aos represarem até que dê inteira satisfação do que deverem, e não o fazendo dentro de dous mezes os entregarão ao dito Capitão de Baçaim para fazer direito ás partes como for justiça.

Capitulo 4.º Que não se entrometerão os Senhores Inglezes nas materias da fé, nem obrigarão os moradores da dita Ilha de Bombaim, nem directe nem indirecte a mudar de crença, nem hir ouvir suas predicas, e deixarão aos Ministros ecclesiasticos exercitar sua jurisdicção sem impedimento algum, por ser esta condição expressa nos capitulos da paz, e debaixo da qual se lhes manda fazer a entrega; e fazendo em algum tempo o contrario se entenderá que que-

1665 Fevereiro 18 understood a breach of what is set downe and promised, and the right of the said Island shalle retorne to the Crowne of Portingall.

5. Item that the Fleets of the King of Portingall our Lord, as well ships as boates with oares, and any other of his ships shall at all times go into and out of the said Bay, without any hindrance, or asking any leave, because part of the said Bay belongs to them in respect of their other Islands and Countries whereof they shall freely make use as their own without any doubt or question.

6. Item that all the Inhabitants as well residing in Bombaim, as such as shall have estates in the said Island, if they will not reside in the said Island, they shall lett their estates or sell them, as they shall think best, and if the English shall desire them, it shall be for their just value, and so much for so much, and not otherwise. Bet if the English will not buy them; nor the owners will not live in them, they shall dispose of them, and if they shall not so doe, it shalbe lawful for them to make use of them as alwaies they have done, without any contradiction of the English.

7. Item that those of the said Island of Salseta, Carinjah, Barraqas, and the rest of our Jurisdiction shall freely fish in the said Bay and River in the arm that enters and divides Bombaim from Salsete by Bandora unto the Bay, without that the English shall at any time prohibit them, or take of them any tribute or custom, and the Inhabitants of Bombaim shall doe the like with the same liberty.

8. Item that the Curumbins, Bandarins, or ether persons united to, or Inhabitants in the Towns of our Jurisdiction, shall not be admitted into Bombaim; but if they goe to that Island, they shalle be immediately delivered to their owners, and the like of the slaves that shall run away, an the same shalbe understood and done with the workmen that shall goe from our Countries to Bombaim, viz. Carpenters, Weavers, Dyers, Seamen, Caulkers, Basket-makers, Smiths, or any

brão o assentado, e prometido, e recairá o direito da dita Ilha para a Coroa de Portugal. 1665 Fevereiro 18

Capitulo 5.º Que as Armadas delRey de Portugal nosso Senhor, assim de alto bordo, como de remo, e quaesquer outras embarcações suas poderão a todo tempo entrar e sahir na dita Bahia, sem lhe ser posto impedimento algum, nem pedir algum beneplacito, porque em razão das outras Ilhas e terras suas, lhe toca parte na dita Bahia, de que poderão uzar livremente, como de cousa que he propia sem duvida, ou questão.

Capitulo 6.º Que todos os moradores assim assistentes em Bombaim como os que tiverem na dita Ilha fazendas, quando não queiram assistir na Ilha, poderão arrendar suas fazendas, ou vendelas como melhor lhes estiver; e querendo-as os Senhores Inglezes, será por sua justa valia, e tanto pelo tanto, e não de outro modo; porem, não querendo compralas os ditos Senhores Inglezes, nem os donos viver nellas, as poderão alhear, e em quanto o não fizerem, lhes será licito uzar dellas, como sempre fizerão, sem contradição alguma dos ditos Senhores Inglezes.

Capitulo 7.º Que os das ditas Ilhas de Salcete, Caraja, Baragão, e as demais de nossa jurisdicção poderão pescar livremente na dita Bahia, e rio, e no braço que entra e divide Bombaim de Salcete por Bandorá até á Bahia, sem que os Senhores Inglezes em nenhum tempo lho prohibão, nem para isso lhe queirão levar tributo ou gabella alguma, e os moradores de Bombaim farão o mesmo com a mesma liberdade.

Capitulo 8.º Que os Curumbins, Bandarins, e mais pessoas abunhadas, ou moradoras nas aldeas da nossa jurisdicção não poderão ser admitidos em Bombaim, antes passando-se áquella Ilha serão logo entregues a seus donos, e o mesmo os escravos que fugirem, e o mesmo se entenderá, e fará com os officiaes que se forem de nossas terras para Bombaim como são carpinteiros, tecelões, tintureiros, marceneiros, calafates, serradores, ferradores, ferreiros, e quaes-

1663 Fevereiro 18 others, who shall be immediately delivered. And if the English have need of these workmen they shall desire them of the Captain of Baçaim, who shall send them for a limited time, they leaving their families in our Countries, and when the time limited is expired notwithstanding they shalbe needed, they shall goe and present themselves to the Captain of Baçaim, of whom the Governor of the English shall again desire them, that it may appear that they do not breake the articles, and good neighbourhood, wich we also will doe to them.

9. Item that in case any runnaways will alter their beleefe and be of the Confession of the English to keepe themselves from being restored, the English shall not consent thereunto, and the same shall be observed on our part with those that shall come to our Countries.

10. Item that the Lady that was of Bombaim, now that the Government is taken from her, and not the Estate, shall administer it without living in the Island, and it shall not be taken from her, unless it be by her consent, because she being a person of quality hath neede thereof for her maintenance, but after her decease, the English may buy the said Estate of her heires, after they are succeeded in the said Estate, for the just vallew thereof in the forme declared for the rest, and if the English will now take from her house, to make a Fort thereof, they shall imediately pay her the just vallew thereof.

11. Item that the persons that have Rents in Bombaim either patrimoniall, or of the Crowne, shall possess them by the same right, without being deprived thereof unless in the cases declared by the Lawes of Portingall, and their children and posterity shall succeede therein by the same right and clause as aforesaide, and those that will sell the said Estates Patrimonial, or of the Crowne, shall assigne to the Purchasers the same action and perpetuity that they have, that they and their successors may enjoy them in the same forme.

12. Item that the Ministers and Religious that reside in Bombaim shall have all the respect due and promised, and the Churches shall not be taken for any use, nor shall there

quer outros, que logo serão entregues, e tendo alguma necessidade os Senhores Inglezes destes oficiaes, os pedirão ao Capitão de Baçaim, que lhos mandará por tempo limitado, deixando elles suas famillias nas nossas terras, e se passado o prazo ainda forem necessarios, hirão apresentar-se ao Capitão de Baçaim, a quem tornará a pedil-os quem governar os Senhores Inglezes, para que se conheça que não rompem as capitulações, e a boa visinhança que tão bem lhe fazemos. 1665 Fevereiro 18

Capitulo 9.º Que sendo caso que algum dos fugidos queirão mudar de crença e passar-se á confissão dos Senhores Inglezes por evitarem o serem restituidos, os Senhores Inglezes o não consentirão, e o mesmo se observará da nossa parte com os que fugirem para nossas terras.

Capitulo 10.º Que a Senhora que era de Bombaim, já que se lhe tirou o Senhorio, e não a fazenda, a poderá administrar sem viver na Ilha, e com ella se não entenderá o poder-selhe tomar, se não for por sua vontade, porque sendo mulher de qualidade a ha mister para seu sustento; porem por sua morte a seus herdeiros, depois de succederem nos ditos bens, poderão os Senhores Inglezes pagar-lhes as ditas fazendas por sua justa valia na forma declarada para os demais, e se agora os Senhores Inglezes quizerem tomar-lhes as suas cazas para nellas fazerem Fortaleza, lhas pagarão logo por sua justa valia.

Capitulo 11.º Que as pessoas que tem rendas em Bombaim, ou patrimoniaes ou da Coroa, as possuirão com o mesmo direito sem poderem ser privados dellas, senão nos casos que as Leis de Portugal dispoem, e succederão nellas seus filhos, e descendentes com o mesmo direito e clausula acima dita, e os que venderem os ditos bens patrimoniaes, ou da Coroa, trespassarão aos compradores a mesma aução, e perpetuidade que elles tinhão para que as logrem e seus successores na mesma forma.

Capitulo 12.º Que aos Parochos e religiosos que assistem em Bombaim se tenha todo o respeito devido, e prometido, e as Igrejas não serão tomadas para uzo algum, nem nellas se

1665 Fevereiro 18 be any Preaching in them, and such as shall attempt so to doe, shall be exemplary punished.

13. Item that the Inhabitants of Bombaim, and Tributaryes of that Island shall not be bound to pay more then the Tribute that they paid to his Majestie, because this condition is expressly declared in the Capitulations.

14. Item that betweene either party there shall be good correspondence and reciprocall friendship, doing good offices to each other, as good friends, because this was the end of the delivery of this place, and of others and the intent of the most Excellent King of Great Brittaine, as appeareth by the articles of peace made betweene both Crownes: given in Pangim the fourteenth of January one thousand six hundred sixty five. Anthony de Mello de Castro.

### Translation of the King of England His Commission

Charles by the Grace of God King of Great Brittaine, Ireland and France, Defender of the Faith, etc. To all those to whome theis present Letters shall come and to every of them health. Whereas, according as it was in the Treaty agreed and concluded betweene Us and the most Excellent Prince Don Alfonzo, by the same Grace King of Portingall etc. my most Deare Brother, Cozen and friend, the saide Lord of Portingall, hath given, assigned, graunted and confirmed to Us, and to Our heires and successors for ever, the Port and Island of Bombaim in the East Indies, with all the rights, profitts and Territoryes thereunto belonging, whatsoever they may be, and whereas also in the said Treaty it was agreed and concluded that quiett, and peaceable possession of the said Port, and Island should be delivered to Us, or to the person by Us deputed to this effect, for Us to enjoy the one and the other freely. Know yee therefore that We trusting much in the prudence and fidellity of Abraham Shipman Our beloved subject, Knight of the Golden Signe and of Our privy Chamber, Have made, ordained and deputed, and by theis presents do make, ordaine and constitute him our true and undoubted Commis-

fação predicas, e aos que o intentarem se dê o castigo de modo que sirva de exemplo. 1665 Fevereiro 18

Capitulo 13.º Que os moradores de Bombaim, e foreiros daquella Ilha não serão obrigados a pagar mais que os foros como pagavão a Sua Magestade, por estar expressamente declarada nas capitulações esta condição.

Capitulo 14.º Que de parte a parte haverá boa correspondencia e reciproca amizade, fazendo-se bons officios huns aos outros, como bons amigos, porque este foi o fim da entrega desta Praça, e das outras, e o intento do Serenissimo Rey da Gram Bretanha, como se ve do tratado feito entre ambas as Coroas. Dado em Pangim a quatorze de Janeiro de mil seis centos sessenta e cinco.—Antonio de Mello de Castro.

### Treslado da procuração delRey de Inglaterra

Carlos por graça de Deos Rey da Gram Bretanha, Hibernia, e França, Defensor da fé, etc. A todos aquelles a que estas presentes Letras chegarem, e a cada hum delles saude. Da maneira que foi ajustado e concluido e tratado entre nós e o Serenissimo Principe Dom Affonso pela mesma graça Rey de Portugal etc. Irmão, parente, e amigo nosso charissimo, o dito Senhor de Portugal deu, trespassou, concedeo e confirmou a nós, e a nossos herdeiros, e successores para sempre o Porto e Ilha de Bombaim nas Indias Orientaes, com todos os direitos e utilidades, e territorios quaesquer que sejão, e demais no dito tratado foi ajustado, e concluido que se nos entregasse a posse do dito Porto e Ilha quieta, e pacifica, ou ás pessoas a este effeito por nós deputadas para uzarmos de huma e outra cousa livremente; pelo que sabei que fiando nós muito da prudencia, e inteireza do fiel Abrahão Shipman, amado subdito nosso, cavalleiro de insignia dourada, e de nosso secreto cubiculo, o tinhamos feito, ordenado e deputado, e pelas presentes fazemos, ordenamos e constituimos nosso verdadeiro e indubitavel commissario, deputado e procurador para tomar posse do dito Porto e Ilha de Bombaim,

1665 Fevereiro 18 sioner, Deputy and attorney to take possession of the said Port and Island of Bombaim, giving, and graunting to the said Abraham Shipman, lawfull fullpower and authority to receave in our name, and to our use, the said Port and Island, together with the Forts and other things to Us belonging by the Contract, in full execution of the said Graunt to Us made. In faith and testimony whereof We have subscribed theis presents with our hand and caused them to be sealed with Our signett. Done in Our Palace of Whitehall the three and twentyeth day of the month of November one thousand six hundred sixty three, and in the fiifteenth yeare of Our Raigne. Charles King.

I Don Abraham Shipman, Gentleman of his Majesties privy Chamber and Governour over all his Majesties forces in the Island of Bombaim in the East Indies, etc. By virtue of the Commission to me given by his Majestie of Great Britain under the seal of England appending, Doe constitute and ordain Humphry Coque for Deputy Governour, and in his absence the Ensigne John Thorne, over the Regiment of soldiers at present being in the Island of Angidiva, until other orders come from England, and therefore I doe order all Captains, Ensignes, Serjeants, and other officers and soldjers in the said Regiment to obey the commands of the said Humphrey Coque, or in his absence the Ensigne John Therne. Written in Angideva the fifth of April one thousand six hundred sixty four. Abraham Shipman. Signed, sealed and delivered in the presence of us John Tolderry, Thomas Price, Roger Morgan, Henry Anderson.

We whose names are herender written doe certify, that whatsoever is here above written with these names subscribed is the true copie of the original wich remaineth in the hands of the said Deputy Governor Humphry Coque etc. written in Angideva the seaventeenth of the month of October one thousand six hundred sixty four. John Stephens, Valentine Fouler, Walter Gallopher, John Bird, William Lincolne, Thomas Farley.

I John Gregory of the Society of Jesus doe certify in verbo

dando e concedendo ao dito Abrahão Shipman verdadeiro e omnimodo poder e authoridade para receber em nosso nome, e para nosso uzo o dito Porto e Ilha de Bombaim juntamente com os Fortes e mais cousas a nós pelo contrato pertencentes para plena execução da dita concessão a nos feita; em cujo testemunho e fé estas presentes firmamos de nossa mão, e fizemos sellar com o nosso sinete. Feita no nosso Palacio de White-Hall vinte e tres dias mensis Novembris mil seis centos sessenta e tres Regny nostry decimo quinto.— Carolus Rey.

Dom Abrahão Shipman, fidalgo da camara secreta de Sua Magestade, e governador sobre todas as forças de Sua Magestade na Ilha de Bombaim nas Indias Orientaes etc. Por virtude da commissão dada a mim de Sua Magestade da Gram Bretanha, debaixo do sello pendente de Inglaterra, eu constituo e ordeno Humphrey Cooque por vis-Governador, e em sua ausencia o Alferes João Torne sobre o Regimento de soldados o presente assistentes na Ilha de Angediva até que venhão outras ordens de Inglaterra, e por isso ordeno que todos os Capitães, Alferes, Sargentos, e os outros mais officiaes e soldados no dito Regimento serem obedientes aos mandados do sobredito Humphrey Cooque, ou na sua ausencia ao Alferes João Torne. Escrito em Anjediva aos cinco de Abril de mil seiscentos sessenta e quatro, Abrahão Shipman—fechado, assinado e entregue em presença de nós João Toldervy, Thomas Price, Roger Morgan, Henrique Anderson.

Nos cujos nomes abaixo escritos, certificamos que o dito escrito acima com estes nomes assinados he a copia verdadeira do original que fica nas mãos do sobredito vis-Governador Humphrey Cooque etc. Escripto em Angediva aos dezasete do mez de Outubro de mil seiscentos sessenta e quatro.—João Stevens—Valentine Fauler—Walter Golopher—João Bird—Guilherme Lincolne—Thomas Farley.

Eu João Gregorio da Companhia de Jesus, certifico in verbo

1665 Fevereiro 18 Sacerdotis that this is faithfully translated according to the original thereof, this day the fifth of November one thousand six hundred sixty four. John Gregory.

I Anthony Gil Preto notary of Civil causes of the Court, and the ancientest thereof, and of the Justification in this Estate doe give faith that the writing and sign of the certificate of the translation above is of the father John Gregory of the Society of Jesus, wich I doe certifie and thereof give faith. Goa sixth of November one thousand six hundred sixty four. Anthony Gil Preto.

Touching the possession and delivery to be given and made of the said Island of Bombaim, and the Port thereof to the most Excellent King of Great Britain Charles the Second, the King our Lord Don Alphonso the Sixth having promised and given the same in marriage Dower with the most Excellent Lady the Infanta of Portingall Dona Katherin de Gusman, his most beloved and esteemed Sister, now Queene of Great Britaine, or to the person that of the most Excellent King of Great Britaine should have power and authority in his name to accept the possession and delivery of the said Island of Bombaim and the Port thereof: And for other things contained in the Capitulations made betweene both Crownes, the said Governor Inofre Coque being present said, That he was the Person that had power and authority of the most Excellent King of Great Brittaine his Lord to accept in his name the possession and delivery of the said Island of Bombaim and the Port thereof, being succeeded in the place of the said Don Abraham Shipman (to whome it was to be given and delivered) by his nomination in the said succession after his decease: And because in the Instructions of the said Vice King the proper name of the Governour Inofre Coque was not declared for possession to be given and delivery made him of the said Island and of the Port thereof it appeared dubious: Whereupon the saide Governour Inofre Coque said that he was the same Humfry Coque named in the English tonge by Don Abraham Shipman and that it did so appeare to the saide Lewis Mendez de Vasconcellos Chancellour of the Generall Exchequer,

sacerdotis, que este vai fielmente tresladado conforme seu original, hoje cinco de Novembro de mil seiscentos sessenta e quatro. — João Gregorio. 1665 Fevereiro 18

Porto fé ser a letra e sinal da certidão da tradução acima do Padre João Gregorio da Companhia de Jesus, o que assim certifico, e dou fé eu Antonio Gil Preto, Escrivão do civel da Corte, e o mais antigo della, e das justificações neste Estado. Goa a seis de Novembro de mil seiscentos sessenta e quatro. — Antonio Gil Preto.

Para darem posse e fazerem entrega da dita Ilha de Bombaim, e seu Porto ao Serenissimo Rey da Gram Bretanha Carlos Segundo, por ElRey nosso Senhor Dom Affonso sexto lhe ter promettido, e dado em dote de casamento com a Serenissima Senhora Infanta de Portugal Dona Catharina de Gusmão, sua muito amada e prezada irmã, agora Rainha da Gram Bretanha, e pelas mais causas que se contem nas capitulações que se fizerão entre ambas as Coroas, ou á pessoa que por parte do Serenissimo Rey da Gram Bretanha tivesse poder, e authoridade para em seu nome aceitar a posse e entrega da dita Ilha de Bombaim e seu Porto, e por o dito Governador Inofre Cooque estar presente foi dito que elle era a pessoa que tinha poder e authoridade do Serenissimo Rey da Gram Bretanha seu Senhor para em seu nome aceitar a posse e entrega da dita Ilha de Bombaim e seu Porto, por ter succedido no lugar do dito Dom Abrahão Shipman, a quem se havia de dar e entregar, pelo deixar nomeado por seu falecimento na dita successão, e por no Regimento do dito Vice Rey se não declarar o nome proprio do dito Governador Inofre Cooque para se lhe dar a posse, e fazer a entrega da dita Ilha e seu Porto parecia haver duvida, ao que o dito Governador Inofre Cooque disse ser o mesmo Humphrey Cooque nomeado em lingua Ingleza por Dom Abrahão Shipman, e que assim constava ao dito Luiz Mendes de Vasconcellos, Vedor da fazenda geral, por ser do Conselho do Governo, e nelle se ter resolvido dar-lhe a dita posse, e fazer-se-lhe entrega da dita Ilha, e que o mesmo

1665 Fevereiro being of the Councell of the Government, it was resolved therein that the said possession should be given him and delivery made him of the said Island, and that the same did appeare to the said Chancellour by the judgment wich the Court gave thereupon to the said Vice King, whereof the said Governour Inofre Coque had notice, it being told him in Goa, and beyond all he did present the Letters, wich the said Vice King did write him touching this particular, nameing him by his owne name Inofre Coque Governour of the Island of Bombaim, and of the Souldiery of the most Excellent King of Great Brittaine and that he did comand the possession of the said Island, and the Port thereof, to be given him, and that therefore he came from Goa, with the fleete wich the said Vice King sent to the citty of Chaul, his sonn Dennis de Mello de Castro, being Chief Captain thereof, and that the most Excellent King of Portingall did not permit, but did command that without any question or delay possession should be given and delivery immediately made of the said Island of Bombaim and of the Port thereof wich the said Governour Inofre Coque did so desire and require on the part of the most Excellent King of Great Britain with the letters of the said Vice King, wich did satisfy any doubt that could be made, wich are here copied and are as followeth.

I did not answer the first writ by the Governour because I held the execution of what you desired of me a better and breefer answer. Now I doe it rejoicing that you are arrived at this Barr and come in health, which I desire you. To-morrow the person wilbe named that goes to make the delivery of Bombaim, it is necessary to know in what ships the men goe in respect of the fleet of the Sevagè: for if the English have not peace with them, nevertheless they will not be in danger, for I desire to see the Governour and all the rest of the subjects of the most Excellent King of Great Britain free of all. Pangim: the six and twentieth of December one thousand six hundred sixty four. Anthony de Mello de Castro. To the noble Inofre Cooque Governor of the Island Bombaim for the most Excellent King of Great Britain. D. Vice King.

All the dispatches are ready for your Honour to depart

constava ao dito Chanceller pelo parecer que sobre isso dera a Relação ao dito Vice Rey, do que elle Governador Incfre Cooque tinha noticia por lho dizerem em Goa, e sobretudo apresentava as cartas que o dito Vice Rey lhe escreveu sobre este particular nomeando-o por seu nome proprio Inofre Cooque, Governador da Ilha de Bombaim, e da gente de guerra do Serenissimo Rey da Gram Bretanha, e que lhe mandava dar a posse da dita Ilha e seu Porto, e que para isto viera de Goa acompanhado da Armada, que o dito Vice Rey mandou até á Cidade de Chaul, sendo Capitão mór della seu filho Dinis de Mello de Castro, e que o Serenissimo Rey de Portugal não permitia mas mandava que sem duvida nem dilação alguma se desse a posse e se fizesse logo a entrega da dita Ilha de Bombaim e seu Porto, o que elle Governador Inofre Cooque assim o pedia, e requeria por parte do Serenissimo Rey da Gram Bretanha com as cartas do dito Vice Rey, que desfazião qualquer duvida que podesse haver, as quaes vão aqui tresladadas, que são as seguintes: 1665 Fevereiro 18

Não respondi ao primeiro escrito do Senhor Governador, porque tive por melhor e mais breve resposta a execução do que me pedia, agora o faço alegrando-me de que haja chegado a esta barra e venha com a saude que lhe desejo. Amanham estará nomeada a pessoa que vá fazer a entrega de Bombaim: he necessario saber em que embarcações vae a gente em razão da Armada de Sivagy, porque se os Senhores Inglezes não tem com elle pazes, lhe não succeda algum perigo, que desejo ver de todo livre o Senhor Governador, e os demais vassallos do Serenissimo Rey da Gram Bretanha. Panely vinte e seis de Dezembro de mil seiscentos sessenta e quatro. Antonio de Mello de Castro. Ao nobre varão Inofre Cooque, Governador da Ilha de Bombaim pelo serenissimo Rey da Gram Bretanha.—Do Vice Rey.

Todos os despachos estão feitos para V. S.ª partir a tomar

1665 Fevereiro 18 to take possession of Bombaim, the fleet is to be paid to morrow if it is not already paid, and this thing onely wanted, wich the death of Francis de Mello de Castro hindred, as your Honour may have understood. Mr. Henry Guery hath the articles wich you desire of me, thereby your Honour will see the small difference that you will have with the ministers that go with you, since all the articles are according to the articles of peace and the agreement between both Crowns. If your Honour desires of me any other thing, I am here most willing. God keep your Honour. Pangim the eighth of January one thousand six hundred sixty five. Anthony de Mello de Castro. To Inofre Coque Governour of Bombaim and of the soldjers of the most Excellent King of Great Britain. D. Vice King.

I have given the orders necessary for the delivery of Bombaim to your Honour in the form that the King my Lord commandeth. The fleet departed to accompany that ship of the Kingdom, this day it will return; and so your Honour may depart when you please and your Honour may advise me if you have need of any thing else; for in whatsoever shalbe convenient for the service of the King of Great Britain and your Honours accomodation, you shall find me most willing. Good keep your Honour. Pangim the fourteenth of January one thousand six hundred sixty five. Anthony de Mello de Castro. To Inofre Coque Governour of the Island of Bombaim and Soldjers of the most Excellent King of Great Britain. D. Vice King.

Whereupon possession was immediately given and delivery made of the said Island of Bombaim and of the port thereof, wich comprehendeth in its situation and territories the towns of Mazagal, Parella and Vazolly, to the said Inofre Coque, wich he did accept and take, saying. That he did take possession and delivery of the said Island of Bombaim and of the port thereof in the name of the most Excellent King of Great Britain, in the form, way and manner contained in the Instructions of the said Vice King Anthony de Mello de Castro, and with all the declarations, clauses and conditions of the said Instruccions, all wich he held here fore expressed

posse de Bombaim; a Armada se deve pagar pela manham 1665 Fevereiro 18
se já não está paga, e só faltava esta diligencia para este efeito que impedio a morte de Francisco de Mello de Castro, como V. S.ª terá sabido. O Sr. Henrique Guery leva os apontamentos que V. S.ª me pede; por elles verá V. S.ª a pouca diferença que podia ter com os Ministros que vão em sua companhia, pois todos os capitulos são conformes com os artigos da paz, e ajustamento entre ambas as Coroas. Se V. S.ª quer de mim outra alguma couza aqui estou com mui boa vontade. Deos guarde a V. S.ª Pangim oito de Janeiro de mil seiscentos sessenta e cinco. Antonio de Mello de Castro. A Inofre Cooque, Governador da Ilha de Bombaim, e da gente da guerra do Serenissimo Rey da Gram Bretanha.— Do Vice Rey.

Tenho dado as ordens nessessarias para se entregar Bombaim a V. S.ª na forma que ElRey meu Senhor manda: a Armada sahio a acompanhar esta embarcação do Reino, hoje voltará, e assim pode V. S.ª partir quando quizer; e aviseme V. S.ª se lhe he necessario mais alguma cousa que para tudo o que for conveniencia do serviço delRey da Gram Bretanha, e commodidade de V. S.ª me achará com mui boa vontade. Deos guarde a V. S.ª Pangim quatorze de Janeiro de mil seis centos sessenta e cinco. Antonio de Mello de Castro. A Inofre Cooque, Governador da Ilha de Bombaim, e gente da guerra do Serenissimo Rey da Gram Bretanha.— Do Vice Rey.

Com o que se deu logo posse, e se fez entrega da dita Ilha de Bombaim, e seu Porto, que comprehende em seu sitio e territorio as Aldeas Mazagão, Parela, e Varoly, ao dito Governador Inofre Cooque, que a aceitou e tomou dizendo que tomava posse e entrega da Ilha de Bombaim e seu Porto em nome do Serenissimo Rey da Gram Bretanha, na forma, pelo modo e maneira que se contem no Regimento do dito Vice Rey Antonio de Mello de Castro, com todas as declarações clausulas e condições do dito Regimento, que todas aqui havia por expressas e declaradas, e cada huma dellas por si e seu effeito, prometendo em nome do Serenissimo Rey da

1665 Fevereiro 18 and declared and every of them apart and for their effect. Promising in the name of the most Excellent King of Great Britain, that he should not at any time go or come by fact nor law in part nor in all against this Instrument, but should by himself, his heirs and successors, and by his subjects, vassals and ministers fully perform all things without any question, and so saying, promising and doing he personnally took possession and delivery of the said Port and Island of Bombaim, going therein, taking earth and stones in his hand entering and passing into the Forts thereof, and puting his hand on the walls thereof and going also in the said Island, taking the earth and stones thereof in his hands, and doing like things required by law, without that at such time he was any way hindered or contradicted in the said possession and delivery, and so he effectually took it, peaceably and quietly with liberty and in peace without any question or contradiction for the most Excellent King of Great Britain, his heirs and successors to have possess and be Lord of the said Island of Bombaim, and of the Port thereof according to the capitulations aforesaid made between both Crowns, and Instructions of the Vice King, and for the Inhabitantst hereof, gentlement and possessor sof the Estates and Properties that are in the situation and territories of the said Island above declared, for wich they pay tribute to the KIng our Lord, or are to pay from henceforth to the most Excellent King of Great Britain who remains with the delivery and invested with the possession of the said Island and the Port thereof in manner aforesaid; Of all wich the said Lewis Mendez de Vasconcellos Chancellor of the General Exchecker, and Sebastian Alvarez Migos Chancellor of the Court of Goa, and the Governor Inofre Coque did command this Instrument to be made for the copies thereof that shalbe necessary to be given to the parties and to be registred in the Books of the Tower of Tombo of the city of Goa, in those of the Chamber of the city of Baçaim, and of the factory of the same city, and where else it shalbe convenient and the declarations necessary to be made in the said books, and to appear at all times how this possession was given, and

Gram Bretanha que não hiria nem viria de feito nem de direito em parte, nem em todo contra este instrumento em tempo algum, antes dará por si e seus herdeiros e sucessores e por seus subditos, vassallos e Ministros inteiro comprimento a tudo sem duvida alguma, e dizendo-o prometendo-o e fazendo-o assim tomou por sua pessoa corporalmente posse e entrega do dito Porto e Ilha de Bombaim andando por ella, tomando com as mãos terra e pedra, entrando e passeando por seus Baluartes, pondo as mãos nas paredes delles, e andando tãobem pela dita Ilha, tomando com as mãos a terra e pedra della, fazendo outros actos semilhantes, que em direito se requerem, sem no tal tempo se lhe impedir nem contradizer por nenhuma via a dita posse e entrega, e assim a tomou com effeito mança, quieta e pacificamente, e de paz, sem duvida nem contradição alguma para o Serenissimo Rey da Gram Bretanha ter, possuir e ser Senhor e seus herdeiros e successores, da dita Ilha de Bombaim e seu Porto na forma das sobreditas capitulações, feitas entre ambas as Coroas, e Regimento do Vice Rey, e para os moradores della senhores e possuidores das fazendas e propriedades que estão dentro do sitio e territorio da dita Ilha acima declarada, de que pagão foro a ElRei nosso Senhor o haverem de pagar daqui em diante ao Serenissimo Rey da Gram Bretanha, que fica entregue e investido na posse da dita Ilha e seu Porto pela sobredita maneira, de que tudo os ditos Luis Mendes de Vasconcellos, Vedor da fazenda geral, e Sebastião Alvares Migos, Chanceler da Relação de Goa, e o Governador Inofre Cooque mandarão ser feito este instrumento para delle se darem ás partes os treslados que forem necessarios, e se lançarem nos livros da Torre do Tombo da Cidade de Goa, e nos da Camara da Cidade de Baçaim, e da Feitoria da mesma Cidade, e aonde mais cumprir, e se fazerem nos ditos livros as declarações necessarias, e para constar a todo o tempo como se deo esta posse, e se fez a entrega da dita Ilha de Bombaim e de seu Porto, e de como assim mandarão fazer este instrumento se assinarão aqui os ditos Vedor da fazenda geral Luis Mendes de Vasconcellos, e o

1665 Fevereiro 18

1665 Fevereiro 18 the delivery made of the said Island of Bombaim and of the port thereof, and because they did so command this Instrument to be made, they did here subscribe, viz: the said Lewis Mendez de Vasconcellos Chancellor of the General Exchequer and the Doctor Sebastian Alvares Migos Chancellor of the Court of Goa that they did make the said delivery, and give the said possession of the said Island of Bombaim and the port thereof, and the said Governor Inofre Coque that he did accept the said possession and delivery in the forme aforesaid in the presence of John Mendes de Menezes, Don Lewis Henriques and Nicholas Gatuas aldermen, Manuel da Silva, Judge in ordinary, Anthony da Costa Rapozo attorney, Sebastian Rodrigues de Silva, Notary of the Chamber, Vincent Rebello Dalmada, Judge of the said City, and Amaro de Azevedo, Factor and Governour, and Ruy Mendez de Vasconcellos, Captain of the said city of Baçaim was not present to be a witness being very sick abed, and the Ensigne John Thorne, John Stephens, Henry Gary, Richard Ball, Walter Gosopher, John Bird, John Toldervy, and Thomas Price, Witnesses. And I Anthony Monteiro da Fonseca, publick Tabellion of notes of the said city of Baçaim and the jurisdiction thereof for the King our Lord who came to Bombaim by order of the said Chancellour of the General Exchequer and Chancellor of the Court of Goa Royal Ministers, who came to Bombaim aforesaid, with the said commissions of the Vice King, to give this possession, and make this delivery, and commanded me to write this Instrument of the said possession and delivery in the form aforesaid, and Valentine Soares, Collonel of the said City, and other Gentlmen and Cavaleres that were present did also subscribe, and I the said Tabellion did writ it out of my notes, wherein the said Lewis Mendez de Vasconcellos Chancellor of the General Exchequer, Doctor Sebastian Alvares Migos, the Governor Inofre Coque, aldermen, Judge, attorney, notary of the noble City, Factor, and Judge thereof, and other witnesses did subscribe, I did cause it to be copied, and have subscribed and signed it with my publique signe, wich is such as is hereunder set.

Doutor Sebastião Alvares Migos, Chanceler da Rellação de Goa de como fizerão a dita entrega e derão a dita posse da Ilha de Bombaim e seu Porto, e o Governador Inofre Cooque de como aceitou a dita posse e entrega na formá sobredita, com testemunhas que presentes se acharão os Vereadores da dita Cidade de Baçaim, Joane Mendes de Menezes, Dom Luis Henriques, Nicolao Galvão, e o Juiz Ordinario Manuel da Silva, e o Procurador Antonio da Costa Raposo, e o Escrivão da Camara Sebastião Rodrigues da Silva, e o Ouvidor da dita Cidade Vicente Rebello d'Almada, e o Feitor e Alcaide mór Amaro de Azevedo; e não se achou presente o Capitão da dita Cidade de Baçaim Ruy Mendes de Vasconcellos para ser testemunha por estar muito doente em cama; e o Alferes João Torne, João Stevens, Henrique Guery, Richardo Bell, Galtero Golopher, João Bird, João Toldervy, Thomas Price, e eu Antonio Monteiro da Fonseca, Tabellião publico das notas da dita Cidade de Baçaim e seus termos por ElRey nosso Senhor, que vim a este Bombaim, chamado pelos ditos Vedor da fazenda geral, e Chanceller da Rellação de Goa, Ministros Reaes que vierão ao dito Bombaim com os ditos poderes do Vice Rey para effeito de darem esta posse, e fazerem esta entrega, e me mandarão escrever este instrumento da dita posse e entrega na forma referida, e assinarão mais o capitão mór do campo da dita Cidade Valentim Soares, e mais fidalgos e cavalleiros que presente estavão, e eu dito Tabellião que o escrevi nas minhas notas aonde os ditos Vedor da fazenda geral Luis Mendes de Vasconcellos, e o Doutor Sebastião Alvares Migos, e o dito Governador Inofre Cooquè, Vereadores, Juiz e Procurador, e Escrivão da nobre Cidade, Feitor e Ouvidor della, e mais testemunhas ficarão assinadas, e dellas aqui fiz tresladar e sobrescrevi e me assinei de meu publico sinal que tal he como se segue: e não fação duvida a folha 2 hum mal escrito que diz e a farei, e ás folhas 3 e hum emmendado que diz na Ilha, e a folha 7 volta hum mal escrito que diz dará que se fez na verdade.

1665 Fevereiro 18

*(Logar do signal publico.)*

1665 Fevereiro 18 I Vincent Rebello Dalmada, Judge by commission for his Majesty in this city of Baçaim and jurisdiction thereof, and Judge of the Justifications and Justice of the Jurisdiction, and providor (?) of the decased therein, for the said Lord, doe make known to all those that shall see this my certificate of justification that the subscription on the other side, and publique signe at the foot thereof is of Anthony Monteiro de Fonseca publique Tabellion of notes in this said city, wich I hold for justified by the faith of the notary that made this. And in witness of all, these presents are by me subscribed and sealed with the seal of the Royal Arms of the Crown of Portingall used in this Court of Baçaim the seaven and twentith of February a° one thousand six hundred sixty five. Vincent Rebello Dalmada. Vincent Zeana Rebello *(sic)*.

This translation agreeth in substance with the original. Lucas Emans notar. publ.

---

### Noticia historica de Bombaim, extrahida do Esboço de hum Diccionario historico administrativo, por Filippe Nery Xavier. Nova Goa no anno de 1850

A pequena e despovoada Ilha de Bombaim cahio em poder dos Portuguezes, como dependencia de Baçaim, no anno de 1530, e se lhe construio hum forte na extremidade oriental. O seu porto he o melhor de toda a India, mas nunca ali tivemos senão huma feitoria, porque então Goa, que era o porto mais frequentado, absorvia inteiramente as attenções do Governo. Antes que este pequeno archipelago nos pertencesse erão insalubres e estereis os pequenos ilhotes que o compõem, e habitados por pescadores, e ainda depois de a termos occupado, e até já posteriormente ao dominio Inglez, a Ilha de Bombaim continuou a ser denominada *O Cemiterio dos Europeus*. Pelo tratado de casamento da Infanta

Vicente Rebello d'Almada, Ouvidor com alçada n'esta cidade de Baçaim e sua jurisdicção, e Juiz das justificações, e Corregedor da Comarca, e Provedor dos defuntos em ella por ElRey nosso Senhor, etc. a quantos esta minha certidão de justificação virem, faço saber em como a letra da sobescrição acima ao pé do treslado e o sinal publico ao pé della he de Antonio Monteiro da Fonseca, Tabellião publico das notas nesta dita cidade, pelo que hei por justificado pela fé do Escrivão que esta fez, e para firmeza de todo vae a presente por mim assinada e sellada com o sello das armas Reaes da Coroa de Portugal, que neste juiso serve. Baçaim hoje vinte e seis de Fevereiro de mil e seiscentos e sessenta e cinco annos, pagou nada, e de assinar e sello quatorze reis, eu Jorge Veloso, que o escrevi. Vicente Rebello d'Almada, sem sello ex causa. Rebello. Conforme. Antonio de Azevedo de Brito. (Assignado)—João Rodrigues Machado. 1665 Fevereiro 18

---

de Portugal D. Catharina, filha de ElRey D. João IV, com Carlos II, Rei da Gram Bretanha, foi a dita Ilha cedida á Inglaterra sob as condições seguintes: Artigo 11.º Proteger os subditos Portuguezes, soccorrer, ajudar e favorecer a sua navegação e commercio; permittir aos habitantes de Bombaim o livre exercicio da Religião Catholica Romana. Artigo 14.º Pleno dominio aos Inglezes das Cidades, e terras perdidas dos Portuguezes, quando elles as recuperem em algum tempo, com excepção de Mascate, occupado pelos Arabios, e ganhando a Zeila ou Ceilão os Inglezes ficarião com o Porto de Gale, e os Portuguezes com o de Columbo; e o commercio da canella seria dividido. Pelo artigo secreto os Inglezes se comprometterão a verificar pazes com as nações inimigas de Portugal, e não se verificando isto convenientemente farião acompanhar a sua armada, para tomar posse de Bombaim, *taes e tantas forças e copias* que podessem defender e amparar as possessões Portuguezas *nas Indias Orientaes.* Assim mais que se aquellas Potencias tomassem aos Portuguezes algumas terras antes da paz, os Inglezes promoveriam a sua restituição, sem pedir jamais indemnisação de tudo a que se obrigavão. A entrega da Ilha foi ordenada por Carta Regia de 9 de Abril de 1662, que levou o Vice Rey Antonio de Mello de Castro, que foi na armada ingleza, composta de cinco náus, commandada por Lord Malborough[1]. Ella não se verificou n'essa occasião, por não haverem concorrido para resgates, não terem soccorrido as praças em guerra, terem entregue quarenta subditos Portuguezes aos Achens; faltar a necessaria Procuração e a Patente, nomeando Governador, e a Carta do Rey de Inglaterra, que era em latim, dando Excellencia e tratamento de parente ao Vice Rey, não serem assignadas; finalmente, em vista de varias considerações politicas, infelizmente, pouco depois verificadas, como havia previsto o Vice Rey, talvez em vista das observações colhidas durante a viagem, em que, alem do mau trato, esteve, com os que o acompanhavão, em perigo de ser sacrificado ao orgulho nacional dos alliados a quem acompanhava.

Os Commissarios, desapontados como fica dito, e repellidos da visinhança de Surrate, onde havião arribado, fizerão o seu assento na Ilha de Angediva, distante doze leguas de Goa. Retirou-se pouco depois o Lord, e falleceu o Governador nomeado Abrahão Shipman, em 5 de Abril de 1664, deixando designado por seu successor (Inofre Cooque por vis Governador), e seu Secretario Inofre Cooque, que o Vice Rey havia conhecido tendeiro em Lisboa. Huma nova Carta Regia de 16 de Agosto de 1663 obrigou o Vice Rey, contra a sua convicção, e do Conselho do Estado, a fazer a entrega ordenada, nomeando por Alvará de 10 de Janeiro de 1665, seus Delegados ao Vedor da Fazenda Luiz Mendes de Vasconcellos, e ao Chanceller da Relação o Doutor Sebastião

1 Apresentou-se o dito Lord com 500 homens para ser investido na posse da Ilha, exigindo não só esta com todas as suas dependencias, incluindo o Forte de Tanná e a Ilha de Salsete; o Viso-Rey, porém, declinou a entrega, dizendo que o Tratado respeitava sómente á Ilha de Bombaim; e por não háverem concorrido para resgatar, etc.

Alvares Migos, para a verificarem sob as seguintes condições:

1.ª Conservação de consideração aos habitantes, e aos estrangeiros que concorrião; liberdade de Religião Catholica Romana, e de todos os usos, ritos e costumes em pratica; as procissões, confrarias e Igrejas existentes, e as que quizessem no futuro construir, com passaes e residencias;

2.ª As contendas civis dos Christãos ao Cabido dos Padres, Feitor, Alcaide-Mór e Ouvidor portuguez, continuarião a ser por estes decididas, e, em caso de appellação á Justiça ingleza, se trataria em lingua portugueza;

3.ª Os Vigarios serião nomeados pelo Diocesano de Goa, e as Igrejas conservadas ao Real Padroado, com todas as regalias, e em caso de transgressão seria nulla a Convenção e a entrega (no que convierão os Inglezes, e se comprometterão a auxiliar os mesmos direitos, e execução de Pastoraes, e mandatos dos Vigarios Geraes e Visitadores, etc., etc.)

4.ª Farião guardar aos seus subditos as regalias dos Portuguezes, castigando os transgressores;

5.ª A amisade, e igualdade reciproca seria guardada em todos os logares onde se encontrassem os Inglezes e Portuguezes, etc.;

6.ª Não se intrometterião nas materias de Fé, nem obrigarião os moradores de qualquer maneira a mudar de crença, nem ouvir as suas predicas, e deixarião em total liberdade os Ecclesiasticos no exercicio da sua jurisdicção, sem impedimento algum;

7.ª Os artigos relativos á Fé e Crença serião a condição essencial da cessão e entrega da Ilha, aliás em caso de transgressão, por qualquer via ou maneira, se teria o Tratado por quebrado e a Ilha voltaria á Corôa de Portugal;

8.ª O mesmo se entenderia a respeito dos actuaes e futuros Parochos, Capitão e Feitor;

9.ª Ás outras Ilhas da jurisdicção de Baçaim se guardarião todas as regalias de que gosão em tudo e para tudo, sem impedimento algum, nem obrigação de pagar impostos, direitos ou gabela;

10.ª O Porto de Bandorá de Salsete seria livre assim para entrada como sahida das embarcações, ainda que houvessem de passar debaixo da artilharia dos Inglezes;

11.ª Não seriam admittidos, nem conservados e occultados os fugitivos, que serião logo entregues ao Capitão de Baçaim. Os devedores fugitivos serião compellidos a satisfazer as suas dividas;

12.ª As embarcações portuguezas, de qualquer porto, terião entrada e sahida livre e desembargada na Bahia;

13.ª Seria livre aos moradores de Bombaim retirarem-se da Ilha, arrendando ou vendendo as suas propriedades, as quaes querendo os Inglezes as terião pelo justo valor;

14.ª Que os moradores das Ilhas de Salsete, Caranjá, Bazagão e outras portuguezas terião livre entrada na Bahia, Rio e no braço que divide Bombaim de Salsete por Bandorá até á raia, sem impedimento nem obrigação de pagar tributo, gabela, etc.;

15.ª Não serião admittidos em Bombaim os Curumbins, Bandaris (moradores das Aldeias e Palmares), os escravos, e toda a sorte de officiaes mechanicos, dos quaes havendo precisão se pedirião ao Capitão de Baçaim, etc., etc.;

16.ª Os fugitivos não serião admittidos a mudar de crença, para não serem restituidos;

17.ª A Senhora de Bombaim (esta Ilha estava aforada), poderia administrar as suas fazendas, e viver na Ilha, com quem se não entenderião os Inglezes, nem lhe poderião tomar as suas fazendas, sem ser por sua vontade e justo preço; porém, querendo as suas casas para reduzir a fortaleza, lhe pagarião de prompto o seu preço;

18.ª Os possuidores de bens patrimoniaes e da Corôa serião mantidos, e os perderião só nos termos das leis portuguezas, aliás seguirião a ordem de successão;

19.ª Os moradores e foreiros de Bombaim não serião obrigados a pagar mais do que está estabelecido, e pagavão aos Portuguezes;

20.ª Que de parte a parte haveria boa correspondencia e amisade, por ser o fim da cessão e Convenção.

Nos termos d'estas condições, que foram acceitas por Inofre Cooque, teve logar a posse e entrega do Porto e Ilha de Bombaim, que comprehendia as Aldeias ou Jurisdicções de Marzagão, Paxelas e Evardy, conforme o titulo e descripção do Tombo, por Escriptura de 17 de Fevereiro de 1665, lavrada em Bombaim, nas casas grandes da Senhora da Ilha, D. Ignez de Miranda, viuva de D. Rodrigo de Monçanto, nas notas do Tabellião publico de Baçaim, Antonio Monteiro da Fonseca, presentes os ditos Inofre Cooque, os Commissarios do Viso-Rey, Senado, Ouvidor da Cidade, Feitor e Fidalgos. Mal os Commissarios da fatal entrega tinham regressado a Goa, e talvez nem todos os habitantes da Ilha cedida sabião o conteudo das condições, a previsão do Viso-Rey realisou-se completamente, e por huma maneira pouco decente, e muito estrondosa. Inofre Cooque, já senhor de hum ponto fixo, a que tanto aspirava, e de que tomou posse sob condições, expede os seus Bandos, em 13 de Maio immediato, precisamente contra o theor das condições acceitas, ordenando aos habitantes proprietarios comparecerem armados no dia 28 desse mesmo mez; compelliu-os a mudar de crença; impediu aos Padres o exercicio das suas funcções religiosas; exigiu dos habitantes, em geral, juramento de fidelidade ao Rey de Inglaterra, e a elle seu Delegado, como senhores absolutos do temporal e espiritual; lançou mão da Ilha de Mahim, de trinta e duas propriedades dos foreiros, das estacadas dos rios, das tabernas, etc., etc., espoliando os seus possuidores. O Juiz Henrique Gary, da sua parte, alliciou com dinheiro e promessas os tecelões de Chaul para mudar a sua residencia para Bombaim, etc., etc. O General do Norte, o illustre Ignacio Sarmento de Carvalho, manda intimar, em 17 de Maio, hum formal protesto ao Governador, exprobando-lhe as suas violencias e má fé; em 26 repete hum novo protesto, a que o Governador responde em 27. O mesmo Governador protesta de outro lado ao Vice-Rey, em data de 22 de Agosto, respondido em 6 de Novembro, pelas rendas passadas. Os habitantes de Bombaim, vexados pelo dominante, vão lançar mão de medidas violentas para sacudir o jugo, mas cedem ás insinuações, e apresentam ao Governador os seguintes artigos de mutua convenção:

1.° Que os habitantes pagarião em logar de cinco mil xerafins de fôro, a que erão sujeitos, vinte mil;

2.° Que os foreiros gosarião das propriedades de que estavão de posse na entrega da Ilha;

3.° Que a Companhia Ingleza haveria por aforadas todas essas propriedades;

4.° Que a companhia descontaria na totalidade dos vinte mil xerafins a quota que dispensasse a qualquer foreiro;

5.° Que a Companhia restituiria todas as propriedades de que esbulhára os possuidores;

6.° Que das propriedades e terras tomadas para a cidade ou fortaleza se descontaria o juro;

7.° Que não serião medidas as propriedades restituidas, e novamente investidas;

8.° Que as propriedades não serião sujeitas a novas imposições, por melhoradas;

9.° Em casos fortuitos se descontaria no fôro o prejuizo avaliado;

10.° Para a arrecadação dos vinte mil xerafins, os habitantes deputarião seus delegados, que serião auctorisados pelo governo;

11.° Que o pagamento do fôro ajustado seria em tres quarteis, principiando em 9 de Fevereiro de 1673;

12.° Que o Governador solicitaria da Companhia e do Rey a ratificação d'esta Convenção, que tinha por fim a quietação dos povos.

Estes artigos forão discutidos entre o Governador, auctoridades e representantes dos povos, e reduzidos aos seguintes:

1.° Que a Companhia dava por levantados todos os direitos e litigios sobre as propriedades, menos as que possuia com consentimento das partes;

2.° Que aos foreiros e seus successores se passarião novas Cartas;

3.° Que a dispensa do fôro seria descontada no total;

4.° Que serião restituidas todas as propriedades tomadas ás partes;

5.° Que serião pagos os valores das terras e arvores tomadas para a cidade, e descontado o seu fôro;

6.° Que seria permittida toda a sorte de cultura aos proprietarios das terras;

7.° Que em casos fortuitos o prejuizo seria descontado no fôro;

8.° Que os habitantes nomearião agentes da arrecadação dos vinte mil xerafins, e o Governo daria dois guardas, e não concorreria com despeza alguma mais;

9.° Que todas as immunidades, privilegios, direitos e fóros que pertencião á Corôa Portugueza serião da Companhia;

10.° Que a Ilha de Colleo ficaria á Companhia, indemnisados os interessados;

11.° Que a primeira paga dos vinte mil xerafins começaria em 20 de Junho, e ficaria depositada para indemnisar os interessados da Ilha de Colleo;

12.° Que as propriedades seriam medidas, mas com limitada despeza;

13.° Que ficarião á Companhia todos os logares e chãos em circuito da Ilha, do lado do rio, onde não houvessem terras cultivadas, Igrejas, casas, pataias de pedra, etc., etc.

O que tudo foi ratificado pelo Governador, e seu Conselho, por si, e por parte da Companhia.

D'este acto se passarão Diplomas sob o sêllo da Companhia, em 12 de Novembro de 1672. Todavia a Convenção ficou em papel, e os povos tiverão de recorrer, por intermedio do Governo de Goa, ao Rey de Portugal; e este de mandar reclamar pelos seus Agentes na Côrte de Londres, cuja decisão obrigou a Companhia a indemnisar as partes, o que teve logar em 1722, e liquidadas as contas, desde 1667 até 1722, a indemnisação sommou em xerafins 1.838:005. (Huma igual indemnisação teve logar não ha muitos annos, mas por meio de demanda.) Não contentes os Inglezes de perseguir os seus subditos e os vizinhos (os Portuguezes), o

Governador da Ilha, John Child, lançou mão de algumas embarcações do Mogol: o Imperador Auzengzeb tira vingança d'este ultraje, e toma a fortificação de Bombaim em 9 de Janeiro de 1691; os Inglezes são mettidos em ferros; os seus Agentes em Delly se veem na necessidade de implorar, no estado mais humilhante, a clemencia do Imperador, que por considerações politicas lhe restitue as fortificações. Apenas livres do Mogol recahem no seu systema perseguidor, são repellidos pelos seus subditos e vizinhos, e mesmo a providencia, que vigia sobre os mortaes, castiga suas injustiças, em 22 de Novembro de 1703, com huma tempestade que causa grande estrago em terra, e lhes destroe tres naus de linha e muitas embarcações miudas. Todavia elles não cedem, e o Commandante da fortaleza de Mahim, em 1716, bombea as terras de Baçaim, por não atracarem algumas embarcações. O General do Norte João Fernandes de Almeida, insultado deste facto insolito, lhes restitue com igual medida, fazendo fogo com quatorze canhões grossos, e destruindo a sua alfandega e fortaleza, a que acode o Governador, propõe suspensão de armas, dá comprida satisfação, e se obriga a guardar aos habitantes de Bombaim, e seus contornos, os seus privilegios. Livre assim do fogo e sanha dos Portuguezes, elles instigam e favorecem, em 1718, o Angria contra estes, que por tal arte perdem algumas embarcações, e os Inglezes recebem o premio, em huma que lhes apresou o seu protegido, na sua volta de Madrasta, com hum milhão de rupias. O Governador então convida o Vice-Rey para, de mão commum, destruir o Corsario, que não lhe he fiel. O Vice-Rey responde que receia a sua pouca firmeza nos contratos, e que assignaria o Tratado se elle conviesse que Bombaim e Mahim fossem guarnecidas com a tropa portugueza, e se o Governador se comprometesse a não assignar paz sem consentimento delle Vice-Rey, ou depositasse 100:000 rupias. Não se verifica o ajuste, e os Inglezes, inutilmente, atacão, por si, a fortaleza de Culabo. Em 1720 o Governador expulsa os Religiosos e Padres portuguezes, e lhes usurpa as Igrejas: o Vice-Rey escandalisado deste facto encontrado com as condições da cessão, faz marchar quatro companhias de infanteria e bloquea a Ilha. O Governador dá satisfação, e as cousas voltão ao seu primeiro estado, com a morte em Surrate do Bispo italiano. Em 2 de Novembro de 1723, confedera-se o Governador com o Vice-Rey contra Angria. Em 2 de Dezembro desembarcão em Culabo as tropas combinadas; 16, formão pontes de barcas; 19 e 20, escaramuças; 21, dispersão a cavallaria inimiga; 24, atacão a fortaleza de Alibaga; 25, desmontão algumas peças. No 1.º de Janeiro de 1721, he morto hum General inimigo; 4, o Vice-Rey recolhe-se doente a bordo da fragata, e alli recebe Embaixadores de Bagi-Ráo, pedindo paz, ou que elle soccorreria o Angria; o Vice-Rey assigna o Tratado, o que os Inglezes levão a mal, apezar da força combinada não passar de cinco mil, e a contraria subir a doze mil. Em 21 de Agosto os Inglezes, depois de continuadas violencias e dissenções com os habitantes de Bombaim e Bandorá, dão mil satisfações e assignão em Goa hum Tratado de alliança defensiva e offensiva contra os Aziaticos, inimigos das Corôas Portugueza e Ingleza, pelo Commissario Roberto Cowan. O Vice-Rey marcha pessoalmente: o exercito colligado somma em cinco mil homens de todas as armas, e o do inimigo em vinte e cinco mil; todavia não mostra desejo de combater, e San-Raja solicita a paz, e he assignado o Tratado em 9 de Janeiro de 1724 pelos Commissarios Antonio Cardim Froes e Madagi Crisna, no campo de Alibaga, em que os Inglezes são contemplados. Mas o Tratado não se ratifica, os Inglezes se retirão desgostosos e recomeção as hostilidades; apresentão pretenções ao rio de Bandorá, não admittem decisão por arbitros, e apresão embarcações. Em 6 de Junho repetidas descargas de artilharia sobre o collegio, Igreja e casa dos Jesuitas de Bandorá, são correspondidas durante a provocação; 16, descarregão a artilharia de Mahim e Sião sobre as embarcações, e Aldeia Bandorá; 24, lanção mais de quatrocentas bombas que arruinão o collegio, e matão varios moradores. Na noite desse dia desembarcão em Tanna, e queimão a Coloaria (grupo, ou rua de casas de palha) de Chandini, algumas galvetas surtas, e, com falso recado, conseguem abrir a porta do forte dos Reis, matar o seu Capitão, levar a sua mulher, filhos, escravos, e encravar a artilharia, de volta lanção fogo ás aldeas Savem e Navem, da jurisdicção de Caranja; 4 de Julho, batem com a artilharia de Mahim, Bombaim e Sião a aldeia Corlem, assaltam a fachina, matão o seu Commandante e vinte e cinco soldados, e voltão com duas peças de bronze e tres de ferro, levando de menos o seu Commandante e alguns soldados. Neste mesmo dia se senhoream da Ilha do Elefante, e perseguem os seus moradores; 8 de Setembro, o General do Norte, D. Antonio Casco e Mello, apezar de ter que defender-se de varios inimigos suscitados pelos Inglezes, despacha huma expedição contra Bombaim, ataca e toma a fortaleza de Varoly, não obstante a pertinaz resistencia, com a morte do seu Commandante, encrava a sua artilharia, largão fogo á fortaleza, á Coloaria de trezentas casas e trinta galvetas, e se retira com huma bandeira. Deixa sitiada Bombaim, prohibindo a introducção de viveres e mantimentos, do que são relaxados os Inglezes pelos successos do General, com quem entabolaram amizade. Em 1724 publicão em Londres hum livro, contendo os artigos e convenções, alteradas como lhes convínha, para sustentar o seu direito a differentes Ilhas e aldeias, o qual, e a representação que o acompanhou, não tendo merecido attenção alguma ao Rey, elles voltão a sua sanha contra os Portuguezes seus alliados, e confederão-se occultamente contra elles com os seus inimigos, fornecem a estes todo o necessario, até objectos conhecidos pela marca, e conseguem finalmente desapossar os Portuguezes, em 19 de Maio de 1739, traiçoeiramente da Grande Costa do Norte (Baçaim). Para evitar as continuas desordens projectou-se comprar Bombaim, e se procedeu á sua avaliação em 1726, e tal era o seu resultado: fóros 20:000 rupias, alfandegas 60:000, tabaco 19:000, etc., e com as rendas eventuaes a sua somma importava em 170:000 rupias. Mas com a perda do Norte finalisarão as pretensões e perseguições de huns, e resistencias e soffrimentos de outros.

No anno de 1668 tinha a Ilha de Bombaim sido dada pelo Rey de Inglaterra á Companhia das Indias Orientaes mediante a renda ou fôro annual de dez libras sterlinas, tomando posse d'ella, em Setembro do mesmo anno, Sir George Oxenden, que foi o primeiro Governador posto pela Companhia.

---

## Carta do Chanceller da Relação de Goa Sebastião Alvares Migos a El-Rey contando o modo como foi mandado pelo Vice-Rey a Bombaim para fazer a entrega d'esta Ilha aos Inglezes.

(Arch. Ultramarino.—Original.

Senhor.—Em dezasete de janeiro da presente era, pella menham sedo, nos mandou o V. Rey Antonio de Mello de Castro embarcar cõ grande pressa, sem nos ter asinalado o dia, em que o aviamos de partir, pª irmos fazer entrega e dar a posse do porto e Ilha de Bombaim aos Inglezes, em hũ navio de remo, que acompanhava ao capitão mor Dinis de Mello seu filho, e cõ tão grande discomodidade, q̃ não podia ser mayor, expostos a publicidade, e devassidão dos soldados, pª verem as miserias e trabalhos corporais que passavamos, sem nos dar hum navio separado, pª irem nossas pessoas mais recolhidas, e homẽs que nos acompanhassem, e pª podermos levar o que nos fosse necessario pª nosso servisso, como sempre se fes a qualquer ministro de V. Magestade q̃ se manda pª fora de Goa, sendo que pera o negocio a que nos mandava, era justo que fossemos cõ authoridade, e melhor accomodados, e o não quis faser, senão q̃ fossemos desaccomodados, e como degredados, o que foi extranhado, e muito mais dos Inglezes, causa porq̃ padeçemos grande trabalho na viagem, té que entramos na cidade de Chaul em tres de fevereiro; e logo no mesmo dia pella tarde se divulgou ter o V. Rey mandado ordem que aonde quer que se encontrasse ao dito capitão mor Dinis de Mello seu filho, lha desse para voltar logo cõ a armada pª Goa,

1665 Fevereiro 28

1665 Fevereiro 28 como fes, pella madrugada de sinco do dito fevereiro, deixandonos em Chaul, sem tratar de nós em cousa alguma, que puderamos voltar na armada, se a ordem a colhesse fora de Chaul; e assi ficamos naquella cidade, sem termos quem nos desse guarda, p^a^ passarmos por mar a Bombaim, fora do risco dos mallavares nos poderem tomar, catívar, e perdermos as vidas, e por isto, e falta de saude, nos foi necessario ficarmos aly alguns dias, e por não dillatarmos a posse e entrega aos Inglezes, nos deliberamos a ir por terra, ainda q̃ de mouros, cõ mais seguridade, ao dito Bombaim, aonde chegamos a onze de fevereiro.

Chegados, Snõr., a Bombaim, abrimos o maço das ordens q̃ o V. Rey nos entregou na barra de Goa, tendo-se feito a vella o capitão mor da armada, sem nos ter communicado cousa alguma, nẽ o modo como avimos de obrar no pera q̃ nos mandava, e vendo os papeis, não achamos em nenhũ delles que se nomeasse por seu nome proprio ao Governador Inglez Inofre Coque, a quem se avia de dar a posse e fazer a entrega da dita Ilha e porto de Bombaim, nẽ a outra alguã pessoa, sendo que em Goa dizia o V. Rey que no consselho de governo se avia determinado, e pello parecer da Rellação, que a posse e entrega d'esta Ilha de Bombaim se avia de fazer ao dito Inofre Coque, que em Lingoa Ingleza se chama Humphrei Coque, por ter succedido no Lugar do defunto Dom Abraham Shypman, q̃ o nomeou cõ seus poderes; e que avia de declarar e especificar as aldeas da dita Ilha, e nada disso fes, com o que nos pôs em duvida. Mas visto mandar V. Magestade por sua carta de 16 de agosto de 1663 que se executáse a dita entrega muito pontualmente, sem contradição alguã, por a materia a não admitir e a dillação ser muito prejudicial, e o q̃ tem precedido p^a^ se dar a dita posse e fazer entrega ao dito Inofre Coque, que nola pedio e requereo, por parte do Serenissimo Rey da Gram Bretanha, e cartas que o V. Rey lhe escreveo, nomeando por Governador da Ilha de Bombaim, que nolas apresentou, lhe demos logo a posse, e fizemos a entrega d'ella, em dezoito do presente; e querendo o Gov^or^ Inglez que se lhe declarasse o sitio e territorio de Bombaim e das aldeas Mazagão, Parella, Varoli, Maim, Sião, Daravi e Vadalá, cõ seus aneixos, dissemos, não eramos mandados a dar posse, nem fazer entrega de aldeas, senão do Porto e Ilha de Bombaim, que era cousa sabida, q̃ o mar a serca, cõ tudo nomeamos as aldeas, Masagão, Parella, e Varolli, que se comprehendem no sitio e territorio da dita Ilha, não excluindo q̃ as mais que estiverem dentro della se comprehendaõ em seu sitio e territorio, cõ o que se satisfes nesta parte; queria mais se lhe declarasse quanto importava o foro que se pagava a V. Magestade da dita Ilha: satisfes se cõ lhe dizermos, que pello foral o podia saber, que na feitoria de Baçaim se lhe daria: mostrava huma copia do Regimento, q̃ o V. Rey nos deu, e no Item sexto, que começa «q̃ todos os moradores» chegando, donde dis «nem os donos viver nellas» se seguia «se lhes darão dous annos» e por o V. Rey não declarar estes dous annos no Regimento que nos deu, fazia o dito Governador duvida, que se desfes, com se dizer que o nosso Regimento estava asinado pello V. Rey, e a copia que mostrava não, e assi tiradas estas duvidas, se fes o instromento da posse e entrega na forma que mandamos cõ esta a V. Magestade, por via de Inglaterra quando V. Magestade se aja por bem servido será o nosso trabalho por bem empregado. A catholica e Real pessoa de V. Magestade Guarde Deos pª bem da Christandade e seus vassalos. Bombaim 28 de fevereiro de 665. 1665 Fevereiro 28

Em outra carta d'este theor que mandamos A V. Magestade vai assinado Luis Mendes de Vasconcellos, e n'esta o não fes por aver passado a Baçaim com mal da gota q̃ lhe deu nas mãos.—Sebastião Alvares Migos.

## Carta de ElRey para o Vice-Rey Antonio de Mello de Castro, sobre a acquisicão da Ilha de Bombaim

(Arch. da India, liv. das Monções, n.º 32, fol. 67.)

1665 Abril 15 Antonio de Mello de Castro, Vice Rey amigo. Eu ElRey vos envio muito saudar. Pelas difficuldades, que se offerecerão na entrega de Bombaim, mandei a Inglaterra só a este negocio Francisco Ferreira Rebello, a procurar alguma composição nesta materia, e o Marquez de Sande meu embaixador extraordinario, que se achava naquella corte, fez para isso todas as diligencias, e finalmente ElRey meu bom Irmaõ, pela boa vontade que tem a minhas cousas, admitte pratica de recompensa de dinheiro; porem quer tão grandes quantias, que chegaõ a milhões, e assy he necessario esforçar muito, e pôr todos os meios para se juntar. E porque este negocio se não acabará de ajustar, sem se dar logo huma partida muito consideravel, e este Reino com as guerras de Castella se acha nas faltas de cabedal, que são notorias, fica sendo preciso que desse Estado da India se tire a maior parte deste preço, e conforme ao que me escrevestes sobre este particular se poderá conseguir. Pelo que vos ordeno e encomendo muito trateis sem dilação, pelo modo que melhor parecer, de huma contribuição qual convem, e nas primeiras embarcações remettaes quanto for possivel, para que se ache prompto o que for necessario, em caso que isto se acabe de ajustar; e quando se não ajuntasse, sempre ficaria por conta do donativo para as pases de Holanda. E sendo esta materia tão importante a todos esses povos, confio delles que haõ de concorrer com a boa vontade que ella pede, e vós me fareis hum particular serviço em dispor tudo como é necessario. Escripta em Lisboa a 15 de Abril de 1665.—REY.—O Conde de Castello Melhor.

## Pregão que mandou lançar o Governador da Ilha de Bombaim para que todos os moradores se vão apresentar armados na fortaleza

(Collecção dos meus Mss.)

Inofre Coque, Governador do Porto e Ilha de Bombaim e 1665
sua jurisdicção, e Capitão geral do mar e terra por a Sere- Maio
nissima Magestade ElRey da Gram Bretanha nosso Senhor, 13
etc. Faço saber a toda a pessoa de qualquer qualidade, estado e condição que seja, que por rasão do estado e pelos regimentos delle me pareceo conveniente, que toda a pessoa, fazendas, ortas, palmares, terras, aldeas e fatiotas, assim Portuguezes christãos da terra como gentios e mouros, e tão bem a pessoa que professa de armas, que huns e outros, de idade de 14 annos para riba, até a de 60 annos, venhão apresentar-se a esta fortaleza com suas armas bem concertadas e aparelhadas, para obedecerem ás ordens que por mim forem dadas, sem embargo algum. E por me parecer que se alguma da sobredita gente não estiver precatada de suas armas, e aparelhos, dou quinze dias de tempo geralmente a todos, desde que for lançado este pregão, que he em 28 do mez de Maio e dia de quinta feira, para nesse dia ser apresentada toda aquella gente na fórma que ordeno. Pelo que quero que esta minha ordem seja publicada a som de caixa em todos os lugares publicos e nomeados d'esta Ilha, com o Tabelião e Escrivão, e por lingua da terra explicada por este meu papel de pregão, pregado em quatro lugares por quatro treslados todos assignados por mim. E quem o contrario fizer, e não aparecer no dito dia declarado, será castigado como o merecer por semelhante desobediencia, e suas fazendas confiscadas para a conta da Coroa Real, de que o dito Tabelião fará termo ao pé deste. Fortaleza em 13 de Maio de 665.— Inofre Coque.—Por mandado de Sua Magestade.—Henrique Guery.

## Formula do juramento que se exigio dos moradores da Ilha de Bombaim

(Collecção dos meus mss.)

Eu F... por este testifico e declaro em minha consciencia que a Magestade do Serenissimo Rey da Gram Bretanha he o unico e supremo governador e Senhor dos Reinos de Inglaterra e dos mais dominios e terras pertencentes á sua coroa, tanto em todas as espirituaes e ecclesiasticas cousas como temporaes, e que nenhum Principe alheo, pessoa, prelado, estado ou potentado tem ou pode ter nenhuma jurisdicção, poder, superioridade, preminencia ou authoridade ecclesiastica ou espiritual dentro do dito Reino, ou em qualquer outro dominio de Sua Magestade; e por isso eu para sempre renuncio e deixo toda a jurisdicção alhea, poder, superioridade e authoridade de que de hoje ao diante sempre terei resguardo fé e verdadeira lealdade ao Serenissimo Senhor ElRey da Gram Bretanha Carlos segundo, e a todos seus herdeiros e legitimos successores; e com todo meu poder assistirei e deffenderei toda a jurisdicção d'esta Ilha, e os privilegios preeminencias e authoridade retificada ou pertencente ao dito Rey e Senhor, e a seus herdeiros, e farei toda a diligencia para descobrir e dar a saber ao governador o sr. Inofre Coque, ou a outro qualquer que lhe succeder, todas ou quaesquer infidelidades, conspirações ou aleivosia, as quaes serei obrigado a descobrir, sendo tocante ao que juro aos Santos Evangelhos, etc.

---

## Carta de Ignacio Sarmento de Carvalho, Capitão geral das fortalezas do norte, ao Governador de Bombaim

(Collecção dos meus mss.)

1665 Maio 17 Cheguei a esta cidade e logo procurei saber como V. S.ª passava de saude, e me alegrei de que igualasse meu desejo, porque sempre em toda a parte onde assisti tive boa correspondencia com os senhores Inglezes por afectuoso á sua nação, e a conservarei e solicitarei agora com maiores veras pelo empenho da paz entre ambas as Coroas, a que espero dem occasião a visinhança e o remedio que V. S.ª porá ao que abaixo relatarei. 1665 Maio 17

O sr. Vice Rey recebeo huma carta de V. S.ª a que determinava responder; e não o fez por eu vir á Corte e me ordenou satisfisesse a esta obrigação. Diz-lhe V. S.ª que lhe mande entregar o dinheiro dos foros de Bombaim, desde a sua chegada até o tempo da posse, alegando para isto que o dito senhor se constituiu Governador dessa Ilha pelo Serenissimo Rey de Inglaterra; sendo que o General Maleburg e o Governador Abrahão Shipman o não quizerão aceitar, com o que livrarão ao dito senhor deste encargo; comtudo se obrigou só á defensa, a que tem dado satisfação, com haver entregue essa Ilha; ainda em caso que pela dita carta ficara em alguma obrigação aos foros, não se vencem senão desde o dia da posse. E como os Senhores Inglezes a não tomarão logo por culpa sua, não podia ser nosso o damno que nasceo della; e muito menos havendo escrito o dito senhor ao Governador Abrahão Shipman para que mandasse huma pessoa que cobrasse os ditos foros, ao que elle respondeo que em quanto não tinha a posse não queria os rendimentos. E o mesmo escreveo ao Presidente Jorge Oxiden, o qual tambem o não aceitou. E ambas as cartas de suas respostas tem o dito senhor em seu poder donde, se vê que se lhe não deve pedir esse dinheiro, que elles não quizerão cobrar, porque entenderão que lhes não competia senão depois de tomar posse dessa Ilha.

Acho verificadas as queixas que o Sr. Vice Rey tem de V. S.ª; porque contra o capitulado e assentado ha tão poucos dias tem V. S. obrado tantas cousas, que não podem passar sem que faça esta lembrança a V. S.ª, se procure o remedio dellas. Em primeiro lugar deve V. S.ª mandar que se tenha tento no modo com que Henrique Guery falla da nação Portugueza; lembrando a V. S.ª que em tamanha visinhança e

1665 Maio 17 amisade parece cousa indigna que hum homem, de tão pequeno lugar e nome, se atreva a lançar palavras que podem perturbar a paz e quietação que hoje temos e sempre desejamos. Alem de que, o mesmo Henrique Guery solicitou em Chaul os tecelões para que deixando aquella cidade se passassem a essa Ilha, offerecendo-lhes para isso dinheiro. Mandou V. S.ª tomar posse de Mahim, que lhe não pertence por ter jurisdicção separada, e ser diversa Ilha, como se vê dos afforamentos antigos, a que se deve inteiro credito, e no tombo dos foraes se declara estar tal e tal Aldea na Ilha de Mahim, e nenhum na Ilha de Bombaim, que consta só do seu cassabe e algumas terras de batte. E não se contentando V. S.ª com os erros feitos em nosso damno, na posse e demarcação de algumas Aldeas, que lhe não pertencião (e que ainda por este caminho se pudera tolerar e dissimular)... se entendeo V. S.ª tomando posse de Mahim e de todas as Aldeas, Cassabe e palmares, que lhe não pertencem. Ultimamente sei que V. S.ª tem tomado e pertende tomar aos vassallos moradores dessa Ilha muitas fazendas, e propriedades contra o capitulo das pazes, porque nelle expressa e nomeadamente dá ElRey meu Senhor a ElRey da Gran Bretanha só os foros, que he o que só tinha nessa Ilha. E que sobre a pescaria do rio, e outras cousas, tem V. S.ª mandado lançar alguns bandos contrarios ao assentado e capitulado, e o peor é que na materia da christandade quer V. S.ª ter absoluto poder, como se fosse em Inglaterra, pois insiste em que os catholicos romanos jurem o que é encontra nossa Fé, pela qual devem perder a vida, por se ganhar a eterna. E chegou a tanto o induzimento de Henrique Guery, que he o movedor de todas estas cousas, que mandou V. S.ª prender a hum Religioso de S. Francisco em lugar indecente, sem respeitar o habito e a dignidade. De tudo me pareceo avisar a V. S.ª, esperando que conforme o capitulado mande restituir as fazendas a seus donos, tirar a bandeira de Mahim, que he nosso; e que na materia de christandade se não intrometa V. S.ª, para que assim se guarde em tudo a palavra que empenhou na observancia destas cousas o Serenissimo Rey de Inglaterra, e as condições com que ElRey meu Senhor lhe entregou Bombaim. Fico esperando resposta de V. S.ª, e espero seja de modo que me fique muito que agradecer a V. S.ª, como tambem dando-me occasiões em que empregue minha vontade em seu serviço. 1665 Maio 17

Guarde Deos a V. S.ª, etc. Baçaim 17 de Maio de 1665.— Ignacio Sarmento de Carvalho.

---

## Protesto que fez Ignacio Sarmento de Carvalho ao Governador da Ilha de Bombaim

(Collecção dos meus mss.)

Ignacio Sarmento de Carvalho, Senhor de Cravoeira, do Conselho de ElRey de Portugal, Capitão Geral das fortalezas do Norte, com poderes do Vice Rey, a Inofre Coque, Governador da Ilha de Bombaim pelo Serenissimo Rey da Gram Bretanha. 1665 Maio 26

Em como sendo dada posse a V. S.ª da Ilha de Bombaim aos 18 dias do mez de Fevereiro proximo passado, por ser V. S.ª nomeado por Abrahão Shipman em primeiro lugar para tomar entrega e posse da dita Ilha, que pertence ao Serenissimo Rey da Gram Bretanha Carlos segundo, pelo contracto de dote que da dita Ilha lhe fez o Serenissimo Rey de Portugal D. Affonso o sexto meu Senhor, debaixo das condições e capitulações feitas entre ambas as coroas, e regimento do Senhor Vice Rey deste Estado Antonio de Mello de Castro. E devendo V. S.ª, em observancia da palavra de seu Rey, condições da dita doação, e da dita posse, lograr e possuir a dita Ilha, guardando em tudo o prometido, tem excedido e usurpado o que lhe não pertence, e conforme a direito recahio o que ElRey de Inglaterra tinha na dita Ilha para a Coroa de Portugal; alem de que, segundo o direito das gentes, os pactos e convenções se devem guardar como Lei. Primei-

1665 Maio 26 ramente, sendo V. S.ª obrigado a não se entremeter nas materias da fé, nem obrigar os moradores dessa Ilha, directa ou indirectamente, a mudar de crença, e a deixar aos Ministros ecclesiasticos exercitar sua jurisdicção sem impedimento algum, por ser esta condição expressa nos capitulos da paz, e debaixo da qual se lhes mandou fazer a entrega, V. S.ª quebrou o assento prometido, induzindo por si e por outras pessoas os moradores catholicos romanos dessa Ilha (o que até agora não teve effeito) a que jurassem a ElRey da Gram Bretanha, e a V. S.ª em seu nome, por senhor absoluto no temporal e espiritual, proposição e artigo que directamente encontra a nossa fé: sobre o que, escrevendo eu a V. S.ª, e dizendo-lhe que em Bombaim se não havia praticar e exercitar o que em Inglaterra se pratica, me respondeu V. S.ª por carta de 19 do corrente, que como essa Ilha era sua, que he como se fosse Inglaterra; sem advertir que Inglaterra he reino herdado puramente, e essa Ilha he doada debaixo de condição, e que naquella tem o Serenissimo Rey Carlos absoluto poder, e nessa dentro dos termos das condições da doação; e como esta fosse condicional, não pode V. S.ª ter mais jurisdicção do que se lhe deu. Impede tambem V. S.ª aos ministros ecclesiasticos exercitar sua jurisdicção, porque, tendo-a elles sobre os gentios em algumas materias, como em lhe prohibirem queimar os mortos e em fazerem christãos aos menores de 14 annos que ficarão orfãos de Pae, concede V. S.ª que fação os gentios o primeiro, e prohibe aos religiosos que executem o segundo. Ao que na mesma carta me responde V. S.ª, que não hade consentir que os ecclesiasticos tenhão jurisdicção em outra qualquer gente que não forem catholicos Romanos; donde se colhe claramente, por confissão de V. S.ª, fazer o contrario do capitulado e encontrar as condições da entrega. Deu-se em Dote á Serenissima Rainha de Inglaterra Dona Catherina a Ilha de Bombaim; e sendo esta distincta e separada da Ilha de Mahim, como se ve dos foraes e aforamentos antigos de uma e outra Ilha, V. S.ª, passando os limites da demarcação que se lhe fez (ainda que errada em nosso damno), tomou sem

titulo algum posse por força de armas da Ilha de Mahim, que 1665
lhe não pertence; o que não obsta o dizer-me V. S.ª, na Maio
dita carta de 19 do corrente, que se vai de huma Ilha para 26
a outra por pés e calçadas, porque bem sabe V. S.ª que da Ilha de Bombaim e de Mahim havia divisão de hum riacho e alagadiço, que os naturaes entulharão para maior commodidade sua. E sendo esta a verdade, como quer V. S.ª que, dando-se a Ilha de Bombaim e não a de Mahim, continuar a posse do que se lhe não deu? Na Ilha de Bombaim tinha ElRey de Portugal meu Senhor os fóros que lhe pagavão os foreiros e moradores; e sendo capitulação expressa do dito Dote que se doava ao Serenissimo Rey da Gram Bretanha somente o que o dito Senhor Rey de Portugal tinha na dita Ilha, tira V. S.ª as rendas aos foreiros por inteiro, e outra parte dellas, apropriando a si as estacas do rio, os proveitos das Tavernas e o lucro das coitas; e, o que he maior absurdo, diz V. S.ª que só os aforamentos feitos e assinados pelos Serenissimos Reis de Portugal são valiosos, quando quasi todos os das terras deste Estado são feitos pelos Vice Reys e Governadores della, os quaes tem amplissima alçada e jurisdicção para os fazerem. E parece mui rediculo fundamento este, para V. S.ª privar os foreiros de seus bens. E supposto que V. S.ª me diga na mesma carta que não hade dar conta do que obrar mais que a ElRey de Inglaterra, e não a outra pessoa alguma, ElRey meu Senhor ordena ao seu Vice Rey, por carta de 9 de Abril de 662, faça guardar muito pontual e inteiramente a capitulação da doação dessa Ilha; donde se segue que, tendo-a V. S.ª quebrado, he obrigado o dito Senhor a fazel-a guardar a V. S.ª Pelo que eu, como Capitão geral das fortalezas do Norte, com poderes de Vice Rey, requeiro a V. S.ª e lhe peço que não se intrometa nas materias de christandade, na fórma do capitulado e referido acima. E que mande tirar a bandeira della ahi, deixando aquella Ilha livre á Coroa de Portugal, pois não tendo titulo para a possuir, largue as rendas e mais cousas que tem tomado aos moradores dessa Ilha, arrecadando só delles os fóros que pagavão a ElRey meu Senhor. E quando V. S.ª o

1665 Maio 26 não faça (o que não espero), protesto huma e muitas vezes, e quantas em direito devo e posso fazer, de não correr por conta de ElRey meu Senhor tudo o que ao diante succeder, pois V. S.ª he causa de perturbar a paz assentada entre ambas as Coroas, o que eu não desejo, antes procuro evitar; e que haverá El-Rey meu Senhor de quem direito for todas as perdas e damnos que resultarão e adiante resultarem de V. S.ª não guardar as Capitulações e condições da entrega dessa Ilha. E mando ao Escrivão da Alçada Jacinto Gonçalves de Alcaçova vá a Bombaim, e apresente este protesto ao Sr. Governador Inofre Coque, e com sua resposta, ou sem ella, se a não quiser dar, autoado me torne. Baçaim 26 de Maio de 1665 annos.—Ignacio Sarmento de Carvalho.

## Contra protesto que fez o Governador de Bombaim ao Capitão geral das fortalezas do norte, Ignacio Sarmento de Carvalho

(Collecção dos meus mss.)

1665 Maio 27 Inofre Coque, Governador do Porto e Ilha de Bombaim e sua jurisdicção, e Capitão Geral do mar e terra por S. Magestade da Gram Bretanha, etc., ao Sr. Ignacio Sarmento de Carvalho, Capitão Geral das fortalezas do Norte, com poderes do Vice Rey do Estado da India pelo Serenissimo Rey de Portugal.

Bem notorio he a posse que me fizerão desta Ilha e Porto de Bombaim, que aceitei por parte de ElRey meu Senhor com toda a paz e quietação em que tenho continuado até hoje, e para todo sempre o farei, alem de que cá se achão muitos incendiarios que se for possivel perturbarão a boa amisade de ambas estas poderosas nações (que Deos sempre conserve como muito desejo). Mas o tempo descubrirá o conhecimento dos mal intencionados, a cujas más informações não devia V. S.ª dar tanto credito, para me dizer logo que tenho excedido e usurpado o que me não pertencia; e por este caminho pertende V. S.ª manifestar que o interesse que El-Rey meu Senhor tinha desta Ilha está recabido á Coroa de Portugal, do que me parece tem pouco fundamento. A obrigação que tenho, tocante á materia da fé, he devida ao regimento de Sua Serenissima Magestade da Gram Bretanha, a que sempre terei resguardo, e geralmente toda a gente desta Ilha, assim ecclesiasticos como laicos, manifestarão que antes os tenho obrigado a guardarem a fé catholica romana com a veneração que devem, e a celebrarem suas ceremonias, do que impedil-as. E no mais que toca esta materia da fé a qualquer diferente nação, eu governaria conforme o regimento concedido por ElRey meu Senhor. Não estranhe V. S. se a todos que assistem nesta Ilha (sendo capases) mando jurar inteira fé e lealdade á Magestade da Gram Bretanha (Carlos segundo Rey da Inglaterra, Escocia, França, e Hibernia defensor da fé etc. e a seus herdeiros e successores), como leaes subditos o devem fazer. E considere V. S.ª se este juramento encontra a fé, como lhe informárão. Replico a dizer que, como esta Ilha he já de ElRey meu Senhor anexa á sua Real Coroa, se fica ainda algum escrupulo a V. S.ª e se he como Inglaterra ou não, e que haja nella outra justiça que a sua, e tudo isto que obro na materia da fé, se alcançará sempre que está consuante ao undecimo capitulo do tratado entre ambas as Coroas, do qual não heide duvidar nenhum pontinho. Tenho mandado a V. S.ª o treslado do mapa desta Ilha (que veio de Inglaterra) porque por elle julgasse a posse que tomei, se foi mais do que huma só Ilha; o que mal poderá provar V. S.ª que são duas, sem mostrar o rio passado de huma banda para outra, e quando por pés acalcados vae de Bombaim para Mahim; e que V. S.ª vem com historias de livros, que antigamente havia riacho que entulhárão os naturaes, quem tem culpa disso? Não será depois que o Conde de Malbourgh veio pedir a posse, nem no tempo quando se tratou o casamento delRey meu Senhor com a Senhora Dona Catharina Infanta de Portugal e de presente nossa Sacra Rainha. Esteja V. S.ª seguro que quando for tempo

1665 Maio 27

1665 Maio 27 da cobrança dos fóros não heide cobrar mais do que pertencião ao Serenissimo Rey de Portugal, com todas as rendas ordenadas por elle, e os tributos que haverião postos pelos foreiros (que não tiverem contas dos foros) resolverei os que convem libertal-os ao povo, e os que havião de guardal-os, por conta delRey meu Senhor. Com mui justas rasões dizendo a V. S.ª que não hera eu obrigado a dar conta a pessoa alguma mais que a ElRey meu Senhor, a que V. S.ª me diz hiperbolica que o Vice Rey conforme a carta que teve (de 9 de Abril de 662) de ElRey de Portugal me fará guardar as Capitulações, isso na sua jurisdicção como eu outro tanto na minha, porque assim como a elle compete o governo do que pertence a seu Rey, tambem sou da mesma qualidade a se governar do que pertence a ElRey meu Senhor; no que V. S.ª diz tirasse a bandeira de Mahim (sendo arvorada na jurisdicção delRey meu Senhor), o que nunca poderia fazer sem licitas ordens do dito Senhor que sem ellas he risco de cabeça (como tenho dito) a toda a pessoa que se atreva a fazel-o, nem sei qual he a outra Ilha de Mahim nem menos que a tomou por força de armas para largal-a, como V. S.ª me pede: e visto estas minhas rasões que aponto sendo tão justas e verdadeiras V. S.ª me faz ameaças e constrangimentos com falsidades e fingimentos a que eu tirasse a bandeira de Mahim, e largasse a jurisdicção pertencente a ElRey meu Senhor, e com tenção que seus subditos que sejão alevantados e não obedeção ao meu governo quaes a mim devem obedecer como governador que sou do dito absoluto Senhor, isto contra protesto em nome de ElRey meu Senhor huma e muitas vezes, e quantas em direito devo contra V. S.ª Ignacio Sarmento de Carvalho e tambem contra Antonio de Mello de Castro, Vice Rey do Estado da India, que deu esses poderes a V. S.ª a protestar e fazer semelhantes requerimentos contra mim, que por ditas semrasões, se succeder algum motim, desinquietação, alevantamento do povo e algum risco da praça, ou perturbação da paz em ambas as Coroas (o que nunca posso desejar), V. S.ª e o dito Vice Rey serão causas a dar conta de tudo, e de todos os damnos e perdas que por isso ElRey meu Senhor receber e nunca e em nenhum tempo o tal fingido protesto nem será prejudicial nem menos por conta do dito Senhor. Esta resposta vai pelo mesmo portador Jacinto Gonçalves de Alcaçova, Escrivão da Alçada, para que a apresente a V. S.ª Fortaleza de Bombaim em 27 de Maio de 1665. — Inofre Coque. 1665 Maio 27

Aos 27 dias do mez de Março de 1665 annos neste Porto de Bombaim e cazas delle, aonde eu Escrivão fui por mandado do Capitão geral Ignacio Sarmento de Carvalho, e sendo presente Inofre Coque governador do dito Bombaim lhe apresentei o protesto atraz assignado pelo dito Capitão geral, e pelo dito Inofre Coque governador foi dada no mesmo dia até ás dez horas da noite a resposta acima e atraz por elle assignada ao pé della, da apresentação da qual fiz este termo em que porto minha fé de como lho apresentei em que me assignei porto minha fé. Jacinto Gonçalves de Alcaçova o escrevi. — Jacinto Gonçalves de Alcaçova, etc.

---

## Auto do protesto que fez Ignacio Sarmento de Carvalho contra o Governador de Bombaim

(Collecção dos meus mss.)

Anno do nascimento de Nosso Senhor Jesus Christo de 1665, annos aos 29 dias do mez de Maio do dito anno, nesta Cidade de Baçaim em as pousadas de mim Escrivão, pelo Capitão geral das fortalezas do Norte, Ignacio Sarmento de Carvalho, me foi mandado autoar o protesto atras que fora apresentado por mim Escrivão a Inofre Coque, Governador de Bombaim pelo Serenissimo Rey da Gram Bretanha, por bem do qual de tudo fiz este auto do dito protesto em que me assignei, Jacinto Gonçalves de Alcaçova, Escrivão da Alçada, o escrevi. — Jacinto Gonçalves de Alcaçova. 1665 Maio 29

## Protesto e reclamação que fez o Governador de Bombaim em nome do Serenissimo Rey da Gram Bretanha contra o Vice-Rey da India Antonio de Mello de Castro

(Collecção dos meus mss.)

1665 Agosto 22 Já V. Ex.ª terá tido noticia por varias cartas que lhe tenho enviado, e nellas sempre pedi os foros reaes, direitos, rendas e mais costumes atrazados desta Ilha pertencente á Serenissima Magestade de ElRey da Gram Bretanha meu Senhor, pois lhe são devidos do dia em que chegou a este porto o Conde de Maleburg, que foi em Setembro de 1662, até 18 de Fevereiro de 1665, esta presente era, em que tomei posse. Não tratou V. Ex.ª nunca de mos mandar pagar, mas antes me relata nesta ultima de 29 de Maio que os quarteis se gastarão no Presidio (que nesta Ilha assistio) não sei com cuja ordem: se he que V. Ex.ª os mandou pôr, deve de lhe ter feito paga de sua fazenda, e não da fazenda de ElRey meu Senhor, pois elle tinha Presidio bastante para lhe guardar sua Ilha e não he justo que o que lhe pertence a elle seja distribuido por mãos a quem não compete. Em modo que espero que V. Ex.ª sem menor demora os mande logo entregar, e quando o não queira fazer protesto huma e muitas vezes e quantas em direito devo e posso fazer de ElRey meu Senhor os haver da fazenda de V. Ex.ª, pois por seu gosto não quer mandar satisfazer o que lhe he devido, mas ainda foi causa de haver estas delongas na posse que houve: pela qual rasão torno a protestar e a reclamar por parte de ElRey meu Senhor de haver dos bens de V. Ex.ª toda a perda e damno risco e prejuizo que por falta desse dinheiro succeder na guarda e defenção desta Ilha, o qual protesto ordeno a Roberto Mastens que entregue a V. Ex.ª Antonio de Mello de Castro, Vice Rey do Estado da India, para que com sua resposta, ou sem ella se a dar não quizer, me torne, para a todo o tempo constar e ficar direito ao dito Senhor na cobrança, como dito he. Dado nesta fortaleza de Bombaim em 22 de Agosto de 1665 annos. — Inofre Coque. 1665 Agosto 22

## Resposta do Vice-Rey Antonio de Mello de Castro ao protesto do Governador de Bombaim

(Collecção dos meus mss.)

Posto que já respondi a V. Ex.ª por carta minha a tudo o que contem este protesto que agora de sua parte me apresentárão, com que se pudera escusar esta diligencia, tornarei a repetir as mesmas razões, visto que V. S. repete as mesmas instancias. Não entreguei ao tempo da minha chegada a Ilha de Bombaim ao General Maleburgh nem depois a Abrahão Shipman, porque nenhum delles me apresentou procuração do Serenissimo Rey de Inglaterra, sendo essencial para tomar a posse constar dos poderes que trazião para isto, principalmente havendo eu de conhecer pela dita procuração a pessoa a quem devia fazer a dita entrega. Pede-me V. S.ª os rendimentos da Ilha desde aquelle tempo até a ora em que entrou nella, e, ou V. S.ª considere que desde então pertencião ao Serenissimo Rey da Gram Bretanha, ou, como he certo, a ElRey meu Senhor, nunca se podem pedir os ditos rendimentos; porque, se a Ilha já era do Serenissimo Rey de Inglaterra, por sua conta se havião de fazer as fortificações e pagar os Presidios para a defender, em que excedeo tanto a receita da despeza que folgarei eu muito que se ajustem as contas com condição que V. S.ª me torne o que se gastou de mais, que não fora tudo ser por conta delRey meu Senhor não sendo a Ilha sua; e, se ainda o era, pois não tinha demittido a posse em que estava, como me pede V. S.ª conta das rendas delRey meu Senhor, não conhecendo eu outro superior que mas possa pedir? Se aquella Ilha a tomárão neste meio tempo os Holandeses ou

1663 Outubro qualquer outro inimigo, havia de pedir o Serenissimo Rey de Inglaterra igual recompensa a ElRey meu Senhor; pois em que rasão cabe que para o risco do damno fosse de Portugal, e para a utilidade dos frutos de Inglaterra? sobre tudo nem a ElRey meu Senhor, nem a mim que sou Ministro seu, se pode pedir nada, pois o faltar a entrega nem na fez por falta das ordens que S. Magestade devia dar em Portugal, nem por falta de obediencia que eu lhe devia na India, senão por descuido do Ministro de Inglaterra, que nem lá pedirão nem aqui apresentarão os papeis convenientes para se encorporarem no auto da posse, e poder constar a todo o tempo que ElRey meu Senhor tinha satisfeito ao que prometera e que Bombaim se entregára a quem o Serenissimo Rey de Inglaterra mandava; e sendo a culpa dos ditos Ministros, mal se me imputa, e não tem V. S.ª rasão de me dizer que os ditos rendimentos se haverião por minha fazenda: constando no mesmo ponto que chegou a procuração de S. Magestade Britannica o ser morto o nomeado nella, entreguei a V. S.ª Bombaim, que não tinha para a receber mais acção que o testamento de Abrahão Shipman, o qual não tinha poder para transmittir a faculdade de tomar esta posse, porque lha não dá o Serenissimo Rey de Inglaterra para substabelecer outro em seu lugar; comtudo logo no principio escrevi a Abrahão Shipman mandasse pessoa a Bombaim e cobrasse os rendimentos e fizesse as despezas necessarias, e porque elle me não respondeo escrevi o mesmo a Dom Jorge Oxiden, Presidente de Surrate, cuja resposta a esta materia tenho em meu poder, e por que nenhum delles quiz tomar isso a sua conta foi necessario que o fizesse eu, por não deixar exposta aquella Ilha a invasão dos inimigos: com o que tenho respondido a este protesto de V. S.ª e de novo lhe protesto em nome de ElRey de Portugal meu Senhor, como por vezes o tem feito Ignacio Sarmento de Carvalho, General do Norte, que V. S.ª largue a Ilha de Mahim, que ocupou violentamente contra o capitulado e assentado entre o Serenissimo Rey de Inglaterra e ElRey de Portugal meu Senhor, porque se lhe não deu como consta das capitulações e do auto da posse; e juntamente que V. S.ª restitua as rendas e fructos do dito Mahim desde o tempo que o ocupou, os quaes está comendo em offensa de ElRey de Portugal meu Senhor e do Serenissimo Rey de Gram Bretanha, cuja tenção he guardar santamente o prometido debaixo de sua firma real; e tambem que V. S.ª não oprima os catholicos moradores em Bombaim, como faz, tomando-lhes suas fazendas, não bastando mostrarem a posse em que estão, doação e aforamentos feitos pelos Vice Reys deste Estado, que tem delRey meu Senhor poder bastante para estas e outras mercês. Já V. S.ª lhes não quer guardar sendo contra o capitulado e assentado. Item que V. S.ª deixe usar de seu poder aos ministros e ecclesiasticos, em cujo desprezo consente V. S.ª que os gentios adorem publicamente os pagodes, lhes fação festas e usem das cerimonias da sua seita. Item que V. S.ª não dê coito aos Portuguezes que se passão á dita Ilha, huns fugindo por crimes contra a fé, e outros com o dinheiro de ElRey e das partes. Item que não obrigue V. S.ª as mulheres, com quem se cazão os da religião reformada, deixar a fé catholica romana, nem recolha na dita Ilha as pessoas que debaixo deste pretexto se passão para ella. Item que V. S.ª se não faça Juiz das causas processadas e sentenciadas entre os vassallos de S. Magestade por seus ministros, como se V. S.ª fora successor delles, como se vio na de Dom Frei Henriques, sobre a execução feita em um navio por divida que lhe devião. Item que V. S.ª se não meta com a entrada e sahida dos barcos que vem para as terras delRey meu Senhor ou sahem dellas, como fez nos que o Capitão geral mandou buscar a Bandorá, V. S.ª mandou gente armada em seus bateis que prenderão os ministros e os levarão a Bombaim, por ser tudo o referido contra o capitulado e assentado entre as duas Coroas, e jurado aqui por V. S.ª antes de tomar posse dessa Ilha; e assim os ditos rendimentos de Mahim como todos os outros damnos, de que V. S.ª foi causa, por vassallos de ElRey meu Senhor se haverá pela fazenda de V. S.ª, que conforme aos excessivos tributos que poem a esses pobres moradores bem poderá satisfazer tudo V. S.ª 1665 Outubro

1665 Outubro Inofre Coque no melhor modo e forma que o direito der logar. Dado em Goa a... de Outubro de 1665.—Antonio de Mello de Castro.

## Segunda resposta do Vice-Rey ao Governador de Bombaim

(Collecção dos meus mss.)

1665 Novembro 6 Posto que tenho respondido a V. S. por carta minha ao conteudo neste protesto, com que elle se escusava, tornarei a repetir as mesmas rasões porque V. S. repete as mesmas instancias: não entreguei Bombaim ao general Maleburg porque me não apresentou procuração do Serenissimo Rey da Gram Bretanha, sendo essencial para receber a posse mostrar a faculdade e poder de Sua Magestade para este effeito, e, ou se concedeu tocar desde aquelle dia a Sua Magestade de Inglaterra a posse da dita Ilha ou do tempo em que realmente a tomou, nunca se podem pedir os rendimentos della; porque, sendo do Serenissimo Rey de Inglaterra, por sua conta se havião de fazer as despezas que excederão muito ao rendimento, e em nenhuma rasão cabe que os presidios, fortificações e mais gastos fossem por conta de ElRey meu Senhor, e os frutos do Serenissimo Rey de Inglaterra, nem basta perguntar-se com que ordem se fizerão, porque, estando a dita Ilha ainda no dominio de ElRey meu Senhor bastava a ordem que tinha sua para este effeito, e o Serenissimo Rey de Inglaterra havia de gastar o mesmo dinheiro para a sua conservação e deffença, e he isto tão notorio a V. S. e a todos os moradores desse Norte, que, não achando V. S. que bastão as rendas reaes dessa Ilha para sustentar o presidio della, impoem novos tributos aos moradores, exbulhando-os de parte de suas fazendas a titulo de ser necessario para o pagamento do dito presidio, donde se segue que tudo o que a dita Ilha rende me foi a mim necessario para a sustentar, pois a V. S. lhe não basta; e se os reditos não pertencem ao Serenissimo Rey de Inglaterra senão desde o dia que realmente tomou posse, com pouca razão mos pede V. S. e com muito menos razão protesta para os haver da minha fazenda, porque não ha lei para que pague eu o descuido de V. S. pois não trouxerão procuração e sem ella não lhe podia eu entregar a Ilha. Contente-se V. S. com ver que, tanto que me constou da vontade do Serenissimo Rey de Inglaterra, lhe mandei entregar Bombaim, não lhe tocando a V. S. o recebel-o, porque, não vindo na Procuração nomeado mais que Abrahão Shipman, expirava com elle a procuração, e nem o seu testamento dava a V. S. poder algum, porque o substabelecido não pode substabelecer sem poder particular para este effeito: sobretudo eu escrevi a Abrahão Shipman, estando elle em Anjediva, que mandasse pessoa que cobrasse a dita renda e corresse com estes gastos, e porque elle me não respondeu escrevi ao Presidente de Surrate Dom Jorge Oxiden e nenhum delles o quiz fazer, e assim foi forçado que o fizesse eu, porque não ficasse a Ilha exposta a invasão dos Hollandezes. Com o que tenho respondido a este protesto de V. S. e de novo lhe protesto em nome de ElRey de Portugal meu Senhor, como por vezes o tem feito Ignacio Sarmento de Carvalho general do Norte, que V. S. largue a Ilha de Mahim, que occupou violentamente contra o capitulado e assentado entre o Serenissimo Rey de Inglaterra e ElRey de Portugal meu Senhor, porque se lhe não deu, como consta das Capitulações e do auto da posse e juramento; que V. S. restitua as rendas e frutos do dito Mahim, que está comendo em offensa de ElRey de Portugal meu Senhor, e sem ordem do Serenissimo Rey da Gram-Bretanha, e não o fazendo assim se haverá da fazenda de V. S. Inofre Cooque, no melhor modo e forma que o direito der logar. Dada em Goa a 6 de Novembro de 1665. Antonio de Mello de Castro.

1665 Novembro 6

## Carta do Vice-Rey Antonio de Mello de Castro a ElRey dando-lhe conta do que os Inglezes tem feito depois que tomaram posse de Bombaim

(Collecção dos meus mss.)

1666 Janeiro 5

Senhor.—Na monção passada dei conta a Vossa Magestade da entrega de Bombaim, que tinha mandado fazer pela segunda ordem que recebi de Vossa Magestade: agora direi só o que os inglezes tem feito e vão fazendo cada dia cujos excessos eu assentei e ha de chorar a India bem depressa. A primeira obra de Inofre, o que he governador daquella ilha e eu conheci tendeiro em Lisboa, foi tomar a ilha de Mahim a titulo de lhe pertencer, não bastando nenhum protesto para a largar, sendo que he cousa distante da ilha de Bombaim, como Vossa Magestade verá pelo mappa que com esta envio: o seu fundamento he que de maré vasia se passa de huma ilha a outra; e se isto se lhe conceder não tem Vossa Magestade rezão com que defenda as outras ilhas do Norte, porque tãobem de Bombaim se passá de maré vasia a Salcete e de Salcete a Varagão, de modo que de huma ás outras tem o mesma transito; e he necessario defender Mahim por não perder todo o Norte. O mais verá Vossa Magestade do juramento que elle deo aos catholicos, querendo obrigal-os por aquella via a que o não fossem, pois negavão abertamente a jurisdicção do Summo Pontifice e ser elle Cabeça da Igreja: tambem da resposta ao protesto que mandou fazer se verá o mais que elle faz, e já os moradores do Norte tiverão tomado as armas e lançado dalli os inglezes com ellas se eu, chegando-me disto algumas suspeitas, o não impedira, segurando-lhes que se perdião, e que Vossa Magestade actualmente estava tratando da compra de Bombaim. E posto que em todas estas couzas se via o nome de Inofre Cooque como governador por El-Rey de Inglaterra, hum terrivel hereje que se chama Henrique Guery, capital inimigo da nação portugueza, he o author de tudo. Ignacio Sarmento de Carvalho mandou tirar hum summario de testemunhas de seus atrevimentos e descomposturas que remetteo a Vossa Magestade, e he certo Senhor que, como os inglezes o respeitão por ser dogmatista e pregador de sua seita, he o dito Henrique Guery prejudicialissimo naquella visinhança: creyo porem que, primeiro que Vossa Magestade mande de Europa o remedio, lançarão os hollandezes dalli esta gente, porque me consta preparão huma poderosa armada para irem sitiar Bombaim. Eu avisei ha muito a Inofre Cooque, que primeiro me respondeo com grandes roncas e despois me pede soccorro com grande humildade. O estado da India não está capaz de soccorrer a ninguem, principalmente sendo certo que o mesmo será soccorrer aos inglezes que abrir a guerra com os hollandezes, e por consequencia infallivel perder Vossa Magestade o que tem na India; e assim ordenei que do Norte se lhe metesse mantimentos e o mais que fosse necessario antes que a armada hollandeza chegasse, e depois que se portasse o capitão como amigo de ambas as partes. Tenho escrito a Vossa Magestade que he impossivel conservar-se o pouco que hoje tem neste oriente sem se fazer um esforço grande por Portugal e Inglaterra, e tambem que fizera esta resolução grandes effeitos pelo como esta aborrecido o imperio hollandez: aqui o torno a repetir, e não vejo outro caminho de nos podermos conservar. Peza-me infinito que ha isto de vir a tempo que tambem me venha o successor, e que achasse eu a India com tão poucas forças que não fizesse mais o meu governo que tratar da conservação. Mande Vossa Magestade por sua grandeza considerar o como vim a India em huma nao ingleza, e o que me tem vindo de Portugal despois que estou nella, e achar-se-ha que o defendel-a dos mouros e gentios foi hum milagre, porque, cercado de exercitos que nos ameaçavão, todos se retirarão sem obrar cousa alguma nas nossas terras. Assi quererá Deus que seja daqui por diante, e que este dilatado Imperio torne a ver e venerar só as bandeiras de Vossa Magestade. Deus guarde a catholica e real pessoa de Vossa Magestade como esta christandade e seus vassallos havemos mister. Goa 5 de Janeiro de 1666. Antonio de Mello de Castro.

1666 Janeiro 5

## Carta do Chanceller da Relação de Goa Sebastião Alvares Migos a ElRey, queixando-se do Vice-Rey, e dando parte da morte do Vedor da fazenda geral Luiz Mendes de Vasconcellos na viagem para Goa.

(Arch. Ultramarino. — Original.)

1666 Janeiro 26

Senhor.—Estando em Bombaim cõ o vedor da faz^da^ geral de V Magestade, Luis Mendes de Vasconcellos, escrevemos por duas vias a V. Magestade a carta q̃ acompanha esta, e cõ ella mandamos o estromento da posse, que demos daquelle porto e Ilha ao serenissimo Rey da Gram Bretanha, em cujo nome a tomou o seu Governador Inofre Coque, que nos prometeu mandar as cartas, para em Londres se entregarem ao embaixador de V Magestade a quem escrevemos cõ encarecimento que as enviasse com a brevidade possivel a V. Magestade, p^a^ por ellas saber V. Magestade com certeza, termos dado a dita posse, e o que obramos em seu Real servisso. Obrigado Luiz Mendes de Vasconcellos do mal da gota, que lhe deu com grande força por todas as juntas de seu corpo, passou p^a^ Baçaim sem risco dos mallavares por um Rio, per q̃ dizem vão em duas marés áquella cidade; ficando eu no Recolhimento do Reitor da Igreja de Nossa Senhora da Esperança, dos frades de São Francisco, impossibilitado, sem poder tornar p^a^ Chaul por terra, e no mar a ver m^tos^ parós de mallavares, q̃ tomarão algumas almadias, e galvetas, por não aver no Norte armada de V. Magestade. Sabendo o Gov^or^ Inofre Coque da minha impossibilidade, e que estava cõ pouca saude, me vizitou, e sem ter naquelle porto mais embarcação que hum pataxo, mo offereceu, e nelle passei a Chaul, aonde estive, té que chegou de Goa em almadias Antonio Galvão dessa, p^a^ ser capitão daquella praça, nas quais me accomodey, e vim p^a^ Goa, navegando de noite, por causa dos parós dos mallavares, e foi Deos servido, que cheguei a minha casa, como costumão dizer, mais morto, que vivo, pello grande trabalho que passey, na ida, e na vinda, por ser a viagem dillatada, e eu estar já mui entrado na idade, mas o ser em serviço de V. Magestade me animava, Levei o estromento da posse ao V. Rei que o tomou, sem me preguntar sobre este particular cousa alguã, nem té o presente; a Luis Mendes de Vasconcellos dizem escrevera o V. Rei, de sorte que estando muito mal em Baçaim, se embarcou para esta cidade, o certo he que Luis Mendes de Vasconcellos faleceo na viagem cõ grande desemparo, e que o deitarão ao mar, ficando-lhe muitas dividas, porq̃ não teve em quanto viveo mais que o nome de vedor da faz[da] de V. Magestade, fez o V. Rei vedor da fazenda de V. Magestade a Duarte de figueiredo de Mello, de quem nos disse na Rellação, que o avia de mandar para o Reino prezo, pella expulsão do V. Rei Conde de Obidos, porque assi lho ordenava V. Magestade. 1666 Janeiro 26

Em outras occasiõis dey conta a V. Magestade em papeis, da desafeição que me tem o V. Rei Antonio de Mello de Castro, e do Respeito porq̃ me trata, como não he jus[to], nem Resão, e de aver desapossado, a meu filho João Alvares Migos da dignidade de Arcediago, de q̃ V. Magestade lhe fez Merce, e o teve muito tempo desapossado; o agradecimento q̃ tive de me ter mandado ao Norte, foi molestarme, como fas de ordinario, em mandar pello ouvidor Geral do Crime, Manoel Martĩs Madeira, prender a meu filho Manoel Glz̃ Migos, que anda no servisso de V. Magestade, estando hum dia de festa, ouvindo missa na Sé, p[a] ser sua prizão cõ estrondo, e mais publica, sem aver delle queixa, nẽ culpa alguã, mais q̃ querer dizer o V. Rei, que lhe disserão, que fora meu filho a Bardes, e tirara de casa de huã molher, outra q̃ he casada, e mandou logo tirar Devassa, pello capitão, e ouvidor de Bardes, sem ser o caso de querella, nẽ de Devassa, por não aver nenhuã queixa de parte, e mandou chamar a hum homem, por nome Manoel da Costa o pellado, e o persoadiu grandemente, e com ameassos, a q̃ fosse jurar contra meu filho, e lhe respondeu Manoel da Costa, q̃ não avia de meter a sua alma no Inferno, nẽ jurar o q̃ não sabia, e cõ outras pessoas fez a mesma diligencia, q̃ tão bem não quizerão jurar falso, e cõ lhe constar pela Devassa não

1666 Janeiro 26 sè aver tirado tal molher casada de nenhuã casa de Bardes, nẽ acontecido tal caso, e ser tudo falso, o q̃ se quiz dizer de meu filho; o não mandou soltar, dizendo que lho avia eu de pedir, e como eu lho não quiz pedir, nẽ outrem a meu Respeito, o mandou soltar quando lhe deu na vontade, desta, e de outras muitas prisõis, que manda fazer, não tem o tronqueiro, q̃ he seu criado, contra o privilegio da cidade, e ordem de V. Magestade, nenhuã perda, por q̃ a todos tira a pelle, pª fazer Repartição com outros da mesma casa do V. Rei, o que he pubrico e sabido nesta cidade.

Não se satisfes o V. Rei com a prisão de meu filho, por q̃ me disse cõ ameassos, q̃ eu não queria que na Rellação se despachasse hũ aggravo em q̃ elle me fallara, de André Freire de Ataide por ser seu inimigo, que avia muito tempo estava sem se despachar, e outros feitos de pessoas, a quem eu não tinha boa vontade, e nos q̃ erão de meus amigos fazia mais do q̃ se permittia, e era licito, e outras cousas, por mas querer dizer, ao q̃ Respondi, não ter odio, inimizade, nem affeição a nenhuã pessoa, pª faltar cõ o q̃ fosse de justiça, que Sua Senhoria me apontasse algũ amigo meu, por quem tivesse feito sem justiça a alguã parte, ou que fosse contra a verdade, ou lhe detivesse seus feitos; com q̃ me não differiu, por conhecer q̃ era verdade, o que eu dizia, e que no particular do aggravo de André Freire de Ataide, q̃ aggravou do ouvidor geral do civel, lhe mandar embargar seus bens, até quantia de quatro centos x.es, avia saido muito antes de eu ir pª o norte, q̃ se habilitassem os herdeiros de Manuel Dias da Pas, e Sua Senhoria aprovara a Rezão q̃ avia, pª se não poder despachar o dito aggravo, por não poderem ser nelle Juizes os Desembargadores Manoel Martĩs Madeira, e Francisco de Figueiredo Cardoso, por terem Repartido entressi, e com Andre Freire de Ataide, os quatro centos x.es em que Andre Freire condenou ao dito M.el Dias da pax, que Requereu ao dito Ouvidor geral do civel lhe mandasse segurar os seus quatro centos x.es; querendo-se ir Andre Freire de Ataide desta cidade pª Baçaim, donde he casado e morador, e por entender pela desafeição q̃ me tem o V. Rei poderá informar mal de my a V. Magestade mando as certidões q̃ tratão deste caso, pª V. Magestade me fazer merce de as mandar ver, e saber se fallo verdade a V. Magestade. 1666 Janeiro 26

Occupame o V. Rey, no que não toca a meu officio de Chanceller, só por me atormentar, e ter q̃ entender commigo, e não querer q̃ lhe duvide nada, mandando que julgasse verbalmente, huã causa ordinaria de libello, tratada entre portuguezes que corre no juizo dos orfãos sem as partes se louvarẽ em mim q̃ huma dellas se chama Luis vasdilicado, e por eu dizer q̃ se não podia sentenciar verbalmente por ser contra direito, e ordenações de V. Magestade que tinha obrigação de as guardar, e q̃ no Juiso donde estava principiada se avia de sentencear, e dar fim a ella, me Reprendeu, e q̃ fizesse o que me mandava. Faz-me ir aos conselhos de fazenda que fas nesta cidade, aonde não asiste a mayor parte do anno, a casa da polvora, a Pangim, e pellas aldeas, e que tire Devassas que competem ao ouvidor geral do crime, e aos Juizes ordinarios, e quer que se devasse de todos os officiais, de todos os juizes desta cidade; de Salcete, e Bardes, por ordem sua somentes, sendo q̃ para se tirar semelhante Devassa, o manda V. Magestade por provisão particular, como fes na que se passou em 27 de Março de 1618 cometendo-a ao Arcebispo Primas da India Dom Frey Christovão de Lisboa. E no lançamento da oitava parte dos Rendimentos das fazendas dos moradores desta cidade, e suas ilhas adjacentes, Salcete e Bardes, excepto o q̃ toca as camaras geraes; não faltando nunca na Rellação, nem ao despacho das partes, tendo sempre a toda a hora as portas abertas; como V. Magestade será servido mandar-se informar dos q̃ vão pª esse Reino, nem tão pouco hei faltado no lançamento do oitavo, q̃ está já no fim, e cõ fazer da minha parte quanto posso e a saude me dá lugar, nada me val para cessar com a sua desafeição, e deixar de me molestar.

Na Rellação estamos quatro Desembargadores, eu, Manoel Martins Madeira, Luis Monteiro da Costa, e Francisco de Figueiredo Cardoso; os dois estravagantes Alvaro de Azevedo, e Andrade, e Antonio da Maya barreira, são fallecidos, V. Ma-

1666 Janeiro 26 gestade será servido, mandar os q̃ faltão, porque dis o V. Rei, que ha de tornar Andre Freire a ser Desembargador, e q̃ não lhe heide glozar o provimento, e na Rellação nos disse que avia de fazer Desembargadores, e nos escreveo sobre isso, que lhe Respondemos cõ as ordens de V. Magestade, e não esta fora de os fazer, sem embargo dellas, nem se contenta cõ ter ha tantos annos a Andre Freire cõ alçada no norte, e cõ titulo de ouvidor geral, comendo os salarios, e moradia, e feito-lhe merce de mil x.<sup>es</sup> sem fazer caso das muitas queixas que continuamente lhe chegão; e a Rellação, deste homem ter destruido, e Roubado todo o Norte; V. Magestade mandará prover em tudo, como mais for servido A catholica e Real pessoa de V. Magestade Guarde Deos p.ª bem da christandade, e seus vassalos. Goa 26 de Janeiro de 660.—Sebastião Alvares Migos.

---

## Carta de Duarte Ribeiro de Macedo a Sua Alteza

(Arch. da India, livro das Monções, n.º 34, fol. 224.)

1669 Fevereiro 3 Senhor. Chegou a esta cidade Fr. Antonio de Nazareth, Religioso Agostinho, Prior do Convento de Damão na India, logo me buscou e me deu conta da sua commissão, mostrando-me a nomeação, que se fez de sua pessoa para o negocio a que vai a Inglaterra, as ordens que para a sua jornada passou o Vice Rey da India, o consentimento de seu Provincial, a procuração, e os autos do estado, em que se achão os moradores de Bombaim; refere varias novas do estado das cousas da India; e de tudo fez a relação assinada, que com esta remetto a Vossa Alteza. Esta semana passa a Inglaterra.

O Duque de Lorena licenciou as suas tropas, ficando só com trezentos cavallos e mil infantes, como se capitulou com elle no tratado dos Pirineus. Com esta resolução se suspendeu a jornada de Sua Magestade Christianissima, e se man-

dou retirar o Marechal de Crequi, com as tropas que havião 1669
marchado áquella parte. O Marechal de Crequi he mandado Fevereiro 3
de novo a Catalunha com o pretexto de que todas as tropas de Castella se movem para aquelle Principado, e dizem que querem ter naquella parte hum cabo de authoridade.

Aqui está hum enviado de D. João de Austria em caza de um particular, donde vay com summo segredo fallar ao secretario Leone.

O commercio e a communicação com a cidade de Ruão se poz já livre para esta corte, havendo muitos dias que naquella cidade tem cessado o contagio.

Deus guarde a Real pessoa de Vossa Alteza muitos annos. Paris 3 de fevereiro de 1669.—Duarte Ribeiro de Macedo.

---

## Consulta do Conselho Ultramarino

(Arch. da India, livro das Monções, n.º 34, fol. 216.)

Senhor.—Virão-se neste conselho as copias das cartas in- 1669
clusas, que o Conde Vice Rey da India enviou por terra, e Fevereiro 28
Vossa Alteza mandou remetter a elle para logo se lhe consultar o que parecesse; e considerando o essencial dellas, pareceo dizer a Vossa Alteza que nenhuma das cousas e casos, que as ditas cartas contem, encontra, ou altera, antes corrobora tudo o que a Vossa Alteza se tem representado em consulta de 19 de Janeiro passado, em que o Conselho entende que tem satisfeito e declarado com o zelo que costuma a forma que se deve dispor o soccorro, que na monção presente se hade enviar á India, e convem para seu remedio, conservação, e melhoramento. E que como este consista na gente e mais gente, que o Conde Vice Rey instantemente pede, experimentada na disciplina militar, homens de valor para os postos maiores e menores; sem ella, por mais que o Conde Vice Rey trabalhe com todo o cuidado e disvelo, que traz comsigo o zelo, com que se emprega no bem e augmen-

1669 Fevereiro 28. to daquelle Estado e serviço de Vossa Alteza, sendo tão prompto e vigilante que pessoalmente se quer achar presente em tudo, he impossivel, salvo milagrosamente, conseguir seus intentos pela opposição que lhe fazem as nações estrangeiras com as naturaes, faltando ao capitulado, e tratando somente das conveniencias, com que se procurão senhoriar do commercio, e a nós totalmente destruir, que he o seu fim principal; que para se evitarem os damnos, que se antevem, de os Inglezes e Hollandezes se não ajustarem, como devem, com as capitulações, antes as encontrarem nas maximas que se seguem, deve Vossa Alteza mandar considerar no conselho de estado a forma, em que será mais conveniente darse a entender a ElRey da Gram Bretanha e aos Estados de Hollanda a queixa que o Conde Vice Rey tem, e repete de seus vassallos obrarem contra o Estado da India em differentes partes illicitamente, soccorrendo huns inimigos, e unindo-se com outros, de que resulta não se poder conservar sem grandes inquietações o que Vossa Alteza nelle tem, senão na forma em que nos principios se ganhou: e he certo, senhor, que só com gente e armas nas mãos se poderá conservar e restituir alguma parte do perdido; que a falta desta gente, e unico remedio da conservação daquelle Estado em tempo de pazes, pode occasionar ruina, e quando menos, grande sentimento ao Conde, que sendo o que com tanto desvello se adianta em mandar náos, expedir armadas, buscar-lhes o sustento, achar-se nellas e nos perigos, não tem seguros os successos da fortuna, mas antes com a variedade della muito arriscada a opinião, e o respeito, que perdido huma vez, não se recupera com facilidade, tendo justa razão de lançar a culpa á falta de gente que pede, e á ommissão dos ministros o não representarem a Vossa Alteza com a mesma efficacia, com que elle a repete. O que supposto, deve Vossa Alteza mandar exforçar com todo aperto e brevidade (como se lhe disse na consulta citada) o soccorro desta monção, quanto for possivel, ao conselho da fazenda, e que as náos que se fizerem na ribeira para a carreira da India, sejão do lote de Santa Theresa: ao governador do Brazil re-

petir os avisos da viagem, que para este Reino hade fazer 1669 Fevereiro 28
aquella náo, no caso que alli tenha chegado, e a náo haja feito em companhia das náos genovezas, que naquelle Estado se achão com licença para vir fora da frota: ordenando a hum Desembargador da mayor satisfação, que alli ouver, que tire devassa da causa que tiverão o capitão, e mais officiaes para arribarem áquelle porto; e succedendo haverem tomado (como se presume) os de Angola e Moçambique, nelles se faça o mesmo, e se remettão fechadas a este conselho, para se consultar a Vossa Alteza o que parecer justiça, e for de mayor exẽmplo para os que contra as ordens geraes e particulares navegão da India para este Reino arribando por respeitos da propria conveniencia, em tão grandes damnos das embarcações, dispendios que se fazem em seus concertos, e prejuizo dos direitos reaes; porque de se não haver castigado exemplarmente hum de tantos interessados nas arribadas, procede continuar-se nellas por habito, e sem urgente necessidade: que ás Ilhas se expidão avisos da viagem, que dellas hade seguir a dita náo para esta barra com cautella, de que venha prevenida, porque podem andar os Turcos na costa, por ser verão, em que a não largão, e que para mayor segurança se preparem alguns navios da armada, que a vão comboyar por sua muita importancia. E o mais de que o Conde Vice Rey faz menção nas ditas cartas, e toca á conservação do Estado, guerras dos inimigos, zelo, e desvelo com que procede, lhe deve Vossa Alteza mandar agradecer com aquelle encarecimento, favor e mercê, que de Vossa Alteza deve esperar, para que continue com o mesmo acerto; animando-o com a promessa de que em setembro se lhe procurará enviar mais aquelle soccorro que puder ser. Em Lisboa a 28 de Fevereiro de 1669.

### Resolução

Como parece; e ao Vice Rey se escreva procure não rom- 1669 Março 26
per com os Hollandezes e Inglezes, e a Gaspar de Abreu de

1669 Fevereiro 28 Freitas e D. Francisco de Mello mando noticias destas queixas para procurarem se remedeem. Lisboa 26 de Março de 669.

---

## Carta de Sua Alteza ao Vice Rey pelo Conselho Ultramarino

(Arch. da India, livro das Monções, n.º 34, fol. 107.)

Conde Vice Rey da India, amigo. Eu o Principe vos envio muito saudar, como aquelle que amo. Dona Inez de Miranda, viuva de Dom Rodrigo de Monsanto, direita senhoria da Ilha de Cassabé e Bombaim, me representou aqui o que entendereis da copia inclusa da sua petição[1] sobre os Inglezes não quererem que assista naquella Ilha, impedindo-lhe a cobrança das rendas do seu foral; e porque convem remediar as queixas desta viuva, vos encommendo muito que vendo a dita petição, e o que nella se refere, façaes com o Governador de Bombaim que deixe usar a Dona Inez de Miranda dos direitos, cazas, baluartes, e mais fazenda, de que estava de posse antes da entrega de Bombaim, e feita esta diligencia, que aplicareis com vosso zelo, e com o que responder o Governador de Bombaim se poderá então tratar do requerimento da fortaleza de Dio, ou Baçaim, que Dona Ignez pede em recompensa das perdas referidas. Escrita em Lisboa a 28 de fevereiro de 1669.—PRINCIPE.—O Conde de Arcos.

Para o Vice Rey da India.

[1] Não apparece este papel, e se apparecesse, por elle se veria que não devia dizer «ilha de Cassabé e Bombaim» mas «Cassabé da ilha de Bombaim. *Cassabé* significa aldeia ou povoação principal de uma ilha, ou de uma pequena provincia indiana; e era justamente esta principal povoação ou aldeia a que em Bombaim possuia D. Ignez de Miranda. O seu palacio ficava no sitio do melhor surgidouro d'aquelle porto, junto do qual se edificou depois *Forte*, ou cidade ingleza. Talvez correspondesse ao caes, a que os inglezes chamam de Apollo (*Appollo Bunder*) por corrupção do seu verdadeiro nome, que na lingua do paiz é *Palavá Bunder*, caes de *Palavá*, que segundo a pronunciação usada se deve dizer *Palauá*, e d'este *Palauá* fizeram os inglezes o seu Apollo, divindade que a India nunca reconheceu.

## Conta do pagamento do segundo milhão

(Arch. da India, livro das Monções, n.º 36, fol. 347.)

Pedindo Dom Roberto Southuel, enviado extraordinario de Sua Magestade da Gram Bretanha, a Sua Alteza em nome do seu Rey mandasse ajustar as contas do pagamento do segundo milhão do dote da Serenissima Raynha da Gram Bretanha, e nomeando Sua Alteza os Marquezes de Niza e Marialva para com assistencia dos Procuradores da corôa e fazenda conferirem, e ajustarem este negocio com o dito Dom Roberto, se achou que por conta do dito segundo milhão se havião entregue a Sua Magestade da Gram Bretanha por mão de seus Ministros 80:298$600 réis, que fazem 200:746 ½ cruzados. E que assim mais se hão de levar em conta 52:063$833 réis, que fazem 103:159 ½ cruzados e 33 réis, que em tanto foram avaliadas as propriedades das casas, terras, vinhas, e pomares dos moradores de Tangere, e vinte e nove moradas que estão no castello, pertencentes a moradores, e noventa e seis cavallos, que ficarão na praça, como tudo junto faz somma de 330:906 cruzados, e 33 réis, e se restão a dever para comprimento do dito milhão, 669:093 cruzados, e 367 réis, com declaração que por quanto Dom Roberto diz nos papeis, que offereceo com datas de 12 e 23 de Fevereiro proximo passado, que tem noticia de que algumas das cazas e cavallos dos moradores de Tangere estavão pagos por pessoas particulares, que os satisfizerão, se não duvidará levar em conta pelos ministros de Sua Alteza o que constar estiver pago, e o mais das ditas avaliações fica por liquidar, e em divida, como tambem o convento da ordem de São Domingos, com a cerca, retabolo e mais pertenças, a Caza do hospital, e as Ermidas de Nossa Senhora do Desterro, Sancta Barbora, São Sebastião, e o Espiritu Sancto, São Roque, São Vicente, e Nossa Senhora do Carmo, que tudo he de particulares, e assim mais algumas outras cazas, cujos donos se vierão depois da entrega, o que tudo não entrou na

1669 Março 12

1669 Março 12 dita avaliação, e bem assy o valor das fazendas dos particulares em Bombaim, de que hoje se pede a Sua Alteza satisfação, e fica para se decidir com beneplacito de Sua Magestade da Gram Bretanha, de quem Sua Alteza fia se haverá como se espera de sua justiça e grandeza. E do dito ajustamento e conferencia se passou esta certidão a Dom Roberto por elle a pedir, para constar somente do que he passado neste negocio, em que Sua Alteza desejou se procedesse muito á satisfação de Sua Magestade da Gram Bretanha, e do seu ministro, pois assim o pedem todas as razões de parentesco e alliança. Em Lisboa a 12 de março de 1669. — Pedro Sanches Farinha.

E declarase que os 80:298$600 réis, que fazem 200:746 ½ cruzados, contheudos na certidão atraz, se entregarão pela maneira seguinte: — 48:980$900 réis, que se entregarão ao Conde de Ensequim, e aos Inglezes pela maneira seguinte, a saber: 120:106 ¼ cruzados para pagamento da cavallaria e infanteria ingleza — 1:680 cruzados para Dom Thomas Morgar — 132 cruzados para cirurgiões e medicamentos — 534 cruzados para oito interpretes a 300 réis cada hum por dia — 2:000$000 réis, que fazem 5:000 cruzados, que por decreto e despacho da Junta dos Tres Estados de 8 e 20 de Julho de 662 entregou o Thesoureiro mór Manoel Correa de Mancellos ao Consul de Inglaterra Thomas Mainart por conta do segundo pagamento para as despesas da jornada, de que o Consul deu recibo em 13 de Agosto de 1662 — 8:000$000 réis que fazem 20:000 cruzados, que o Thesoureiro mór da Junta dos Tres Estados Manoel Correa de Mancellos entregou ao Embaxador de Inglaterra, a saber: 4:000$000 réis por decreto e despacho da Junta dos Tres Estados de 17 e 20 de Fevereiro de 1663, de que o Embaxador deu recibo em 21 do dito; e 4:000$000 réis por outro decreto e despacho de 26 de março de 1663, e recibo de 3 de Abril do dito anno — 16:000$000 réis, que fazem 40:000 cruzados, que Sua Magestade da Gram Bretanha ordenou se entregassem por conta do segundo milhão do dote, e se entregarão ao

Consul Thomaz Mainart pela maneira seguinte: 4:000$000 réis por decreto de 13 de Setembro de 1663, e recibo do Consul de 6 de outubro do dito anno; 4:000$000 réis por decreto de 25 de outubro de 663, e recibo de 26 do dito; réis 4:000$000 por decreto de janeiro de 664, e recibo de 21 do dito; 4:000$000 réis por decreto de 6 de março, e recibo de 10 do dito — E assim mais se entregarão 5:318$003 réis, a saber, 181$300 réis por vinhos, azeite, e outros materiaes, que se tirarão dos armazens para as fragatas inglezas nos annos de 665–666, conforme a avaliação que se fez; e réis 4:600$000 que por decreto de Sua Alteza de 18 de Setembro e 30 de Outubro do anno de 1668 se entregarão por conta dos oito dias tocantes ao pagamento dos regimentos inglezes, sobre que ouve duvida, e finalmente os mandou Sua Alteza pagar pelos meyos direitos, e da entrega delles deu recibo o Enviado Dom Roberto Southuel: — o que tudo faz a somma referida na dita certidão, de 80:299$020 réis, de que se fez esta declaração para constar a forma, e maneira, em que se entregarão, e a que pessoas. Em Lisboa a 12 de Março de 1669 — Pedro Sanches Farinha.

1669 Março 12

---

## Carta de Sua Alteza, em nome de El-Rey, ao Vice Rey da India

(Arch. da India, livro das Monções, n.° 34, fol. 252.)

1669 Março 26

Conde amigo. Eu ElRey vos envio muito saudar como aquelle que amo. O conselho geral do Santo Officio me representou que, permittindo os Inglezes na Ilha de Bombaim liberdade para cada um viver como quizer, não consentem que nella se fação as diligencias do Santo Officio, que são necessarias, e se não podem impedir conforme as capitulações, que se fizerão da entrega da dita Ilha, com que ficarião sem castigo merecido os delinquentes contra a fee catholica, por cuja rezão lhes corre obrigação de acudir por ella e de a defender, e tem determinado proceder contra os

1669 Março 26 culpados conforme a direito, e Breves Apostolicos, e para este effeito mandarão fazer hum protesto por via do Commissario de Bombaim. E porque eu desejo que as ordens do Santo Officio se guardem inviolavelmente, vos encommendo muito mandeis fazer da minha parte os requerimentos necessarios aos Inglezes de Bombaim para que se guardem as ditas capitulações, e se dê inteiro cumprimento ás ordens daquelle tribunal. Em Lisboa a 26 de março de 1669.—PRINCIPE.

Para o Conde Vice Rey da India.

---

## Carta de Sua Alteza, em nome de ElRey, ao Vice Rey da India

(Arch. da India, livro das Monções, n.º 34, fol. 213.)

1669 Março 29 Conde Vice Rey, amigo. Eu ElRey vos envio muito saudar, como aquelle que amo. Na monção passada vos mandei avisar de tudo o succedido neste Reyno té aquelle tempo, e depois da partida das náos não ouve mais occasião de vos escrever. Hum destes dias chegarão aqui os dous Religiosos de São Francisco, que enviastes por terra com as vossas cartas, a mayor parte das quaes se não pode decifrar, por serem roubados pelos Alarves, e lhas romperão. Pelo que dellas se decifrou, e pelo que referirão de palavra soube o estado das cousas da India, e quanto trabalhaes pelas remediar entre os apertos em que as achastes; espero em Deos que no tempo do vosso governo, as haveis de deixar tão melhoradas como já se começa a experimentar. A náo Santa Theresa não he chegada ao Reino, porque já as embarcações da India não sabem fazer viagem em direitura. Esta leva esse intento na volta; prazerá a Deos que o possa conseguir, e vós o ajudareis para isso quanto vos for possivel, e eu tenho mandado buscar meio de achar caminho para isso, e vai por capitão mór Christovão Ferrão de Castelbranco.

As cortes se acabarão com muito bom successo, os povos me servirão nellas com 400:000 cruzados por tres annos para pagamento dos presidios e soldados, e 100:000 cruzados pelos mesmos mais para satisfazer as dividas dos assentistas, e outras atrazadas; vão-se lançando e cobrando nesta corte pelo Real d'agua, e em algumas partes pelo effeito da decima naquella quantia que baste. 1669 Março 29

As cousas de Roma estão em muito bom estado, porque logo que tomei o governo destes Reynos nomeei meu Embaixador extraordinario de obediencia ao Conde do Prado, e por se dilatar, mandei, em quanto elle não chegava, Francisco de Villa, da Companhia de Jesus, confessor da Princeza, a informar a Sua Santidade de tudo o succedido, e pedir a Sua Santidade dispensação do impedimento *publicæ honestatis*, que Sua Santidade me concedeo, aprovando tudo o feito, e concedendo-me sua benção apostolica para my, e para a Princeza, como vereis das suas cartas, de que se vos remetem copias, e tambem do Breve, para que os mandeis guardar na Torre do Tombo desse Estado, como aqui mandei fazer, e que esperava o meu Embaixador. Antes de chegarem estas cartas se teve noticia que Sua Santidade fazia reparo em aceitar meu Embaixador com prerogativas de Embaixador de Rey, e que tambem o faria em dar Bispos, ainda que fossem nomeados por my como successor, e governador destes Reinos, e por não arriscar o meu Embaixador a experimentar em Roma o que succedeu aos que ali mandou ElRey, meu Senhor e Pay, que sancta gloria haja, nomeei o doutor João de Roxas de Azevedo, meu secretario e meu desembargador do Paço, para que fosse a Roma entender a causa desta novidade; mas como chegassem aquellas cartas, e Breves poucos dias despois da partida de João de Roxas, e dellas, como vereis, e de outras noticias se entendesse que Sua Santidade esperava o meu Embaixador, mandei apressar a sua partida, que fará dentro de breves dias em tres fragatas da minha armada, e espero que chegando a Roma, ache ali as cousas tão bem dispostas, que não só seja recebido, mas que mande logo as nomeações dos Bispos. Com esta occasião nomeei todos os Bispados nos sogeitos, que entendereis do papel, que será com esta.

1669 Março 29 O Conde de Miranda, que nomeei por meo Embaixador extraordinario a ElRey de Castella, foi ali muito bem recebido, e tambem o foi nesta corte o Barão de Bateville, Embaixador daquelle Rey, que reside nesta corte, onde fez sua entrada com grande applauso, e contentamento, e se vos remette as copias das cartas de crença, que me escreveo a Raynha de Castella, os Tratados das pazes impressos, e copia da ratefícação do dito Tratado, que a Raynha fez comigo depois de tomar o governo. As cousas do governo de Castella se achão mui embaraçadas entre sy, porque Dom João de Austria se declarou contra o confessor, e finalmente o fez sahir da corte, e com esta e outras inquietações domesticas não faltará aos Castelhanos em que entender.

Em fim do anno passado chegou a esta côrte D. Francisco de Mello, que, como sabeis, se achava por meu Embaixador em Hollanda, com hum projecto, que lhe derão os Estados, e relação de tudo o succedido no negocio, em que pedem por seis annos de custos, que se lhe devem pela capitulação da paz, que fez o Conde de Miranda, e pela satisfação que podem pretender os interessados no Brazil, excepto aquelles com quem o Conde celebrou capitulação particular, a quantia de 500:000 cruzados logo em dinheiro, ou em effeitos, ficando com este pagamento extincta aquella obrigação do Brazil, e o devido pelos seis termos referidos *(sic)* havendoso de continuar os dez, que ainda faltão por correr na forma em que se capitulou. E posto que o Reyno está no estado que sabeis pelas despesas de guerra, e despesas que proximamente se fizerão com os estrangeiros, que nella servirão, he tal o desejo que tenho da paz pelo que toca tambem a esse Estado, que lhes mandei offerecer o dito pagamento pelo sal de Setubal, assy o vencido como o por vencer e que fizesse todas as diligencias por diminuir aquella somma, e porque se dessem por satisfeitos daquella consignação.

Dom Roberto Southuel, Enviado extraordinario de ElRey da Gram Bretanha, meu irmão, nesta corte, me pedio mandasse ajustar as contas do pagamento do segundo milhão de dote da Raynha, minha irmãa, e lhe nomeei para conferir com elle este negocio os Marquezes de Niza, e Marialva, que com o dito Dom Roberto em presença dos Procuradores da coroa e fazenda, o ajustarão na forma, em que vereis da certidão, que se passou a D. Roberto, e de que se vos remette copia. Para se findar de todo esta conta, como vereis da certidão, será conveniente que na primeira occasião me remettaes huma relação muito clara e distinta do valor das fazendas de particulares de Bombaim, que vos encomendo envieis na forma que sabeis he necessaria. 1669 Março 29

Em Domingo, dia de Reis deste anno, pela madrugada, foi Deos servido dar-me huma filha com muito bom successo da Princeza, minha sobre todas muito amada, e prezada mulher, com que toda esta corte ficou muito alegre. Em 2 de fevereiro se celebrou o baptismo na capella real, e n'esse dia se declarou por Embaixador de ElRey Christianissimo (a quem a Princeza mandou convidar para compadre) o Abbade de São Romain, que residia nesta corte: celebrouse este acto com a mayor grandeza, e com o mayor contentamento, que se pode considerar.

As cousas domesticas do Reino estão todas quietas, e socegadas, e a correspondencia com os Principes mui reciproca.

Em Inglaterra assiste por meu Enviado o Doutor Gaspar de Abreu de Freitas, e em França o Doutor Duarte Ribeiro de Macedo.

Para Angola vae nesta occasião por Governador Francisco de Tavora, no Brazil está Alexandre de Sousa; e o mais que se offerece entendereis das cartas, que vão na via, a que se responde a todas as vossas. Escrita em Lisboa a 29 de março de 1669. — PRINCIPE.

Para o Vice Rey do Estado da India.

---

### Carta de Sua Alteza ao Conde, Vice Rey da India

(Arch. da India, livro das Monções, n.º 34, fol. 216.)

Conde Vice Rey, amigo. Eu o Principe vos envio muito saudar, como aquelle que amo. Vi a carta que me escrevestes,

1669 Março 29 e trouxerão os Religiosos, que mandastes por terra, em que dais conta da petição, que vos fez Henrique Gary, Governador da Ilha de Bombaim, em que pedia isentasseis seus barcos dos direitos reaes, e mandando-a ver e considerar com toda a ponderação no conselho ultramarino, ouvidos os Procuradores de minha coroa e fazenda, pareceo mandarvos remeter a copia da consulta, e resolução, que nella tomei, para que conforme ao que aponta obreis o que for conveniente. Encommendo vos muito que assim o disponhaes, pois semelhantes negocios trazem muito prejudiciaes consequencias assim á coroa, como ao Estado, e se devem averiguar com todo o acordo e boa disposição, com que vós sabeis obrar tudo. Escrita em Lisboa a 29 de Março de 1669.= PRINCIPE.

Para o Conde Vice Rey da India.

---

## Carta de Sua Alteza ao Vice Rey da India, Conde de S. Vicente

(Arch. da India, livro das Monções, n.º 34, fol. 224.)

1669 Abril 1 Conde amigo. Eu o Principe vos envio muito saudar, como aquelle que amo. Hum destes dias se recebeo a carta do Doutor Duarte Ribeiro de Macedo, meu enviado na côrte de Paris, com outra de Frey Antonio de Nazareth, de que com esta vos mando remetter as copias, sobre o estado em que se achão os moradores de Bombaim, e apertos que lhes fazem os Inglezes; e porque esta materia he de tanta importancia, pareceu aqui se não devia proceder nella sem que primeiro se recebessem as cartas da India, e que tambem não foi conveniente que este Religioso viesse a Inglaterra com o negocio que refere, sem fazer a viagem por esta corte, e entender a resolução, com que se devia fallar a ElRey da Gram Bretanha, meu irmão. De tudo me pareceu avisar-vos, para que disponhaes o mais que ouver succedido como vos parecer que convem a meu serviço, em quanto se não rece-

bem as cartas, e se me avisa do que passou no negocio, assi 1669 Abril 1
aqui com o Enviado que assiste nesta corte, a quem o mandei communicar, como do que se respondeu ao Doutor Gaspar de Abreu de Freitas, que assiste em Inglaterra. Escrita em Lisboa, ao 1.º de Abril de 1669.—PRINCIPE.

Para o Conde de S. Vicente Vice Rey da India.

---

## Carta de Sua Alteza ao Vice Rey da India, Conde de S. Vicente

(Arch. da India, livro das Monções, n.º 34, fol. 202.)

Conde amigo. Eu o Principe vos envio muito saudar, como 1669 Abril 4
aquelle que amo. Depois de vos ter mandado escrever com as copias das cartas de Duarte Ribeiro de Macedo e de Frey Antonio de Nazareth, se recebeu aviso do Doutor Gaspar de Abreu de Freitas, meu enviado em Inglaterra, que diz ser ali chegado este Religioso, e que parecendo lhe justo que elle me viesse dar conta dos negocios, com que fora enviado pelos moradores de Bombaim, o não podera persuadir. E porque este negocio he de importancia, e convem proceder nelle com toda a consideração, o mandei aqui communicar ao enviado de ElRey da Gram Bretanha, meu irmão, e ao Doutor Gaspar de Abreu de Freitas: entretanto se vos responde procurareis se tenha com os Inglezes de Bombaim toda a boa correspondencia e amizade, de maneira que não haja entre huns e outros vassallos alteração, ou desconfiança, porque assim o pede o estado das cousas; e assim vollo encommendo muito; e aqui se fará toda a diligencia para que Sua Magestade da Gram Bretanha mande remediar as queixas como convem. Escrita em Lisboa a 4 de Abril de 1669.=PRINCIPE.

Para o Conde de S. Vicente, Vice Rey da India.

## Carta dos Governadores da India a Sua Alteza

(Arch. da India, livro das Monções, n.º 34, fol. 107.)

1670 Janeiro 24 Senhor.—Ao Governador de Bombaim escrevemos na forma que Vossa Alteza nos ordena; inda não respondeu, sendo que esta diligencia pouco fundirá, e muito menos agora que governa aquella Ilha Henrique Gary, pouco affeiçoado á nossa nação. Dona Inez de Miranda tinha em Bombaim hum grande palacio com dous baluartes junto a elle, e pouco afastado uma boa casa de campo com jardins e ortas; rendia-lhe esta fazenda arriba de 13:000 xerafins por anno; está desapossada de quasi tudo, cobrando só hum limitado rendimento, e por mais diligencias que tem feito com os Governadores Inglezes daquella Ilha, não alcançou outro despacho mais que requeresse a ElRey de Gram Bretanha. Este prazo, andando ha annos em leilão, se chegou a dar por elle cem mil xerafins, de que nos pareceu avisar a Vossa Alteza não só em ordem á perda que teve Dona Inez, mas tambem por se poder descontar esta addição tão grossa no ajustamento do dote da Serenissima Senhora Rainha de Gram Bretanha, e dizemos mais a Vossa Alteza que as cazas grandes, baluartes, e cazas de campo pertencem a esta viuva, mas não todos os rendimentos, de que só tem ametade, por a outra estar dividida em estimantes, herdeiros de seu segundo sogro Manoel de Mello de Castelbranco; e sobre esta informação Vossa Alteza mandará resolver o que for servido.

Deus guarde, etc. Goa 24 de Janeiro de 1670.—Antonio de Mello de Castro.—Manoel Corte Real de Sampayo.

---

## Carta dos Governadores da India a Sua Alteza

(Arch. da India, livro das Monções, n.º 34, fl. 202.)

1670 Janeiro 25 Senhor. Conservamos a paz com os Inglezes, tendo com elles toda a boa correspondencia e amizade, por entendermos não convem dar-lhe a menor occasião de rompimento, dissimulando muitas que cada dia occasiona o procedimento, que tem em Bombaim, contravindo ao capitulado na entrega daquella Ilha, de que mais particularmente damos conta a Vossa Alteza na carta n.º 5 desta via. Deus guarde a Catholica e Real pessoa de Vossa Alteza muitos annos. Goa 25 de janeiro de 670.—Antonio de Mello de Castro.—Manuel Corte Real de Sampaio. 1670 Janeiro 25

## Carta dos Governadores da India a Sua Alteza

(Arch. da India, livro das Monções, n.º 34, fol. 216.)

Senhor. Henrique Gary, Governador da Ilha de Bombaim, he muy astuto, e inimigo da nação portugueza; quer isentar de pagar direitos os seus barcos nos nossos portos, e agora pede que lhe paguemos nós os de uma fragata que veio de Mombaça, e entrou por Bombaim, e descarregou em Turumbá, aldea da jurisdição de Baçaim; vamos dando sahida a este requerimento com o acordo e cautelas, que as conveniencias de ambas as coroas pedem, e entendemos que se previrão estes apertos e molestias, alem de outras consequencias, que se vaticinão, não se largára nunca esta Ilha aos Inglezes. Deus Guarde a Catolica e Real pessoa de Vossa Alteza muitos annos. Goa 25 de Janeiro de 670.—Antonio de Mello de Castro—Manoel Corte Real de Sampayo.

## Carta dos Governadores da India a Sua Alteza

(Arch. da India, livro das Monções, n.º 34, fol. 213.)

Senhor. As cousas da India ficarão por morte do V. Rey Conde de São Vicente no estado, em que temos dado conta 1670 Janeiro 26

1670 Janeiro 26 a Vossa Alteza no palacho Cassabé. A náo Nossa Senhora da Ajuda leva regimento para hir em direitura a esse Reino, não se fez pouco em a concertar, dandoselhe querena real, conduzindose a pimenta do cabedal de Vossa Alteza por industria nossa, mandando-se a Cambaya buscar roupas para sua carga, não avendo aqui nenhuma; e tudo depois de ella chegar ha menos de quatro mezes, estando nós occupados no apresto da armada do Estreito, que chegou em novembro, e partiu reforçada em 15 de janeiro, de que por outra carta damos conta a Vossa Alteza.

A instrucção que leva o Embaixador de Vossa Alteza a Olanda he muito conveniente a este Estado, por livrar os moradores delle de tributos para a continuação da paz, pois se achão tão atenuados, que com difficuldade se cobrão as rendas ordinarias.

A avaliação das fazendas de particulares de Bombaim, que possuem e desfrutão os Inglezes, temos mandado fazer, e entendemos que não virá a tempo que se possa remetter nesta náo; só diremos a Vossa Alteza, alem do que informa na carta desta via n.° 29, que os Inglezes desapossarão das fazendas da dita Ilha a todos os moradores della, e a alguns que ao principio conservarão, foi á custa de peças grossas, que pouco lhes aproveitarão.

A Aldea Mazagão rendia a Bernardim de Tavora, com duas mais que partião terras com ella, dez mil xerafins; Panellá e Sião 3:000 xerafins; o Cassabé de Maym 2:000; palmares e terras de arroz de particulares e Padres da Companhia arriba de 30:000 xerafins; e de tudo hirá relação na forma que he necessario. Deus Guarde a Catolica e Real pessoa de Vossa Alteza muitos annos. Goa 26 de janeiro de 1670. — Antonio de Mello de Castro — Manoel Corte Real de Sampayo.

## Carta dos Governadores da India a Sua Alteza

(Arch. da India, livro das Monções, n.º 34, fol. 224.)

Senhor.—Este Religioso que aportou a França, e passou a Inglaterra, pela relação que lá fez das cousas da India mostra a pouca noticia que tem dellas, ou hir industriado para estes voatos. Se os ministros, por quem correr o remedio das queixas justificadas dos moradores de Bombaim, tiverem sciencia do que elle mais refere na relação que fez ao Assistente em França, pouco credito lhe darão, e se frustrará sua diligencia, tão mal encaminhada, como Vossa Alteza sente nesta carta, a que *(sic)* padecem os moradores de Bombaim vexações, tributos, e o peor he, apertos na fé que professão; não se consente aos Parochos o procedimento dos Concilios e Sinodos contra suas ovelhas, ao commissario de Santo Officio se impedem as diligencias ordinarias, permittindo liberdade de conciencia, para cada um ter a sciencia que quizer, e esta franqueza nos em que não está a fé mui arreigada he causa de muitos naturaes vassallos de Vossa Alteza se passarem áquella Ilha, que he coito e paradeiro de todos os criminosos, e devedores á fazenda de Vossa Alteza e de particulares, e quando os capitães das fortalezas do Norte escrevem ao Governador Ingrez sobre alguns destes excessos, e contravenção ao capitulado na entrega daquella Ilha, não alcanção outra resposta mais que ser aquella Ilha delRey da Gram Bretanha, e que só a esta Magestade deve dar rezão de seu procedimento. O remedio a estes males pedimos a Vossa Alteza pois a causa he tão pia, e os que clamão christãos, que ainda não perderão o amor de vassallos.

1670 Janeiro 26

Deus guarde a Catolica e Real pessoa de Vossa Alteza muitos annos. Goa 25 de Janeiro de 1670.—Antonio de Mello de Castro.—Manoel Corte Real de Sampayo.

## Carta de Sua Alteza ao Vice Rey da India

(Arch. da India, livro das Monções, n.º 36, fol. 347.)

1671 Março 23 Luis de Mendonça Furtado, V. Rey da India, amigo. Eu o Principe vos envio muito saudar. Em carta de 29 de Março do anno de 669 ao Conde V. Rey vosso antecessor avisei da forma em que se havia ajustado a conta do pagamento do segundo milhão do dote da Rainha da Gram Bretanha, minha irmãa, com o Enviado Dom Roberto Southuel, e Marquez de Niza, e Marialva, e Procuradores da coroa, e fazenda, encommendando ao Conde que para se findar de todo a conta seria conveniente que na primeira monção remetesse huma relação muito clara e distincta do valor das fazendas dos particulares de Bombaim; e porque com a morte do Conde se não devia tratar deste negocio, tive por conveniente mandarvolo encommendar agora, e remeter outra copia daquella certidão, para que em conformidade della remetaes a dita relação com toda a brevidade, e se poder com ella ajustar de todo aquelle negocio. Escrita em Lisboa a 23 de março de 1671. — PRINCIPE.

---

## Carta do Vice Rey Luiz de Mendonça Furtado a Sua Alteza

(Arch. da India, livro das Monções, n.º 37, fol. 137.)

1672 Agosto 24 Senhor. Ao que Vossa Alteza foi servido mandarme por carta de 23 de março do anno passado sobre se remetter huma relação muito clara, e distinta do valor das fazendas de particulares de Bombaim, não pude dar comprimento por falta de ministros, porque não havia na Relação mais de quatro, e de presente tres somente, por ser tambem fallecido André Freire de Ataide, causa porque ficou reservada a mandar fazer esta diligencia pelo capitão que fosse entrar em Baçaim, cujo pleito não está ainda sentenceado entre os oppositores; ficame em memoria o havela de encarregar ao capitão que for, para que obre neste negocio na forma que Vossa Alteza ordena pela dita carta; porém, Senhor, considero não poderá ir a Vossa Alteza nesta monção de Setembro, nem de Janeiro, por serem muitas as diligencias, e se haverem de fazer por via juridica; comtudo podendose vencer, irá. 1672 Agosto 24

O Governador e Ministros d'ElRey da Gram Bretanha, que assistem no porto de Bombaim, são insolentissimos, e procedem com tanta exorbitancia, vexações, e molestias, que obrigarão aos moradores a desempararem suas cazas e fazendas, e recolheremse para Baçaim, e Tanná, e fazendoselhes requerimento com as capitulações da entrega, e ordem de Vossa Alteza deferem que devem requerer a ElRey da Gram Bretanha, por ser o porto seu; de maneira que vão fazendo daquella Ilha huma grande e opulenta cidade; e como os que vão assistir nella vivem com conciencias largas, todos se vão para aquella banda, deixando as nossas praças; e em particular os gentios com receios de lhes não serem tomados os filhos orfãos, quando fallecem seus paes, para se bauptisarem na forma das ordens de Vossa Alteza e por se retirarem dellas: e como este Estado se não acha de presente com mais rendas que a dos foros do Norte, cujas terras são habitadas d'estes gentios; saindose dellas, ficão despovoadas, e faltando quem trate de as cultivar, e de se lançar nas rendas, causa porque chegão a muita diminuição. Se Vossa Alteza não mandar acudir com remedio conveniente a este tão grande mal, brevemente se extinguirão todas as rendas, que Vossa Alteza tem nellas, e o comercio daquelles moradores, e se reduzirão a muita maior pobreza da com que se achão, como de presente a experimentão os de Chaul. Deus guarde a Catolica e Real pessoa de Vossa Alteza muitos annos. Goa 24 de Agosto de 1672. — Luis de Mendonça Furtado.

## Artigos de contrato feitos e concluidos entre Geraldo Aunquier, Governador da Ilha de Bombaim e seu conselho da parte da Illustrissima Companhia ingleza da India Oriental com o povo da mesma ilha

(Collecção dos meus mss.)

1672 Novembro 6 Como quer que, despois que esta ilha de Bombaim foi entregue na posse da Sacra Magestade da Gram Bretanha, occorressem grandes desgostos, por falta de se bem entender o que pertencia de direito á corôa e o que pertencia ao povo, sendo esta a origem do embargo que se fez nas fazendas e terras de varias pessoas ao commum estorvo dos subditos de Sua Magestade; e por quanto, despois que sua Sacra Magestade por sua real patente concedeo a dita ilha de Bombaim á muito Illustrissima companhia, sahirão ordens pelo governador e conselho da dita ilha em obediencia aos mandados da dita Magestade e á Illustrissima companhia que se restituisse as ditas fazendas ás pessoas aggravadas, sob pena de examinação de seus titulos mostrando seu justo direito delles, succedeo que no examinar e deffirir aos ditos titulos sahissem muitas duvidas e escrupulos de importancia, os quaes poderão ser causa de grande prejuizo e inquietação aos mesmos possuidores das terras e fazendas da dita ilha, por quanto pela continuação envolvião do tempo os titulos pelos quaes possuião suas fazendas vierão a ser duvidosos e expostos a censura; pareceo bem ao povo desta ilha, por sua expontanea vontade e uniforme consentimento, de que em huma publica declaração e manifesto propuzesse ao governador e seu conselho que querião pagar em cada anno huma contribuição de vinte mil xerafins por composição com a muito Illustrissima companhia, incluindo nelle os presentes foros que se pagarão, com condição que serião confirmados e estabelecidos na possessão de suas fazendas e terras, e demais serião assegurados de todas as duvidas e escrupulos que poderão succeder de hoje em diante, e que as terras que dantes forão embargadas serem restituidas aos pertençores d'ellas. O governador e seu conselho, tendo devidamente ponderado as ditas proposições, e attendendo á quietação contento e satisfação geral do dito povo, e para, estabelecer este governo sobre o firme e verdadeiro fundamento de uma perpetua e universal paz e tranquilidade, lhes pareceo bem apontar huma junta em geral dos principaes que representavão ao dito povo na fortaleza de Bombaim ao primeiro dia de Outubro de 1672, em a qual o dito governador e seu conselho, pelas rezões adiante declaradas, lhes pareceo bem de dar seu consentimento ás ditas proposições, dando ao povo sobre o seu petitorio a licença de apresentarem certas condições, nas quaes elles arresoavelmente pedissem o que fosse para mayor confirmação do sobredito contrato: sobre o que os representativos do povo, aos quatro dias do dito mez, apresentarão ao dito governador e conselho hum papel com doze artigos, em os quaes, havendo nova materia de consideração e debate, o governador e conselho foram servidos de apontar outra junta e conselho geral, ao qual conselho todo o povo e interessados neste negocio forão chamados para estes debates e controversias de ambas as partes, sendo verdadeiramente discutidas, e todos os mais escrupulos amigavel e justamente discorridos, e com feliz fim e accommodação fosse tudo concluido, assim para a segurança do direito da muito Illustrissima companhia como tambem de seus subditos e moradores em geral: a qual junta se fez na dita fortaleza de Bombaim aos 6 de Novembro de 672 aonde se acharão presentes o Illustrissimo Senhor governador presidente Geraldo Aungier, o Senhor Henrique Chund, o Senhor João Chayld, o Senhor George Wleors, o Senhor James Adames, procurador geral da honoravel companhia, o Senhor Estevão Wstich, todos do conselho, como tambem o Senhor Samuel Wacher, secretario do dito conselho, e o Senhor Antonio de Freitas da Silva, secretario portuguez, e Senhor Luiz Casado de Lima, assistente do procurador geral, e o muito reverendo padre Reginaldo Burger, procurador dos reverendos padres da companhia de Jesus, o Senhor Henrique Gary, o Senhor Alvaro Pires de Tavora, varadar de Margão, Pero Luiz Thirnão como procurador de Martim Affonso de Mello Pereira, varadar de

1672 Novembro 6

1672 Novembro 6 Bombaim, e Francisco Barreto, Antonio de Lima, João Pereira, Diogo Vaz Roxo e Braz da Silva, escolhidos para os requerimentos do povo, e todos os mais moradores desta ilha presentes, quando a dita declaração e artigos representados pelos povos, e a elles lidos publicamente que são os seguintes.

**Substancia do contrato de composição entre a honoravel Companhia Ingleza da India Oriental e os dois povos da Ilha de Bombaim e Mahim**

1672 Novembro 12 1.° Para de melhor modo ajustar os gastos precizos, que a honoravel companhia faz com a defença de seus vassallos interessados nesta ilha, offerecem os ditos povos, e mais foreiros menores á honoravel companhia vinte mil xerafins em cada hum anno, entrando os foros que dantes se pagavão, que ficam incluidos nesta quantia, pedindo as condições seguintes:

2.° Que por força deste contrato cessarão todos os litigios, e contendas entre a honoravel Companhia, e os subditos interessados da dita ilha, sobre a posse em que os mesmos subditos estavão, e com que possuião seus bens de raiz, citos na mesma ilha quando della tomou posse o Serenissimo Rey da Gram Bretanha.

3.° Que pela dita offerta por composição haverá a honoravel companhia por aforadas, e confirmadas de novo as fazendas de raiz dos ditos povos e mais foreiros, supprindo para este effeito quaesquer defeitos em que até o presente tenhão encorrido os possuidores dellas.

4.° Que, isentando a honoravel Companhia a algum dos interessados nesta ilha para que não pague o que pro rata lhe coube, se abaterá da quantia dos vinte mil xerafins, pois sobre todas as fazendas de raiz dos interessados se funda esta offerta e composição.

5.° Que todos os esbulhados serão restituidos á posse antiga de suas fazendas de raiz de qualquer condição que sejão.

6.° Que, assim para a restituição como para a nova investidura destas fazendas, haja a honoravel Companhia por escusada a medição das hortas e terras, por escusar aos povos tão grandes gastos e despezas attendendo á sua muita pobreza. 1672 Novembro 12

7.° Que, vindo pelo tempo adiante quaesquer fazendas desta ilha ao poder da honoravel Companhia por qualquer titulo que seja, como tãobem constando-se e occupando-se algumas hortas, terras de batte, Bathischãos de gartanas para fazer a cidade, campo de serventia, e defenção a ella, a outra fortificação, se abaterá o foro das taes propriedades e chãos, e a parte da quantia da composição que pro rata lhe couber, soldo a livra, pelas estibas que estiverem feitas das palmeiras, terras, arvores que forem na especie de cada huma dellas.

8.° Que poderão os ditos interessados beneficiar, grangear livremente as suas fazendas com o bobexim e cuta, como sempre o fizerão, sem por este beneficio em tempo algum se lhe pedir nova pensão.

9.° Que, havendo algum caso furtuito de tempestade, ou qualquer outro acontecimento que Deus não permitta, fará a honoravel Companhia abatimento nos ditos vinte mil xerafins, conforme a estimação da perda, a qual estimação se fará por homens entendidos dos ditos povos.

10.° Que para melhor expedição da cobrança desta offerta, elega cada hum dos dous povos as pessoas necessarias, assim para avaliarem a quantia com que cada hum dos interessados pode concorrer, como para o tempo adiante satisfazerem á honoravel Companhia a quantia da sobredita offerta, para o que a honoravel Companhia dará aos eleitos os poderes necessarios para poderem fazer a cobrança por assim se seguir suavidade, e quietação dos povos, e á honoravel Companhia utilidade, por ficar escusada a paga annual dos recebedores que se puzessem para esta arrecadação; e somente se darão por conta da honoravel Companhia dous guardas em cada hum dos lugares de Bombaim e Mahim.

11.° Que esta quantia dos vinte mil xerafins se começará a pagar a 9 de fevereiro de 1673 em tres quarteis do anno,

1672 Novembro 12 e não poderá a honoravel Companhia requerer a satisfação dos ditos quarteis, senão depois de vencido o tempo da cobrança delles.

12.° Que, por ser hum dos principaes motivos desta composição a segurança e quietação dos povos, fará mercê o Senhor governador presidente com os Senhores do Conselho, e mais ministros da honoravel Companhia de aceitar e estabelecer este contrato com suas condições, e fazer com que a honoravel Companhia, e Sacra Magestade da Gram Bretanha o hajão por ratificado, e confirmado com todas as clausulas necessarias para sua validade, e não se poder innovar mais cousa alguma: do que tudo pedem os povos o effeito com a brevidade possivel.

E sendo estes artigos deliberada e publicamente discutidos, e todos os escrupulos, materias, descursados, e respondidos de ambas as partes, e o governador e conselheiro com seus anciosos desejos de avançar o bem commum, paz e tranquillidade desta ilha, e para unir os corações dos moradores em hum firme e indissoluvel nó de obrigação ao serviço de Sua Sacra Magestade, e honoravel Companhia, forão servidos declarar o seu consentimento aos ditos artigos acima declarados pela maneira das condições seguintes:

Primeiramente que em consideração dos vinte mil xerafins, que em cada anno se hão de pagar em tres pagas ao thesoureiro da Illustrissima Companhia, o dito governador e conselho da parte da muito Illustrissima Companhia promette pôr termo final a todas as pertenções e litigios de qualquer qualidade que sejão, que se hajão alevantado ou ao diante se poderão alevantar entre a Illustrissima Companhia e o povo, tocante aos titulos das terras, e fazendas de palmares, ou vargias de toda a ilha inteira, excepto o que agora por consentimento fica exceptuado.

Que a todos os prezentes possuidores se lhe passarão patentes de novo aforamento, segundo a qualidade de seus titulos pelos quaes possuião suas fazendas, e seus herdeiros e successores.

Que o presente governador e conselho ou seus successores

se lhes parecer bem da parte da Illustrissima Companhia de exceptuar a alguma pessoa tendo parte das ditas fazendas e terras, que não pagassem o penso proporcionado da dita contribuição, ou se uzarem de alguma parte das ditas terras, por necessarias occasiões do bem publico, se hão de abater da dita contribuição em conformidade á avaliação das ditas terras assim exceptuadas ou occupadas; e isto por respeito de que este contrato está feito sobre todas as fazendas e terras. 1672 Novembro 12

Que todas as fazendas de terras e palmares, que forão embargados pelos governadores passados, e agora na possessão da muito Illustrissima Companhia, hão de ser restituidas a seus donos, que serão confirmados nas suas possessões como acima se declara.

E se acaso pelo tempo em diante algumas fazendas e terras vierem ao poder da Illustrissima Companhia, por qualquer titulo que seja, como tambem se forem occupadas e cortadas algumas palmeiras, ou terras de batte para a edificação da cidade, povoações ou fortificações, se aliviará o valor das ditas terras ou palmeiras, para se abater com proporção desta contribuição, como acima declara.

E ao particular dos grangeamentos de Bobexim e cuta para os palmares e terras de batte se aceita da parte do governo e seu conselho para que fique concedido (como de muita importancia a contribuição) que em toda a parte da ilha que este anno foi promettido de ser grangeada com Bobexim, será promettido ao mesmo daqui em diante, reservando somente toda a terra do Cassabé, em que se comprehendem as linhas da cidade, que com o favor de Deus se intenta fazer; porem, em respeito que o dito grangeo de Bobexim he prohibido geralmente por ordens expressas da honoravel Companhia de Londres, he necessario que sua licença concorra neste particular, e para o melhor effeito de ser procurador a dita licença convem que o povo mande sua humilde petição á honoravel Companhia por estas naos, e o governador e seu conselho promette de interceder de sua parte, e se não duvida que sejão servidos de confirmal-a, sendo de tanta utilidade ao bem publico.

1672 Novembro 12 E, se acaso succeder alguma tormenta ou caso calamitoso (o que Deus não permitta) com que se arruinem as ditas terras e palmares por modo que não deem fruito, será referido ao governador e seu conselho, que ao presente for, para fazer tão arezoavel abatimento e satisfação que consista com justiça e recta consciencia e alivio dos moradores.

E para melhor conveniencia e alivio do povo e ajuntar este dinheiro dos vinte mil xerafins por anno, se concede licença para nomear e apontar entre os mesmos povos as pessoas de boa reputação como bem lhes parecer para avaliarem proporcionadamente as ditas terras e fazendas, e para ajuntar e receber o dito dinheiro, e para o entregarem ao thesoureiro da Illustrissima Companhia, as quaes pessoas serão confirmadas pelo governador, sob juramento dos Santos Evangelhos, para fazerem rezão parcialmente a todos, e a Illustrissima Companhia ficará isenta de qualquer gasto para a arrecadação do dito dinheiro, mas para mayor authoridade e acomodação das ditas pessoas que forem apontadas se lhes concederão dous guardas da parte da Illustrissima Companhia, para se lhes assistirem á sobredita arrecadação.

Que todos os direitos reaes, privilegios e immunidades que dantes pertencião á corôa de Portugal debaixo do nome de foros e rendas reaes, de qualquer qualidade ou condição que sejão, serão reservados como direitos e prerogativa da muito Illustrissima Companhia.

Que a respeito da pequena ilha a que chamão Colleo estendendo-se da ultima ponta do ponente desta ilha até a Pacaria Pallo hade ser de grande utilidade a muito Illustrissima Companhia no bom designio que tem para a seguridade, e defenção de toda esta ilha, e está concordado que ha de ser total e inteiramente reservada para o uzo e beneficio da dita Illustrissima Companhia, fazendo-se por ella tão arezoavel satisfação ás pessoas interessadas nella como abaixo será declarado.

E por quanto pelo manifesto apresentado pelo povo a primeira paga dos ditos vinte mil xerafins devia começar-se aos 9 de Fevereiro seguinte, por estas presentes está acordado que a dita primeira paga que se devia fazer em 9 de Fevereiro será suspendida até os 9 de Junho de 673: a qual quantia do dito primeiro quartel será depositada nas mãos do povo pelo Governador e Conselho para satisfação das pessoas que tiverem fazendas e terras no dito Colleo, as quaes o povo é obrigado a satisfazer a cada um aquillo que lhe couber, com condição que os ditos povos hão de pagar os foros do quartel de Fevereiro, como sempre foi costume. 1672 Novembro 12

E porque a Illustrissima Companhia tem expressamente ordenado se faça huma medição geral de toda esta ilha, he necessario que as terras e as fazendas de cada respectiva pessoa sejão medidas, a qual custa será limitada com arezoavel e justa moderação para o alivio do povo.

E assim mais ficarão reservadas para o serviço da Illustrissima Companhia, e para os negocios e comodidades publicas todos os lugares e chãos desta ilha em circuito junto ao mar, aonde não houver ao prezente hortas, terras de batte, igrejas, casas e patayas de pedra; e quando para o mesmo bem publico for necessario occupar-se alguma ou algumas das propriedades sobreditas fará o Governador desta ilha aos interessados nellas a compensação que no caso parecer racionavel persuadindo-se porem os povos que recebem nesta parte grande favor do Illustrissimo Governo, pois em todos os reinos e estados do mundo as prayas em distancia ao menos de quarenta varas pertencem por soberano privilegio aos Principes e Senhor dellas.

Que, visto o principal designio e intenção deste feliz contrato e composição ser feito pela seguridade, tranquilidade e contento dos respectivos moradores, o Governador com o seu Conselho por estas presentes, e da parte da Illustrissima Companhia da India oriental, estabelecem e ratificarão este contrato como perpetuo e irrevogavel entre a Illustrissima Companhia e o povo. E, para mais satisfação e contento dos ditos moradores e povos, promette de prevalecer e confirmar com a dita Illustrissima Companhia este contrato por huma patente debaixo de suas firmas e sello. Dado debaixo de nossas firmas e sellado com o sello da honoravel Compa-

1672 Novembro 12 nhia nesta fortaleza de Bombaim aos 12 de Novembro de 1672. O Capitão João Shaxton Governador Deputado desta ilha por razão de sua doença se achou ausente deste publico ajuntamento; mas este contrato lhe foi enviado por ordem do Governador Presidente e declarou seu consentimento ao conteudo nelle, como parece por sua firma aqui mesmo junta.

Este capitulo se acrescentou por ordem e mandado do dito Senhor Governador Presidente, e logo se forão asinando com o dito Senhor todos os Ministros do Conselho pela maneira declarada — Geraldo Aungier, Governador Presidente, João Shaxton, Henrique Chund, João Childade, Jeorge Wlcor, James Adames, Estephen Wstict, Samuel Waltier, Secretario Antonio de Freitas da Silva, Secretario o Padre Reginaldo Burges, Luiz Casado de Lima, Henrique Garis, Alvaro Pires de Tavora, Diogo Vaz Roxo, Francisco Barreto, Pero Luiz Thirnão, Francisco Antunes, e todos os mais do povo.

---

## Carta de crença de Geraldo Aungier aos Commissarios Jacobo Adames e Samuel Walker

(Arch. da India, livro das Monções, n.º 37, fol. 238)

1672 Novembro 22 Geraldo Aungier, Governador e Presidente da Ilha de Bombaim pela Ill.ma Companhia da Inglaterra nas Indias Orientaes, Persia, Arabia, etc. A todos, e a cada hum em particular aos quaes chegarem as presentes letras, saude. Por quanto para melhor conservação da nossa felice pax me pareceo mandar algumas pessoas, que conferissem com o Ex.mo Sr. V. Rey das Indias pela Nação Portugueza, ou com outras quaesquer pessoas para isto deputadas pelo dito Senhor V. Rey, por tanto faço a saber que tendo eu grande confiança da prudencia, e integridade de meus fieis amigos Jacobo Adames, do meu conselho, e Samuel Walker, secretario do mesmo conselho, os fiz, ordenei, e deputei (com consentimento, e deliberação delle), como pelas presentes os faço,

ordeno, e constituo meus verdadeiros e indubitaveis commis- 1672 Novembro 22
sarios, dandolhes verdadeiro, e absoluto poder e autoridade para tratarem este negocio com o dito Senhor V. Rey; em fee, e testemunho do que asinei as presentes letras com minha propria mão, e sello da Ill.ma Companhia de Bombaim. Dada em o Castello de Bombaim 22 do mez de Novembro de 672. — Geraldo Aungier.

## Resposta do Conde de Lavradio Vice Rey da India ás propostas de Geraldo Aungier, Governador e Presidente da Ilha de Bombaim

(Collecção dos meus mss.)

Em primeiro logar estima muita a recommendação que 1672
lhe faz o dito nobilissimo varão Geraldo Aungier, sobre a amisade, e boa correspondencia dos subditos da Magestade da Gram Bretanha para com os vassallos da Magestade do Serenissimo Principe de Portugal seu Senhor, e com a mesma promptidão e benevolencia fará inteiramente cumprir os artigos da paz, que entre ambas as ditas Coroas se publicoú no anno de 661.

Em segundo logar, que reconhece elle dito Conde Vice Rey o amor, e boa vontade com que ambas as nações de Portugal e Inglaterra se devem unir com reciproca amizade, e ajudar-se mutuamente, quando a necessidade o pedir, para cujo effeito dará toda ajuda e favor á honoravel nação Ingleza, com aquelle pretexto e simulação que pede o presente estado das cousas, por não ser possivel romper guerra com os Reis vassallos, dos quaes pende o commercio do dito Estado.

Em terceiro logar que confessa ser justo attender-se ao requerimento da honoravel nação Ingleza sobre o commerciar e ter suas Feitorias nos Portos do Serenissimo Principe de Portugal seu Senhor, porém que elle dito Conde Vice Rey

1672 não tinha poder para semelhante concessão, sem primeiro dar conta ao dito Serenissimo Principe de Portugal seu Senhor, por ser regalia que immediatamente tocava a sua Real pessoa, e era defeso e prohibido por suas Reaes ordens aos Vice Reys deste Estado, e que alem de não ter jurisdicção para differir a esta proposta considerava o grande inconveniente para differir a esta proposta, e porque podia resultar a ambas, com este exemplo, de que se havião de valer as mais nações, como já o intentárão fazer as de Hollanda e França, aos quaes se não differio pelas mesmas rasões, mas que por mostrar á honoravel nação Ingleza o desejo que lhe assistia de conservar huma boa amisade emquanto o dito Serenissimo Principe de Portugal não resolvesse este negocio permittia á dita honoravel nação ingleza, que podesse livremente commerciar nesta cidade de Goa, pagando sómente aquelles direitos que os Portuguezes cidadãos della pagavão.

Em quarto logar, que presente era a elle dito Conde Vice Rey ser livre á passagem de todos os Rios navegaveis, sem que pela tal passagem se pagasse tributo algum, porém que deixando á parte o não poder entender a maxima na conquista da India (cuja navegação tocava só aos Serenissimos Principes de Portugal) ainda assim a liberdade de se poder navegar livremente por todos os Rios se entendia só daquelles que estão abertos, e patentes a todos por direito das gentes, e não em os Rios fechados, como melhor podia testificar-nos da presente os senhores Inglezes, e com muito maior rasão nos de Tanná e Caranja, que com as Ilhas adjacentes fazem huma barra fechada.

Alem de que elle dito Conde de Lavradio, Vice Rey não podia dispor cousa alguma sobre esta materia, por ser tambem regalia, a que sua jurisdicção não chegava em tanto que lhe não era licito eximir de pagar o tributo costumado aos mesmos vassallos do Serenissimo Principe de Portugal seu Senhor, e que militando esta rasão nos proprios Portuguezes não podia estranhar a honoravel nação ingleza, que se usasse com ella o mesmo que se praticava com os Portugueses, e sobre tudo elle Conde Vice Rey por comprazer ao dito

nobilissimo varão Giraldo Aungier, com os de seu conselho 1672
de Estado dará conta ao Serenissimo Principe de Portugal seu Senhor, de cuja benevolencia para com a honoravel nação ingleza esperava resolver-se este negocio com muita conveniencia sua, para que a amizade de ambas as ditas nações fosse sempre em crescimento, e se entretanto os officiaes dos Mandovis de Tanná e Caranja excederem os limites da sua obrigação levando mais direitos daquelles que se costumarão sempre pagar, com o aviso do dito nobilissimo Giraldo Aungier, procederia contra elles com todo o rigor. — Luiz de Mendonça Furtado. — Por mandado do Ex.$^{mo}$ Sr. Conde de Lavradio, Vice Rey e Capitão geral do Estado da India. — Lazaro Nunes Figueira.

---

## Carta do Vice Rey Luiz de Mendonça Furtado, Conde de Lavradio, a Sua Alteza, de 29 de dezembro de 1672, que foi por terra

(Arch. da India, livro das Monções, n.º 37, fol. 227.)

De presente se acha aqui hum enviado do Presidente da 1672
Nação Ingleza de Bombaim, que ainda se não vio comigo, Dezembro 29
porem tenho alguma noticia que traz propostas muito contra o serviço de Vossa Alteza, as quaes me não será possivel deferillas pelas razões que aponto, e assy reservarei sua resolução a Vossa Alteza. Na não Nossa Senhora da Ajuda farei aviso com mais certeza do negocio que se me propuzer, e com informação do que mais conveniente for ao serviço de Vossa Alteza, a quem peço com a devida sumição seja servido não mandar deferir, nem resolver proposta alguma sua, sem chegar a Vossa Alteza informação minha na dita não; porque podem facilitar a cousa, sendo ella muito prejudicial ao serviço de Vossa Alteza e conservação das poucas praças que Vossa Alteza tem de presente na India, como se tem já experimentado na doação do porto de Bombaim, e de pro-

1672 Dezembro 9 ximo quatro náos inglezas, que passarão ao Malavar a buscar pimenta, prezarão huma dos Olandezes, e se diz que depois de desembarcar parte da fazenda com tudo foi boa presa. Avisa-se-me que o Olandez tem preparado muitas náos para tratar da recuperação desta presa, e de lhe fazer o dano possivel; tudo poderá suceder pelo grande poder que tem, e ainda de extinguir a Companhia Ingleza.

.......................................

Estando já para assinar esta carta, e entregala á pessoa que parte por terra para esse Reino, e antes de se ver comigo o enviado do Presidente da Nação Ingleza de Bombaim, pude colher por certa intelligencia o papel de sua proposta, cujas proposições evidentemente são muito contra o serviço de Vossa Alteza; e para que seja tudo melhor presente a Vossa Alteza envio com esta a copia do dito papel, e á margem dos capitulos aponto a Vossa Alteza todos os inconvenientes que se me offerecem para se não conceder o que pretende, e na mesma fórma declarada á margem hei de responder ao enviado, reservando a resolução de tudo a Vossa Alteza, que será servido mandar deferir aos ditos capitulos na forma que aponto, quando se apresentem a Vossa Alteza nesse Reino por parte do Serenissimo Rey da Gram Bretanha, porque, dando-se-lhe qualquer pequena entrada, será total ruina das ditas praças no commercio, e rendas que V. Alteza tem nellas.

**Proposições ao Illustrissimo Senhor Luiz de Mendonça Furtado, Conde do Lavradio, e Vice Rey da Nação Portugueza no Estado da India, apresentadas por Geraldo Aungier, Governador da ilha de Bombaim e Presidente da Illustrissima Companhia da India Oriental.**

Como quer que pelos intentos de algumas pessoas, que dantes tiverão poder, assim Inglezes como Portuguezes, não bem dispostos á publica e commum pax, se levantarão certas e infelices suspeitas de máo entender entre as duas nações, as quaes, se não forem accomodadas com tempo, causarão hum quebrantamento mayor ao perjuizo e estorvo de entre ambas as coroas; o dito Geraldo Aungier, Governador de Bombaim &c. de seu grande desejo pela conservação geral lhe tem parecido bem, com aviso e consentimento do seu conselho, de offerecer estas proposições, em ordem á confirmação de boa amizade e felice correspondencia de entre ambas as nações aqui na India. 167 Dezembr 29

1. Primeiramente da parte da Ill.ma Companhia e Nação Ingleza o dito Geraldo Aungier, Governador de Bombaim &c. promete e se obriga com conciencia inviolavel e direitamente de observar os artigos daquella felice pax, que se ratificou entre as duas coroas no anno de 1661, desejando tambem que o dito Senhor Conde V. Rey da India da parte da Nação Portugueza seja servido de manifestar a mesma boa intenção, requerendo aos subditos da Coroa de Portugal neste Estado para que obedeção aos ditos artigos sem a menor violação ou quebrantamento delles.

2. Que por respeito ao interesse e razão de estado de ambas as nações, referindo a seu presente ser na India, arrezoavelmente persuade a huma união e amizade (mais estreita e cordial, que ordinaria) seja de ambas as partes concluida, assim pelo respeito da alliança de ambas as Coroas, como tambem juntamente pela nossa defensa e seguridade contra os inimigos publicos, e o dito Geraldo Aungier da parte da Ill.ma Companhia e Nação offerece que, se a muito illustre Nação Portugueza for empenhada em algum publico quebrantamento com o Mogor, Sivagi, ou outros quaesquer Princepes da India, os Inglezes se obrigão a assistir-lhes e ajudallos com todo o seu poder, sendo entendido o mesmo da parte da Nação Portugueza quando os Inglezes ouverem mister a sua ajuda, a qual será exebida mutualmente e de coração com tão prudentes modos que milhor puderem consistir ao interesse de ambas as nações.

3. Que para maior força desta reciproca amizade será licito de que os Inglezes assentem feitorias em todas as cidades, villas, e terras pertencentes á coroa de Portugal n'estas partes da India e Asia, pagando tão moderados direitos como a S. Ex.a o Senhor V. Rey da India lhe parecer arrasoaveis, e

1672 Dezembro 29 taes como puder permittir o comercio; porque a Nação Ingleza deseja mais assentar o seu comercio nos portos pertencentes a Sua Alteza de Portugal, do que naquelles que pertencem aos Princepes Indianos, e se for permittido, com as mesmas vantagens e privilegios que possuem nos ditos portos dos Indianos; sendo entendido que a mesma liberdade será permittida á muito illustre Nação Portugueza para alevantar seu comercio em todas as partes pertencentes aos Inglezes, pagando os mesmos direitos que os ditos Inglezes pagarem nos portos dos ditos Portuguezes.

4. Por quanto que por as ordenanças e direitos communs, e privilegios de todas as nações está provido que se não peção direitos, e imposições mais que naquelles portos adonde desembarcarem, ou puzerem fazendas em terra, e que todas as passagens de rios, portos, e entradas serão livres ás nações circumvisinhas para passarem e repassarem, sem pagarem algum imposto, tributo, ou qualquer direito, senão quando desembarcarem fazendas; e porque os artigos da felice pax entre as duas coroas são tão firmes e cumpridos a este particular, manifestando a integridade, e real intenção de Sua Serenissima Magestade de Portugal a Sua Serenissima Magestade da Gram Bretanha, com o qual nenhuma duvida ou escrupulo se poderá levantar: o dito Geraldo Aungier segundo o direito e privilegio devido aos subditos de Sua Serenissima Magestade da Gram Bretanha, moradores na Ilha de Bombaim, o pede ao Ill.^mo^ Senhor Conde V. Rey da India que castigue e acomode as insuportaveis insolencias exercitadas pelos officiaes dos mandovins de Tanná e Caranjá, os quaes sem licito direito, ou justo pretexto forçosamente embargão aos barcos pertencentes aos subditos de Sua Magestade da Gram Bretanha, tirando e dispondo o que lhes parece com uma violencia, e voluntaria maneira athé agora não praticada por nenhuma nação do mundo, e que seja concedida huma inteira liberdade aos subditos da dita Magestade para passarem os ditos rios sem nenhum impedimento, senão quando desembarcarem suas fazendas, sendo sempre entendido que os subditos de Sua Alteza de Portugal pas-

sando com seus barcos, navios, ou baixeis pelo porto de Bombaim, passarão, e repassarão livremente sem nenhum impedimento, ou paga de direito algum, senão quando desembarcarem suas fazendas, etc.. 1672 Dezembro 29

---

## Resposta do Vice Rey

1.º

Muito máo comprimento dá este governo de Bombaim ao assentado com o Serenissimo Senhor Rey da Gram Bretanha sobre o porto de Bombaim, porque havendo Vossa Alteza mandado-lhe dar somente na forma que Vossa Alteza possuia, que he cobrar-se só os foros, e deixar a seus donos possuir suas fazendas, aldeas, e propriedades, o fizerão tanto pelo contrario que estão empossados quasi de toda a fazenda de Bombaim, do senhorio, e d'outros moradores, chegando ainda a tomar outras de Bandorá dos Padres da Companhia, sobre que andão em requerimentos em Inglaterra, segundo a informação que tenho, sendo que não lucra ElRey da Gram Bretanha deste porto mais que 15:000 ou 16:000 cruzados, por que tem arrendado á Companhia, rendendo de prezente mais de 40:000 o porto nas rendas da alfandega, do tabaco de fumo, do pescado, e colarias, e de outras varias imposições que se hão posto.

2.º

Todo o conteudo neste 2.º Capitulo he encaminhado a seu particular interesse, porque como esta nação tem pouca ou nenhuma vizinhança com os naturaes, mais que sómente ao que toca á barra, querem por esta via melhorar seu partido, inimistando a Portugueza com os Reis, que em todas as nossas praças são vizinhos, e temos assentado paz com todos elles, que somos obrigados a dar-lhes comprimento, principalmente com o Mogor, que he muito poderoso, e se avizinha com todas as praças do Norte e Dio, que só temos de presente, e tem em seu favor o Olandez, que o hade favorecer

1672 Dezembro 29 e ajudar com suas náos, e agora com muito mais rezão, por estarem quebrados com os Inglezes, os quaes se achão neste Estado com muy limitado poder, na consideração do que tem o Olandez... como de gente de Europa e natural, e cabedal, e Sivagy, vassallo rebelde delRey Idalxá, vizinho a Bombaim, entendendo que se não dá comprimento ao que com elle está capitulado, pode dar molestia ás praças do Norte, Goa, Salcete e...

3.°

Tambem se lhe não deve permittir em nenhum caso feitorias nas fortalezas do Norte, Dio, ou em outra alguma do Estado, porque como são os primeiros que chegão com suas náos, farão escala das fazendas que nellas trouxerem, assy de Europa, como do Sul, ou da Persia, vendendo-as pelos maiores preços que lhes parecer, impossibilitando, e diminuindo por esta via todo o commercio dos Portuguezes assistentes na India, e no Reino, e dos naturaes, engrossando a sua Companhia e cabedal, e extinguindo todo o dos vassallos de Vossa Alteza, reduzindo-os ainda a muito maior necessidade e pobreza do que de presente padecem.

4.°

Em todas as passagens dos rios, de que trata este capitulo, estão os Mandovins de Vossa Alteza que são como alfandegas, onde se pagão aquelles direitos, que por costumes, e estilos antigos de Reis gentios, que de abenicio a este vierão satisfazendo, e assy em nenhuma forma convem ao serviço de Vossa Alteza fazerse nisto innovação alguma, antes conservarem-se, e quando haja algum excesso na cobrança da parte dos rendeiros que trazem arrendados os ditos Mandovins, se lhes advertirá o não fação, e se for necessario, se mandará com algum rigor, e não se póde conceder passagem franca por elles.

## Carta do Vice Rey Luiz de Mendonça Furtado a Sua Alteza

(Arch. da India, livro das Monções, n.º 37, fol. 238.)

Senhor. Depois de haver escripto a Vossa Alteza em cifra 1673 Janeiro 15
por terra com a noticia que pude alcançar da proposta que trazia Jacob Adames, enviado do Presidente da Nação Ingleza, Governador de Bombaim, recebi-o. Apresentou a proposta, cuja copia envio a Vossa Alteza com esta, e para se lhe haver de deferir se me offerecem os mesmos inconvenientes contra o serviço de Vossa Alteza que em a dita carta, e á margem dos capitulos do papel acusado, que vae com ella, aponto, de que vae o duplicado na via, e nesta consideração, e por entender não convinha deferirse á dita proposta, reservo a Vossa Alteza sua resolução, que será servido de a não admitir, e admitindo será perder-se todo o Norte, porque, Senhor, estes Governadores que hão sido de Bombaim cumprem muito mal as capitulações da paz assentada; e ainda as ordens que depois lhe vierão d'ElRey da Gram Bretanha sobre se entregarem a seus donos as aldeas e propriedades, de que estão empossados, porque não lhe havendo dado Vossa Alteza mais que os foros, que rendião 7:000 pardáos pouco mais ou menos, se empossarão das propriedades não tão somentes de Bombaim, mais de fora delle, como são a aldea de Mazagão, e muita parte do porto de Maim, Bandorá, e outras, que lhes rendem 20:000 pardáos, alem das rendas do tabaco de fumo, do pescado, colarias, e outras varias imposições, que tudo chega a mais de 40:000, a Companhia não satisfazendo a El-Rey mais que 16:000, porque lhe trazem arrendada, e posto que insinuam haver largado aos moradores suas fazendas, o não tem feito mais que alguns palmares, cousa de muito pouco rendimento, sendo que o que se lhes tem tomado de fazendas, aldeas, e propriedades chega a mais de 200:000 cruzados; e procurando dar á execução a ordem de Vossa Alteza sobre se avaliarem todas ellas por inventario, não me he possivel fazello, porque não hão de consentir que vá ministro algum áquelle porto para este effei-

1673 Janeiro 15 to, e havendo-se de fazer fora delle a dita estimação, he a acertar, e nunca pode ser com noticia certa na forma que Vossa Alteza ordena; e assy me parece que seria muito conveniente ao serviço de Vossa Alteza e quietação dos moradores do Norte comprar-se a ElRey da Gram Bretanha aquelle porto, que ainda que Vossa Alteza delle não tenha outro interesse mais que os 7:000 pardáos do foro, com tudo estarão todas as praças do Norte livres das oppressões que recebem os moradores dellas na colheita que dão aos que fogem com grossos cabedaes, e aos rendeiros das rendas reaes, e ainda aos officiaes de recebimento, como de presente ha succedido fogindo Nicoláo de Brito, feitor de Baçaim, com o cabedal de que era devedor á fazenda de Vossa Alteza e o havia de repôr na fazenda dos contos: e a causa de os Inglezes mandarem ora este enviado, he porque arreceão que os Olandezes infestem aquelle porto, e não se acharem elles com poder com que se defendão. De tudo dou conta a Vossa Alteza que mandará dispôr como mais for servido. Deus guarde a catolica e real pessoa de Vossa Alteza muitos annos. Goa 15 de janeiro de 1673. = *Luiz de Mendonça Furtado.*

---

**Propostas offerecidas ao Excellentissimo Senhor D. Luiz de Mendonça Furtado, Conde de Lavradio, Vice Rey das Indias pelo Serenissimo Principe de Portugal, por Geraldo Aungier, Governador da Ilha de Bombaim, e Presidente pela Illustrissima Companhia de Inglaterra nas Indias Orientaes, em a Persia, Arabia, etc.**

Como quer que com as acções de algumas pessoas induzidas (assy da Nação Ingleza, como Portugueza) as quaes tinhão em menos a conservação e publica pax, se originassem alguns erros, e receos menos ajustados entre ambas as nações, que se não fossem em tempo obviados, poderião ser causa de mayor rompimento, em perjuizo, e perturbação de ambas as Coroas, o dito Geraldo Aungier desejoso da pax publica, com acordo do seu conselho, julgou por justo e conveniente offerecer estas propostas em ordem á reciproca, e felice amizade entre ambas as Coroas para ser confirmada nestas Indias Orientaes.

1.° Em nome da dita Ill.ma Companhia da Inglaterra o dito Geraldo Aungier promete religiosa e fielmente guardar os artigos daquella ditosa pax, que entre ambas as Coroas se confirmou no anno de 661; nem duvida, antes tem por certo que o dito Ex.mo Sr. V. Rey das Indias se exporá a manifestar estes mesmos bons intentos, mandando aos vassallos da Coroa de Portugal que sem contradição alguma obedeção aos ditos artigos.

2.° E por quanto a conveniencia de ambas as Nações (no presente estado de cousas) mostra que a união da amizade reciprocamente obrigatoria deve ligar a ambas as Nações assy em respeito da affinidade das Coroas, como da segurança unida contra os inimigos publicos, o dito Geraldo Aungier em nome da dita Ill.ma Companhia propõe que se em algum tempo suceder que o Rey do Mogor, ou Sevagy, ou outros Princepes das Indias perturbarem a Nação Portugueza (o que Deos não permita) que os Inglezes se obrigarão, quanto em sy for, a darlhe socorro, e que o mesmo se entenda a respeito dos Inglezes em qualquer tempo, que tenhão necessidade do socorro da Nação Portugueza; o qual com tal prudencia se dará reciprocamente, que ceda pelo melhor modo que ser possa em beneficio de ambas as Nações.

3.° Em razão de mayor firmeza desta amizade será licito aos Inglezes habitarem, e assentarem o seu trato e mercancia em todas as cidades, lugares, e regiões pertencentes á Coroa de Portugal nestas partes da Asia, pagando aquelles tributos que ao dito Ex.mo Sr. V. Rey das Indias parecer serem moderados, e consentaneos ao seu comercio, segundo o presente estado das cousas, porque aos Inglezes pareceo melhor constituir o seu comercio nos portos pertencentes ao Serenissimo Princepe de Portugal, do que nos outros dos Principes das Indias, se nelles se lhes permitisse usar dos mesmos privilegios, que gozão nos mais portos das Indias, e que do propio modo se concederia a mesma liberdade á

Nação Portugueza para tratarem do seu comercio em todos os lugares que de presente pertencem aos Inglezes, ou de futuro lhes pertencerem, pagando aquelles mesmos tributos que os Inglezes pagarem nos portos do Serenissimo Princepe de Portugal.

4.º Da maneira que está provido por constituições, ritos, e privilegios das gentes, que nenhuns tributos se peção senão em aquelles lugares, adonde as fazendas se desembarquão, e da mesma maneira que todas as passagens dos rios, portos, e desembarcadouros estão patentes e abertos para as nações adjacentes, e he livre o hir e passar sem pagar tributo algum pela franca passagem; pela qual razão tãobem amplissimamente está disposto nesta materia em os artigos da felice pax entre ambas as Coroas, declarandose a real intenção e integridade da Serenissima Magestade de Portugal para com a Serenissima Magestade da Gram Bretanha e Nação Ingleza, de tal sorte que não pode haver duvida alguma, por tanto o dito Geraldo Aungier attentando, e respeitando o direito, e privilegios dos vassallos da Serenissima Magestade da Gram Bretanha, que habitão a Ilha de Bombaim, affetuosamente roga ao Ex.$^{mo}$ Sr. V. Rey das Indias que reprima aos officiaes, e feitores de Tanná e Caranjá das insolencias que costumão usar, os quaes injusta e violentamente impedem as embarcações pertencentes á Magestade da Gram Bretanha levando o que lhes parece com um modo quasi arbitrario, cousa que athé agora se não vio em parte alguma do mundo; e da mesma maneira roga que seja licito aos vassallos da Magestade da Gram Bretanha passarem livremente pelos ditos rios sem alguma molestia, e sem pagarem tributo algum, salvo daquellas cousas que expuserem em terra, e que o mesmo se entenda acerca dos vassallos da Serenissima Magestade de Portugal, os quaes poderão livremente hir e passar para o porto de Bombaim sem algum impedimento, ou tributo, salvo quando desembarcarem em terra as fazendas. — Geraldo Aungier.

Por mandado do Governador — Samuel Walker, secretario do conselho.

## Carta do Principe Regente D. Pedro ao Conde Vice-Rey da India, sobre as propostas dos Inglezes

(Collecção dos meus mss.)

Conde Vice Rey da India amigo—Eu o Principe vos envio muito saudar como aquelle que amo. Vi o que me escreveste em carta de 18 de Fevereiro de 1673 vinda com Frei José, Religioso da ordem de São Francisco da Provincia de São Thomé, que veio por terra, com as mais que trazia Aires de Sousa, que morreu em Babylonia, e o papel a ella junto da proposta que vos enviou o Governador de Bombaim, e resposta que lhe deste; e me pareceu dizer-vos no primeiro ponto dos tres que contem a dita carta que, sem a chegada da nau nossa Senhora da Ajuda, em que vem Antonio de Mello de Castro, se não pode tomar resolução em quanto se não virem as vossas cartas, e culpas que enviareis sobre este particular e no segundo ponto tocante aos Francezes, de que fazeis menção e me daes conta na mesma via, quando chegue a dita nau tomarei a resolução que me parecer e for servido, de que vos mandarei fazer aviso; e no terceiro ponto, vendo-se a proposta e artigos 1.°, 2.°, 3.° e 4.° que o dito Governador de Bombaim vos enviou, e o que me referis sussintamente lhe respondestes, em ordem á conservação desse Estado e meu serviço, me pareceo dizer-vos que deveis enviar-me individualmente esta resposta com os assentos do que pareceo aos Ministros do Conselho do Estado, que vos assistem, a quem deveis communicar esta materia; e quando se offerecerem semelhantes negocios, cujo ajustamento não seja em utilidade do bem desse Estado e sua conveniencia, lhe deffiraes de modo, que cada uma das partes dê conta a seu Principe para os mandar resolver como parecer mais ajustado e conveniente a seu Real Serviço: e vos encommendo muito o particular cuidado e vigilancia que deveis ter com a nação Ingleza, para que não exceda o Tratado da paz, como tambem a boa correspondencia, que da parte de meus

1674 Março 14

1674 Março 14 vassallos hade haver para se não dar acção com o mau trato a rompimento, e ordenareis que se não levem aos Inglezes mais direitos dos costumados. Escrita em Lisboa aos 14 de março de 1674.—Principe.

Para o Conde Vice Rey da India, Marquez das Minas.

---

## Carta do Vice-Rey Luiz de Mendonça Furtado ao Principe Regente, sobre a compra de Bombaim

(Collecção dos meus mss.)

1674 Dezembro 4 Senhor.—Será Deos servido que a nau Nossa Senhora de Ajuda haja chegado a salvamento a esse porto de Lisboa por ir nella grande cabedal deste Estado, e pessoas de importancia, e á vista da via que leva poder, V. A. mandará deferir aos particulares della; e a mesma via vai tambem nos pataxos que depois partirão na manção de outubro acargo de Francisco Mendes e João da Silva Guia. E sobre o mais que toca ao porto de Bombaim represento a V. A. que os Inglezes é gente

---

## Carta de El-Rei Carlos II de Inglaterra para o Vice-Rey da India, os Inglezes

(Collecção dos meus mss.)

167 6/7 Março 10 Carlos segundo, por graça de Deus Rey da Gram-Bretanha França e Hibernia, defensor da fé etc. Ao Illustrissimo Excellentissimo Senhor Luiz de Mendonça Furtado, conde de Lavradio, Viso Rey e capitão geral do estado e partes da India por graça e authoridade do Serenissimo Dom Pedro Principe Regente de Portugal etc. Amigo nosso muito amado saude. Illustrissimo e Excellentissimo Senhor Viso Rey amigo charissimo, nossos subditos que nas partes da India tem a sua conta o commercio nos derão queixa ha pouco tempo que el-

muito attiva e orgulhosa, e tem acrescentado o porto de Bombaim e atrahido a si todo o commercio das Fortalezas do Norte, e está mui oppulento e prospero, e as praças de V. A. tem chegado a muita diminuição, e os moradores redusidos a muita pobreza. E propondo-se, como V. A. por esta manda qualquer negocio em Conselho de Estado, logo na mesma ora se sabe tudo por fóra, e ainda chega á noticia dos mesmos Inglezes, que d'ali a poucos dias escrevem sobre o que se tem praticado, posto que com disfarce. E o haver-se de declarar que cada um dê conta ao seu Principe e Senhor assim se tem declarado no papel que remetti a V. A. como delle haverá V. A. entendido. O que convem ser é, para que as Praças e os moradores vassalos de V. A. do Norte tenhão algum modo de viver, comprar V. A. a ElRey de Gram Bretanha o porto de Bombaim, e tornal-o a agregar á coroa de V. A. pelos meios que parecerem mais convenientes ao serviço de V. A. e melhoramento das Fortalesas do Norte, em que os vassallos de V. A. ficarão mais desoprimidos. Deus guarde a catholica e Real pessoa de V. A. muitos annos, 1674 Dezembro 4

Goa 4 de Dezembro de 1674.—Luiz de Mendonça Furtado.

---

## Conde de Lavradio, queixando-se do modo por que são tratados em Bombaim

(Copiado de um impresso.)

Carolus Secundus, Dei Gratia Magnæ Britanniæ, Franciæ, 1676/7 Março 10
et Hiberniæ Rex, Fidei Defensor, etc. Illustrissimo et Excellentissimo Domino Ludovico de Mendosa Furtado, Comiti de Lauradio, Proregi et Capitaneo Generali rerum et regionum Indicarum auspiciis atque authoritate Serenissimi Domini Petri, Portugalliæ Principis Regentis, etc. Amico nostro charissimo, Salutem. Illustrissime et Excellentissime Domine Prorex, amice charissime, subditi nostri per Indias Orientales mercaturam facientes nobis querelas suas nuper exhi-

1676/7 Março 10 les não experimentão aquella benevolencia e amisade que devião esperar da nação portugueza porque são tratados mais asperamente do que promettia o tratado do casamento entre nós e nossa muito amada esposa. Para obviar este mal faremos presente o undecimo artigo daquelle tratado ao Serenissimo Principe de Portugal nosso irmão, de cuja justiça sem duvida esperamos que os direitos do nosso dominio no porto e ilha de Bombaim e seus adjacentes sejão livres daquella injustima capitulação, que foi obrigado a fazer Hunfredo Cooke no tempo que aquella ilha passou a primeira vez a nosso dominio, a qual capitulação nem Hunfredo Cooke podia receber nem ninguem contra um conserto feito tão solemnemente lhe podia impôr. Finalmente determinamos não estar pela dita capitulação, como aquella que offende a nossa dignidade e direito, e que estimamos em mais por nos ser dada em parte do dote da nossa muito amada esposa. Ao Principe de Portugal nosso irmão significaremos quanto nos desagradou entender que os nossos subditos que navegão para as terras do Gram mogor e do Sivagi (com as quaes temos amizade, nem elles tem guerras com os portuguezes, por onde não ha pretexto nenhum para lhe impedir o caminho) com tudo sejão obrigados a pagar tributo na passagem por Tanná, contra o direito e costume de gentes; e o mesmo se faça no paço de Caranjá: as quaes cousas não podemos levar a bem nem soffrer com bom animo, e não duvidamos que o Principe de Portugal mande repôr tudo aquillo que tão injusta e novamente se tem tirado aos nossos: e alem de outras queixas ás quaes não recusará pôr remedio, tãobem pesava maduramente assim a affronta que se fez a nossa pessoa real como os damnos que nossos subditos soffrerão que a dita Ilha de Bombaim com todos os seus adjacentes não nos fosse entregue desde o principio com boa fé e por concerto como foi conveniente. Entre tanto mandamos a nossos subditos da Companhia da India que não se sujeitem a postulados tão arbitrarios e injustos de pagar os ditos em Tanná e Caranja como cousa que hé contra o nosso real dominio e as leis de todo o mundo. Nem nos portos de Danca se impõe algum tributo senão huma pe-

buerunt se parum expertos esse ea amicitiæ officia, quæ à Natione Lusitanica sperarunt, cum è contra multo durius illic habeantur quam Tractatus Conjugii inter nos et Charissimam Consortem nostram promittere videbatur. Cui malo ut obviam eatur elucidationem undecimi Articuli illius Tractatus jam facturi sumus cum prædicto Fratre nostro Serenissimo Principe Portugalliæ, à cujus justitia citra dubium expectamus jura dominii nostri in portu atque insula de Bombaim, et utriusquè dependentiis vindicatum iri ab injustissima illa capitulatione, quam subire coactus est Humphredus Cook quo tempore locus ille in ditionem nostram primum transiit. Quam Capitulationem neque Humphredus ille potestatem habuit accipiendi, nec alius quisquam eandem illi imponendi contra fœdus tam solemniter et religiose conditum. Itaque statuimus dictæ Capitulationi abrenunciare, ut quæ Regiam nostram Dignitatem lædit jusque offendit, quod eo pluris æstimamus quia nobis in parte Dotis cum præfata charissima Conjuge nostra accessit. Supra memorato Fratri nostro Principi Portugalliæ significabimus quanta cum molestia intellexerimus quod subditi nostri commercii causâ navigantes in dominio Magni Mogolis et Salvagee (quibuscum nobis intercedit amicitia, nec bellum est cum Lusitanis, unde nullus liberam viam obstruendi prætextus esse poterit) tamen pro transitu solo per Tannah in Freto a Portu tributum (contra omnium gentium leges moresque) solvere cogantur, idemque patiantur etiam pro transitu per Caranjah quamvis in ipsis dicti portûs nostri aquis; quorum neutrum æquo animo ferre possumus, neque dubitamus quin prædictus Princeps Portugalliæ repondi jussurus sit quicquid tam iniquè et inusitate à nostris exactum fuerit: et præter alias querelas, quibus remedium adhibere non gravabitur, etiam serio perpendet, tum contumeliam Regiæ Nostræ Personæ illatam, cum calamitates et damna quæ subditi nostri sustinuerunt quod dicta Insula de Bombaim, una cum omnibus dependentiis suis nobis ab origine bona fide ex pacto (sicut oportuit), tradita non fuerit. Interea subditis nostris è Societate Indiæ Orientalis mandavimus ne postulatis tam arbitra-

167$\frac{6}{7}$ Março 10

$167\frac{6}{7}$ Março 10

quena compensação pelas vigias e fachos que para segurança da navegação se costumão levantar naquelles portos, a qual compensação se impoz por concerto feito entre os Reys nesta materia. Portanto se os nossos subditos quizerem pagar espontaneamente os fretes e tributos usados em qualquer lugar (assim como fazem quando vão ás mais terras do dominio portuguez por causa do commercio) não vemos que outra cousa mais se lhe possa tirar com direito. Todas estas cousas nos pareceu representar amigavelmente a Vossa Excellencia, assim pela authoridade proxima a real que dignamente administra naquellas partes, como pelo singular affecto e honra com que dizem venera nossa pessoa: nem nós duvidamos que Vossa Excellencia dê comprimento a todas as cousas que são conformes ao direito e ao sobredito tratado, mas tambem offerecendo-se occasião tratará benevolamente a nossos subditos em tudo o que julgar ser necessario. Nós na verdade sempre seremos prestes para pagar semelhantes obras aos Portuguezes e a Vossa Excellencia nossos amigos.

Aqui haviamos de pôr fim á carta, se no mesmo tempo nos não avisassem nossos subditos que a metade dos tributos que no Comerão da Persia se pagão, e deviam a elles, da mesma maneira que se dão aos Portuguezes no Congo do mesmo reino. E como seja costume antigo das nações europeas que residem na India conceder passaportes e salvos conductos ás naos dos naturaes, que chamão juncos, para que a sua navegação para a Persia e mais portos seja mais segura, aconteceo agora, contra este costume, que por mandado de Vossa Excellencia se negarão estes passaportes e aquellas naos necessariamente sejão obrigadas ou a navegar para o Congo, ou expor-se aos perigos daquelles que sem passaporte navegão para o Comorão, onde os Inglezes recolhem parte destes tributos. Mas porque a negação d'estes passaportes mostra e dá indicios não somente de má vontade contra a nação

167$\frac{6}{7}$ Março 10

riis et iniquis dicta tributa solvendi ad Tannah et Caranjah se submittant, ut quæ non minus Regali nostro Dominio quam consuetis universi orbis legibus adversantur. Neque enim in Freto Ore sundico ad Daniæ Littora quicquam vectigalis aut telonii ex arbitrio imponitur, nisi modica compensatio pro pharis et indiciis ad navigandi incolumitatem erectis, quæ etiam non prius solvebatur quam per stipulationes et tractatus inter Reges super ea re conventum fuerat. Si igitur subditi nostri usitata cujusvis respectivè loci Portoria et vectigalia libenter solvere velint (sicut faciunt, cum ulla Lusitaniæ ditionis territoria mercaturæ gratia adeunt) non videmus quid amplius ab iis jure possit exigi. Hæc omnia à nobis Excellentiæ Vestræ peramice significanda esse duximus, tum ob illustrem characterem suum atque authoritatem regiæ proximam, quam in illis oris meritò exercet, cum ob singularem affectum et honorem quo Personam nostram colere perhibetur: neque ullatenus dubitamus quin ipsa non solum omnia, quæ juri et prædicto Tractatui congrua sunt ex parte sua impletura sit, sed etiam prout occasio tulerit subditos nostros benevolè habitura, et quod illis usui fore existimaverit promptè effectura. Nos certe lusitanis et Excellentiæ Vestræ amicis paria referre semper erimus parati.

Atque hic finem scribendi hoc tempore fecissemus nisi quod iidem subditi nostri nobis ulterius exposuerint dimidium vectigalium, quæ ad Gombroone in Persia solvuntur, sibi jure deberi, perinde ac Lusitani capiunt ad Cong in eodem regno. Cum autem ab antiquo nationibus europœis in India degentibus usitatum fuerit passa-portus, sive literas salvi conductûs navigiis incolarum (quæ Junks appellantur) concedere, ut eorum navigatio in Persiam aliasque oras tutior reddatur, nuper accidit (contra prædictam consuetudinem) Excellentiæ Vestræ mandato passa-portus ejusmodi negari iis qui versus Gombroon navigare volunt: quo fit ut omnia illa navigia necessario cogantur vel ad Cong vela facere, vel iis se exponere periculis, quibus absque passa-portu obnoxii sunt cursum ad Gombroon dirigentes, ubi partem vectigalium Angli (ut dictum est) recipiunt. Quoniam vero ista

$167\frac{6}{7}$ Março 11 ingleza, mas tambem contem especie de injustiça e poderá irritar para que a Companhia dos nossos mercadorès faça o mesmo, rogamos forte e amigavelmente a Vossa Excellencia que queira revogar aquella prohibição e todos os mais mandatos dados em ordem a este fim, cousa como que repugna ao tratado do matrimonio já dito, o qual nenhuma cousa intentou mais principalmente do que fazer que estas duas nações conspirassem em huma estreitissima união e que se unissem com um affecto mutuo e fraterna benevolencia: a qual cousa nós sempre de boa vontade observaremos e esperamos que Vossa Excellencia fará o mesmo, a que Deus guarde etc. Dada no nosso palacio de White-Hall em 10 de março de $167\frac{6}{7}$.—De Vossa Excellencia—Bom amigo— Carlos R.

---

## Carta do Vice-Rey D. Pedro de Almeida a El-Rey de Inglaterra em resposta á que escreveu ao Conde de Lavradio

(Collecção dos meus Mss.)

1677 Novembro 11 Ha poucos dias de chegado a este estado a occupar o posto de Viso Rey delle, de que o Principe meu senhor foi servido encarregar-me, me entregou o conde de Lavradio (a que succedi no lugar) a carta que Vossa Magestade foi servido mandar-lhe escrever, que contem as duvidas dos mandovis de Caranjá e Tanná e para que a Vossa Magestade lhe seja sempre notorio o quanto nos particulares que tocão aos vassallos de Vossa Magestade procedemos muito a tento ao serviço de Vossa Magestade, que pelo Principe meu senhor nos he bem

passa-portuum æqualium recusatio, non solum malæ voluntatis erga Nationem Anglicam, sed etiam quandam injustitiæ speciem habere videtur, et prædictam mercatorum nostrorum Societatem ad Talionem ex parte sua reddendam merito irritare poterit, ab Excellentia Vestra amicè et obnixè rogamus ut prohibitionem illam revocare velit, et alia quævis mandata eum in finem edita utpote supradicto Matrimonii Tractatui repugnantia, qui nihil prius aut sanctius habuit quam ut ambæ Nationes in arctissimam unionem conspirarent, mutuoque affectu et fraternâ benevolentiâ se invicem amplecterentur. Quod nos ex animo semper observabimus et ab Excellentia Vestra pariter observatum iri sperabimus, quam de cætero Dei Opt. Max. tutelæ commendamus. Dab. in Palatio nostro de White-Hall decimo die Martii, $167\frac{6}{7}$. — Excellentiæ Vestræ, Bonus Amicus — Carolus, R.

$167\frac{6}{7}$ Março 11

Illustrissimo et Excellentissimo Domino Ludovico de Mendosa Furtado, Comiti de Lauradio. Proregi et Capitaneo Generali rerum et regionum Indicarum, auspiciis et authoritate Serenissmi Domini Petri Portugalliæ Principis Regentis, etc. Amico nostro Charissimo.

---

recommendado fazer presente a Vossa Magestade o que pude alcançar nestes poucos dias de noticias pertencentes a este negocio.

1677 Novembro 11

Os mouros chamão mandovis ao que nós chamamos alfandegas. Caranjá foi sempre alfandega de toda a terra firme; Tanná daquella parte de Galliana e Biundi terra firme dos mouros; Bombaim desde o seu destricto, adonde todos pagão direitos na forma dos foraes antigos e costume do tempo do dominio dos mouros; e não se isentando os vassallos do Principe meu senhor de pagar, como pagão, os direitos que tocão a Bombaim, não parece justo que os vassallos de Vossa Magestade se eximão de pagar os que pertencem ao dominio do principe meu senhor, cujos vassallos se achão de presente prejudicados por se haver estendido o mais a posse do que

1677 Novembro 11 contem o ajuste feito em Portugal de que se tem avisado ao Principe meu senhor para que não se falte pela nossa parte a tudo o tratado nem os vassallos de Vossa Magestade se alargue a mais. Alguns casos tem succedido que nos tiveram com grande escandalo, se nos não fora certo que nem Vossa Magestade os permitte nem tem chegado a sua noticia, de que justamente esperamos mandará Vossa Magestade repôr tudo na forma que se assentou ao tempo do contrato.

No que toca aos cartases, os passamos aos mouros e gentios na forma do costume, e na Persia, depois da perda de Ormuz, não houve mais paz com aquelle Rey, que no porto de Congo que assentou o geral Ruy Freire de Andrade ha mais de quarenta annos com obrigação de pagar meyos direitos daquella alfandega e que passasse só para aquelle porto os cartases e assim se continuou sempre nem nós temos nas terras da Persia mais paz que esta, e de novo se não tem alterado cousa alguma que dê motivo de queixa aos vassallos de Vossa Magestade, que em todos os portos do Principe meu senhor achão sempre amigavel conrespondencia, não só para as conveniencias communs, mas ainda para as de cada hum delles em particular; e pode Vossa Magestade fiar de mim que em tudo o que me ordenar do seu serviço hei de assistir com toda a boa vontade na forma que pelo Principe meu senhor me he encarregado. Deus guarde a pessoa de Vossa Magestade muitos annos. Goa 11 de Novembro de 677.— Dom Pedro de Almeida.

---

## Carta dos Governadores do porto de Bombaim ao Vice-Rey da India e resposta de D. Pedro de Almeida

(Collecção dos meus Mss.)

Ill.$^{mo}$ Magnifico e Ex.$^{mo}$ Vice-Rey.—Entre os principaes mandados que nas ultimas naus nos chegarão de Inglaterra, a carta que traz o sello do Serenissimo nosso Rey Carlos II tem o primeiro logar, o primeiro na verdade, ou consideramos na Magestade de quem a manda, ou a excellente dignidade de que a ha de receber, a qual carta para que se não perca, ou por nossa negligencia, ou por algum caso, delegamos por nosso nuncio ao Sr. Thomas Nistorio, capitão nautico e soldado fortissimo, a cujo cuidado e custodia fidelissima a entregamos para que, buscado o tempo mais acomodado de se ver com V. Magnifica e Ill.ma Ex.a, lh'a entregue em suas mãos com aquella modestia que convem, e que vai a presença de tão grande heroe. E porque a gravidade da materia que nella se contem e a authoridade de quem escreve pede resposta de V. Ex.a, ao dito Thomas concedemos licença de se deter algum tempo em Goa para que espere a resposta e os mandados de V. Ill.ma e Magnifica Ex.a, confiados que sahirá de V. Ill.ma e Magnifica Ex.a tal resposta que seja conforme a sua dignidade, e ao proveito de ambos os Reinos. Não tenho mais que escrever senão que o nobilissimo geral de Angier, Presidente das cousas de Inglaterra, ha poucos mezes falleceu, digno de mais comprida vida se Deus lhe não desse outra melhor. Deus a conserve a V. Ill.ma e Magnifica Ex.a por mil annos, a qual pedimos á Santissima Trindade. Humilissimos e obedientissimos servidores de V. Ill.ma e Magnifica Ex.a — Carlos James Cesar — Chamberland John Child. 1677 Novembro 11

### Resposta do Vice-Rey

Logo que cheguei a este logar que o Principe meu Senhor foi servido encarregar-me, me entregou o Conde de Lavradio, a quem succedi, huma carta do Serenissimo Rey da Gram Bretanha, e outra de V. S.as, e como contém innovar costumes, e cortar pela regalia me he prohibido sem expressa ordem. Ao Principe meu Senhor faço presente tudo o que contém as cartas que he só que póde dispensar nos negocios desta qualidade. Á carta que me entregou o Conde de Lavradio do Serenissimo Rey da Gram Bretanha fiz a resposta que o Nuncio que V. S.as mandarão a esta cidade entregará, e em tudo o que for de conveniencia á nobilissima nação Ingleza, e a V. S.as em particular, me fica muito

1677 Novembro 11 boa vontade. Deus guarde a V. S.as Goa, 11 de Novembro de 1677. — Dom Pedro de Almeida.

---

### Carta do Vice-Rey D. Pedro de Almeida ao Principe Regente a respeito das cartas antecedentes

(Collecção dos meus Mss.)

1677 Dezembro 11 Senhor. — Alguns dias depois da chegada a este Estado, me entregou o Conde de Lavradio huma carta de El-Rey da Gram Bretanha, e outra dos Governadores do Porto de Bombaim, de que remetto com esta as copias, a qui respondi, na conformidade que será presente a Vossa Alteza das copias que tambem vão inclusas. Mostrão-se descontentes por se lhes pedirem os direitos na fórma do costume, e foraes antigos das suas fazendas nos mandovis de Caranja e Tanná, em que se não tem feito até o presente huma pequena innovação, nem nos cartazes que se passão, antes se lhes tem tolerado alguns casos, que hão succedido, que nos tiverão com grande escandalo. De que dou conta a Vossa Alteza para que seja servido mandar tomar na materia a resolução que parecer mais ajustada ao serviço de Vossa Alteza, e bem de sua Real Fazenda, e os Inglezes de Bombaim se dêem por satisfeitos. Deus guarde a Catholica e Real pessoa de Vossa Alteza muitos annos. Goa, 11 de Dezembro de 1677.

---

### Papel em que se acha resumido tudo o que está provado na inquirição feita em Baçaim pelo ouvidor Francisco Monteiro, sobre os excessos commettidos pelos Inglezes de Bombaim.

(Collecção dos meus Mss.)

1678 Outubro Que todos os barcos grandes e pequenos que entrão e sahem pelo rio de Bombaim e Mahim, hindo á vella fazendo seu caminho, os obrigão á força a chegarem ao mandovy de Mahim, e se se descuidão com fazer as mosquetadas os violentão a isso e lhe tomão ancoragens, e tudo o mais que vem para a Ilha de Salcete e dos rios de Caranja e Sabajo para os foreiros e moradores de Bombaim e Ilha de Salcete os direitos. 1678 Outubro

Que recolhendo-se hum paguel do Samory, nosso inimigo, destroçado, que vinha fugindo de huma fragata nossa, de que era Capitão Francisco de Azevedo, e entrando pela abra de Bombaim surgindo da banda de Caranja, o Governador que então era daquella Ilha, Pelipo Gifard, mandou embarcações e levou para o amparo de sua força; e mandando o Capitão geral que então era desta fortaleza do Norte, Manuel de Saldanha, pedir e protestar ao dito Governador lho entregasse pelo Capitão mór da Ilha de Salcete Antonio Camello de Abreu, elle o não quiz fazer, de cuja resposta fez termo hum Escrivão da Feitoria da cidade de Baçaim, que para isso levou.

Que de Bombaim sonega o cairo e ollas que se ha mister nas nossas terras, vivendo os da dita Ilha do que dellas vai, que nunca se lhe negou; e do que passa de huma a outra parte de tudo tomão direitos, e até os fructos das fazendas que tem alguns Portuguezes naquella Ilha de que pagão á Corôa de Inglaterra os fóros, sobre o que lhe tem posto novas gavellas e tributos da paga de homens de armas, e o que mais querem, só a fim de que desesperados lhas larguem de todo.

Que as terras da Corôa de Portugal estão despovoadas, perecem todos os vassallos de Vossa Alteza a especial seu Real serviço, porque em Bombaim se recolhem todos os moradores que frequentavão as terras, marinheiros que servião nas armadas Reaes, officiaes de todos os officios, hortelões, e lavradores que cultivavão as terras, lavravão o vinho das palmeiras, finalmente todos os rendeiros devedores com as rendas e dinheiro que delles se fia e pódem furtar, e os mesmos rendeiros das rendas Reaes com o dinheiro dellas, e os faccinorosos e criminosos, porque os Governadores de Bombaim os recolhem, favorecem, e não entregão, requerendo-se, sendo a isso obrigados pelo capitulado na entrega daquella

1678 Outubro Ilha, em que se facilitão furtos, mortes, e os mais delictos prohibidos pela lei, as ditas rendas Reaes e dos vassallos se vão diminuindo por esta causa em cada anno, e ninguem tem escravos mais que emquanto elles o querem ser, porque fogem para a mesma Ilha aonde são acceitos, occultos ou emparados, e por esta razão muitos Christãos tem retrocedido e largado a nossa Santa Fé, como o fizerão em Bombaim Phelipe de Lima e seu irmão, que tomarão a casta de gentio andando publicamente com tóca e cabaya e sandalo na testa, sendo ambos christãos, e depois que fizerão mais favorecidos dos Inglezes, para que tambem são provocados a hirem os christãos ás mesquitas e pagodes que na dita Ilha permitte publicos, querendo-os impedir os parochos das nossas Igrejas que lá estão o Governador lho impede.

E logo que se lhe deu a posse da Ilha de Bombaim roubarão muitos moradores della, e se apossarão da Ilha de Mahim Bandorá, que lhe não pertence, sendo hum Francisco Mursello Coutinho morador no mesmo Mahim que tiverão em rigorosa prisão nas lojas da fortaleza com machos largo tempo, dando-lhe só de comer cada vinte e quatro horas; e para esta intruza posse que tomarão tirarão ao dito Francisco Mursello humas casas sobradas e todas suas fazendas que escalarão, desauthorisando a sua mulher e irmã, dando busca em seus corpos: e em todas que deixão possuir aos Portuguezes, alem dos fóros, espingardas e outros tributos, lhe tomão e de quarta parte do rendimento e os direitos de Mandovim, de que Sua Alteza lhe tinha feito mercê, e não contentes com isto querem os ditos direitos até Vernava e Turamba, como com effeito cobrão os que pedem forçosamente.

Tambem prendeu o Governador Inofre Cooque, violando o respeito que se deve aos religiosos, a Frei Manuel da Presentação, franciscano, que era Reitor de Mahim, e a Frei José da Trindade, do mesmo habito, Reitor de Salvação, na mesma Ilha, por prohibir a huns mainatas que não lavassem roupa em dia santo, e a hum Mouro que não fizesse salla que he a sua oração junto da Igreja.

Tomarão as casas de Bombaim a Dona Ignez de Miranda, e toda a sua fazenda sem lhe pagar. 1678 Outubro

Tomarão todas as fazendas do mesmo modo a Francisco Coutinho, a Dona Izabel de Mello, a Aldeia Sião de Gracia Coutinho, a Dona Maria de Brito hum palmar, a passagem de Mahim aos padres da Companhia de Jesus, as rendas do encabeçamento do Cassabé de Mahim, e a outras muitas pessoas hortas e terras na Ilha de Bombaim; roubarão a Simão Serrão duas hortas e casas com todo o seu recheo, e em Mahim mais huma horta e dinheiro, e o prendião e matavão, como querião fazer, se não fugisse para Bombaim.

Requerendo Martim Affonso de Mello para as fazendas de Bombaim, como herdeiro de sua sogra Dona Ignez de Miranda, e havendo sentença no caso, os Governadores daquella Ilha lhas não quizerão dar.

Em 672 mandou o Governador daquella Ilha trez barcos armados de gente de guerra para guardar todos os que vinhão da terra firme carregados de drogas para a dita Ilha e para barra fóra, pagando direitos nella, sem os deixar chegar ao Mandovy de Caranja, aonde erão devidos, ameaçando aos mercadores que, se os pagassem naquelle Mandovy, lhos havião de tomar em Bombaim dobrados; e as vigias dos rendeiros, que andavão nos rios, ameaçarão de maneira que se sahirão delles: no que tudo derão consideravel perda á fazenda de Sua Alteza e até agora, por se não pagarem em nenhum Mandovy direitos do que levão e trazem os Inglezes das ditas terras firmes e das mais.

Sendo Capitão mór da Armada do Norte João Borges da Silva, vindo com a Cafilla de Cambaya recolhendo-se para Goa, e hindo na altura de Chaul, lhe chegou aviso do Capitão geral Manuel de Saldanha, por que o chamava em razão de que a Dio ter chegado o Arabio. Arribou o Capitão mór em razão dos Noroestes, entrou por Bombaim com a Armada e Cafilla, e quando sahio tomárão á dita Cafilla a ancoragem sem se dever nem a occasião boa para isso entre amigos.

No anno seguinte, entrando Pedro Taveira, Almirante da

1678 Outubro armada do estreito, com a sua fragata para se concertar em Turamba, chegando defronte do forte de Bombaim se lhe atirou para arriar, demonstração não de amigos com que a boa paz que deve haver se poz em contingencia.

Tomarão a Aldeia Mazagão, e Ilha das Patecas a Alvaro Pires de Tavora, filho de Bernardino de Tavora, e seus herdeiros, com que foi aquelle fidalgo a padecer trabalhos com riscos da vida, destruindo-se com as despezas que fez em cinco annos que se deteve nos requerimentos da dita fazenda ante Sua Alteza, que Deus guarde, e o Serenissimo Rey da Gram Bretanha; e vindo com ordem sua muito apertada da honoravel Companhia para que se lhe restituisse tudo com seus reditos vencidos, não foi metido de posse da colvaria que é a principal, e só de terras de batte e palmeiras com condições mui diferentes das ordens que trouxe.

Sabindo no fim de Março deste anno hum pataxo do carpinteiro Pilagi de Tanná, que carregou no nosso Porto de Caranja, hindo passando pela força de Bombaim o fizerão surgir com ella, e com a mesma lhe tomou o rendeiro de Mandovy daquella Ilha cem xerafins que se não devião; e escrevendo o Capitão geral actual das fortalezas do Norte, Dom Manuel Lobo da Silveira, huma carta em 5 de Abril do mesmo para que lhes mandasse restituir, respondeu o Governador, por outra do mesmo mez, que aquelle porto pertencia ao de Bombaim para pagar direitos no Mandovy de Mahim.

Escreveo o mesmo Governador ao dito Capitão geral huma carta sobre o dinheiro que Henrique da Silva de Sá devia ao mouro Mody, morador na dita Ilha, com a data de 21 de Julho e 1.º de Agosto, a que respostou por outra de 4 do mesmo pedindo mandasse restituir a seus donos os ditos cem xerafins, a que o Governador não respondeo nada, não faltando só á justiça, mas á obrigação da devida cortezia.

Escreveo o mesmo Governador outra carta ao Capitão geral com a era de 30 de Outubro e 11 de Novembro mez mais proximo passado, a que lhe respondeo em 24 do mesmo pedindo a satisfação dos mesmos cem xerafins, levantar a fiança que por força se fez dar da prisão na dita Ilha de Bombaim ao irmão do rendeiro do Tabaco até pagar para pagar os direitos delle que vende naquella vença não devidos, mandar soltar os barcos que o dito Governador tem represado da Ilha de Salcete para violentar o rendeiro do tabaco della até pagar os mesmos direitos, do qual houve a mesma falta de resposta. 1678 Outubro

Todas estas cousas e procedimento é contra o capitulado e acceito por Inofre Cooque, primeiro Governador da Ilha de Bombaim, na entrega que se lhe fez della, faltando-se a huma razão tão clara aliança tão apertada que ha entre as duas casas Reaes das nações Portugueza e Ingleza que se deve ao diante remediar para que vá a boa vizinhança e amizade em augmento, dando-se satisfação em primeiro logar ás tres cousas nomeadas pelo dito capitulo geral.

---

## Carta do Capitão-mór da Ilha de Salcete para o capitão geral da Fortaleza do Norte sobre o que passou com o Governador de Bombaim

(Collecção dos meus mss.)

Sr. Dom Manoel Lobo da Silveira.—Hontem fui a Bombaim, e fiz tudo quanto V. M.[cê] na sua me ordenava, entregando a carta em mão propria ao Governador perante o Escrivão, que assistio commigo todo o dia. A resposta me disse o Governador que m'a não podia dar sem ser em Conselho, e que para isso se haviã de traduzir na lingua ingleza, e fazer a resposta, e hoje, por ser Domingo e não se poder fazer nada, ficou de mandar um Inglez com a resposta, que tambem havia de passar a Baçaim, e eu lhe disse lhe farei companhia quando V. M.[cê] me ordene no Barco do carpinteiro, disse-me que era uma ninharia, e que nos satisfizessemos com isso, e que ao Rendeiro de Caranjá já tinha escripto para fazer a rasão, e que se fará tudo quanto for do seu tempo, que no que foi no passado não tinha ordem, muito fallei nos particulares nossos, porque se queixavão os meus Colles antes de eu hir me faltarão nesta materia, fallei no 1678 Dezembro 11

1678 Dezembro 11 Cabo como por zombaria, fallou no impedimento do refresco, disse-lhe que primeiro viera o impedimento da sua banda, e elle que da nossa; disse-me que hia ordem, e eu que daria como os da sua banda passasse o ordinario, exceptuando o mantimento, nessa materia não se queixou o Governador, porquanto nos necessitamos das respostas de V. M.ce, me disse que nenhuma trouxera portador proprio, e que como lhe não procurão as respostas as não dera, tambem me disse faltara V. M.ce a uma resposta sua o anno passado em que fallava nos Arabios presos, que tivera carta do Imamo para fazer troca com outros Portuguezes, isso e o mais me remetto ao Escrivão; o homem que V. M.ce me encommenda irá com o Sargento, tambem me pedio o Feitor pedisse a V. M.ce licença para o bate comprado ao referido e encommendado, o Arabio está em Zangizara, a Ilha tem pouca ou nenhuma gente. V. M.ce deve ordenar-me o que mais for servido para a guarda desta Ilha, porque o inimigo está na Costa e o visinho não he fidedigno. Deus guarde a V. M.ce, etc. Versava, 11 de Dezembro de 678. —De V. M.ce menor servidor — Antonio Camello de Abreu.

## Resposta do Capitão geral das Fortalezas do Norte ao Capitão-mór da Ilha de Salcete

(Collecção dos meus mss.)

1678 Dezembro 12 Sr. Antonio Camello de Abreu.—Vejo o que V. M.ce diz passou com o Governador de Bombaim, e por ora não prenda V. M.ce aquelle homem, e, se a resposta por escripto e effeito d'ella for como a que deu de palavra, não hei de faltar da minha parte em todo o licito, e logo se dará o dinheiro do batte, e quando me contentar com o pedido ainda mais, se elle mandou levantar o impedimento que tinha posto sobre o que vinha daquella Ilha V. M.ce levante para que possa hir tudo das nossas terras, que não for mantimento até ver a resposta; folgo que soltasse os Colles de V. M.ce, e se aliviasse ao Rendeiro quanto á carta que me escreveo, sobre os Arabios, respondi que não estavão no Norte, que avisava agora, que do que se me respondesse lhe daria parte, e foi que mandasse vir os Portuguezes a Bombaim, e logo virião os Arabios a Bandorá, aonde se faria a troca; sobre mandar mais gente para essa Ilha, V. M.$^{cê}$ bem sabe a que haverei, o que póde ser se vier o Inglez com a resposta, e quizer vir a esta Cidade vindo V. M.$^{cê}$ com elle, o melhor será tomar-lha V. M.$^{cê}$ lá quando elle assim o queira. Deus guarde a V. M.$^{cê}$ muitos annos. Baçaim, 12 de Dezembro de 678. — Dom Manoel Lobo da Silveira. 1678 Dezembro 12

E assim mais forão com estes papeis os Capitulos, e Autos que se processarão na entrega que se fez de Bombaim a Inofre Cooke primeiro Governador daquella Ilha. Certifico eu Luiz Rodrigues, Escrivão da Feitoria de Baçaim por Sua Alteza, mandar-me o Capitão Geral das fortalezes e terras do Norte Dom Manuel Lobo da Silveira, com dois maços de cartas, um para o Capitão Mor da Ilha de Salcete Antonio Camello de Abreu, e outro para o Governador da Ilha de Bombaim em 7 de Dezembro de 678, e chegando eu a Salcete aonde estava o dito Capitão Mor, e eu dito Luiz Rodrigues para Bombaim em 9 do dito mez de Dezembro, e chegando nós á fortaleza de Bombaim, logo o dito Capitão Mór entregou o dito maço ao dito Governador, o qual o abrio á nossa vista, e se poz logo a communicar com o dito Capitão Mor, e depois de larga pratica disse o dito Governador que logo mandava ordem a Mahim para deixar passar tudo o que havia em Bombaim para Bandorá, e que já tinha mandado chamar o Rendeiro de Caranja para se lhe alevantar a fiança, e que tambem daria os cem xerafins que tinhão levado ao çarpinteiro de Tanná, e assim mais disse que tudo o que fosse de seu tempo não innovaria nada, e que de seus antecessores não podia dispor nada sem ordem de Inglaterra do seu Rey, e que não nos podia responder logo por quanto os do Conselho não sabião todos a letra portugueza, e depois de fazer Conselho mandaria a resposta a Baçaim, e com isto nos despedio; isto é o que me consta por ser tudo na minha

1678 Dezembro 12 presença, e por me o dito Capitão Geral para constar a todo o tempo passei a presente de minha letra, e signal ao pé dos ditos papeis que hião em cada um dos maços que são os que se vê acima, e atraz. Baçaim, 11 de Dezembro de 678.— Luiz Rodrigues.

---

## Carta do Governador da India Antonio Paes de Sande ao Principe Regente

(Collecção dos meus mss.)

1679 Janeiro 20 Senhor.—Por carta de 12 de Abril do anno passado de 678 me avisou Dom Manoel Lobo da Silveira, Capitão Geral das Fortalezas do Norte, e ao Arcebispo Primaz já fallecido, que foi meu Conselheiro neste governo da India, de como o Governador Inglez da Ilha de Bombaim consentira que o Rendeiro do seu Mandovy tomasse cem xerafins de direitos a um pataxo de nosso porto de Tanná, que tinha carregado em outro porto nosso de Caranjá, com fundamento de dizer que o logar da dita carga pertencia á jurisdicção de Bombaim, e que escrevendo-lhe sobre a restituição do dito dinheiro lhe não deferira, antes approvara o que o dito Rendeiro tinha feito, e por ser esta novidade de muito ruins consequencias e de prejudicial exemplo para outros procedimentos contra o serviço de Vossa Alteza e bem commum de seus vassallos, me pareceo chamar a conselho os Conselheiros que nos assistem, a quem propozemos esta materia para se tomar nella a resolução que fosse mais ajustada em ordem ao remedio para que os Governadores da dita Ilha de Bombaim se abstivessem das exorbitancias de que usavão estendendo a sua jurisdicção a mais do que se lhe tinha dado com grande vexação dos vassallos de Vossa Alteza, o que os Inglezes disfarçavão formando queixas injustas de que elles erão os offendidos em se lhes tirar a sua jurisdicção, sendo tão absolutos que passavão a violar o sagrado convenio (?) dos publicos tocantes a Religião contra as condições das capitulações do Tratado do casamento da Serenissima Senhora Rainha da Gram Bretanha, e da entrega da dita Ilha.

Considerando este negocio no dito Conselho, com a attenção que pedia a qualidade delle, se assentou que respondesse ao Capitão geral tornasse a instar com o dito Governador Inglez na restituição dos ditos cem xerafins, advertindo-o que se abstivesse de levar direitos aos nossos Barcos, e de continuar os abusos que elle, e seus antecessores tinhão introduzido com grande prejuizo da regalia de Vossa Alteza, e do direito e liberdade de seus vassallos que se achavão opprimidos pelas vexações que recebião com semelhantes novidades, e que se mandasse ao dito Capitão Geral a minuta da carta que havia de escrever ao dito Governador Inglez, e quando não deferisse protestasse de se haver por sua pessoa e bens todas as perdas e damnos que se seguissem deste seu procedimento, e que neste caso sem chegar a termos de rompimento mandasse com as penas que lhe parecesse, que das nossas terras, nem pelos nossos rios fossem mantimentos alguns á dita Ilha de Bombaim, suspendendo tambem a embarcação da passagem que todos os dias hia de Caranja para o dito Bombaim, para que vendo-se os Inglezes por este modo atalhados, e faltos do necessario os podessemos reduzir ao que fosse justo, e se remettesse ao dito Capitão geral a copia da Escriptura da entrega do dito Bombaim ao primeiro Governador Inofre Cooque, e do Regimento que para elle dera o Vice Rey Antonio de Mello de Castro a seus Commissarios o Vedor geral da Fazenda Luiz Mendes de Vasconcellos, e o Doutor Sebastião Alvares Migos, Chanceller da Relação, advertindo-lhe que á margem dos Capitulos do dito Regimento fizesse as anotações de tudo aquillo em que os Inglezes tinhão faltado depois que tomarão posse da dita Ilha, e tirasse disso informação summaria para se remetter a Vossa Alteza. 1679 Janeiro 20

Desta resolução do Conselho se fez assento, e na conformidade delle escrevemos ao dito Capitão geral, e mandamos a minuta da dita Carta, e elle em cumprimento do que lhe ordenamos tornou a escrever ao dito Governador Inglez sobre a mesma restituição do dinheiro dos direitos, a que respondeo não somente persistindo na sua primeira resposta,

1679 Janeiro 20 mas ainda depois deste caso aprisionou uns Barcos da Ilha de Salcete, e obrigou ao Rendeiro do tabaco a que lhe pagasse direitos, de que tudo me deu conta o dito Capitão geral com a informação summaria de testemunhas que tirou dos procedimentos dos Inglezes da dita Ilha, da qual consta que tem usado das maiores insolencias, que jámais se virão, impedindo à navegação das embarcações do sal, e mais mercadorias da jurisdicção de Baçaim, obrigando-as por força de armas a pagar direitos, e ancoragens na sua Alfandega, e tirar cartazes, fazendo o mesmo nas de Bandorá, Ilha de Salcete, e Caranjá, consentindo em Bombaim muitas pessoas fugidas por crimes, e por dividas da Fazenda Real, e de particulares, e escravos sem os entregarem a seus donos, obrigando aos moradores Portuguezes a que lhes pague a quarta parte dos preços das suas hortas e palmares, que vendem, a titulo de donativo admittindo e favorecendo aos curumbins, bandarins, e abunhados das aldeas, que fogem para Bombaim, por cuja causa ficão despovoadas sem as quererem entregar aos donos dellas, e se empossarão de todas as fazendas da Coroa, de que somente se lhes havia de pagar foro, e das patrimoniaes dos particulares soccorrendo aos Arabios inimigos do Estado com polvora, bala, mantimentos, levando ancoragens aos navios da Cafilla do Norte, que tomou aquelle Porto, de que era Capitão Mór João Borges da Silva, mandando disparar artilharia contra uma Fragata da nossa armada do Estreito, de que era General João Correa de Sá, por não arriar a bandeira passando pelo dito Porto, e geralmente não fazem boa passagem aos Portuguezes, sendo os ditos Inglezes tão privilegiados que não pagão nada do que levão das terras firmes, e de outras partes dando favor e ajuda a alguns Christãos naturaes para se fazerem gentios, impedindo aos Parochos Ministros da Igreja que os não castiguem, nem usem da jurisdicção ecclesiastica, mandando quebrar as Cruzes que estavão em alguns logares, para se fazerem pagodes dos gentios, e mesquitas dos mouros.

E porque todos estes casos são da gravidade que se deixão considerar, e muito escandalosos obrados contra as Capitulações do Tratado do casamento da Serenissima Senhora Rainha da Gram Bretanha, e da entrega de Bombaim, me pareceo dar conta delles a Vossa Alteza representando a Vossa Alteza se se não acudir com remedio prompto a estes excessos é impossivel deixar de haver algum rompimento, ou Vossa Alteza perder seus direitos e regalias em toda a jurisdicção de Baçaim, Tanná, em cuja consideração parece que o meio mais acertado para cessarem estas desordens é nomear-se pessoa por parte de Vossa Alteza, e outra pela d'El-Rei de Inglaterra, com todos os poderes necessarios para ajustarem as duvidas que ha na forma das Capitulações referidas, e entrega de Bombaim, e as que se não poderem ajustar se dar conta della a Vossa Alteza, e a ElRey de Inglaterra com todos os documentos por uma e outra parte para lá se tomar a resolução que parecer mais conveniente a ambas as Coroas, bem entendido que correndo esta materia por queixa a ElRey de Inglaterra para mandar ordem a seus subditos, se abstenhão destes excessos, se não conseguirá nunca nada, por quanto os Inglezes hão de informar a seu Rey tudo ao contrario do que obrão como a experiencia mostrou na carta que o dito Rey escreveo ao Conde do Lavradio sobre as queixas que lhe davão os Governadores de Bombaim do nosso procedimento, querendo com a antecipação da sua queixa apparente prevenir-se para illudirem a verdadeira que tinhamos contra elles, á qual carta fez resposta o Vice Rey D. Pedro de Almeida, sendo chegado de poucos dias, de que dou conta a Vossa Alteza com a copia della, e de sua resposta que Vossa Alteza mandará ver. Deus guarde a Catholica e Real possoa de Vossa Alteza muitos annos. Goa, 20 de Janeiro de 679. — Antonio Paes de Sande.

1679 Janeiro 20

## Carta do Governador da India Dom Rodrigo da Costa para El-Rey, sobre o resgate que os Inglezes fazem no Cabo das Correntes

(Collecção dos meus mss.)

1687 Janeiro 24 Senhor. — De Mossambique escreveo Dom Miguel de Almeida o capitulo da carta que começa, remetto a Vossa Magestade o assento que fizerão naquella fortaleza, para que não fosse navio ao Cabo das Correntes pelo resgate que lá vão fazer os Inglezes, o que cá senão pode remediar, inda assim lhe mandei que se continuassem as viagens, porque de todo se não percão, porque me pareceo mais util alguma perda, que a Real fazenda de Vossa Magestade podia ter, até ver se lá pode ter remedio, do que deixal-os tomar posse disso, tomando por motivo o nosso esquecimento. Vossa Magestade mandando considerar estas rasões resolverá o que mais for servido.

Guarde Deos a muito alta e muito poderosa pessoa de Vossa Magestade felicissimos annos. Goa, 24 de Janeiro de 687. — Dom Rodrigo da Costa.

### Copia da carta que Dom Miguel de Almeida, Capitão geral de Moçambique e Rios, escreveu ao Conde Vice-Rey, sobre o navio de viagem ao Cabo das Correntes

O navio do Cabo das Correntes trouxe mui pouco resgate este anno, a respeito de cinco navios Inglezes que lá estavão, fazendo o mesmo contrato e com melhores fazendas, e considerando eu a pouca conveniencia que ElRey teria em mandar lá barco a monção que vem, suposto o muito marfim que os ditos Inglezes resgatarão pela qual causa não ficou nenhum na terra, e pera se conduzir do sertão não chegara a tempo, senão pera o resgate do anno que vem, como dizem os praticos, e juntamente o risco que se acrescenta a esta viagem, por se supor que os Inglezes a continuarão tambem, e poderão fazer alguma aleivosia ao nosso navio, visto hir sem deffença nenhuma me resolvi a propor isto em junta dos Prellados, e Ministros da fazenda e guerra desta fortaleza, na qual se resolveo o que V. Ex.ª verá do assento que remeto; não se me offerece mais de que dar conta a V. Ex.ª, e movendo-se cousa de que o deva fazer nestes dias que os navios dos particulares se dilatão o farei nas segundas vias. 1687 Janeiro 24

Copia do assento que se tomou na junta de Moçambique sobre o barco da viagem do Cabo das Correntes

Assentou-se na consulta que o Governador e Capitão geral desta conquista Dom Miguel de Almeida fez nas casas da fortaleza aonde assiste, na qual se acharão o Tenente General e Superintendente Francisco de Avilez Ramires, e o Capitão e Castellão Paschoal de Abreu Sarmento, e o Feitor e Alcaide mór João Machado Sacoto, o Reverendo Padre Reitor do collegio Manoel Freire, o Reverendo Padre Domingos Dias Ribeiro, Prior e Vigario da Vara, e o Reverendo Padre Frei João da Magdalena, Vigario de S. Domingos, que não convinha que em Outubro que vem fosse navio ao Cabo das Correntes, visto ter vindo nesta monção presente tão limitado resgate a respeito de estarem no dito porto resgatando marfim e ambar com fazendas, em calidade melhor que as nossas, cinco barcos inglezes, e que por esta escalla ficavão as terras circunvesinhas sem marfim de consideração (noticias que o Capitão da viagem Domingos Lourenço, e os mais que o acompanharão derão) e seria muito em prejuizo da fazenda Real o hir e vir navio sem interesse nenhum, fazendo tamanha despeza; alem de que se devia dar conta ao Sr. Conde Vice Rey da vinda dos ditos Inglezes aquelle porto, pois se supoem por infalivel o continuarem-no elles, para que o dito Sr. ordene a forma em que hão de continuar as taes viagens, visto se lhe acrescentar o risco de poderem os Inglezes roubar, ou maltratar o navio que lá for por quanto os que ha são desarmados, e sem capacidade de artilharia bastante para a sua defença, sem deixar a pouca desta dita praça muito diminuta, e que o dito Sr. poderá mandar embarcação mais defensavel para com mais segurança se continuar a tal viagem e resgate o que for servido. Pelo que convinha sem-

1687 Janeiro 24 pre esperar sua ordem, maiormente não se perdendo nada em se não fazer este anno a referida viagem, e arriscar-se muito em se fazer com tão poucas esperanças de avanços, e tantas rasões para se arecearem grandes riscos; e sendo todos uniformes neste parecer, se conformou com elles o dito Governador e Capitão geral, e me ordenou a mim Manoel da Fonseca e Paiva Escrivão desta superintendencia que fizesse este assento, e assinado por todos os sobreditos o registasse no livro da superintendencia, e no da feitoria para a todo o tempo constar, por bem do que fiz este assento eu dito Escrivão. Mossámbique, 6 de Agosto de 686. — Dom Miguel de Almeida — Francisco de Avilez Ramires — Paschoal de Abreu Sarmento e Moraes — João Machado Sacoto — Manoel Freire — Domingos Dias Ribeiro — Frei João da Magdalena, e eu Manoel da Fonseca e Paiva, Escrivão desta superintendencia fiz escrever.

---

## Carta do Capitão Geral da India D. Rodrigo da Costa para El-Rey. sobre o procedimento dos Inglezes em Surrate

(Collecção dos meus mss.)

1688 Janeiro 24 Senhor. — No fim do anno de 686 se sáhio o Presidente dos Inglezes de Surrate desavindo com os mouros com pretexto que elles para isso quizerão buscar, mas o certo he que devia á companhia grande quantidade de dinheiro, e vendo-se impossibilitados de lhe pagar, julgarão que o melhor meyo era quebrar com elles, e neste proximo anno de 1687 em Setembro apregoarão as guerras em Bombaim; e com isto começarão a andar a corço, e lhe tem tomado 17 naus entre grandes e pequenas, e tão bem quizerão que hum dos baneanes de Dio entrasse nesta conta, e escrevendo-lhe eu se me desculparão, que os negros disserão quando os tomarão que erão vassallos do Mogor, mas depois disto corre por novas nesta terra que o largarão. Soccedeo mais que hindo a Armada do Norte com a cafilla, depois de terem toda a cortezia com o Capitão mor, humas fragatas que estão de cerco á barra de Surrate, que sem o Capitão mor ver, por ser a cafilla grande, lhe tomarão hum Parangue della, e huma Galveta, e avisando o Capitão mor da armada ao General do Norte João de Sequeira de Faria lhe respondeo que elle escrevia a seu Presidente, que chamão João Childe que he hum cruel homem herege, e com o aviso que me fizerão, que foi a 3 de Janeiro, despedi logo duas fragatas com huma carta ao Governador, e mandey ao Capitão mor que fosse tirar a cafilla, e que quando elles quizessem intender com ella lhe dicesse as pazes que havia entre a Real coroa de Vossa Magestade e a do seu Rey, e que se fossem por diante se justificasse tudo quanto fosse possivel para mostrar que elles herão os que davão occasião, e que nestes termos antão a deffendesse athe a ultima gota de sangue; e como athe o partir desta não tem chegado nova nenhuma me persuado que parará em bem, sendo que se he certo o que dizem, que elles estão levantados em vendo o negocio mal parado se porão no mar, e teremos estes cheos de corsarios, elles se vão malquistando com todas as nações da Europa, com o que eu não sey o que elles determinão; esta materia he de muita consequencia, e por esta resão me pareceo fazel-a presente a Vossa Magestade para mandar o que for servido. Eu determino fazer toda a justificação, para que em caso que succeda alguma cousa se não possa julgar em nenhum tempo que nos faltou a resão: o successo corre por conta de Deos, pela minha o disponho o melhor que puder. 688 Janeiro 24

Guarde Deos a muito alta, e muito poderosa pessoa de Vossa Magestade. Goa 24 de Janeiro de 1688. — Dom Rodrigo da Costa.

---

### Carta de El-Rey para o Governador da India Dom Rodrigo da Costa, indicando-lhe o modo como deve proceder com os Inglezes

(Collecção dos meus mss.)

Governador do Estado da India. Eu ElRey vos envio muito saudar. Havendo mandado ver o que me escrevestes em 1689 Janeiro 24

1689 Janeiro 24 cartas de 24 e 26 de Janeiro do anno passado, acerca de sahir de Surrate o Presidente dos Inglezes desavindo com os mouros, e quebrarem com elles apregoando as guerras em Bombaim com que começarão a andar a corso, e lhes tinhão tomado náos e hum patacho dos Baneanes de Dio, que depois largarão por lhes constar ser de meus vassallos, e que hindo a Armada do Norte com a cafilla, depois de terem toda a cortezia com o Capitão mor humas fragatas que estavão de corso á barra de Surrate lhe tomarão hum Parangue della, e huma Galveta de que o General do Norte João de Sequeira de Faria ficava fazendo diligencia para que os Inglezes largassem estas embarcações, e com esperanças de o conseguir, e que o Mogor intentava hir sobre Bombaim. Me pareceo dizervos, que com os Inglezes procurareis evitar toda a occasião de rompimento valendo vos de todos os meios para sustentar as pazes que tenho com esta coroa, e declarar-vos que os meios porque se deve procurar a paz e boa correspondencia com os Inglezes devem ser os licitos e decorosos, e quando o Mogor venha a Bombaim vos ordeno, que com toda a cautella e dissimulação socorrais aos Inglezes com o que poderdes de sorte que se não possa dar por offendido o Mogor. Escripta em Lisboa a 24 de Janeiro de 1689. — Rey. — Para o Governador do Estado da India.

---

## Carta de D. Rodrigo da Costa, Governador da India, a El-Rey

(Collecção dos meus mss.)

1690 Janeiro 24 Senhor. — A gente do Mogor assiste na ilha de Bombaim ha hum anno, e em todo este tempo tem de sitio aquella fortaleza com suas baterias, e lhe tem feito tão pouco damno, que se elles a não entregarem duvido de que a tomem por força de armas, por terem o porto do mar livre, até agora se lhe não faltou com nenhuma cousa, do que nos pedirão, e ainda com mais do que nos merecem pelos maus termos que esta nação tem usado comnosco na India, e ainda com tudo isto se queixão, mas persuado-me que esta queixa não passa do que governa, porque os outros confessão o que lhe temos feito, e este homem está malquisto, e he tão mau herege que temo venda a fortaleza aos mouros, que de outro modo nunca a levarão, eu da minha parte o tenho exortado tudo quanto posso, e o vai fazendo por minha ordem o General das Fortalezas do Norte João de Sequeira de Faria para que se lembre das obrigações em que o tem posto as honras que recebeo sempre de seu pae, e o que por isto deve fazer, e supposto elle o promette assim não fio delle cousa boa, em outra carta desta via dou conta a Vossa Magestade de tudo o que tem passado até aqui, e do estado em que ficão. Guarde Deos a muito alta e muito poderosa pessoa de Vossa Magestade felicissimos annos. Goa 24 de Janeiro de 1690. — Dom Rodrigo da Costa. 1690 Janeiro 24

## Carta do Governador D. Rodrigo da Costa para El-Rey sobre a guerra dos Inglezes com o Mogor

(Collecção dos meus mss.)

Senhor. — Na náo do anno passado dei conta a Vossa Magestade em como os Inglezes tinhão guerra com o Mogor, e em Maio poz o Sidy sitio á fortaleza de Bombaim sendo senhor da ilha onde assiste com a mesma empreza, e supposto que no fim do inverno ajustarão pazes sendo quem os compunha o General João de Sequeira de Faria como testemunha, não como fiador por nos não porem em algum empenho se faltasse á palavra ficarão para se celebrarem havendo a confirmação do Mogor, que até agora não chegou, nem sabe que chegará, porque ambos obrão nestes concertos com má tenção, e os Inglezes peor por se verem com muito dinheiro das naos que apanhárão aos mercadores de Surrate, e porque andão feitos corsarios, e degolão tudo o que são mouros, e até embarcações das nossas terras padecem seu detrimento, porque se encontrão as represão, ainda que depois as largão sempre lhe fica o que podem: ao General do Norte 1690 Janeiro 24

1690 Janeiro 2 tenho ordenado lhe não falte em nada como dou conta na outra carta desta via a Vossa Magestade, sem embargo que tudo o que se lhe faz he baldado, porque elles sempre se queixão, o Mogor se acha com o exercito de bastante gente em Biundi, e Galiana, que parte com a jurisdicção de Baçaim, e varias vezes intentou passar pelas nossas terras, o que nunca se lhe concedeo excusando-nos com bons termos, e em quanto nos valerem será bom, porque se intentarem a passagem não ha hoje na India com que se lhe possa impedir; nesta consideração tenho mandado para o Norte tudo quanto havia em Goa, como será presente a Vossa Magestade pelas listas que vão, ficando-me aqui as companhias a quatro e seis, e a oito soldados, estes cegos e aleijados, e nesta miseria se me pede gente de toda a parte, gente de mar não ha nenhuma, e a pouca que leva esta náo testemunhará isto melhor. De Moçambique me escrevem que no Cabo das Correntes vão todos os annos quatro náos inglezas, com que hum patacho que lá hia não faz nenhum negocio; tambem avisão de que andão corsarios, e de dois patachos que partirão deste porto para Moçambique não apparece hum, as prezas que estes corsarios fazem são muito consideraveis, e como tem gostado se hirá isto enchendo sem haver com que o possamos atalhar, sendo Vossa Magestade servido que se lhe ponha remedio deve mandar resolver esta materia o que for mais conveniente para o seu Real serviço. Guarde Deos a muito alta e muito poderosa pessoa de Vossa Magestade felicissimos annos. Goa 24 de Janeiro de 1690. — Dom Rodrigo da Costa.

---

**Carta de El-Rey para o Vice-Rey da India, Conde de Villa Verde, a respeito das terras que os padres da companhia possuiam em Bombaim e os Inglezes lhe não queriam entregar.**

(Collecção dos meus mss.)

1695 Março 5 Conde de Villa Verde Vice Rey da India. Amigo. Eu ElRey vos envio muito saudar como aquelle que amo. — Havendo visto o que me escreveste sobre os Inglezes não quererem entregar aos Padres da Companhia as terras que em Bombaim possuhião depois que fizerão paz com o Mogor, dando por rasão não estarem obrigados ás capitulações por haverem conquistado aquellas terras de novo, e que por esta causa havião mandado aos Governadores desse Estado a Tristão de Mello lhes impedisse a comunicação das nossas terras, e puzesse grande cuidado não passassem mantimentos para as suas, o que vendo os Inglezes se prevenirão de tanto mantimento que abondando-lhe o mandavão vender a essa Cidade, ou por politica ou por desprezo. Me pareceo dizer-vos continueis em impedir aos Inglezes os mantimentos, porque supposto fizerão o provimento de que daes conta em hum anno, o não poderão continuar no mais tempo, e este aperto os obrigará a convirem em fazer o que nós quizermos, porque a experiencia tem mostrado que em varias occasiões que se lhe negarão os mantimentos obrarão tudo o que hera conveniente a esse Estado, e em beneficio de meus vassallos. Escrita em Lisboa a 5 de Março de 695.— Rey. — O Conde de Alvor. — Para o Conde de Villa Verde Vice Rey da India. 1695 Março 5

---

## Carta do Vice-Rey Conde de Villa Verde para El-Rei, sobre Bombaim

(Collecção dos meus mss.)

Senhor.— O anno passado dizia a Vossa Magestade que trataria de pôr este impedimento, ainda que receoso de exercitar alguma guerra, porem passando áquellas terras do Norte, achei impraticavel o poder-se obviar hir para Bombaim mantimentos, sem que se ponha um cerco regular áquella Ilha por serem os portos de que vão os mantimentos muitos e conduzidos estes por infieis, e ainda por serem os moradores daquellas terras tão ambiciosos que por lucrarem seus interesses hão de quebrar a obediencia que puzer para os impedir, e até os mesmos interessados hão de cahir arrastados desta ambição, e reparando eu o miseravel estado em 1695 Dezembr 10

1695 Dezembro 10 que achei aquellas terras me resolvi a escrever huma carta ao General de Bombaim cuja resposta remetto a Vossa Magestade.

Senhor. Estes Inglezes todas as vezes que entendem que queremos impedir-lhes o mantimento vão sugerir os inimigos a que fação algum movimento, mostrando ser contra as nossas terras, e isto costumão fazer no tempo da novidade para que os moradores e vassallos de Baçaim intimidados com a imaginação da guerra, e receosos de perderem os frutos que tem recolhido, segurem os mantimentos, e assim o fazem metendo-os em Bombaim, assim para o terem mais seguro, como para lograrem a maioria da sua venda, e deste modo se provem os Inglezes não só do que lhes he necessario, mas ainda do que sobra para fazerem grande negociação com deitarem o mantimento para as terras firmes com o avanço do preço, e tudo isto he o que colhi nesta materia quando estive no Norte, como informará a Vossa Magestade o Doutor Gregorio Pereira Fidalgo, que n'esta monção vai para o Reino, o qual testemunha de vista, assim por me haver acompanhado n'esta occasião, como por haver assistido no Norte em outro tempo o fará com verdade e experiencia.

Não he só este o damno que os Inglezes nos fazem, porque muito maior se nos segue das munições e petrechos de guerra com que fornecem o inimigo Arabio de tudo o de que necessita, e posto que eu sei que estes como fazendas de contrabando se podião tomar sem faltar ás capitulações da paz, são elles tão mal observantes della, que ainda tendo nós tanta rasão havião de formar queixas para algum rompimento para o qual está em tanta miseria o Estado, que mal se pode defender dos inimigos Asiaticos, e não convem buscar novos empenhos com as nações da Europa, e por estes motivos me pareceo suspender até Vossa Magestade mandar ordem expressa do que hade obrar. Deos guarde a muito alta e muito poderosa pessoa de Vossa Magestade felicissimos annos. Goa 10 de dezembro de 1695.—O Conde de Villa Verde.

## Carta do Vice-Rey Vasco Fernandes Cesar de Menezes para D. Frei Mauricio de Santa Thereza, Bispo de Estanacio, dizendo-lhe não poder consentir que elle assista em territorio do estado.

(Collecção dos meus mss.)

Recebi a carta de V. S.ª escripta de Pondá a que não fiz logo a resposta porque me disse o portador que se dilatava nesta corte, agradeço a V. S.ª a attenção com que me faz mercê, e he certo que procurarei dar gosto a V. S.ª em tudo o que não for contra as ordens de Sua Magestade que Deus guarde. 1712 Outubro 7

Não posso persuadir-me que o sr. Dom Rodrigo da Costa obrasse acção, ou resolvesse cousa que não fosse mui atenta a tudo o que toca a Sua Santidade, principalmente sendo vassallo de hum Principe tão catholico como he ElRey de Portugal meu Senhor, e se V. S.ª ponderasse este negocio como merece a gravidade delle he certo faria uma grande diferença do que supõem ao que se executa por que querermos que se conserve os privilegios concedidos aos Senhores Reys de Portugal, e a seu Real Padroado está mui longe de ser desobediencia ao Pontifice a quem veneramos, e reconhecemos por cabeça da Igreja, e nesta certeza não estranhe V. S.ª que eu lhe diga que não posso, nem heide consentir, que V. S.ª assista em parte que seja da jurisdicção deste Estado, pois não veio a elle por Portugal na forma que devem vir os missionarios Apostolicos, e para se obviarem as desordens, que succede de chegarem a Roma noticias alheas da verdade como são as que tem hido por alguns Religiosos da Propaganda, bom seria que V. S.ª informasse a Sua Santidade sem paixão, pois sabe muito bem que se não obrou até agora cousa que fosse contra o respeito, nem contra a veneração, como Ministros de Sua Santidade.

A Religião Catholica está tão estabelecida nos Dominios da Coroa de Portugal que não temo que os infieis, e inimigos da Christandade me arguão, nem aos meus antecesso-

1712 Outubro 7 res, e assim não tem V. S.ª que lhe dar cuidado nada que pertence a esta materia principalmente confeçando V. S.ª que teve a honra de servir á ElRey, que Deos guarde no emprego de Capellão de huma das Fragatas deste Estado donde se fazem os cultos a Deos, como catholicos, e não como gentios.

Ao Sr. Arcebispo Primaz não fallo no que V. S.ª me pede, porque encontra a sua regalia, e as ordens que ha de Sua Magestade. Se com minha pessoa puder dar gosto a V. S.ª farei com mais prompta vontade. Deos guarde a V. S.ª Goa 7 de Outubro de 1712.—Servidor de V. S.ª—Vasco Fernandes Cesar de Menezes.

---

## Carta do Vice-Rey Vasco Fernandes Cesar de Menezes para o Feitor Inglez de Carvar sobre o soccorro á Feitoria, exigindo reciprocidade

(Collecção dos meus mss)

1712 Outubro 10 Agradéço a V. M.cê a sua attenção, e he certo que lhe corresponderei fielmente lembrando da amisade e alianças com que hoje se acha a Serenissima Magestade de ElRey de Portugal meu Senhor com a Serenissima Magestade Britannica, não duvidando de imitar a meus antecessores na promptidão com que sempre soccorrerão essa Feitoria, mas será justo que esta attenção e amisade seja reciproca entre as duas nações, e que o Sr. General de Bombaim se não exima de concorrer da sua parte para tudo o que for castigar alguns dos levantados dessa Costa, que costumão perturbar algumas direcções deste Estado.

As ballas que V. M.cê me pede mandarei nas Manchuas de Angediva, e ao Capitão mór ordeno ajude a V. M.cê para a defença dessa Feitoria, e se V. M.cê tiver noticia certa da operação do inimigo me avise logo, porque poderá succeder que me resolva a mandal-o atacar. Deos guarde a V. M.cê Goa 10 de Outubro de 1712.—Vasco Fernandes Cesar de Menezes.

## Carta do Vice-Rey Vasco Fernandes Cesar de Menezes para Domingos da Costa em Pondá, a respeito do Padre Frei Mauricio de Santa Thereza

(Collecção dos meus mss.)

Não pude até agora responder á vossa carta escrita em 2 1712
do presente por me achar com alguma molestia; Vejo o que Dezembr
me dizeis sobre trazer Deos nosso Senhor para augmento da 13
Christandade ao Padre Frei Mauricio de Santa Thereza a estas visinhanças, e não posso deixar de dizervos que Deos não concorre para que se obrem cousas tão indignas como tem obrado este tal Religioso, dando ordens a homens reprovados facinorosos, e mal procedidos, tudo contra Deos, e contra a jurisdicção do Sr. Arcebispo Primaz, alem de ser a sua assistencia em prejuizo do Padroado Real, cujos privilegios heide deffender, e fazer guardar até á ultima gota de sangue, com o que se o tal Frei Mauricio de Santa Thereza se acha ainda nas terras de ElRey de Sunda fareis toda a diligencia para que sahia logo dellas, e quando não escreverei a ElRey de Sunda para que faça executar lembrando-lhe que não arrisque a amisade do Estado que tanto lhe convem por consentir nas suas terras hum Religioso que pretende defraudar os privilegios com que se acha ElRey meu Senhor. Nosso Senhor, etc. Goa 13 de dezembro de 1712.—Vasco Fernandes Cesar de Menezes.

---

## Carta do Vice-Rey Vasco Fernandes Cesar de Menezes para o Feitor Inglez de Carvar Ceo Taylor, pedindo-lhe faça saír um religioso que diz é Bispo da Propaganda

(Collecção dos meus mss.)

Como assiste nos limites dessa feitoria hum Religioso que 1714
diz he Bispo da Propaganda, e o não parece pelas continua- Junho
das perturbações que faz á Christandade ajudado de alguns 1

1714 Junho 1 clerigos Canarins a quem injustamente deo ordens para poderem acompanhar em tão pernicioso exercicio, e como conheço a grande amisade que ElRey meu Senhor conserva com a Serenissima Rainha de Gram Bretanha, não duvido que da parte de V. M.[cê] experimente eu a mesma attenção devendo-lhe o obsequio de fazer sahir logo o dito Bispo e os mais clerigos do limite dessa feitoria, e sempre ficarei obrigado a esta attenção para agradecer nas occasiões que forem do agrado de V. M.[cê] a quem Deos guarde, etc. Goa 1 de Junho de 1714.—Vasco Fernandes Cesar de Menezes.

---

## Carta do Vice-Rey Vasco Fernandes Cesar de Menezes para Guilherme Aisalbei, Governador de Bombaim, sobre a restituição de um barco e o procedimento dos Inglezes

(Collecção dos meus mss.)

1714 Novembro 21 Recebo a carta de V. S.ª aos 21 de Novembro escrita em 23 de Outubro, e estimo ver nella que V. S.ª logra a mais perfeita saude.

Como os Portuguezes não vivem na India de fazer corso, senão de conservar aquelle respeito que souberão merecer e alcançar os nossos heroes, bem pode V. S.ª persuadir-se que algum justo motivo ouve para se não restituir o Barco em que V. S.ª me falla, e se este negocio não estivera affecto á corte de Lisboa he certo deffiriria pontualmente a représentação de V. S.ª, mas não deixarei nesta monção de lembrar a ElRey meu Senhor a decisão desta materia para que na primeira monção que vier possa responder a V. S.ª em forma que fique satisfeito, sem embargo de não merecer a V. S.ª esta attenção, pois se esquecem totalmente os Srs. Inglezes que vivem e residem na Asia da boa correspondencia que ha entre as duas coroas na Europa, e V. S.ª não ignora que as materias do Estado e politicas fazem muito maior pendor que qualquer conveniencia, e a esse respeito devia V. S.ª repor-

tar-se, e não vender armas e munições aos nossos inimigos, 1714 Novembro 21
não fallo em alguns soccorros que incognitamente se lhes dão, como foi na batalha que o verão passado mandei dar aos Arabios em o poço de Surrate, que antecedentemente forão avisados por huma Fragata Ingleza, que se apartou da minha Armada, e depois lhe derão alguns artilheiros, e o mesmo succedeo quando huma Fragata nossa pellejou com toda a Armada do Angria, que foi soccorrida por dois barcos Inglezes que estavão em o Culabo tratando das pazes que V. S.ª hoje conserva com este inimigo, e de nenhuma sorte relatara nem referira os motivos da minha queixa se ha poucos dias me não avisara o General do Norte que em Bombaim não quizerão vender humas poucas de ballas de pequeno calibre, donde se tinhão procurado pela invernada não dar lugar a que se remetessem de Goa, quando para todos, e a todo o tempo estão promptos semilhantes generos.

Folgarei muito ter occasião que seja de gosto de V. S.ª, porque em tudo e em toda a ocasião procurarei dar-lho. Deos guarde a V. S.ª muitos annos. Goa 21 de Novembro de 1714. Servidor de V. S.ª— Vasco Fernandes Cesar de Menezes.

---

## Carta do Vice-Rey Vasco Fernandes Cesar de Menezes para Roberto Adam, Feitor Inglez no porto de Calicut sobre um barco apresado

(Collecção dos meus mss.)

A primeira carta que tive de V. M.cê he a que agora rece- 1714 Dezembro 10
bo, porque se a houvera tido não faltara a boa correspondencia que procuro ter com quem me busca, e assim pode V. M.cê estar certo que o que estiver em mim na materia da embarcação que aqui se acha experimentará V. M.cê a minha boa vontade, e para que V. M.cê conheça a boa intenção com que os Portuguezes obrão saiba que o Barco se represou por hum Arabio, que vinha n'elle, e quatro servidores que tratavão dos cavallos deporem que estes erão do mesmo Ara-

1714 Dezembro 10 bio, e não deixarão de dizer o mesmo todos os mais que vinhão no dito Barco sem excepção do Inglez Capitão, e do Dinamarquez Piloto, porem ao Padre José Pinheiro advertirei a forma em que havia de fazer o requerimento pondo para isso de parte o caracter de Vice Rey, mas como tal estou obrigado a dizer a V. M.cê o quanto estranho que os Srs. Inglezes na Asia se empenhem em favorecer os nossos inimigos assistindo lhe em toda a occasião com gente e armas, e estou certo que se a Serenissima Rainha de Gram Bretanha tivesse noticia destas desatenções as estranharia mui severamente a quem he o total motivo dellas, e fallo a V. M.cê neste particular porque me dá occasião para pronunciar similhantes cousas sendo muito melhor entregal-as ao silencio até ser tal a nossa justificação que possa proceder eu de maneira que não se offendão as duas Magestades; se houver cousa que seja do agrado de V. M.cê não faltarei em lhe dar gosto. Deos guarde a V. M.cê etc. Goa 10 de Dezembro de 1714.— Vasco Fernandes Cesar de Menezes.

---

## Carta do Vice-Rey Vasco Fernandes Cesar de Menezes para o Governador de Bombaim, sobre o procedimento dos Portuguezes e dos Inglezes na Asia

(Collecção dos meus mss.)

1716 Março 18 Aos 17 de Março recebi as cartas de V. S.ª de 11 e 16 de Janeiro de que fiz a devida estimação por V. S.ª me segurar chegara com bom successo a Bombaim donde espero lhe continue huma perfeita saude durante a residencia da sua felicissima occupação.

Pelo que V. S.ª me insinua vejo que não tem tomado aquellas informações que bastem para julgar dos procedimentos das duas nações na Azia, por quanto os Portuguezes procurão não esquecer-se do glorioso nome que no descobrimento da India adquirirão nella; e os Inglezes satisfazem pouco os documentos dirigidos pelos seus Generaes, e não duvido que da parte de alguns vassalos deste Estado tenha havido por inadvertencia algum descuido ao qual acudirei promptamente com o remedio, porém da parte dos Inglezes se veem continuas desatenções que se não evitão, e examinando V. S.ª esta materia desapaixonadamente verá que não he hiperbole, nem encarecimento esta expressão. 1716 Março 18

Sobre a paz que o antecessor de V. S.ª fez com o Angria ser decorosa ou indecente me não metto, só digo a V. S.ª que se não conseguio o fim porque a tratarão pois tem faltado este Pirata a todos os capitulos do tratado; porque desatentamente repreza as embarcações que navegão com passaportes desse Governo como ha poucos dias fez a hum Cibar e duas Galvetas dos mesmos moradores de Bombaim, e emquanto a dizer V. S.ª que o dito Angria se fez opulento com os roubos que continuou durante a amizade que teve com este Estado entenda V. S.ª que lhe derão esta informação menos verdadeira porque sendo Vice-Rey o Sr. Caetano de Mello e Castro se quebrou com elle, e não ha tão pouco tempo isto que não passe de onze annos no decurso dos quaes se tem exaltado com o continuo exercicio de piratear, e quando se achava amigo deste Estado não tinha mais que duas Pallas e algumas Galvetas regule V. S.ª agora pelo numero de embarcações com que se acha se cooperou a nossa amizade para esse excesso; e bem lhe constará a V. S.ª que no tempo do meu Governo procurei sempre offender este inimigo reputando por prejudicial ao commercio e por consequencia a todas as nações que navegão nos mares da India, e finalmente quando nesta materia houvesse alguma omissão ou descuido em o tempo passado parece-me que no presente em que se espera feliz o Governo de V. S.ª nos unamos para a total destruição deste inimigo, e assim o espero do zelo e valor que todos reconhecem na pessoa de V. S.ª, e ao General Dom João Fernandes de Almeida tenho ordenado mande conferir com V. S.ª a fórma em que se ha de executar este projecto que infallivelmente será de grande reputação para as nossas duas Nações, e de conveniencia

1716 Março 18 para os que debaixo do nosso amparo procurão os seus augmentos.

No que pertence ao procedimento com que V. S.ª me diz se houve Antonio Cardim Froes, e se hão alguns Capitães de Pallas e Manchuas no Norte mando ao General Dom João Fernandes de Almeida que examine com toda a exacção esta materia, e tendo de que satisfazer a V. S.ª o faça promptamente, não duvidando que da parte de V. S.ª seja reciproca esta attenção em caso que eu não experimente nos vassalos do Serenissimo Rey da Gram Bretanha aquella cortezania que me permite a intima aliança das duas Corôas.

He verdade que quando a minha armada deu batalha aos Arabios em o Poço de Surrate se achavão nelle varios barcos Inglezes e Olandezes, que huns e outros os socorrerão com artilheiros, e a Betavia fiz a mesma queixa que representei a V. S.ª com huma diferença, que os Olandezes se achavão naquelle Porto, e algumas fragatas Inglèzas que encontrarão a minha armada na altura de Verssava adiantando-se mais alguns dias prevenirão aos Arabios segurandolhes que os Portuguezes os hião buscar; e suposto que não extranhe que na materia do commercio podem os Inglezes tratar com os ditos Arabios, nem por isso deixa de ser escandaloso que em odio da Nação Portugueza se fação demasiadamente parciaes daquelles barbaros, que he sem duvida dominarião a Azia se os Portuguezes não castigassem os seus insultos; e folgo muito que V. S.ª saiba que ainda não pelejando toda a minha armada com elles por descuido de alguns Capitães recebessem o consideravel damno que V. S.ª não ignora.

Na restituição dos escravos e vassalos de parte a parte ordeno ao General do Norte s'ajuste com V. S.ª e todas as mais dependencias que conduzirem para se evitarem desconfianças e ser firme e solida huma e outra amizade.

He certo que nem em todos os Feitores Inglezes ha igual isenção porque muitos tratando da sua conveniencia particular não discorrem nas prejudiciaes consequencias que se seguem dos interesses proprios que cegamente solicitão, e eu lhe provarei a V. S.ª com evidencia esta verdade mandando-lhe mostrar documentos porque conste que alguns barcos de Mouros e gentios navegão com huma bandeira Ingleza querendo que só ella lhes sirva de privilegio para diminuirem as regalias que El-Rey meu amo tem em todos os mares da India. 1716 Março 18

Parece-me pôr na presença de V. S.ª o que proximamente obrou o Feitor de Carvar he o caso que estando treze Parangues carregados de madeira para virem para Goa lhe prohibio e embaraçou que o fizessem tendo o dito Feitor experimentado em mim toda a galantaria ordenando-lhe assistão com tudo aquillo que manda buscar a este Porto, e não ha muitos dias que lhe foi pregadura e outros petrechos para se acabar a Palla que se fabricou em Carvar.

Sobre o particular de Roberto Adam entenda V. S.ª que até agora se tem procedido com justiça e inteireza, regulando-se esta pelo que depuzerão as testemunhas e officiaes da mesma embarcação provando-se por depoimento de hum Arabio que o dinheiro dos cavallos era seu e não de Roberto Adam ao qual favorecerei quanto me for possivel por dar gosto a V. S.ª, e não porque elle o mereça pois mandando eu visitar hum barco de Ostende que se achava em Calecut por lhe ter ordenado quando sahio deste Porto que não levasse Portuguezes, prohibio que fossem embarcações de refresco á minha fragata sem mais motivo que o haver o Capitão della executado aquella diligencia, e seria mui conveniente que entre nós se assentasse que assim os Portuguezes e Inglezes que desertassem de hum e outro serviço se restituissem de parte a parte, e só nos que houvesse outra casta de delicto se não entregarião sem se lhe dar primeiro o perdão della; e assim espero que V. S.ª se resolva nesta materia ordenando em Carvar, Calecut e Talichera se observe inviolavelmente este particular, e em todos os que forem do agrado de V. S.ª me achará com prompta vontade para lhe dar gosto. Deus guarde a V. S.ª muitos annos. Goa, 18 de Março de 1716.—Servidor de V. S.ª—Vasco Fernandes Cezar de Menezes.

## Carta do Vice-Rey Vasco Fernandes Cesar de Menezes para o Feitor Inglez em Carvar, Ceo Taylor, sobre a falta de cortezia

(Collecção dos meus mss.)

1716 Março 24 Parece-me que V. M. se applicou mais a aprender o negocio que a estudar a politica pois me escreveo como não devia, e se V. M. fizer presente em Inglaterra os chamados insultos dos Portuguezes tambem eu participarei a El-Rey da Gram Bretanha a insolencia com que se achão os Feitores da honoravel Companhia tratando só da conveniencia particular em gravissimo prejuizo do commum, e advirta V. M. que El-Rey meu amo me fez Vice-Rey e Capitão General deste Estado, e que reconhecendo-me todos por tal me ha V. M. de pôr assim no sobrescrito, e ao General de Bombaim escreverei na primeira occasião pedindo-lhe ensine a V. M. a ser mais cortez.

Consta-me que os Parangueiros não tinhão duvida a satisfazer a V. M. a importancia dos passaportes, porque Cartazes no mar da India ás nações que não são da Europa só este Governo os passa.

V. M. tinha mais portos no Canara para poder carregar a sua embarcação porque no de Mangalor temos especial privilegio concedido pelos Reis do Canara para emquanto se não carregarem as nossas embarcações não no poderem fazer as outras, e ainda assim não ordenei ao Capitão mór da armada se praticasse isto com a nação Ingleza supondo que V. M. seria mais atento comigo principalmente achando em mim toda a boa correspondencia; mas fico de acordo para lhe pagar na mesma moeda. Deus guarde a V. M., etc. Goa, 24 de Março de 1716. — Vasco Fernandes Cezar de Menezes.

## Carta do Vice-Rey Vasco Fernandes Cesar de Menezes, para o Governador de Bombaim

(Collecção dos meus mss.)

Ao General Dom João Fernandes de Almeida mandei insinuar o mesmo que por commissão de V. S.ª praticou comigo hum seu official quando V. S.ª esteve surto junto á fortaleza da Aguada, e he certo me persuadi que das proposições feitas por V. S.ª e approvadas por mim se seguirião effeitos mui gloriosos não só para as Serenissimas Corôas de Portugal e Inglaterra, senão tambem para os interesses publicos e particulares de huns e outros vassalos, porém como o entendimento dos homens costuma ordinariamente vacilar em a maior parte dos negocios, ainda que me admiro não estranho totalmente que V. S.ª mudasse de opinião na certeza de que V. S.ª se regularia pelos interesses da sua jurisdicção. 1716 Novembro 23

O General do Norte me deu conta do mesmo que V. S.ª agora me participa remettendo-me as mesmas copias que V. S.ª me manda, e suposto lhe ordenei que não alterasse cousa alguma sobre os tratados que se estipularão desde a entrega de Bombaim até ao tempo presente, comtudo responderei aos capitulos da carta de V. S.ª para que com elles possa justificar-se em a Côrte de Inglaterra.

Não posso estranhar que V. S.ª respondesse ás pretensões do Padre Manuel Ribeiro, Superior de Bandorá, sobre a Aldeia Parala, que recorresse á Europa, estando este negocio affecto a ella, mas persuado-me a que V. S.ª o podia decidir considerando as perniciosas consequencias que se seguem de qualquer demora; e no que toca ao naufragio do Sibar em o rio de Mahim, bem sabe V. S.ª qual he a natureza dos Colles, porque não bastaria toda a prevenção e diligencia para lhes impedir os roubos, e se V. S.ª soubesse distinctamente os que o havião feito he certo serião obrigados a satisfação de todo o descaminho.

1716 Novembro 23 Os Capitães da Cidade de Baçaim têem o contracto da madeira por concessão de El-Rey meu Senhor, e assim como não hei de consentir que abusem della, bem sabe V. S.ª que não devo ordenar-lhes que com prejuizo seu permittão o transporte da mesma madeira ainda que seja de terras de differente jurisdicção; comtudo para que V. S.ª entenda que desejo comprazel-o mandarei com toda a exacção examinar a forma deste contrato, e quando se possa sem notorio e conhecido damno delle permitir-se o que V. S.ª solicita, he certo não faltarei a esta urbanidade, e se o Sidy como V. S.ª me diz não paga direitos da madeira que passa para o seu porto, esteja V. S.ª certo que não havendo privilegio especial concedido por El-Rey meu amo, que o mesmo se praticará com V. S.ª

Se as capitulações que Humphrey Cooke fez na entrega de Bombaim forão admittidas por El-Rey de Portugal ainda que fossem refutadas por El-Rey de Inglaterra, bem sabe V. S.ª que devem ter o mesmo vigor, mas como esta materia se póde examinar sem grande trabalho parece que a decisão della depende só de alguma diligencia, a qual correrá por conta deste Governo, e não pela do Padre Manuel Ribeiro, e do Irmão Antonio de Mesquita, e com licença de V. S.ª quando os subditos tem poderes dos seus Soberanos para qualquer Tratado, não serve a ratificação dos Principes mais que de huma ceremonia com que se auctorisão, e esta opinião se verifica com os poderes que os Serenissimos Reis de Portugal concedem aos seus Viso-Reys da India, porque podem fazer a guerra e a paz com os Principes da Azia todas as vezes que lhes parecer sem que seja necessaria a confirmação para huma e outra cousa.

Não deixo de reputar por incivilidade impedirem-se os officiaes e jornaleiros que trabalharem em obras dos amigos, não sendo precisamente necessarios para as domesticas, e não devo persuadir-me a que o General Dom João Fernandes de Almeida passasse ordens que encontrassem a sua urbanidade e talvez que a má execução e intelligencia dos subalternos concorrão para alguns disturbios de que os superiores não tem culpa. Lembra-me que sendo eu General de batalha, e governando os ataques que fizemos á praça de Badajoz foi visitar-me a elles Mylord Gallway, General das tropas Inglezas, e Tenente General das nossas, e estando comigo olhando para a mesma praça veiu huma balla de artilharia e lhe levou a mão direita, e recolhendo-se para o nosso campo lhe mandou o Marechal de Tesse, General das tropas Francezas e Castelhanas, hum cirurgião a cavallo, não obstante termos muitos no nosso exercito; e porventura poderia esta galanteria offender a huma ou a outra parte, ainda achando-nos na mais furiosa guerra; he certo que não, porque em toda a occasião, e em qualquer parte se permittem entre os vassalos as galanterias que não offendem os seus Soberanos. 1716 Novembro 23

V. S.ª deve fazer distincção do dominio que a Serenissima Magestade de El-Rey de Portugal tinha em Bombaim, ao que V. S.ª pretende ter, porque se não póde regular o tal dominio senão pela fórma em que foi dada essa Ilha a El-Rey de Inglaterra, e pelos Tratados que V. S.ª terá em seu archivo se verá com menos duvida a formalidade delles, e conferidos os documentos que V. S.ª tem com os que ha nesta Secretaria do Estado se poderão ajustar as duvidas e pretenções de V. S.ª

He tão antigo o rio de Mahim como são as estacadas dos Colles de Bandorá, e se estes até agora não pagarão reconhecimento algum, não he justo que V. S.ª pretenda imporlhes esse novo jugo, e a decisão do rio se póde facilmente determinar pelo foral.

V. S.ª não póde negar-me que a honoravel Companhia com o pretexto das suas conveniencias faz a maior guerra a este Estado, porque na Azia só a nação Ingleza provê de artilharia, armas e munições aos nossos inimigos fundando-se em que he livre o commercio para todos, porém esta maxima que por util devia ser admittida, de nenhuma sorte a pratíca a Companhia Olandeza, mas nunca podia entrar em consideração que V. S.ª insinuava ao Angria que fizesse insultos nas mesmas terras sem que offendesse a sua propria

1716 Novembre 23 reputação, que tambem julgo não he mui decorosa para ella a amizade que V. S.ª conserva com o mesmo Angria.

Tenho nomeado a Bartholomeu de Mello de Sampaio para Capitão geral das fortalezas e terras do Norte, o qual partirá brevemente e levará as ordens necessarias para prohibir e embaraçar tudo o que parecer incivilidade porque não quero outra cousa mais do que huma boa correspondencia, attendendo a que da parte de V. S.ª será reciproca toda a attenção, e tambem levará poderes meus não só para tratar com V. S.ª os negocios que possão conduzir para huma firme e solida amizade, senão tambem para que unidos possâmos por mar e terra executar projectos de que se siga muita gloria para as duas nações tão inseparaveis hoje de todos os interesses.

A noticia que V. S.ª me participa da chegada das fragatas dos Arabios ao porto de Dandahajapury tive ha muitos dias, e agora as tenho com mais individuação dadas por hum homem Francez nascido em Portugal, que ha quatro annos serve com elles e desertou nesta occasião para Chaul donde foi transportado a esta Côrte; depõe o homem que sahirão de Mascate as tres fragatas que se acham em Rajapury duas mais de menos lote, tres galiotas e dois langabottes, e sendo por todas no numero de dez embarcações, na altura de Goa lhes deu hum tempo tão rijo que foram obrigadas a correr com elle, e separarão-se huns dos outros excepto os dois que entrarão primeiro em Rajapury, hum desalvorado de todos os mastros, e a sua Capitania achando-se na altura de Diu discorro, que como alguns Pilotos herão de Danda poderião facilmente tomar aquelle pórto, e vindo em demanda delle lhe rendeu o mastro do traquete e do guropés, e ficava a fragata desalvorada armando bandolas para poder fazer viagem; das mais se não sabe, e as duas embarcações mercantes que se achão no mesmo porto não são dos Arabios de Mascate, por que huma he do Congo e outra de Canara; com a primeira noticia que tive de que as fragatas inimigas estavão em Danda Rajapury escrevi ao Sidy Acutean dizendo-lhe que as lançasse fóra do seu pórto, ou me permittisse o poder mandal-as atacar nelle, porque não hera justo que negando El-Rey Mogor o porto de Surrate aos Arabios em contemplação deste Estado, e pelo mesmo motivo forão ha trez annos atacados nelle por húma esquadra nossa lhe permittisse o mesmo Sidy o contrario que seu Soberano lhe difficultaria, espero a sua resposta para tomar a resolução proporcionada a ella, e ao Norte tenho ordenado que tanto que chegasse a armada do estado fosse o General della surgir ao porto de Danda Rajapury, eu fico com quatro fragatas grossas de verga de alto preparadas para as mandar em demanda deste inimigo que não deixa de ser commum, e hei de fazer toda a diligencia pelo extinguir, e espero que V. S.ª lhe não dê favor algum, nem o consinta em Bombaim; e a dilação do General Bartholomeu de Mello procede de esperar eu com alguma individuação a noticia destes inimigos. 1716 Novembro 23

Não participo a V. S.ª as noticias da Europa porque me parece as haverá recebido por Madrasta, e como se concluiu a paz de Portugal com Castella teve occasião El-Rey meu amo de me mandar hum luzidissimo soccorro de soldados e officiaes veteranos que poderão servir para o projecto que o novo General das fortalezas e terras do Norte mandará propor a V. S.ª

O achaque da pedra que impetuosamente me tem perseguido na India faz com que incessantemente pedisse a El-Rey meu amo o allivio deste Vice-Reynato, e attendendo Sua Magestade as minhas representações foi servido permittir-me o poder recolher-me, ordenando-me que governasse até a vespera da minha partida em cujo dia se abrirão as vias de successão, e parece-me participar a V. S.ª este incidente não só para que esteja persuadido que quem me succeder ha de seguir as minhas direcções, senão tambem para que V. S.ª entenda que em Portugal, e em toda a parte, me terá prompto para tudo o que for do seu agrado. Deus guarde a V. S.ª muitos annos. Goa, 23 de Novembro de 1716. — Vasco Fernandes Cesar de Menezes.

## Carta do Vice-Rey Vasco Fernandes Cesar de Menezes para o Governador de Bombaim

(Collecção dos meus mss.)

1716 Dezembro 5 Depois de haver respondido á via de V. S.ª entregue pelo segundo Feitor de Carvar me deu parte o General do Norte do novo incidente com que V. S.ª provocou a nossa dissimulação e tolerancia, e não posso deixar de admirar-me que sabendo V. S.ª a estreita amisade que ha entre as Serenissimas Coroas de Portugal e Inglaterra queira praticar resoluções das quaes precisamente se devem seguir desconfianças; e mandando V. S.ª disparar artilharia, e lançar bombas no territorio da minha jurisdicção he força que se fizesse o mesmo na de V. S.ª, mas porque espero que com este successo se suspendão de huma e outra parte as duvidas que até agora servião de alguma perturbação posso segurar a V. S.ª que serão da parte deste Estado reciprocas as attenções com V. S.ª

Ao General Bartholomeu de Mello de Sampaio que por hora vai succeder ao General Dom João Fernandes de Almeida tenho dado ordem e poderes para que trate com V. S.ª todas as dependencias que podem conduzir para huma firme e solida amisade, e ajustadas ellas se pratiquem e se observem inviolavelmente em todo tempo, e se no decurso della houver cousa que seja do gosto de V. S.ª me achará prompto para tudo o que for do seu agrado. Deus guarde a V. S.ª, etc. Goa, 5 de Dezembro de 1716. — Vasco Fernandes Cesar de Menezes.

## Capitulações que se fizeram em tempo do General Dom João Fernandes de Almeida com o Governador de Bombaim D. Carlos Boone

(Collecção dos meus mss.)

1716 Dezembro 19 Dom Carlos Boone, Presidente da Costa de India, Persia e Arabia, Governador Geral por Sua Serenissima Magestade

Britannica da Ilha e Castello de Bombaim, etc., e seu Conselho. A todos que esta presente virem saude. Por quanto Dom João Fernandes de Almeida, do Conselho d'Estado da India, Capitão Geral das Fortalezas e terras do Norte até Dio, por Sua Serenissima Magestade de Portugal com poderes do Vice Rey no mar e na terra, mandou representar a elle dito Dom Carlos Boone, Governador, e Commendador Geral da Ilha e Castello de Bombaim pela sua Carta da data de 11 de Novembro de S. N. que elle o dito Capitão Geral do Norte tinha intenção de acommodar algumas duvidas e differenças movidas sobre as regalias, e soberano dominio da dita Ilha, cujas circumstancias sendo ponderadas pelo dito Dom Carlos Boone, Governador e Commendador Geral consentio em os Artigos, que serão abaixo especificados por sua carta do 1.° de Novembro S. N. em os quaes tambem consentio o dito Capitão Geral do Norte pela sua carta da data de 14 de Novembro S. N. e por mutuos interesses e vantagem está concordado, e concluido por o dito Dom Carlos Boone, Governador e Commendador Geral, e seu Conselho de huma parte, e o dito Dom João Fernandes de Almeida, Capitão Geral do Norte com poderes que para isso tem de outra parte, convem a saber que se observarão fiel, inviolavel e religiosamente os seguintes Artigos aqui na India reservando as outras demandas do dito Governador e Commendador Geral e seu Conselho para a decisão em futuro, para o que fica salvo o direito de Suas Serenissimas Magestades e da Ill.^ma^ Companhia para todo o tempo que for demandado. 1716 Dezembro 19

ARTIGO 1.°

Os Barcos, e embarcações de Sua Serenissima Magestade de Portugal arribando aos rios e passos estreitos, e caes pertencentes aos Inglezes, e passando por suas Fortalezas não serão obrigados a chegar a ellas ou a tomar chito da Alfandega, porem hum official hirá a bordo a perguntar cortezmente cujo barco é, e donde vem, e quando saiba que pertence á dita Magestade não se lhe fará impedimento ou molestia alguma na entrada e sahida, e a mesma attenção e

1716 Dezembro 19 privilegio se observará para com os Barcos, e embarcações da Serenissima Magestade Britannica, e da Illustrissima Companhia Ingleza em todos os rios e passos, estreitos e caes pertencentes a Sua Serenissima Magestade Portugueza, e desembarcando as fazendas destas ou d'aquellas embarcações em terra desta ou daquella jurisdicção pagarão os direitos que forem devidos.

ARTIGO 2.º

Todos os cafres, soldados, abunhados e outros fugitivos de ambas as partes (excepto as pessoas libertas e criminosas) serão restituidas sendo respectivamente requeridas aos Governadores e Generaes.

ARTIGO 3.º

Que aos Coles de Bandorá se permittirá pescar livremente nas estacadas do rio de Mahim pagando o reconhecimento que pagavão.

ARTIGO 4.º

Que serão entregues ao dito Dom Carlos Boone e seu Conselho para o uso da dita Illustrissima Conpanhia os direitos pertencentes ao Mandovim de Mahim, visto o dito Governador e Commendador Geral representar o direito que tinha para a cobrança delles por assim expressar o foral porque antigamente se regia o dito Mandovim; os quaes artigos se começarão a continuar e observar de parte a parte da data deste, em testemunho do que o dito Governador e Commendador Geral e seu Conselho os outorgarão este sob o sello da dita Illustrissima Companhia e suas firmas neste Castello de Bombaim hoje aos 19 dias do mez de Dezembro do estilo antigo de 1716.—Dom Carlos Boone—Lourenço Pargar—Estevão Estratt—João Claphax—João Addisson—João Hope.

## Carta que o Vice-Rey Vasco Fernandes Cesar de Menezes escreveu a El-Rey, sobre contestações com os Inglezes de Bombaim

(Mss. do Visconde de Paiva Manso.)

Das nações da Europa que tem trato ou dominio n'este Oriente, a que guarda maior correspondencia com este Estado, e concilia maior estimação pelo procedimento he a dos Ollandezes, e a mais encontrada aos nossos interesses e dependencias são os Inglezes, os quaes, com o pretexto das conveniencias da sua Companhia, introduzem armas e munições aos nossos inimigos, e ainda lhes dão officiaes para o exercicio da artelharia, e passando o seu orgulho a maior excesso, he um cóntinuo desasocego dos vassallos e terras de Vossa Magestade. 1717 Janeiro 4

O General que actualmente governa Bombaim pertendeu que toda a Ilha de Salsete do Norte lhe pagasse certo tributo, e tambem intentou que os colles de Bandorá não podessem pescar, sem contribuirem com huma especie de feudo e vassallagem, e outras exorbitancias intoleraveis, como erão não restituir os escravos que desertavão para elles, nem os curumbins abunhados das nossas aldeias, o que succedia em gravissimo prejuizo dos vassallos de Vossa Magestade; e advertido varias vezes deste procedimento, tão longe esteve de o mandar que quiz usar de violencia contra a rasão. Deu-me parte destes excessos o General do Norte Dom João Fernandes de Almeida, e me foi preciso escrever ao Inglez, mas com pouco effeito, porque continuárão as queixas; e para justificar mais a que eu podia ter, ordenei ao General que repetisse da sua parte com toda a urbanidade as advertencias, mas que estivesse prompto para impedir qualquer operação, que fosse em menos credito das nossas armas.

Não passou muito tempo que não houvesse motivo para rompimento, porque estimulado o Inglez de que algumas embarcações nossas não chegassem á sua fortaleza de Mahim para serem registadas, como tinha ordenado, mandou usar

1717 Janeiro 4 da artelharia e bombas contra as nossas terras; porem como o General Dom João Fernandes de Almeida estivesse prevenido, tendo ja fabricado junto ao Collegio de Bandorá huma bataria de quatorze canhões grossos, bateu tão furiosamente com elles que lhe demoliu a sua Alfandega, e arruinou a maior parte da fortaleza, com grande damno de toda a povoação.

Os Inglezes, que de alguma omissão passada argumentavão a mesma dissimulação do seu excesso, se achárão muito novos nesta resolução, mas ensinados na propria experiencia do damno que recebêrão, aprendêrão á sua custa; e logo o seu General mandou propôr suspensão de armas, tornando a culpa ao Capitão de Mahim, que sem intelligencia das suas ordens as excedêra; e que estava prompto para observar tudo o que até agora se praticara, até representar a Inglaterra as suas pertenções, para que, conforme o que naquella Côrte se resolvesse, se ajustassem estas dependencias; a que respondi que eu me não obrigava a guardar a decisão que me propunha, porque em quanto de Portugal se não determinava a materia, não havia de permittir que se alterasse cousa alguma, e que assim estivesse entendido.

Ficou com esta resposta socegado o General; mas porque o obrigou o medo, e não a vontade, será infallivel nova desconfiança, todas as vezes que se vir melhorado do partido; e para que não succeda haver cada dia semelhantes duvidas, de que se podem seguir maiores inconvenientes, será preciso que Vossa Magestade pelo seu Ministro na Côrte de Londres, mande representar ao Rey de Inglaterra os excessos dos seus vassallos, e o damno que causão com os seus interesses ás regalias de Vossa Magestade; porque sendo huma das maiores que Vossa Magestade tem na Asia não poderem as embarcações de todos os Principes della navegar sem licença e passaportes deste governo, costumão os Inglezes com dispendio *(sic)* desta soberania dar huma bandeira e hum homem da sua nação a qualquer navio, que com este sinal corre como cousa da sua Companhia; e não se atalhando esta desordem, crescerá o damno, e perderá Vossa Magestade o que com tanto credito se observou sempre no recolhimento de todos os Asiaticos, dando os Inglezes por causa dos seus interesses motivo a tão grande damno, como pode padecer a nossa reputação. Deos guarde a muito alta e muito poderosa pessoa de Vossa Magestade felicissimos annos. Gôa 4 de Janeiro de 1717.—Rubrica do Vice-Rey. 1717 Janeiro 4

---

## Breve de Clemente IX ao Arcebispo de Goa declarando-lhe ter nomeado Vigario Apostolico do Grão Mogol, Galconda e Idalcão o Carmelita Frei Mauricio de Santa Thereza, elevando-o a Bispo de Anastasiopolis in partibus.

(Bullarium Patronatus Portugalliae, tomus III, pag. 157.)

Facultates significat, quas vicario apostolico Mogolis, Golgondae et Idalcan concesserat, jubetque archiepiscopum Goanum et cognoscere et honorifice tractare eumdem vicarium, et ab aliis cognoscendum honorandumque curare. 1717 Outubro 5

### CLEMENS PAPA XI

#### VENERABILI FRATRI ARCHIEPISCOPO GOANO

Venerabilis frater, salutem et apostolicam benedictionem. Expedire arbitramur, ut fraternitati tuae perspectae sint facultates, quas vicario apostolico in regnis Magni Mogoris, ut vocant, Golgondae et Idalcan a nobis constituto, et tam a nobis quam a Romanis Pontificibus successoribus nostris pro tempore constituendo, pontificia nostra auctoritate, ad septennium tribuimus, ac deinceps singulo quoque septennio renovari decrevimus.

1. Eidem itaque vicario apostolico benigne indulsimus, ut ad omnes sacros, etiam presbyteratus, ordines promovere possit titulo missionis quamcumque personam, ceteroquin dignam ac idoneam, tametsi alienae dioecesis extiterit, et absque dimissorialibus litteris proprii ordinarii; ita tamen, ut illa declarare, polliceri, fidemque suam, interposito etiam

1717 Outubro 5 juramento, obstringere in primis debeat, quod quamvis in locis praedicti vicarii apostolici jurisdictioni subjectis toto eo tempore, quod ad contrahendum domicilium ex sacrorum canonum norma requiritur, commorata non fuerit, nihilominus operam suam pendet ac inserviet, quoad vixerit, illis missionibus sub directione atque omnimoda subjectione ejusdem, nunc et pro tempore existentis vicarii apostolici.

2. Notum insuper testatum tibi esse volumus venerabilem fratrem Mauritium a Sancta Theresia, ordinis olim fratrum Beatae Mariae Virginis de monte carmelo exalceatorum nuncupatorum professorum, quem nunc in oppido de Carvar degere intelleximus, suis ita exigentibus meritis, erectum a nobis fuisse ad episcopalem dignitatem cathedralis Ecclesiae Anastasiopolitanae, et apostolicum in antedictis regnis vicarium deputatum. Quocirca tuum erit non modo eumdem Mauritium, ut episcopum Anastasiopolitanum et vicarium apostolicum cognoscere ac honorifice tractare; verum etiam diligenter eniti, quemadmodum a te petimus, ut ille ab aliis similiter agnoscatur atque tractetur, adeo ab aliis prorsus eximatur vexationibus et angustiis, quibus, ut non sine gravi animi nostri molestia accepimus, indigne hactenus affectus fuit ob falsum rumorem ejus aemulorum fraude vulgatum, quod ipse nec episcopali dignitate, nec vicarii apostolici munere insignitus sit. Et fraternitati tuae apostolicam benedictionem peramanter impertimur.

Datum Romae, etc., die 5 Octobris 1717, etc.—F. Card. Oliverius.

---

## Carta que o Vice-Rey Conde da Ericeira escreveu a El-Rey sobre o Tratado concluido com o Governador de Bombaim

(Collecção dos meus mss.)

1718 Janeiro 20 Senhor. O Tratado concluido entre Dom João Fernandes de Almeida, general que foi das terras do Norte, e Dom Carlos Boone, governador actual de Bombaim, foi ratificado pelo Vice-Rey Vasco Fernandes Cesar de Menezes, e depois pelo Arcebispo Governador; mas ainda se não tinha dado á execução, a qual tenho detido até á resolução de Vossa Magestade, e estimo muito chegar a tempo de fazer-lhe este serviço, por entender que por huma utilidade incerta se não deve perder outra, em que tambem se vem a ceder as preeminencias e isenções dos Reaes Dominios de Vossa Magestade: e não sei que rezão houve para admittir-se a proposta dos Inglezes, quando tinhamos a força e o direito, para não condescendermos ao que elles pertendião. 1718 Janeiro 20

O Vice-Rey Vasco Fernandes Cesar de Menezes levou para esse reino a copia de tudo o que se obrou nesta materia até á sua partida; e como hum dos artigos do dito Tratado he que devia hir a Europa, para com consentimento de Vossa Magestade e del-Rey de Inglaterra ficasse firme e valioso, e aindaque tambem dizia desde o dia que se assinárão devia dar-se-lhe comprimento; e Bertholameu de Mello de Sampayo general do Norte, e os Padres da Companhia, como tão interessados em que não houvesse mudança alguma nas cousas do Norte, derão tempo a que eu chegasse, retardando a execução das ordens do Arcebispo Governador; até agora tenho sustentado que se não altere o que se obrou desde que os Inglezes tem a posse de Bombaim, sem que primeiro venha a resolução de Vossa Magestade, por mais instancias que o General de Bombaim tem feito para que eu queira dar comprimento ao sobredito ajuste.

O maior interesse que nelle se suppõe he que, sendo continua a deserção dos abunhados e Curumbis (que são os que no Norte cultivão as terras de seus senhores) e esta seja para as dos Inglezes, reciprocamente se devião restituir todos aquelles que não desertassem por crimes; e, attendendo eu a evitar este damno, e mostrar aos Inglezes que se podia atalhar sem sua intervenção, e sem que importasse que o Tratado não tivesse effeito, mandei publicar hum bando, para que todos aquelles abunhados e Curumbins, que se achassem desertando para outras terras, ou os que depois de esta-

1718 Janeiro 20 rem nellas fossem e viessem ás do Estado, irremissivelmente morrerião morte natural; e parece-me que, fazendo-se este exemplo em hum só, se evitará que os demais se ausentem. Os Inglezes por esta concessão conseguirão o sobredito Tratado, estendendo a jurisdicção de Bombaim fora da mesma ilha, e em muitos lugares pertencentes a Vossa Magestade, fundados no undecimo artigo da entrega de Bombaim, quando se deu em dote á Senhora Rainha da Gram Bretanha Dona Catharina. He certo que desta ilha se cobravão os direitos e mais foros dos lugares de que o rio de Mahim a divide, e Vossa Magestade, cedendo aquella ilha aos Inglezes, precisamente devia mudar para outra parte de seu dominio os direitos e mais rendimentos que alli, ou se depositavão, ou se distribuião. Pelo mesmo Tratado se obrigão os Inglezes a comprar as fazendas dos vassallos de Vossa Magestade, no caso que elles lhas quizessem vender, e quando não, se conservarião na posse dellas, aindaque mudassem do dominio; mas succedeu tanto pelo contrario, que hoje as estão cobrando os ditos Inglezes contra as condições do mesmo Tratado. O commercio do Norte se acabaria de todo, se os Inglezes tivessem livre passagem pelos rios e pelas terras pertencentes a Vossa Magestade; porque o negocio que se faz em Biumdy, Galliana, e mais lugares pertencentes a principes da Asia, ficarião os vassallos de Vossa Magestade inteiramente excluidos delle. Alem deste prejuizo, considero outros, que não só encontrão as conveniencias do Estado, mas tambem lhes são summamente indecorosos. Vossa Magestade já terá resoluto esta materia como melhor convier ao seu Real serviço, rezão porque não tenho já que dizer nella. Deus guarde a muito alta e muito poderosa Pessoa de Vossa Magestade felicissimos annos. Goa 20 de Janeiro de 1718.— Rubrica do Conde Vice-Rey.

## Traducção do Breve do Papa Clemente XI ao Bispo de Anastasiopolitano D. Frei Mauricio de Santa Theresa

(Collecção dos meus mss.)

CLEMENTE PAPA XI

Ao amado filho Dom Frei Mauricio de Santa Thereza, 1718
Bispo Anastaziopolitano, saude e Apostolica benção. Por o Maio 12
ministerio recebido de Deos de pastoral vigilancia sobre a espiritual necessidade de Christãos, em particular daquelles que habitão em partes mui remotas e longe desta nossa Sé Apostolica, por quanto a Divina mizericordia nos tem dado procuremos com toda a diligencia de prover como por gloria de Deos todo poderoso e por edificação dos povos conhecemos saudavelmente ser expediente no mesmo Senhor Nosso por aquillo que pertence a prover a gloria de Nosso Senhor Jesus Christo, e augmentar a piedade daquelles christãos que habitão naquellas partes tão remotas e propagar a religião christã, com pastoral zelo e vigilancia desejando de acudir, confiados na pessoa de vós Dom Frei Mauricio e na vossa fé e bons costumes, caridade, doutrina, piedade, prudencia e zelo da catholica fé, com conselho de nossos veneraveis irmãos Cardeaes da Santa Romana Igreja, aos quaes pertence o negocio da propagação da santa fé, com authoridade Apostolica elegemos e constituimos, deputando a vossa pessoa por Vigario Apostolico nos Reinos do Grão Mogor, Idalxa e Golconda e na ilha de Bombaim: e por virtude da presente concedemos o nosso beneplacito as solidas e costumadas faculdades necessarias e oportunas, e por que isso fique sufficientemente expresso e firmado em sua virtude e certeza derrogamos qualquer constituição que seja Apostolica em contrario, e qualquer que seja universal ou provincial consilio ou ordem geral ou particular, e ainda qualquer juramento que seja ou confirmação Apostolica em qualquer modo que seja firmada corroborada por estatuto ou concedidos privilegios e indultos, ainda com letras Apostolicas concedidas confirmadas e reno-

1718 Maio 12 vadas, todas damos por nullas e abrogadas porque esta fique em sua virtude e firmeza. Dado em Roma no nosso Palacio Vaticano, sellado com o anel do Pescador, neste dia 12 de Maio de 1718, e do nosso Pontificado anno etc.—João de Oliveira, Conselheiro Apostolico.

### Copia do juramento que tem dado o mesmo Bispo

Eu Dom Frei Mauricio de Santa Thereza, Bispo Anastaziopolitano. Vigario Geral Apostolico no Imperio do Grão Mogor e da ilha de Bombaim e sua jurisdicção, juro aos Santos Evangelhos, em que tenho posto minha mão direita, de obedecer inteiramente a Sua Serenissima Magestade de Grão Bretanha, e que nunca directa ou indirectamente ensinarei pregarei nem praticarei cousa alguma contraria á honra e dignidade da Coroa da dita Serenissima Magestade e interesse da Ill.ma Companhia Ingleza, e de dar toda a obediencia ás ordens do Ex.mo Sr. Governador todo o tempo que aqui estiver, e de exercitar a Christandade Catholica Romana no seu primitivo estado sem alteração alguma: e de como assim jurei fiz este termo e me assignei.—Outro semilhante passárão e jurárão os dois Padres Carmelitas Frei Pedro da Santissima Trindade, e Frei Eliseu de S. Joseph.

---

## Carta de El-Rey ao Vice-Rey da India negando a approvação do Tratado ajustado com o General de Bombaim pelo General que foi do Norte, D. João Fernandes de Almeida

(Collecção dos meus mss.)

1720 Abril 5 Dom João por graça de Deus Rey de Portugal e dos Algarves, d'aquem e d'alem mar em Africa, Senhor de Guiné, etc. Faço saber a vós Vice-Rey e Capitão geral do Estado da India, que se vio o que vosso antecessor me escreveo em carta de 20 de Janeiro do anno de 1718, de que o tratado concluido entre Dom João Fernandes de Almeida, general que fora das terras do Norte, e Dom Carlos Boone, Governador actual de Bombaim, que fora ratificado pelo Vice-Rey Vasco Fernandes Cesar de Menezes, e depois pelo Arcebispo governando esse Estado, se não tinha dado á execução, a qual tinha detido até a minha Real resolução; e que folgara chegar a tempo de me fazer este serviço, por entender que por huma utilidade incerta se não devia perder outra, em que se vinha a perder as preeminencias e regalias dos meus dominios: e vendo o mais que nesta parte me allegou, me pareceu dizer-vos que, como neste ajuste que se fez não teve a approvação do Estado, nem a minha, se não deve innovar nada nas cousas que se observavão antes do tal ajuste, e as conservareis no estado em que estavão, conforme o tratado dotal entre El-Rey e a Senhora Rainha D. Catharina; e eu não tinha informações necessarias; e vós da vossa parte tomareis todas as conducentes a negocio tão importante, declarando se os Inglezes pagárão aos Portuguezes as casas e fazendas que tinhão no dito Bombaym, e se se apoderárão dellas, sem as satisfazer a seus donos. El-Rey nosso Senhor o mandou por João Telles da Silva e Antonio Rodrigues da Costa, conselheiros do seu Conselho Ultramarino, e se passou por duas vias. Miguel de Macedo Ribeiro a fez em Lisboa Occidental a 5 de Abril de 1720. O Secretario Andre Lopes de Lavra a fiz escrever. — João Telles da Silva — Antonio Rodrigues da Costa. 1720 Abril 5

---

## Carta do Governador de Bombaim a Luiz Gonçalves da Camara Coutinho, Capitão Geral das Fortalezas e terras do Norte até Diu, sobre a prisão do Capitão Antonio Tello.

(Collecção dos meus mss.)

Noticiarão-me que o capitão Antonio Tello está preso, e que se executarão ainda nelle demonstrações de mor severidade, acrescentando que desse excesso era motivo a sua vin- 1720 Maio 10

1720 Maio 10 da que fez para cá; porem como aquella se executou com o consenço de V. S.ª não me posso persuadir que uma vez que V. S.ª condescendeo em sua vinda (não ignorando o para que era) seja essa a causa de elle estar em desgraça de V. S.ª, porque da sua vontade dependia conceder-lhe, ou não, a licença que lhe fraqueou a meu respeito: mas porque o vulgo não possa acreditar aquillo de que eu me não persuado, peço a V. S.ª o favor de mandar pôr ao dito capitão em sua liberdade e postos, e quando V. S.ª me permita occasiões de o servir executarei demonstrações que bastem para certificar-lhe da minha obrigação. Deos guarde a V. S.ª Parella 10 de Maio de 1720 annos.— De V. S.ª— Muito servidor.— Charles Boone.

---

### Resposta do General do Norte Luiz Gonçalves da Camara Coutinho ao Governador de Bombaim, sobre a prisão de Antonio Tello

(Collecção dos meus mss.)

1720 Maio 22 Bem sinto eu chegasse á presença de V. S.ª a noticia da prisão de Antonio Tello, porque consequentemente a hade ter da infamia, por que justamente merece a prisão em que se acha com as penas que ainda se hão-de executar com a sua pessoa, sem ser o motivo deste excesso a hida que fez a essa Ilha com concessão minha, ainda que lha não ampliei por falsamente a causar a pessoa alguma; e ainda que não ignorava ao que tinha sido chamado, tãobem me não persuadi que obrasse tão vilmente.

Por sua letra e sinal poderia mostrar a V. S.ª a falsidade com que criminou a esse camotim, não sendo só elle o que concorreu para a sua ruina, porque tambem tenho preso a hum ourives que falsificou a chapa, levado de algum soborno, ou indusido daquelles que por algum modo querem satisfazer a sua paixão. Tambem não ignorei a diligencia em que andou um bote dessa Ilha franqueando o rio de Tanná até Calloa, sem embargo de se tomar o pretexto de quererem comprar cavallos; mas, na segurança de que V. S.ª só procurava apurar a verdade, não apliquei o meu cuidado a advertir esta diligencia, porque em nenhuma forma devo consentir que a gente da minha jurisdicção concorra para semelhantes aleivosias. O que tenho significado a V. S.ª posso provar com papeis juridicos, mas pelo pouco que me intereço no livramento do dito camotim, só procuro castigar os comprehendidos: de mais que elle para o seu livramento só basta a muita confiança que delle se fez sempre a Illustrissima Companhia; sinto porem não poder cumprir com a vontade de V. S.ª para a soltura deste sujeito por ter dado já conta a Goa. Em tudo o mais me achará com prompta vontade para servir a V. S.ª, a quem Deos guarde. Baçaim 22 de Maio de 1720.—De V. S.ª— Muito servidor.—Luiz Gonçalves da Camara Coutinho. 1720 Maio 22

---

## Carta do General do Norte Luiz Gonçalves da Camara Coutinho ao Governador de Bombaim, sobre o exterminio dos Religiosos Parochos da mesma Ilha

(Collecção dos meus mss.)

Tem-me causado grande cuidado e admiração a inopinada resolução que V. S.ª tomou em exterminar para esta banda aos Religiosos Parochos dessa Ilha, pelo grave encargo que toma sobre si o Bispo D. Frei Mauricio, em querer por si e pelos seus administrar os sacramentos, faltando-lhes a jurisdicção necessaria, sem reparar nas lastimosas nullidades, e nas infaliveis consequencias que da dita administração se seguem: por onde infiro haver falta neste sujeito de letras, e muito menos devo aprovar a sua consciencia em V. S.ª concorrer para a tal introducção tão contraria ás Capitulações da entrega que se fez do Bombaim entre as Soberanas Coroas, cortando tambem nesta acção a inistinguivel jurisdicção do Patronato Real. 1720 Maio 31

1720 Maio 31 Considero eu a V. S.ª neste particular mal informado, ou movido de algum moto proximo da paixão, o que se julga não só pela expulsoria que se deu a estes Religiosos, mas pela escandalosa forma della. Tambem se alcança, pelo que me afirmárão, ter V. S.ª passado ordens para que nenhum Religioso da nação Portugueza possa passar a essa Ilha; e, como de presente me seja muito preciso o mandar dois Religiosos de toda a suposição a tratar sobre a gravidade desta materia, espero que ponderando as graves circumstancias della permita a concessão para elles poderem hir, e em presença de V. S.ª e desse Bispo discutirem e ventillarem o ponto do Patronato Real e da jurisdicção ecclesiastica. Fico muito prompto ao serviço de V. S.ª que Deos guarde. Baçaim 31 de Maio de 1720 annos.—De V. S.ª—Muito servidor.—Luiz Gonçalves da Camara Coutinho.

---

## Resposta do Governador de Bombaim, escripta em inglez, ao General do Norte Luiz Gonçalves da Camara Coutinho, sobre o procedimento entre os Religiosos Parochos que foram d'aquella Ilha

(Collecção dos meus mss.)

1720 24 Maio / 4 Junho Bem pouco esperava eu que V. S.ª arresoassê sobre a justiça do meu procedimento contra os Religiosos Parochos que forão desta Ilha, e muito menos de haver meu conducto acusado para o mesmo, como V. S.ª foi servido de fazer por sua carta de 31 de Maio de 1720 S. N.; porem; como sempre me resolvi de prevenir quanto me for possivel qualquer má interpretação, e de cultivar a amigavel correspondencia que eu sempre desejava de ter com V. S.ª, por nova prova da qual advertirei a V. S.ª que este procedimento não foi somente pelo justo effeito de suas indignas acções, e do ardente desejo do Povo em geral, mas tambem das ordens expressivas de meus superiores em conformidade do mandamento do meu Soberano Senhor ElRey da Gram Bretanha, que he supremo em todas as cousas e sobre todas as pessoas residentes nesta Ilha, o que eu presumo que V. S.ª não ignora, ainda que V. S.ª julgou conveniente de fazer menção de hum outro Patronato Real, o qual eu me não acho com poderes de admitir, nem sofrer que alguem possa corrigir e ter cá jurisdicção em minhas resoluções sobre isto tão pontualmente fundadas sobre as capitulações estipuladas entre ambas as Soberanas Coroas, como V. S.ª pode ver pelo treslado incluso do undecimo Artigo do Tratado do Casamento. 1720 24 Maio — 4 Junho

Os que insinuárão a V. S.ª que os Padres forão mandados ignominosa e escandalosamente desta Ilha, representárão aquella acção em uma maneira mui injuriosa. A guarda que se mandou foi para prevenir a torvação que hum delles fez, dilligencia de mover nos animos do povo a quem indiscretamente excitava á sedição. E como esta circunstancia foi tão mal representada a V. S.ª, assim tambem acho que outras resoluções minhas são mal concebidas, mas não obstante isto seguro a V. S.ª que eu nunca intentei d'impedir a qualquer gente da sua nação ou subditos de V. S.ª livre entrada nesta Ilha, e o estar nella o tempo que lhe parecesse bem, portando-se pacificamente, e com maior especialidade aos que forem mandados por V. S.ª; mas com esta limitação que não lhes posso permittir de entrar em disputa com o Ill.^mo^ Sr. Bispo D. Frei Mauricio acerca dos direitos e privilegios que lhe tenho concedido: este he um ponto que já está determinado, e justamente devido ás suas letras e integridade. Dos poderes que elle para este desenho tem recebido de Roma (com minha permissão) mandará huma copia ao Ill.^mo^ Sr. Arcebispo de Goa.

Eu intentava de escrever huma resposta da de V. S.ª da data de 22 de Maio S. N. tocante ao capitão Antonio Tello, e agora darei a V. S.ª o trabalho que eu pertendia sobre esta materia.

Muito sinto que elle por sua informação merecesse tão pesado desgosto de V. S.ª, o qual, se V. S.ª estimava digno de sua censura, devia prevenir pelo que o dito capitão me disse que elle advertio a V. S.ª tudo antes que V. S.ª lhe desse licença para vir.

1720 24 Maio / 4 Junho V. S.ª he servido de pronunciar a Rama Camotim innocente e de reflectir de alguma maneira sobre o que procedeo contra elle; e, como isso não he consoante ao resplandecente caracter de V. S.ª, bem podia escusar o meu silencio nesse particular, tanto por depender de hum Estado estrangeiro, quanto por condemnar huma acção que V. S.ª ignora; porem he tão grande meu desejo de agradar a V. S.ª e defender a minha reputação, que me he preciso affirmar-lhe que V. S.ª não he bem informado e elle terá amigos ardilosos e poderosos que indusão a V. S.ª a crer em contrario. As circumstancias do sello e informação do capitão Antonio Tello he a mais pequena parte da sua accusação. Eu tive grandes rasões por ser offendido de seu mau conducto para fazer huma devaça e hum legal processo, e depois de provas manifestas passar sentença, a qual eu creio que o mesmo offensor se persuadio de ser mais pia que elle suspeitava.

O que V. S.ª me tinha escrito acerca destas materias me inclinou a ser tão largo, e eu espero que V. S.ª será de opinião comigo que escrevermos mais não pode ser necessario ou agradavel.

Pareceo-me melhor mandar esta em Inglez para prevenir algum erro, que poder succeder por eu não entender bem a lingua Portugueza; mas mando incluso um treslado ficando com prompta vontade para servir a V. S.ª a quem Deos guarde. Castello de Bombaim 24 Maio / 4 Junho de 1720 annos.— De V. S.ª—Muito servidor.—Charles Boone.

---

## Carta do Governador de Bombaim ao General do Norte Luiz Gonçalves da Camara Coutinho, sobre o impedimento ao transporte de generos para Bombaim

(Collecção dos meus mss.)

1720 Junho 6/17 Tenho tido noticia do impedimento que por ordem de V. S.ª está posto dessa banda ao transporte de todos os generos, refrescos e pessoas para esta Ilha, e posto que isso he em contrario á amisade de entre ambas as nações, não me incumbe por ora saber da causa que V. S.ª teve para expressar semelhantes ordens, mas foi muito escandaloso que quem assiste em Bandorá mandasse maltratar ignominiosamente de palavras e pancadas as pessoas, que desta Ilha tornavão a hir para suas terras, fazendo-as voltar na mesma passagem com perda de seus effeitos e risco de suas vidas, e he muito desagradavel que juntamente se impeça a hida e vinda da nossa gente e correios por essas terras: e assim espero que V. S.ª expressará suas novas ordens para sua livre passagem da hida e da vinda, como tambem que se possam transportar trinta e duas vacas, que sendo compradas de Balgatte estão impedidas em Tanná com dois servidores, porque sendo de outra maneira sentirei muito mandar executar iguaes demonstrações. Fico com prompta vontade para servir a V. S.ª a quem Deos guarde. Castello de Bombaim $\frac{6}{17}$ de Junho de 1720 annos.—De V. S.ª—Muito servidor.—Charles Boone. 1720 Junho $\frac{6}{17}$

---

## Carta sem assignatura do Bispo que assistia em Bombaim, introduzida em casa do Arcebispo Primaz de Goa

(Collecção dos meus mss.)

Ill.mo e Rev.mo Sr.—Com a chegada de alguns Padres meus Missionarios, que da Europa vierão por terra, me chegou hum Breve de Sua Santidade Clemente XI, e na mesma occasião huma carta sua para V. Ill.ma Rev.ma que vai inclusa na mesma conformidade que me chegou á mão; e como V. Ill.ma Rev.ma hade ver o conteudo no Breve Apostolico he supperfluo ser eu extenso. 1720 Junho 17

Pareceu avisar a V. Ill.ma Rev.ma de que nesta mesma occasião, por ordem do Supremo Governo da Gran Bretanha, Soberano Senhor desta Ilha de Bombaim, e confirmação de Sua Santidade, tomei entrega das Igrejas e Christandade desta dita Ilha, que já administrão os Padres meus Missiona-

1720 Junho 17 rios, por os Padres Portuguezes terem sido repulsados por ordem do mesmo Supremo Governo por motivos que eu não sei nem me incumbe saber, por serem pertencentes a politica do Estado de Principes, que podem fazer nas suas terras aquillo que lhe parecer mais proprio e conveniente; e por isso tambem me pareceo dizer a V. Ill.ma Rev.ma escuse do trabalho e molestia do governo espiritual desta Christandade Catholica Romana por estar transferido em minha pessoa, e de expressar outras ordens, porque não serão cumpridas nem obedecidas, e só redundará em perder V. Ill.ma Rev.ma o respeito digno a seu caracter.

Deos guarde a V. Ill.ma Rev.ma muitos annos em Bombaim 17 de Junho de 1720 annos.

---

## Resposta do General do Norte Luiz Gonçalves da Camara Coutinho para o Governador de Bombaim, sobre o impedimento ao transporte de generos para Bombaim

(Collecção dos meus mss.)

1720 Junho 21 Não duvido ter V. S.a noticia do impedimento que tenho mandado pôr ao transporte de todos os generos, refrescos, e pessoas para essa Ilha, e he certo que para se continuar a amisade entre ambas as nações he necessario serem reciprocas as correspondencias; reconheço que não incumbe a V. S.a por hora saber a causa d'este excesso, porque a não ignora, e sem esta tornar a seu primeiro estado não heide atalhar nada do que tenho disposto.

Sinto o excesso que se obrou em Bandorá, e o Sargento que o executou fica mui bem castigado, e tirado da sua occupação; e para se evitar ao diante outra semelhante tenho expedido ordem para que se não consinta o desembarque de pessoa alguma que vier dessa banda, o que melhor se executará impedindo V. S.a a passagem, pois não fica já servindo de utilidade alguma.

Como V. S.ª governa despoticamente essa Ilha, a mesma jurisdicção me amplião meus superiores nas terras da minha jurisdicção, e assim não deve V. S.ª estranhar o impedimento que tenho posto em seus correios e pessoas dessa Ilha a que não passem por ellas: o mesmo se deve entender com as vacas que diz se tem comprado em Balgate, e havendo dessa banda demonstrações de maior excesso achará desta igual correspondencia. E como supponho V. S.ª estará lembrado do ultimo capitulo de sua carta de 24 de Maio de 1720, em que me insinua que o escrevermos não pode ser necessario e agradavel, não duvido assentará V. S.ª comigo que, se para aquelle particular se escusava qualquer diligencia, para este que de presente se trata será excessiva qualquer representação, ficando com prompta vontade para servir a V. S.ª a quem Deos guarde. Baçaim 21 de junho de 1720.—De V. S.ª—Muito servidor.—Luiz Gonçalves da Camara Coutinho. 1720 Junho 21

---

**Extracto da carta do Vice-Rey Conde da Ericeira ao General do Norte Luiz Gonçalves da Camara Coutinho, datada de 9 de julho de 1720, sobre a expulsão dos Parochos Portuguezes da Ilha de Bombaim.**

(Collecção dos meus mss.)

Pelo Patamar, que chegou a 10 ou 11 deste mez, recebo as duas cartas de V. M.cê de 19 de Junho, e nellas confirmada a noticia da insolencia que obrarão os Inglezes em expulsar da Ilha de Bombaim aos Parochos Portuguezes della, não sendo menor a dos Frades Italianos que os induzirão a esta infracção do Tratado com que se deu em dote aquella Ilha á Rainha de Inglaterra, quando casou com Carlos II; e como o inverno não permitte se execute outra resolução, e tudo aquillo que V. M.cê obrou nesta materia foi com tanto acerto, remetto o Bando incluso, que tenho por sem duvida lhe fará V. M.cê dar uma prompta execução, e quando algum dos officiaes a quem V. M.cê encommendar a guarda dos rios e 1720 Julho 9

1720 Julho 9 dos portos não executem a sua obrigação lhe tirará V. M.cê logo o posto e ainda com mais rigor se executarão nelles as pennas do dito Bando: e como tenho noticia que de Caranja vai a maior parte da lenha que se consome em Bombaim, alem da publicação do dito Bando naquella Praça, fará V. M.cê particular recommendação ao capitão della para que embarace a total sahida da lenha.

Quererá Deus seja certa a noticia de que em Setembro vem outro General Inglez, e que seja menos vil e insolente que este: e quando elle escreva a V. M.cê sobre a mesma materia que já o fez, antes de V. M.cê mandar publicar o Bando incluso, e lhe pareça que com esta noticia, e com os mais apertos com que V. M.cê tem prohibido o transporte dos mantimentos e demais generos, se tornarão a pôr as cousas no mesmo estado de antes, suspenda a publicação do dito Bando, pois o nosso fim he que se não inove cousa alguma no Padroado, e não chegarmos a hum rompimento com aquella nação, visto a boa armonia que conservamos na Europa, e a pouca gloria que nos resultaria de hum rompimento, visto duas Galvetas de Angria renderem sem defença alguma os barcos de alto bordo da companhia.

---

## Bando do Vice-Rey Conde da Ericeira
## ordenando que nenhum portuguez reconheça o Bispo e os Frades Italianos que se acham occupando as Igrejas de Bombaim

(Collecção dos meus mss.)

1720 Julho 19 Dom Luiz de Menezes, Conde da Ericeira, do Conselho de Estado de Sua Magestade, Vice-Rey e Capitão geral da India.

Porquanto á minha noticia tem chegado que Carlos Boone, Governador do Castello de Bombaim, e Presidente do commercio da companhia de Inglaterra na Azia, esquecendo-se inteiramente da antiga posse, dominio directo irrefragavel do muito alto e muito poderoso Rey de Portugal meu Amo,

no seu Real Padroado, o que tão legalmente foi reconhecido 1720 Julho 19
no quarto e undecimo artigo do Tratado de doação que o Senhor Rey de Portugal Dom Affonso VI, de gloriosa memoria, fez á Coroa de Inglaterra da Ilha de Bombaim, havia feito a violenta inovação de admittir ao Padre Frei Mauricio de Santa Thereza, da ordem dos Carmelitas descalços, o qual dizem ser nomeado Bispo e Vigario Apostolico em certas partes do Oriente, e quando assim seja só com jurisdicção nos lugares nomeados da sua missão, que por ser commummente em partes muito distantes ficão sempre salvas as incontestaveis regalias do Padroado Real, e conserva toda a sua pureza e jurisdicção do Reverendo Arcebispo de Goa, Primaz da India, pois he certo que Sua Santidade lhe não havia dar poderes alguns em prejuizo do mesmo Padroado e jurisdicção Primacial, e a que se concede aos Bispos Missionarios he em rasão das partes remotas em que se devem empregar, e não ser possivel acudirem a tantas no mesmo tempo os Portuguezes a quem só pertencião todos os trabalhos evangelicos, o que nunca até o presente se duvidou com fundamento algum que fosse solido, e menos que todos o podião fazer os Inglezes, que alem das referidas razões tinhão de mais a obrigação de cumprirem inviolavelmente tudo aquillo que foi estipulado no Tratado de casamento da Serenissima Rainha Dona Catharina Infanta de Portugal com o Serenissimo Rey de Gram Bretanha Carlos II, no qual, com a costumada efficacia com que os Monarchas Portuguezes attendem primeiro que a todos os outros os interesses da Religião Catholica Apostolica Romana, se ajustou esta materia com tanta clareza que não admittem interpretação alguma as palavras dos mencionados artigos IV e XI; e porque o dito Governador do Castello de Bombaim, Carlos Boone, tanto contra a fé que religiosamente deve guardar-se em todos os Tratados solemnes, introduziu ultimamente nas Igrejas Portuguezas da dita Ilha aos mencionados Frei Mauricio de Santa Thereza e demais Frades da sua ordem e nação, dando tambem o Conselho estabelecido na mesma Ilha faculdade para que hum exercitasse a jurisdicção Episcopal, e os outros a de

1720 Julho 19 Parochos, expulsando desatentamente aos Religiosos Portuguezes da ordem de S. Francisco, Parochos naquella Ilha, para introduzir nas Igrejas que elles tão dignamente occupavão a alguns Frades Italianos da ordem do mesmo pertendido Bispo, o qual não somente he o motor e instrumento de uma acção tão chea de insolencia pelo que toca ao Padroado Real e jurisdicção do Reverendo Arcebispo Primaz da India, mas causa o escandalo de se servir dos Inglezes, sendo de religião diversa; e tambem porque o povo ignorante, vendo ao sobredito Frey Mauricio de Santa Thereza e demais Frades seus sequazes nas Igrejas de Bombaim, poderia entender tinhão o direito e jurisdicção que pertendem com a ajuda de violencia dos herejes, e em tempo algum possão allegar ignorancia: ordeno e mando que nenhum Portuguez ou natural vassalo de Sua Magestade que Deus guarde (e tão bem o notifico aos Catholicos Romanos que existem na Ilha de Bombaim) reconheção com poder de exercitar as obrigações de Bispo, e Parochos aos mencionados Frey Mauricio de Santa Thereza, e demais Frades Italianos que se achão occupando insolentemente aquellas Igrejas, que sem jurisdicção, nem direito algum tem usurpado. E quando desde o dia da publicação deste meu Bando em diante haja algum ou alguns dos sobreditos vassalos deste Estado ecclesiastico ou secular que contravenha ao que nelle tenho ordenado, e tomem ordens, celebrem o Sacramento do matrimonio, ou concorrão para cousa alguma em que os mencionados intrusos nas Igrejas e nas jurisdicções usurpadas usem do falso poder que alcançarão com escandalosa ajuda dos ditos herejes, serão infalivelmente desnaturalisados e perpetuamente inibidos de poderem entrar ém paiz algum do dominio Portuguez, e todos seus bens confiscados, de cujas penas será executor o Doutor ouvidor geral do Norte procedendo summariamente; e outro sim hei por bem ordenar ao capitão geral das Fortalezas e terras do Norte mande prohibir toda a sorte de commercio com a Ilha de Bombaim, guarnecendo os rios com embarcações que andem continuamente rondando a todos os portos com gente de guerra para que prendão todas as pessoas sem excepção alguma que pretenderem passar á dita Ilha, tomando por perdido toda a sorte de mantimentos, lenha, e outros quaesquer generos que se quizerem conduzir a ella, como tão bem os que da mesma Ilha de Bombaim passarem ás terras do Estado, ficando ametade de tudo para o official que fizer a tomadia, e outra ametade para a Infanteria e gente do mar que se acharem com elle, o que tudo lhe hey por muito recommendado; e as pessoas acima referidas que forem achadas passando a Bombaim com alguns effeitos ou sem elles sendo prezas entregarão ao Desembargador Ouvidor Geral para que com as suas culpas remettidas em ferros a esta Corte, onde terão a pena de açoutes e galés por tempo de cinco annos, e sendo pessoa nobre pagará em logar da pena de gales mil xerafins para as despezas da Ribeira desta cidade, e será degredado para a Fortaleza de Dio, onde servirá sem soldo pelo mesmo tempo de cinco annos; e nas sobreditas penas incorrerão os mocadões e marinheiros das embarcações em que forem achados os que contravierem a este meu Bando, ficando as taes embarcações perdidas. E este dito meu Bando depois de se publicar em Baçaim e toda a sua jurisdicção, como tambem na de Damão, e na cidade de Chaul, se registará nos cartorios da ouvidoria geral e da cidade, e na do Ouvidor de Tana, nos livros da Feitoria e senado da camara, e nas das principaes Aldeas, e o proprio se entregará na secretaria do Estado. Dado em Goa a 19 de Julho de 1720.—Conde D. Luiz de Menezes.

1620 Julho 19

### Pregão do Governador de Bombaim mandando que todos os moradores se apresentem armados

(Collecção dos meus mss.)

O Honoravel Dom Carlos Boone, Presidente da India, Persia, Arabia, pela Illustrissima Companhia, Governador Commendador Geral da Ilha e Castello de Bombaim, e todas as suas dependencias por Sua Serenissima Magestade.

1720 Julho 26

Como quer que o dito Presidente Geral da India e Go-

1720 Julho 26 vernador desta Ilha está informado que esta dita Ilha de Sua Magestade de Gram Bretanha está ameaçada do commum inimigo, com aviso, concorrencia, e assistencia de alguns nossos vizinhos que a pertendem invadir, e ainda que se desprezou esse depravado desenho, comtudo he necessario com prudencia e boa ordem prevenir sua defença contra as mais vãs emprezas, o dito Presidente Geral da India e Governador desta Ilha, com aviso e consentimento de seu conselho, por este presente manda, declara e notifica a todas as pessoas que morão em outras terras, e tambem nesta Ilha, que se apresentem pessoalmente dentro em vinte e hum dias da data deste com suas armas ante os Capitães mores da milicia desta dita Ilha a receber aquellas ordens que a elles já estão expreçadas, e toda a pessoa ou pessoas que não se apresentarem no dito termo serão reputados por fugitivos e traidores a Sua Magestade Britannica, e seus bens confiscados para o Estado da Illustrissima Companhia; e outro sim o dito Presidente Geral da India e Governador desta Ilha ordena e manda que toda a pessoa ou pessoas habitantes nesta Ilha que tiverem em seu poder dinheiro ou quaesquer effeitos dos moradores de Baçaim, Salcete, Caranja e outros territorios, dentro do predicto termo de vinte e hum dias deem por escripto a sua conta para o Secretario do Estado, aliás incorrerão na pena que o dito General Presidente geral da India e Governador desta Ilha julgar conveniente de impor. E por que assim o saibão todos e nenhum allegue ignorancia mandou proclamar este ao som de caixas nos lugares publicos acostumados, e fixar nos Bazares desta cidade. Dada neste castello de Bombaim sob o sello da Illustrissima Companhia aos 26 de Julho de 1720. Deus salve a ElRey.

Por ordem do honoravel Sr. Dom Carlos Boone Presidente da India, Persia e Arabia pela Illustrissima Companhia, Governador e Commendador Geral da Ilha e Castello de Bombaim e todas as suas dependencias por Sua Serenissima Magestade, etc.—John Horne, Secretario.

## Carta do Governador de Bombaim ao Vice-Rey da India, queixando-se do procedimento do General do Norte Luiz Gonçalves da Camara Coutinho

(Collecção dos meus mss.)

Ex.$^{mo}$ Sr. — Os asperos procedimentos do Sr. Luiz Gonçalves da Camara Coutinho, General de V. Ex.ª dessas terras do Norte, contra os meus correios e outros da hida e vinda desta Ilha, e haver apanhado as cartas e outros papeis de que elles estavão encarregados, e por se usar com alguns delles barbaramente, como tambem por se negar toda a correspondencia e trafego entre os moradores desta Ilha, e Salcete (se não são actos de hostilidade) são muito dissonantes aos solemnes Tratados de entre nossos Soberanos, e quasi contrarios ao bem publico dos vassallos de ambas as Coroas. 1720 Agosto 16/27

Por estas rasões tomei a primeira occasião que esta monção admitte para fazer saber a V. Ex.ª desses procedimentos, e remetter-lhe as copias das cartas que houverão entre mim e o dito General, não duvidando que V. Ex.ª expressará (depois de ponderar desapaixonado o predicto) suas ordens para prevenir toda a má interpretação para o futuro.

Os motivos que inclinarão ao dito General a tolher primeiramente, e declinar toda a correspondencia, e tambem para dar ordens para aquillo que ao depois só se deu aos meus Correios, e outros moradores desta Ilha, forão (como elle me informou) o removerem-se os Parochos desta Ilha, e estabelecer em seu lugar ao Ill.$^{mo}$ e Rev.$^{mo}$ Sr. Bispo Dom Frei Mauricio, e seus dependentes, ainda que nesta occasião partecipei ao dito General que as rasões que me moverão a proceder contra elles erão as dissolutas maneiras de seu viver, mostrando pouco respeito a seu caracter como homens, á Santa Religião que elles professão como Christãos, e esta não só em hum, mas em muitos e repetidos exemplos vistos e sabidos por todos, e aqueixados pelos melhores moradores desta Ilha. Pelo muito pouco cuidado que tomarão muitos

1720 Agosto 16/27 annos passados os Prelados de mandarem pessoas bem qualificadas e dignas de suas santas ordens e ministerio confiado a elles, o que me obrigou a executar com dilação as positivas ordens de meus superiores em remover e constituir o predicto Ill.^mo^ e Rev.^mo^ Sr. Bispo e seus dependentes para exercitar os ministerios, cujos poderes recebidos de Roma para o effeito elle agora communicará ao Ill.^mo^ e Rev.^mo^ Sr. Arcebispo de Goa, os quaes não duvido que serão muito agradaveis a V. Ex.ª e me persuado que não disputará a authoridade que tem a Corôa de Gram Bretanha para governar todas as pessoas nesta Ilha, ainda que V. Ex.ª verá que seu dito Governador cuidou que elle tinha direito para julgar do meu procedimento no caso de hum criminoso do Estado.

Assim tendo representado a V. Ex.ª em ambas clara e possivel maneira toda a materia, em a qual fiz a diligencia de prevenir a menor apparencia da minha representação entre nós por huma desviada concessão em se fazer a seu General tocante á sentença de hum preso condemnado, e dando a elle rasões sufficientes por minhas resoluções contra os Parochos; comtudo até agora elle as não ponderou, e continua a negar a liberdade nos portos de sua jurisdicção aos moradores desta Ilha com tanto aperto como se nossos Soberanos tivessem guerra actual.

Agora V. Ex.ª, sendo informado do fundamento e continuação dessa desordem, espero que prevenirá por sua prudencia qualquer dessas disputas para o futuro, e expressará suas ordens para que os insultos não sejão mais continuados, e que o trafego e o commercio de ambos os Governos não seja impedido senão retornado para seu primitivo estado (para assim o inimigo commum não colher alguma vantagem de nossas differenças) em o qual eu contribuirei tudo que me for possivel. Deus guarde a V. Ex.ª muitos annos. Castello de Bombaim, 16/27 de Agosto de 1720. — De V. Ex.ª muito servidor — Charles Boone.

## Carta do General do Norte Luiz Gonçalves da Camara Coutinho ao Vice-Rey Conde da Ericeira, sobre a expulsão dos religiosos das Igrejas de Bombaim

(Collecção dos meus Mss.)

Ex.$^{mo}$ Sr.—Ainda que supponho ter já chegado outro Patamar, que remetti para essa Corte, comtudo, como se offerece a presente occasião de expedir as duas Galvetas que V. Ex.ª me tem recommendado, justo é repita outra vez a mesma noticia que pelo dito Patamar fiz presente a V. Ex.ª 1720 Agosto 27

Recebi huma carta de V. Ex.ª de 18 de Junho, e nella me diz V. Ex.ª terem chegado os Patamares sem nenhum delles levar carta minha, tendo por elles mesmo tido a noticia da desatenta resolução que tomou o General de Bombaim em expulsar os religiosos daquellas Igrejas; e como já supponho terem chegado os meus Patamares, e como por elles remetti a V. Ex.ª as proprias ordens, e por ellas se vê a differença que houve na partida dos ditos Patamares, porque sendo despedidos daqui a 22 aos 24 forão expulsos em Bombaim, porem como esta noticia veio pela parte de Caranja, por onde os Patamares havião de passar, não duvido que lá mesmo expedisse esta noticia algum Religioso, ou outra qualquer pessoa, e bem póde V. Ex.ª suppor que noticia de tanta importancia não podia haver em mim descuido em lha presencear.

De novo se offerece agora significar a V. Ex.ª a nova resolução que elle tomou em lançar o Pregão cuja copia remetto, tendo actividade de m'o mandar introduzir por via de dois naturaes Christãos moradores em Mazagão, os quaes fingindo que vinhão noticiar a Fernão da Silveira, que como tutor do menor corre com esta fazenda, e como reconhecia a desattenta forma do dito Pregão, publicando-nos nelle estarmos conluiados com o Angria para lhe invadirmos aquella Ilha, me pareceo justo por alguma forma despicar-me desta desattenção, e tomei o expediente de mandar levantar huma

1720 Agosto 27 pollé no logar mais fronteiro e chegado á Fortaleza de Mahim Bombaim, e nella mandei tratear os portadores do dito Pregão, e depois de trateados mandei pendurar na pollé o mesmo Pregão, o qual ficou nella até que o tempo o consumio. Ao signal das peças acudio todo o Bombaim ás praias, e visivelmente reconhecerão tudo quanto se tinha executado. Dillatei este Patamar alguns dias para ver se isto tinha algum despique, porem até agora fica tudo socegado. V. Ex.ª me perdoe se andei diminuto ou excessivo no que obrei, porque ponderando a primeira causa considerei ser merecedora de qualquer demonstração, não reconheço nesta do Bando que mereça o menor sofrimento.

Fico esperando pelos primeiros Patamares para com a resolução de V. Ex.ª obrar com toda a pontualidade o que me for expressado, segurando-lhe que para se tornarem a restituir as Igrejas não serve já a minha prudencia, mas não duvido que com qualquer rigor tornará o Inglez a pôr tudo outra vez no estado em que estava. Pareceu-me tambem justo dizer a V. Ex.ª que por ora está o impedimento conservando-se no mesmo estado que já dei conta, porem daqui por diante, como entra já o tempo capaz, não lhe posso impedir o sahirem as suas embarcações para trazerem o provimento que lhes for necessario: assim, deve V. Ex.ª resolver com tempo o que se hade obrar. Esquecia-me dizer a V. Ex.ª em como os negros apolliados mandei para a outra banda para melhor darem a noticia do que com elles se tinha operado. Tomando V. Ex.ª a resolução de escrever a este General nunca deve ser remettida a carta por minha via, porque, como este General he desattento e absoluto, póde fazer qualquer demonstração nas pessoas que a levarem, e hindo pessoa enviada por V. Ex.ª duvido que tenha esse atrevimento.

Por huma carta que escreveo o Parau da dita aldea Mazagão a Fernão da Silveira tenho bastantes primicias para alcançar a consequencia de elle estar já em alguma parte arrependido do que tem obrado; mas como a acção foi tão publica não me parece justo que se remedea por meios transversaes, alem de ter dois fundamentos em que me estribo: se elle não está arrependido, no aviso que manda fazer a Fernão da Silveira levá segunda tenção para dar maior motivo á nossa queixa; e se se arrepende, quanto mais o apertarem mais depressa conseguiremos a nossa pretenção. Tambem remetto a copia da carta para V. Ex.ª ficar melhor inteirado no fundamento della. 1720 Agosto 27

Eu não posso adivinhar a determinação que V. Ex.ª ha de tomar nesta materia, mas desejo prevenir-me para o que póde succeder. Tenho mandado preparar alguns Sibares grandes em guerra, porém esta Fortaleza se acha totalmente exhausta de pedreiros. Sendo V. Ex.ª servido, póde ordenar ao Vedor da Fazenda mande aquelles que poder, e algumas granadas. Tambem V. Ex.ª me avise se quer que se alevante alguma gente, porque a que ha he mui pouca.

Os cem homens que V. Ex.ª me ordena dê baixa se lhe deo no mez de Maio: que eu nunca concorri para despezas desnecessarias.

Ficão avisadas as duas Galvetas para hirem em busca das Naos da Reino: permita Deos dar tempo capaz para poderem ellas chegar até este Setembro, como V. Ex.ª me insinua, mas não hão de ficar por falta de diligencia minha. Por hora não se offerece mais cousa alguma que possa noticiar, por se achar tudo o mais socegado.

Pelo Patamar que chegou dessa Corte recebi a carta de V. Ex.ª de 19 de Julho, a qual me não servio de pequeno desvanecimento confirmar V. Ex.ª o que tenho obrado, e que se executa até hoje com notabilissima exacção, e fico na diligencia de promulgar o Bando de V. Ex.ª na forma de sua ordem. Não obstante a continuação deste impedimento, entendo constantissimamente não ha de bastar esta demonstração para que o Inglez restitua as Igrejas; porque já daqui por diante se vai provendo de todo o necessario com suas embarcações de fora, e estas se lhe não podem impedir sem que venha armada dessa Corte, e entendo que o General não deixará de se prevenir para o provimento da invernada, que embora vem, para que não necessite cousa alguma de nós, nem seja tão sensitivo o aperto como foi este anno.

1720 Agosto 27 Elle até o presente tem mandado tres Sibares grandes para a parte de Surrate: dois tenho noticia que arribárão, outro foi seguindo sua viagem. Dos morallizantes huns delles dizem vão a conduzir gente, outros dizem que vão a conduzir o comestivel de que se achão exhaustos: a esta segunda me inclino mais do que á primeira; porem com individuação certa nada se sabe, por não haver nenhum trato nem communicação com a dita Ilha. A devaça sobre o particular de Antonio Tello se faz escusada esta diligencia por elle ter já fallecido; e emquanto ao ourives que fez a chapa contra o Camotim, tenho justificação sufficiente para por ella ser castigado sem se necessitar da nova diligencia, e assim o dito ourives com a justificação remetterei a V. Ex.ª na primeira occasião que se offerecer.

V. Ex.ª não acredite a noticia de vir novo General para Bombaim, porque as suas demonstrações não são de quem espera successor. Já disse tambem que com o aperto que se tem posto não hade ser bastante para tomar nova resolução o General no que tem obrado, e precisa-se de maior rigor para que se não inove cousa alguma a regalia do Padroado; e quaesquer demonstrações por rigorosas que sejão julga o meu fraco talento que em nenhuma forma se rompe com a Coroa de Inglaterra, pois só se procura castigar a ousadia deste General, pois prudentemente se julga ser esta acção que elle tem obrado despotica sem expressa ordem de Inglaterra. Devemos suppor que ElRey nosso Senhor não ha de querer perder a sua regalia a troco de se continuar a paz, e se foi diligencia absoluta deste General de qualquer excesso se não póde queixar a Inglaterra. Até aqui he o fundamento só no que toca ao Padroado: emquanto ao Tratado das Capitulações me parece que Sua Magestade nellas não dá abertura a nenhuma dissimulação: a estas duas segue-se a mais forçosa, que he acharem-se naquella Ilha de Bombaim acima de nove mil almas christãs no gravissimo perigo de largarem a Catholica e Romana religião, e reduzirem-se á dos hereges. Não he a minha tenção no que tenho representado exceder o limite de atrevido, mas

sim resalvar-me na consideração do que tenho expressado. 1720
Não sirva de queixa ao mundo o excesso que obrei com os Agosto 27
apolliados, pois muitas vezes ás resoluções excessivas não faltão criticos que as motejem; porém como a materia presente se não podia prevenir não tive regimento que pudesse seguir, e só á carga serrada me fixei com as Capitulações, suppondo que, assim como por ellas se fez entrega de Bombaim, assim tambem pelo mesmo assentado se deve procurar a regalia de Sua Magestade. Tenho inteirado a V. Ex.ª do motivo que tive para se me não estranhar em nenhum tempo o excesso que tenho obrado: de hoje em diante não me afastarei do que V. Ex.ª resolver e for servido, na consideração que ha de ser sempre com aquelles acertos que todos julgarmos.

Das Naus do Reino, nem pela Nau que chegou em Junho a Bombaim, nem por outra parte tive noticia alguma.

Escusado se fazia o mandar-me V. Ex.ª o treslado do Tratado da entrega de Bombaim, porque me não acho já com menos de tres.

A honra que V. Ex.ª me faz he certo me permittia a confiança de abrir a carta que vinha da Persia: como ella lhe tem chegado já á mão, tenho reconhecido escusada a minha diligencia, e beijo os pés a V. Ex.ª pela mercê que me faz de me noticiar o que ella continha.

Aqui correo huma voz vaga de que se achavão quatro Naus em Danda Raja Puri vindas de Inglaterra, e para que com melhor individuação tenha V. Ex.ª esta noticia remetto huma carta por onde se espalhou a nova nesta Cidade; e como eu desejo prevenir-me com antecipação a tudo, vai tambem huma carta do Capitão da Praça de Chaul em resposta da ordem que lhe tinha mandado sobre a mesma materia. V. Ex.ª fique na certeza que o não heide molestar nunca com as noticias aerias: quem a V. Ex.ª a deo de que os Arabios mandavão os seus barcos a concertar a Surratte, ou tem boa communicação com elles, ou melhores informantes em Surratte. Eu me correspondo continuamente por carta com o Febos, e me não deo até agora semelhante nova. Ainda digo mais

1720 Agosto 27 que, quando se me desse a noticia na forma que V. Ex.ª me ensinua se deo em essa Corte, não teria a ousadia de lha dar, porque na forma della se reconhece a sua falsidade; pois quem vem concertar-se a hum porto onde facilmente póde encontrar seu inimigo, não manda semelhantes avisos, antes principalmente no porto de Surratte, onde se acha todo o necessario prompto, factivel he que venha, mas não pela expressiva noticia. A pessoa de V. Ex.ª guarde Deus muitos annos. Baçaim 27 de Agosto de 1720. — Luiz Gonçalves da Camara Coutinho.

---

## Carta do Vice-Rey Conde da Ericeira ao Governador de Bombaim, depois da chegada á India do Vice-Rey Francisco José de Sampaio e Castro

(Collecção dos meus Mss.)

1720 Setembro 9 Recebo com grande gosto a estimavel carta de V. S.ª escrita em 16 de Agosto, servindo-me de maior contentamento por haver-me V. S.ª privado de tanto bem ha muito tempo.

A pouca satisfação de alguns subditos que tem experimentado o Governo do General Luiz Gonçalves da Camara Coutinho vejo estender-se tambem a V. S.ª o que sinto inexplicavelmente; e por esta e outras rasões tinha feito escolha de outro cavalheiro dotado entre outras virtudes de huma grande docilidade: mas ao tempo que tinha prompta uma Fragata para o conduzir a Baçaim vejo com grande contentamento meu que Sua Magestade, que Deos guarde, attendeo as minhas reiteradas supplicas e as de toda a minha familia, mandando governar este Estado ao Ex.$^{mo}$ Sr. Vice Rey Francisco José de Sampaio, ao qual dentro de poucos dias dou a posse, e certamente lhe tenho conhecido um verdadeiro desejo de conservar com V. S.ª a melhor correspondencia; mas como amigo de V. S.ª tomo a resolução de dizer-lhe que esta nunca pode ser duravel nem sincera, sem que V. S.ª mande introduzir nas Igrejas dessa Ilha aos Religiosos Portuguezes, que as administravão, e quando estes não procedão como devem sem duvida com qualquer aviso de V. S.ª serão removidos e castigados, e hirão outros ocupar as ditas Igrejas; e com a mesma sinceridade digo a V. S.ª que nunca devião ser tirados, pois Sua Magestade Britannica, sendo tão cheia de justiça, e guardando tão religiosamente os Tratados, não era possivel mandar aquella violenta ordem, e dado caso que assim o dispozesse, nunca eu nem o meu successor podiamos convir nesta alteração sem primeiro ter ordens de Portugal, e as que recebi na presente monção expressamente me mandão mui differente cousa; e tão bem o Sr. Arcebispo Primaz não consente, nem deve consentir alteração alguma nesta materia, pois a obediencia que deve ao Summo Pontifice não he tão cega que obrigue a convir em que o Padroado Real padeça diminuição alguma, nem as ordens da mesma Santidade, que V. S.ª me diz receberão o Bispo Frei Mauricio de Santa Theresa e seus adherentes, tem para com os Portuguezes vigor algum sem primeiro serem examinadas em Portugal: e assim avista destas rasões tenho uma certa confiança em que V. S.ª hade attender a ellas, o que não só espero como Vice Rey deste Estado, mas como particular amigo de V. S.ª para que no tempo do meu governo (que graças á Divina bondade se não teve acertos tambem não teve infelicidades) eu não experimente agora o dissabor de que só huma nação, que cada dia he mais empenhada nos interesses de Portugal, seja quem procure extinguir aquella posse fundada nos irrefragaveis documentos sobre que he estabelecida. 1720 Setembro 9

Ao General do Norte aviso que renove a mesma communicação e boa correspondencia que sempre houve entre nós, quando V. S.ª como espero attenda a tantas rasões; e juntamente fico na certeza de que V. S.ª hade acreditar o desejo que tenho da continuação de suas boas novas, e de ter occasião de o servir aqui e em Europa, para donde faço viagem na presente monção. Deos guarde a V. S.ª Goa 9 de Setembro de 1720.—Servidor de V. S.ª—Conde Dom Luiz de Menezes.

## Carta do Governador de Bombaim ao Vice-Rey Francisco José de Sampaio e Castro, felicitando-o pela sua chegada

(Collecção dos meus Mss.)

1720 Setembro 15/26 Ex.^mo Sr.—Congratulo a V. Ex.ª pela eleição que Sua Serenissima Magestade Portugueza foi servido de fazer da sua pessoa e prudencia para o governo deste Estado, e felicito a V. Ex.ª de seu salvo arrivo a essa Côrte de Goa, aonde desejo logre V. Ex.ª perfeita saude.

Como nas expediencias do seu novo Governo considero a V. Ex.ª occupado, não lhe quero acrescentar o trabalho de lhe individualisar dos varios motivos que tem servido de perturbar a harmonia que deve haver na boa correspondencia de ambas as nações nestas partes, de que será V. Ex.ª informado por minha carta escripta a seu predecessor ácerca do mesmo, e da prudencia de V. Ex.ª espero que nesta materia fará manifesta a sua attenção: não faltarei eu com a minha em propender para tudo o que for rasoavel, como tambem em servir a V. Ex.ª a quem Deus guarde muitos annos.

Castello de Bombaim, 15/26 de Setembro de 1720.—De V. Ex.ª—Muito servidor—Charles Boone.

---

## Carta do Governador de Bombaim ao Vice-Rey Conde da Ericeira, a respeito dos Padres Portuguezes em Bombaim

(Collecção dos meus Mss.)

1720 Setembro 30/Outubro 11 Ex.^mo Sr.—Por via de Chaul recebi hoje huma cárta de V. Ex.ª de data de 9 de Setembro S. N., em resposta da minha de data de 16 de Agosto proximo passado S. A., com aquella estimação que faço das boas noticias de V. Ex.ª; e o não lhe ter participado as minhas com aquella frequencia que requer a nossa amizade foi por entender que de algum modo sirva a V. Ex.ª de torvação, visto que V. Ex.ª não foi servido de dar resposta á minha carta de data de 29 de Dezembro de 1718 S. A., em a qual fazia menção de hum sibar que depois de expoliado de algumas cousas pelo inimigo Angria foi aportar a Goa, aonde se tomou por perdido com algum dinheiro que em si tinha, não obstante ter eu certificado a V. Ex.ª pela predicta carta ser o dito sibar de Bombaim. Agora espero da amizade de V. Ex.ª me fará com que se restitua a seu dono para assim demonstrar a sua integridade. 1720 Setembro 30 / Outubro 11

Não obstante que V. Ex.ª na predicta carta defere á resolução de seu successor, o Ex.mo Sr. Viso-Rey Francisco José de Sampaio (de cuja prudencia não duvido toda a boa attenção), a disputa e varias inimizades de mostras de Luiz Gonçalves da Camara Coutinho, General dessas terras do Norte, no pretexto que tomou da repulsa que se fez dos Parochos passados desta Ilha, aconselhando-me como amigo que os torne a introduzir nella, visto as ordens que de Roma teve o Sr. Bispo Dom Frei Mauricio e seus dependentes não terem vigor algum por não serem examinadas em Portugal.

Agora com a mesma sinceridade me pareceo dizer a V. Ex.ª, tirando dos mesmos fundamentos a consequencia deste negocio, que, como Sua Magestade Portugueza, pelo Tratado ajustado com a Magestade de El-Rey meu amo, deu e transferio para sempre esta Ilha com todos seus direitos, dominios e soberanidade, me parece que basta que esta materia fosse com a justiça que se costuma resolvida em Inglaterra; porque eu não vejo que se tenhão alterado as expressões do dito Tratado, em o qual sómente se faz menção de que se permittiria aos moradores o livre exercicio da Religião Catholica Romana, não mencionando que os seus ministerios sejão administrados só por Padres Portuguezes, em o que claramente se deixa ver que a escolha delles (sejão de qualquer nação) depende da vontade de El-Rey meu Senhor, ou dos que governão esta Ilha por sua Real auctoridade.

Agradeço a V. Ex.ª pela expressão que me segura fizera a Luiz Gonçalves da Camara Coutinho para se renovar a boa

1678 Setembro 30 correspondencia e communicação de entre os vassalos de
Outubro 11 ambas as Corôas; porém como essa seja sob condição de eu admittir pratica na retorna dos Padres que forão extrahidos, sinto de não ter ordens de remetter os que estão constituidos, mas não faltarei em attender a tudo o que for razão, como em servir a V. Ex.ª aqui e em Europa para onde felicito a V. Ex.ª huma boa viagem. Deus guarde a V. Ex.ª Castello de Bombaim, 30 de Setembro / 11 de Outubro de 1720 annos.—Servidor de V. Ex.ª—Charles Boone.

---

## Carta do Governador de Bombaim ao Vice-Rey Francisco José de Sampaio e Castro, a respeito dos parochos expulsos

(Collecção dos meus Mss.)

1720 Outubro 8/19 Ex.^mo Sr.—Não obstante que V. Ex.ª estará já informado das differenças movidas pelo Sr. Luiz Gonçalves da Camara Coutinho, seu General dessas terras do Norte, pela minha carta de data de 16 de Agosto passado S. A. escrita a seu predecessor, me pareceu escrever a V. Ex.ª esta com mais particularidade, visto que aquella continha em summo a materia do aspero procedimento do dito General, que para o prevenir não forão bastantes as sufficientes razões que lhe dei, como V. Ex.ª se servirá de ver por suas cartas e minhas respostas, cujas copias remetti ao predecessor de V. Ex.ª

O pretexto que tomou o dito General para executar tão escandalosas acções foi o de se removerem os Parochos passados desta Ilha, cujo dissoluto viver e descuido de seus Prelados em reparar seus publicos escandalos com sujeitos de mais qualificada vida, me promoveu a executar as ordens de meus superiores em os depor e constituir ao Ill.^mo e Rev.^mo Sr. Bispo Dom Frei Mauricio, e seus Religiosos, para exercer os ministerios da Religião Catholica Romana no seu primitivo estado, para o que o dito Bispo tem tambem plenos poderes de Roma, que communicou ao Ill.^mo e Rev.^mo Sr. Arcebispo de Goa, e não comprehendo a razão de se disputar nesta materia quando ninguem póde ignorar a Soberania, poder e authoridade que tem a Corôa de El-Rey meu amo para o absoluto, inteiro e completo governo desta Ilha e pessoas nella residentes. 1720 Outubro 8 19

Mas não foi só este o motivo de seus excessos: tambem o de sua vã pretenção em cuidar que tinha jus para conhecer do meu procedimento ácerca de hum traidor a este Estado, como parece bem e claramente do acalorado estylo da carta do dito General de data de 22 de Maio passado S. N. E porque não alcançou a concessão que tanto desejava mostrou seu grande resentimento nos excessos que mandou executar apaixonado (como ainda persiste), mandando proclamar por seu Bando que todo se extinguisse o commercio, continua concorrencia de entre os vassallos de ambas as Corôas, e que nenhum se presumisse passar ou ter correspondencia desta banda, sob graves penas; prohibindo com as mesmas o transporte de todos os generos, e que nenhum admittisse em sua casa pessoa alguma destas terras, como se estivessemos em guerra actual.

E, não parando aqui a aversão do dito General, mandou apanhar os nossos Correios, que hião de cá e vinhão de varias praças com cartas para a Côrte da Direcção da Ill.ma Companhia, e abrir seus sellos e rompel-as, e barbaramente açoutar aos ditos Correios, que não sómente tem sido escandaloso para a politica, mas tambem muito prejudicial e ignominioso aos interesses e reputação do estado da dita Ill.ma Companhia; e com a mesma paixão mandou tratear publicamente em Bandorá a duas pessoas, que desta Ilha tinham hido a Baçaim a seus particulares, mandando induzir aos circumvizinhos que tambem extinguissem o seu commercio com esta Ilha, e solicitar (como me noticiarão) ao inimigo Angria para que a invadisse, promettendo-lhe passe franco pelos rios da sua jurisdicção.

Este inamigavel e indecoroso procedimento do dito General me pareceu fazer saber a V. Ex.ª e demandar sua justa satisfação, como tambem esperar de sua prudencia para o fu-

1720 Outubro 8/19 turo que as nossas correspondencias sejam reciprocas e conforme a estricta alliança e amizade de nossos Soberanos.

Fico com prompta vontade de servir a V. Ex.ª, cuja pessoa Deus guarde muitos annos.

Castello de Bombaim, 8/19 de Outubro de 1720.—De V. Ex.ª muito servidor—Charles Boone.

---

## Resposta do Vice-Rey Francisco José de Sampaio e Castro ao Governador de Bombaim sobre as contestações passadas

(Collecção dos meus mss.)

1720 Outubro 18 Com grande gosto recebo a estimavel carta de V. S.ª, escripta a 26 de Setembro, porque com as generosas promessas que V. S.ª me protesta de boa amizade e igual correspondencia se vem de toda a satisfação os meus desejos na consideração de poder merecer-lhe mui repetidos empregos do seu agrado, e justificar a vontade que terei sempre do serviço de V. S.ª, a quem seguro a boa saude com que fico para a fazer, estimando a que V. S.ª logra para me occupar nelle.

O Ex.^mo Sr. Vice Rey que foi deste Estado, meu antecessor, me tinha dito o que havia passado entre V. S.ª e o General do Norte, e tambem o que o Sr. Conde da Ericeira tinha obrado, e isto me fez huma grande novidade á vista das reciprocas amizades com que estão as Magestades de El-Rey meu amo e a Britannica para huma tão nova resolução tomada contra huma capitulação, que não repito, porque não pode deixar de ser a V. S.ª presente, feita quando se deu a Ilha de Bombaim á Corôa de Inglaterra; mas, como supponho que a resolução que V. S.ª tem tomado contra a regalia do Padroado Real de El-Rey meu amo, e o assentado nas capitulações, fosse por ordens que teria da sua Côrte, cujo motivo podia só permittir o executado contra os Religiosos Portuguezes, não condemnará V. S.ª que eu execute as que trouxe da minha para não perder della nem o mais leve ponto da sua real grandeza, pois isto he só o que me toca. E não entro a propor a V. S.ª que só podiamos ter o caminho de tornar neste Estado á nossa antiga amizade, tornando ao seu primeiro ser estas cousas que nos tem inquietado, dando nós parte ás nossas Côrtes, e seguir cada hum de nós o que della se lhe mandasse, porque já digo que estou persuadido que na prudencia de V. S.ª não cabia huma innovação semelhante sem ordem para o fazer; e nesta consideração, segundo a resolução tomada por V. S.ª, passo a pedir-lhe queira responder á carta do Sr. Conde meu antecessor, escripta a 9 do mez passado, e dizer-me á vista do que digo o que se lhe offerecer para tomar a minha ultima resolução, segundo as ordens de El-Rey meu amo, sentindo eu muito o não poder conseguir e lograr com V. S.ª aquella amizade que eu desejo para cuidarmos só na utilidade das Corôas dos nossos Soberanos, e não em disturbios da boa amizade em que elles se conservão. 1720 Outubro 18

V. S.ª tem-me para o servir com huma grande vontade, quando queira fazer-me o favor de a empregar em tudo o que for do seu gosto e do seu agrado. Guarde Deus a V. S.ª muitos annos. Goa, 18 de Outubro de 1720.—Francisco José de Sampaio e Castro.

---

## Carta do Vice-Rey Francisco José de Sampaio e Castro ao Governador de Bombaim

(Collecção dos meus mss.)

He tanto do meu agrado toda a occasião de dar gosto a V. S.ª como se comprova em ter (com tão poucos dias de assistencia nesta Côrte) elegido General para o Norte, e feita ella o fiz partir logo com huma particular recommendação sobre o bom trato e amizade com que deve haver-se com V. S.ª, porque nisto tem muita parte o serviço dos nossos Soberanos, pois, sem se faltar á mais leve circumstancia 1720 Outubro 26

1720 Outubro 26 delle, deve haver toda a boa correspondencia nos que os servem: e o ter havido o contrario entre o General que foi do Norte e V. S.ª, confesso me faz sentir muito o que V. S.ª me diz, visto que podia o dito General, que acabou, seguir as ordens do meu antecessor, e fazer o que tivesse por mais util ao serviço de El-Rey meu amo com as circumstancias que V. S.ª me expõe houve nelle.

No mais em que V. S.ª me falla não tenho que dizer, por haver dito na minha carta de 18 de Outubro tudo o que sentia na materia, pois cuidei muito em não deixar circumstancia nenhuma por dizer em caso semelhante, e estou certo que de si para si me ha de V. S.ª achar razão para não deixar de continuar o que acha principiado, assim por conta das Reaes ordens que achei da Côrte vindas ao Ex.^mo Sr. Conde da Ericeira, meu antecessor, como tambem porque se me não faça huma tão justa culpa como a de eu ceder a posse em que está a Real Magestade de El-Rey meu amo em ter até agora nessa Ilha Religiosos nacionaes, segundo a regalia do seu Real Padroado; e, se nelles havia o mau procedimento que V. S.ª me diz, com huma representação sua a quem governava este Estado ficaria V. S.ª satisfeito mandando-se ao seu Prelado os tirasse logo e pozesse outros com hum tal procedimento que satisfizessem as obrigações do seu habito e a vontade de V. S.ª

No que toca aos plenos poderes que tem o Reverendissimo Dom Frei Mauricio, da Côrte de Roma, não teem comsigo força alguma emquanto eu não tenha ordem da minha para estar por elles.

E pelo que respeita a ter o dito Reverendo Dom Frei Mauricio communicado com o Sr. Arcebispo Primaz desta Côrte os poderes que teve da de Roma, se vê que elle não esteve por elles, visto que erão contra a regalia do Real Padroado e da sua jurisdicção ordinaria, como bem se comprova com o procedimento que por ordem sua teve o seu Vigario geral dessas terras do Norte com as pastoraes com que sahio; porque Sua Santidade parece que do poder ordinario não podia tirar á Magestade de El-Rey meu amo a regalia do dito Padroado sem elle ser ouvido, nem ao Sr. Arcebispo a dita jurisdicção ordinaria em todo o districto da sua Diocese: quanto mais que o avizo que teve do sobredito Reverendo Dom Frei Mauricio foi por hum papel sem ser assignado, e introduzido em sua casa sem elle nem a sua familia saber por quem, o qual fica em meu poder. 1720 Outubro 26

Agora veja V. S.ª á vista disto se estou eu bem capacitado no conceito que formo no reconhecimento da força da minha razão, e esta me desobriga de expor a V. S.ª todas as com que mais me acho para sentir intimamente não poder vir no que V. S.ª quer emquanto isto não torna ao primeiro estado de haver ahi Religiosos Portuguezes, ficando isto como estava até a resolução das nossas Côrtes, não tendo no que proponho a da Serenissima Magestade da Gram Bretanha o menor inconveniente até o pouco tempo em que V. S.ª póde ter a sua resolução, e eu a da minha. Tenho dito o que posso fazer e o que desejo obrar, merecendo huma e outra cousa a V. S.ª o que eu sempre lhe hei de merecer em todos os effeitos proprios de huma cordeal amizade.

Fico com prompta vontade para servir a V. S.ª, cuja pessoa guarde Deus muitos annos. Goa, 26 de Outubro de 1720.—De V. S.ª seu servidor—Francisco José de Sampaio e Castro.

---

## Carta do Governador de Bombaim para o Vice-Rey Francisco José de Sampaio e Castro

(Collecção dos meus mss.)

Ex.mo Sr. — Recebi a muito estimavel carta de V. Ex.ª, de data de 26 de Outubro S. N., certificando-me os generosos termos della a boa amisade e reciproca correspondencia que V. Ex.ª me segura da sua parte, e eu da minha (alem de ter segurado a V. Ex.ª a mesma) não perderei occasião de demonstrar este affecto conjunto á cordeal vontade com que me acho de o servir. 1720 Dezembro 2/13

1720 Dezembro 2/13

Como na carta que escrevi ao Ex.^mo^ Sr. Conde da Ericeira aos 30 de Setembro S. N. tenho respondido no tanto da pertenção do Patronato Real (como suponho V. Ex.ª será informado), não sou extenso nesta materia.

Mas no que toca aos poderes do Reverendissimo Senhor Dom Frei Mauricio muito bem me consta que são bem autenticos, porque ha annos que o dito Prelado, sendo chamado a impossar destas Igrejas, sempre respondeo que sem ordens de Sua Santidade não podia; porem logo que ellas chegarão se entregou das ditas Igrejas, em conformidade tambem das que me vierão de Inglaterra, e sei que o dito Prelado tem usado de toda a cortezia e respeito com o Reverendissimo Sr. Arcebispo de Goa.

Que com V. Ex.ª não tenhão força alguma os predictos poderes por lhe faltarem ordens de Portugal de estar por elles (como me escreve V. Ex.ª), nisto não tenho que fallar: cada Soberano he Patrono nas suas terras; e se o Papa fez isto de potencia ordinaria ou extraordinaria lá se poderão entender: quanto mais que a Magestade delRey Dom Affonso o VI, de felice memoria, que transferio o dominio desta ilha na Magestade delRey de Gram Bretanha meu Senhor, não reservou nos pactos algum jus Padroado, mas cóm toda a liberalidade declarou a dita Magestade da Gram Bretanha Soberano absoluto della e de todas suas regalias, exceptuando somente que se permitisse aos moradores o livre exercicio da Religião Catholica Romana, não declarando prudentemente que isto fosse debaixo de algum Prelado Portuguez, ou de outra alguma Nação, bastando-lhe que fosse livre a Religião Catholica Romana em seus ritos, como de facto o he agora nesta ilha; e por isso aqui não tem força as Pastoraes do Reverendissimo Sr. Arcebispo, nem poderão ter execução, por ser debaixo de outro Soberano, sem licença minha, pelas inconveniencias que semelhante procedimento podera causar. Por estas razões e por outras muitas que se poderião produzir fica resoluta esta difficuldade do jus Padroado e regalia que V. Ex.ª pertende ter aqui a Magestade de Portugal.

E por quanto o meu desejo he de continuar com V. Ex.ª

huma boa amizade, me pareceo mandar ao Cavalheiro Roberto Cowan como residente nessa Corte aos negocios da nossa nação, aonde assistirá o tempo que for necessario; e quando V. Ex.ª seja servido de lhe dar audiencia elle tem ordem de lhe apresentar algumas proposições, cuja acomodação entre nós redundará não só em mutual interesse de ambas as nações, mas tambem de obviar a tudo que serve de perturbar a boa amisade e correspondencia que entre nós deve haver. 1720 Dezembro 2/13

Fico com prompta vontade para servir a V. Ex.ª, cuja pessoa Deos guarde muitos annos. Castello de Bombaim 2/13 de Dezembro de 1720. — De V. Ex.ª seu servidor — Charles Boone.

---

## Carta do Vice-Rey Francisco José de Sampaio e Castro a El-Rey, sobre o procedimento dos Inglezes com os Parochos de Bombaim

(Collecção dos meus mss.)

Senhor. — O Tratado feito entre Dom João Fernandes de Almeida, sendo General das terras do Norte, e o General Governador de Bombaim Carlos Boone, nunca teve effeito algum; porque, succedendo logo naquelle governo Bartholomeu de Mello de Sampayo, e querendo os Inglezes de Bombaim usar da jurisdição que pelo tal Tratado lhe ficava competindo, tanto contra a de Vossa Magestade e seus direitos reaes, sem violencia, nem escandalo algum lho impedio com tal manha, que os mesmos Inglezes mandárão retirar das nossas terras o feitor que nellas tinhão posto; e com effeito ficárão as cousas no estado em que antes estavão; e só achei de novo o movimento dos Inglezes com o procedimento que tiverão com os novos Parochos naquella Ilha, como em carta particular dou conta a Vossa Magestade. E no que respeita a saber-se, se os Inglezes pagárão as casas e fazendas dos Portuguezes moradores de Bombaim, no tempo em 1721 Janeiro 13

1721 Janeiro 13 que se deo á Serenissima Senhora Dona Catharina, Rainha de Gram Bretanha, mandei examinar esta materia a Baçaim, aonde se poderá ter esta noticia, por ser já de tantos annos; e por me vir esta clareza a tempo, a remetto à Vossa Magestade. Deos guarde a muito alta e muito poderosa pessoa de Vossa Magestade felices annos. Gôa 13 de Janeiro de 1721. (Rubrica do Senhor Vice Rey Francisco José de Sampayo.)

### Titulo do collegio novo de S. Paulo de Goa, dos Padres da Companhia de Jesus

| | |
|---|---|
| Tem em todas as hortas que possue no Cassabé de Mahim dez mil seiscentas cincoenta e seis palmeiras de fruto, entrando boas e ruins, e de espiga nova que não rende, e mais quinhentas e dezeseis palmeiras que não são de fruto .................. | 10:656—516 |
| As terras de batte que possue no mesmo Cassabé de Mahim, e nas Pacarias do seu districto, rendem noventa e cinco murás, oito paras e seis adolins e meio de batte, entrando onze murás, onze paras e hum adolim e meio de batte preto........... | 095–08–06–2–0 |
| No circuito das mesmas hortas tem dozentas e oitenta e sete palmeiras e meia bravas que lavrão .................. | 287–3 |
| A marinha do sal, por nome Servi, tem de toca por anno dezesete ricatis de sal .. | 17 |
| As logeas são sabidas, Buticas e Tavernas. A cobaria de Daravi com as palmeiras bravas, e outras palmeiras bravas que ficão em hum tazo na Pacaria Maneirão. | |

### Titulo da Igreja de Sant'Anna de Bandorá

Tem no Cassabé de Mahim terras de batte, que rende seis murás, dez paras e treze adolins de batte branco que os Padres administrão para esmolas dos mesmos orphãos 06–10–13–0–0

### Titulo dos Padres da missão do Mogor

Tem nas hortas que possue no Cassabé de Mahim, e nas de Miré e Parcha, duas mil dozentas e noventa palmeiras de fruto, entrando boas e ruins, e de espiga, e maís quinhentas e vinte tres entre grandes e pequenas sem fruto ................ 2:290 — 523

Tem mais nas mesmas hortas quinze palmeiras bravas ...................... 15

Duas Aldeas Parela e Vadala por dozentas e sessenta e oito murás, quatro paras e treze adolins de batte, entre branco e preto........................... 268–04–13–0–0

A marinha do sal por nome Ponvala. A colonia de Parella, que fica defronte da igreja da mesma Aldea.

### Titulo da Igreja de S. Francisco Xavier de Parella

Tem huma horta em que estão cento sessenta e nove palmeiras de fruto e desanove sem fruto ......................... 169 — 19

### Titulo dos Padres da missão da Ethiopia

Tem nas hortas que possue no Cassabé de Mahim mil tresentas sessenta e nove palmeiras de fruto e quarenta e uma sem fruto........................... 1:369 — 41

### O Collegio de Diu

Tem em duas hortas quatrocentas noventa e duas palmeiras de fruto e dozentas e trinta e sete sem fruto............... 492 — 237

### O Collegio de Damão

Tem huma horta em que tem trezentas e cincoenta e quatro palmeiras de fruto, e tres sem fruto........................ 354 — 03

### Esbulho dos particulares

Possuhia José de Lemos de Brito huma horta chamada Fortaleza detraz da igreja de S. Miguel, a qual constava de mil e seiscentas palmeiras, pouco mais ou menos.

A Aldea Sião, que foi de Miguel Mursello Coutinho, na qual tinha tambem o convento de S. Barbora de Chaul algumas Patias. Desta Aldea poderá dar melhor razão Miguel Musello Coutinho neto do dito.

O encabeçamento do Mandovim de Mahim Bombaim, de que foi esbulhado Francisco Musello Coutinho, filho de Luiz Musello Coutinho, de que poderá dar razão D. Miguel Henriques, por ser bisneto do dito Luiz Musello Coutinho.

A Pacaria val sita na ilha de Bombaim, que foi de D. Maria de Miranda, de que podem dar razão Luiz Alvares de Tavora e Sousa, seu neto, assistente em Goa ou o seu Feitor Fernão da Silveira de Menezes.

O encabeçamento de Bombaim, e as casas onde se fabricou a Fortaleza, o qual pertencia a D. Ignez de Miranda, e por sua morte a Martim Affonso de Mello Pereira, de que poderão dar razão seus herdeiros, dos quaes hum era Vasco Martins de Mello Pereira, que foi casado ultimamente com a filha de Gaspar de Mello de Carvalho.

A horta de Agostinho Ferreira com terras de huma Murá, e tantas paras de batte, de que poderão dar razão os seus herdeiros, dos quaes hum é Ignacio Ferreira, sobrinho de Antonio do Rozario, todos de Bandorá.

Seis mil e tantas palmeiras dos moradores de Mahim, que forão confiscadas a titulo de traidores, sem provar a tal traição.

Todas as fazendas dos mouros de Mahim Bombaim, que

são consideraveis e forão confiscadas só por serem mouros, excepto as de dous mouros, hum chamado Saida Cutubo, por ser pessoa cujos ascendentes erão principaes na Corte do Mogor, outro por servir com o General inglez, que governava a ilha de Bombaim.

A colonia de Mazagão, e a do Varoli antiga, de que foi esbulhado Alvaro Pires de Tavora, de que poderá dar razão Luiz Alvares de Tavora e Sousa ou o seu Feitor Fernão da Silveira de Menezes.

Á ilha das Patecas pertencente á Aldea Mazagão, de que poderá dar razão o mesmo.

A metade da Serra de Guirgão, que ElRey nosso Senhor tinha dado ao Possagi Patecar para palha de seus cavallos, quando os Portuguezes tomarão ametade da dita Serra.

As Passagens de Mahim e Sião, que forão de Dionizio Pereira Lobo, de que darão razão os seus herdeiros, ou os Padres de S. Francisco, e a que sem suspeita deixou por sua morte o direito que tinha nas ditas Passagens.

A renda de Parcavan de cocos, que foi de Luiz de Sousa, da qual foi esbulhado pelos Inglezes, de que poderão dar razão seus herdeiros, dos quaes hum he Francisco Rodrigues de Lima, neto de outro irmão do dito Luiz de Sousa.

Tambem ha noticia que em Bombaim se lançou em Julho hum Bando, no qual se ordenava que todas as pessoas que tivessem fazendas naquella ilha aparecessem dentro de vinte e hum dias com suas armas, sob pena de que não o fazendo assim lhe serião confiscadas as fazendas. Muitas pessoas das nossas terras tem la fazendas, e não forão pelo impedimento que V. S.ª sabe, mas não tenho noticia se se executou o Bando.

Estas são as noticias que na brevidade de vinte e quatro horas de tempo que tive pude alcançar. Em Baçaim não faltará quem as dê a V. S.ª mais extenças. Esta he a relação que mandou o General do Norte sem vir assignada.

## Copia de um capitulo da carta que o Vice-Rey Francisco José de Sampaio e Castro escreveu a El-Rey, sobre a expulsão dos Parochos de Bombaim

(Collecção dos meus mss.)

1721 Janeiro 22 Com a noticia, que o Conde da Ericeyra teve, de haverem os Inglezes de Bombaim expulçado os Religiosos Portuguezes das Igrejas daquella ilha e posto outros Italianos, o que he contra o Real Padroado de Vossa Magestade, e contra a condição quarta das capitulações com que a Coroa de Vossa Magestade deu aquella ilha á da Gram Bretanha, entrou no procedimento de fazer restituir os Religiosos ás ditas Igrejas, o que não conseguio, e nestes termos mandou prohibir todo o commercio que com elles tinhamos, pondo quatro companhias de Infanteria em um quasi bloqueio, e mandando botar hum bando com varias prohibições, como tudo melhor se verá das copias que remetto de tudo o que houve nesta materia, e tambem das cartas que lhe escrevi depois de aqui chegar, e das suas respostas; e sem embargo de que he mui facil o obrigal-os por força, eu não quiz tomar esta resolução, pelas consequencias que della se podião seguir, e tambem por não haver nenhuma dificuldade em se executar logo a resolução que Vossa magestade tiver por mais conveniente neste particular: e assim por conta disto, como por ver que o embaraço não era mais que contra a conveniencia daquelles povos do Norte, e da fazenda de Vossa Magestade, porque na forma das condições dos Rendeiros he prejudicada, mandei levantar as prohibições que havia, e ficar tudo como estava até que Vossa Magestade me mande insinuar o que devo seguir; e, sem embargo de ter tomado esta resolução que tenho tido sobre Bombaim, me pareceo ouvir o conselho do Estado, no qual mandei propor o que Vossa Magestade verá da copia que junta vai com esta carta, e tão bem o que cada hum votou, e eu me acomodei aos pareceres que houve semelhantes ao que eu tinha resolvido, como melhor se verá do meu voto.

## Carta que o Secretario d'Estado Diogo de Mendonça Côrte Real escreveu ao Vice-Rey João de Saldanha da Gama

(Collecção dos meus mss.)

Por Frei João de Christo, Religioso da ordem de S. Francisco, que veio mandado a este Reino por terra pelo Vice Rei Francisco José de Sampaio, a respeito das disputas que tinhamos com os Inglezs de Bombaim, recebi todos os papeis e documentos em que se justificava a nossa queixa com os Inglezes; e sendo todos presentes a Sua Magestade ordenou que na Corte de Londres se passassem pelo nosso Ministro apertados officios, para que ElRei de Inglaterra desse uma condigna satisfação ao dito Senhor pelos attentados que os Inglezes havião commettido contra a capitulação expressa da entrega daquelle porto e ilha, a qual até ao presente não podemos conseguir, desculpando-se pertencer esta materia á companhia da India; e fazendo o nosso Ministro um largo memorial, que entregou ao Secretario d'Estado, este por ordem de ElRei de Inglaterra o remetteo á mesma Companhia: esta fez uma resposta larga, que entregou ao mesmo Secretario, o qual a deu ao nosso Ministro, e remetteo a este Reino, e pela carta que eu escrevi a Antonio Galvão de Castelbranco, e razões com que refutei a resposta da dita Companhia, ficará S. S.ª entendendo o estado em que se acha este negocio, em que instaremos se nos dê a final resposta, e logo que ella chegue a participarei a V. S.ª ou por Hollanda, Flandes ou por França, e no entretanto sempre V. S.ª deve estar com vigilante cuidado, porque se os Inglezes intentarem alguma acção a possa rebater, e pela lista inclusa ficará V. S.ª entendendo os papeis que lhe remetto. Deus guarde a V. S.ª muitos annos. Lisboa occidental 2 de Abril de 1721.—Diogo de Mendonça Corte Real.—Sr. Vice Rei e Capitão General do Estado da India.

1721 Abril 2

**Lista dos papeis que foram com a carta de 2 de abril de 1721 para o Vice-Rey o Capitão General dos Estados da India João de Saldanha da Gama**

Papel que fez o Enviado em Inglaterra Antonio Galvão de Castelbranco sobre a disputa de Bombaim.

Resposta que os Directores da Companhia oriental derão a elle.

Carta que o Secretario d'Estado escreveo a Antonio Galvão, e razões com que refutava o papel dos Directores da Companhia.

---

## Carta de El-Rey ao Vice-Rey Francisco José de Sampaio e Castro, participando-lhe que mandára armar uma Fragáta para obstar ao estabelecimento dos Inglezes em Lourenço Marques.

(Arch. da India.)

1721 Abril 16 Vice Rey e Capitão General do Estado da India, amigo. Eu ElRey vos envio muito saudar. — Sendo-me presente que a Companhia da India oriental de Inglaterra determinava fazer um novo estabelecimento na costa de Africa, e que este era na Bahia de Lourenço Marques, que pertence á minha Coroa, como vos constará pelo papel incluso, que será com esta, e que com effeito tinha a mesma Companhia mandado em navios de guerra e mercantes gente para se estabelecer na dita Bahia: fui servido mandar passar officios n'esta Corte com o Enviado Extraordinario de Inglaterra, e pelo meu Ministro em Londres, para que ElRey Britannico, meu bom Irmão e Primo, ordenasse á dita Companhia se abstivesse de um semilhante attentado contra os Tratados, e boa correspondencia, que ha entre as duas Coroas, e que no caso, em que já tivesse mandado os referidos navios, como se divulgou, expedisse a mesma Companhia logo por hum aviso as ordens convenientes para que se não executasse o referido attentado; e ainda que devo esperar da estreita alliança, que ha entre esta Coroa e a de Inglaterra, que os Inglezes não executarão o sobredito, com tudo tive por conveniente mandar hum navio de guerra á dita Bahia de Lourenço Marques com a gente necessaria para a occuparem, e guarnecerem: ordenando-lhe que, no caso em que ali achem os Inglezes, os desalojem. 1721 Abril 16

Escripta em Lisboa occidental, a 16 de Abril de 1721.— Rey.—Diogo de Mendonça Corte Real.

Annexo

É certo que os Portuguezes forão os primeiros descobridores da costa oriental de Africa, e os primeiros que dobrarão o Cabo da Boa Esperança, o que não só consta de todos os historiadores, e autos de posse, e do padrão que poz, com o nome de S. Gregorio, Bartholomeu Dias por ordem de ElRey D. João II, d'onde ainda hoje se chama as Pontas do Padrão em altura de 33° do sul, e tambem ainda hoje se vê toda aquella costa com nomes Portuguezes, e na posse deste dominio estamos ha mais de dois seculos, sem que ninguem nos perturbasse nella, e assim devemos conservar-nos desde o Cabo da Boa Esperança até o de Guardafui, porque ao norte de Moçambique, que hoje possuimos, estabelecemos sempre as nossas feitorias e fortalezas nos reinos de Quilôa e Melinde, e ultimamente perdemos a Mombaça neste reino, que nos tomarão os Arabios, e esperamos restaurar. Ao sul de Moçambique ainda tem sido melhor conservado o dominio de Portugal, pois demais desta praça, cabeça daquelle governo, vem correndo o sul com a de Sofalla e Quilimane, com a de Senna e outras, e com a bahia de Lourenço Marques e Inhambane, donde sempre tivemos fortalezas, commercio e feitorias, que continuão desde o Cabo das Correntes até á Terra de Natal e rio do Infante, junto do qual estão os ilheus Chãos, nos quaes esteve o padrão de Bartholomeu Dias, que já dissemos.

Aos Governadores de Moçambique se lhes dá o dominio de toda esta costa, a que se põe o termo de Cabo da Boa Espe-

1721 Abril 16 rança até o Cabo Delgado, porque dali para o norte e para leste começava o governo de Mombaça, e das colonias dos outros reinos. Mostra-se o nosso direito não só por descobridores, e primeiros que occupámos, mas pela posse immemorial, e pelo dominio, e actos possessorios e tributos, que ainda hoje se recebem, recorrendo aos Vice Reys da India, e mandando-lhe as setas banhadas em sangue, para que como a delegados de ElRey de Portugal, seu superior, lhes faça cobrar a liberdade, que os Arabios e outros tyrannos lhes usurpão, como agora fizerão ao Conde da Ericeira, que prevenia a restauração de Mombaça; e forão os auctores Inglezes os que mais se opposerão á opinião contraria, escrevendo o Dr. Seldeno no seu *Mare Clausum* contra o que Hugo Grotius escreveu em damno dos Portuguezes no seu *Mare Liberum*. Poucos mappas se acharão antigos e modernos, que não distingam com letras grandes, que mostre o dominio todo deste grande districto com o titulo de *Cafraria Lusitanis*, e começão estas terras no mappa de Dapper, auctor flamengo, no seu amplo tratado de Africa, desde os mesmos ilheus Chãos e rio do Infante para o norte até os termos referidos; e no mesmo Dapper, tratando do reino de Sofalla, lhe assignala os confins do rio de Cuama até o Espirito Santo, ou de Lourenço Marques, referindo que elle o descubrio em 1545, e no anno de 1500 tinhão os Portuguezes feito um forte para reduzir os cafres a seu jugo, dizendo que ficarão depois senhores absolutos do paiz, e que só os Arabios perturbarão os Portuguezes neste dominio. Jarrie affirma, e Espilbergen confirma que estes Reis são tributarios de Portugal, como já tinha feito tributarios aos outros D. Francisco de Almeida, e outros Vice Reis, combatendo Dapper com a opinião de Sanut que diz que os Portuguezes abandonarão aquellas costas pela sua esterilidade, e mostrando Daviti Errocoles, que o augmentou no seu 3.° volume do *Mundo*, com outros muitos auctores, este dominio, fl. 616 da impressão de Paris em 1660, e mais largamente a fl. 490, e nas antecedentes, em que comprehende todo o paiz ao norte e ao sul do Cabo das Correntes com a parte do reino de Sofalla, que do dilatado rio do Espirito Santo até ao de Cuama (sic) com o paiz, a que chama Maruca. Toda esta costa descreveu Manoel de Mesquita Prestrelo, no anno de 1575 por ordem de ElRey D. Sebastião, costeando-a em uma fusta pequena, como traz na *Arte de navegar* Manuel Pimentel, fl. 429, e nella noticias do nosso descobrimento, e da viagem que fazemos de Moçambique até á bahia de Lourenço Marques e Quilimane, povoação de Portuguezes, 6 leguas ao norte da barra, donde se veem certas e miudas noticias deste paiz; os mais mappas que se teem visto, são de Lilly, que estende o governo de Moçambique até Inhaca. Wit, na sua *Tabua de Africa*, com a mesma illuminação e pontos, comprehende toda esta costa, que principia com o reino de Sofalla, como cabeça deste districto, que corre de Cuama até o Cabo da Boa Esperança; o mesmo, chamando-lhe *Cafraria Lusitanis*, faz Pedro Wander no seu *Atlas Novo*, feito pelas observações da Academia Real de França. Entre os antigos, Abrahão Ortelio chama a toda a costa reino de Sofalla. Pedro Duval tambem conhece por costa de Sofalla quanto corre do rio do Espirito Santo e dos Fumos até Cuama.

1722 Abril 16

O *Atlas* de Sansonio, que é muito estimado na edição latina, chama toda esta costa desde Cabo Talhado até Quilimane *Cafraria Lusitanis*. Claramente reconhece estas divisões e dominios dos Portuguezes em toda esta costa Luyts na sua *Geographia*, secção IV, fl. 617, e se allega que, ainda que um paiz se não occupa todo por falta de gente, nem por isso se perde o dominio delle, quando se occupou, descubriu, possuiu e defendeu, pois seria prejuizo publico de todas as nações, que os seus alliados fossem occupar o paiz, que lhe pertence, só porque elles não tem acaso habitações em toda a costa. Demais dos nossos auctores se pode ver na segunda parte da *Historia dos descobrimentos dos Portuguezes* por Jarrie, livro III, capitulo VIII, como o Rey de Sofalla se fez tributario, segundo se dizia, mas que os Portuguezes conservavão o dominio e commercio daquella costa e sertão.

Que Sofalla seja desde o seu principio com todo o seu reino e dependencias conquista de Portugal, lançando de

1721 Abril 16 toda aquella costa os barbaros, traz um auctor nosso tão acreditado como João de Barros, decada I, livro X, capitulo I. Manoel de Faria na sua *Asia*, parte I, e no *Commento a Camões*, oitava LIV do canto I, e XCIV do canto X, e tambem nos custou defendel-a dos cafres, que no anno de 1505 a sitiarão duas vezes, pelo valor de Pedro de Annaia, que fundou a fortaleza: de que se vê manifestamente ser toda aquella referida costa pertencente a este reino de Portugal. — Diogo de Mendonça Corte Real.

---

## Artigos com que as nações Portugueza e Britannica ajustam uma alliança offensiva e defensiva n'esta Asia

(Collecção dos meus mss.)

1721 Agosto 20 1.° Que se fará uma liga offensiva e defensiva nesta Asia contra todos os Asiaticos que forem inimigos das duas Coroas de Portugal e Gram Bretanha, excepto ElRey Mogor, Persia, Arabia e China, começando logo ambas as nações uma vigorosa guerra contra o Angria, não se ouvindo a este inimigo ajuste algum de paz, e nenhum dos dois aliados ouvirá só nem particularmente nenhuma cousa que toque á paz, senão sendo ao mesmo tempo presente o que se propuzer a ambas, sem que se resolva nada sem ser a beneplacito de ambas as nações.

2.° E que dado caso de haver inimigo de huma das duas Coroas que seja amigo da outra, neste dito caso será só a liga defensiva, sem que se falte por qualquer pretexto a ajudar a que for invadida no caso de qualquer invasão.

3.° Que no que toca a união das forças Britannicas e Portuguezas para as suas operações, assim na terra como no mar, se praticará entre ambas o mesmo que se praticou nesta ultima guerra contra Hespanha, a saber, que os Generaes de ambas as nações mandarão de dia em dia alternativamente, não hindo o Vice Rey ao campo, e da mesma sorte as tropas das duas Coroas ocuparão o posto de honra, huma em hum sitio ou batalha, e outra em outro. 1721 Agosto 20

4.° Que as tropas que forem auxiliares estarão á ordem do soccorrido, e que em todos os destacamentos e occasiões de combate governarão os officiaes de maior patente, seja Inglez ou Portuguez.

5.° Que as tropas auxiliares serão pagas e sustentadas pelos seus Soberanos, assim no mar como na terra.

6.° Que tudo o que for tomado nesta guerra no mar por ambas as nações unidas na mesma occasião, será para ambas, repartindo-se tudo até as munições e importancia dos cascos, sendo condusidas as ditas presas a primeira ao porto do dominio de Portugal, e a segunda ao porto do dominio da Gram Bretanha, e as mais que houver hirão alternativamente; e o mesmo se praticará em terra, só com a differença de que estas serão levadas ao campo, aonde se fará huma igual repartição ás duas nações em tudo o que não for gados, porque estes se repartirão igualmente pelos officiaes e soldados de ambas as nações.

7.° Que, no caso que nos portos ou praças que forem tomadas ao dito inimigo entrem fazendas de qualquer das nações, se não pagarão direitos das mercancias que ali portarem, e só se tomarão do que se vender nas ditas praças e portos.

8.° Que cada nação porá dois mil Infantes em campanha com officiaes á proporção, e com a cavalaria que houver de huma e outra parte prompta, e que sendo necessario maior corpo de infanteria se porá tanto de huma parte como da outra; e no mar se porão cinco Pallas de cada parte, e as embarcações menores que forem necessarias.

9.° Que cada corpo assim no mar como na terra gastará as munições por conta do seu Soberano, e que dado o caso de se necessitar de algumas, havendo-as na outra, se lhe darão pelo seu justo preço para tudo o que for necessario.

10.° Que a fortaleza de Collabo e termo de sua jurisdicção será da Coroa de Portugal aonde os vassalos da Gram Bre-

1721 Agosto 20 tanha conservarão huma casa se lhe parecer, e a fortaleza do Griem e o termo de sua jurisdicção á Coroa da Gram Bretanha, conservando os vassalos da Coroa de Portugal huma casa nella parecendo-lhe; e em caso que os vassalos da Coroa da Gram Bretanha queirão demolir a dita fortaleza de Griem, o será por ambas as nações, e neste caso se repartirão as munições e artilharia por ambas as nações; e pelo Colabo e seu termo se dará aos vassalos da Gram Bretanha hum equivalente em que entrará o Ilheo de Candrim.

11.° Que todos os soldados que desertarem de hum dominio para outro serão restituidos, sem se tomarem no serviço, sem que para a restituição delles seja necessario mais que huma representação de quem governar a parte de onde fugirem a quem governar aquella para que forem fugidos, perdoando-se os delictos dos fugidos.

12.°. Que, havendo furtos da parte de huma ou outra nação, justificados elles serão logo restituidos a quem pertencerem.

13.° Que só não serão restituidos os desertores que buscarem a protecção de qualquer das duas Coroas, tendo feito na que deixão crime por que merecção pena de morte.

14.° Que ratificados estes quatorze artigos, com que se ajustou esta liga, se entrará na execução do projecto, reservando a Suas Magestades de Portugal e Gram Bretanha a todo o tempo o direito que pretenderem. Goa 20 de Agosto de 1721. — João Rodrigues Machado.

---

## Carta do Vice-Rey Francisco José de Sampaio e Castro para o Governador de Bombaim William Phipps, sobre a cobrança dos direitos das embarcações de Bandorá

(Collecção dos meus mss.)

1722 Março 2 Logo que tive noticia de V. S.ª estar de posse do Governo de Bombaim ordenei ao General do Norte mandasse pessoa competente, que da minha parte comprimentasse a V. S.ª e lhe desse o parabem do digno emprego em que se acha, no qual deve esperar tão reciprocas correspondencias que se satisfaça a vontade que me assiste de perpetuar nellas huma aliança tão firme como a que se observa entre as duas nações. 1722 Março 2

O General do Norte me dá conta instava V. S.ª novamente na cobrança dos direitos das embarcações de Bandorá a que se oppunha o Reverendo Padre Superior daquella casa, e com aquelle pretexto mandara V. S.ª reprezar huma das suas Galvetas que já mandara restituir ao dito Padre, e ordenara a este largasse a que (em consequencia daquella acção) tinha retida no porto daquella Aldea com o fundamento da isenção com que se achavão as embarcações della assim como todas as mais de Versava, Torumba, e dos mais portos da nossa jurisdicção. Este ponto tem sido tantas vezes questionado quantas pelos Senhores Governadores de Bombaim pertendido aquelle direito, e aquelles direitos: e ultimamente pelo Sr. Governador Carlos Boone, a que se opoz o General do Norte D. João Fernandes de Almeida, até que, por socegar os movimentos já principiados e não os querer continuar com alguns excessos, convierão ambos em hum tratado que os pacificou, porem tal que nunca teve nem podia ter effeito, não só por ser ajustado por quem não tinha nem podia ter jurisdicção para o concluir e firmar sem authoridade superior, e aceitado por quem reconhecia esta invalidade, como por se ajustar por hum dos capitulos delle (naquelle tempo pelo concedente só de boa fé mal entendido) pertencião os direitos pertendidos á ilha de Bombaim, sendo estes pertencentes em todo o mundo aos portos de onde navegão as embarcações com seus contratos, e aquelles para onde os transportão e conduzem, como acontece ás embarcações que são e sahem de Bandorá com suas mercancias, e ás que vem e voltão ao mesmo porto por huma barra, cujo rio he commum á serventia de Bandorá e Mahim, caes e portos de ambas as nações, pertencendo igualmente o mesmo á ilha de Bombaim nas embarcações que sahem e de fora vem aquella

1722 Março 2 ilha e porto de Mahim: e dando-se conta daquelle Tratado a ElRey meu Amo foi servido mandar declarar por nullo, e que as cousas ficassem no estado em que antes estavão quando o Capitão de Mahim quiz obrigar as embarcações de Bandorá a hirem fazer direitos áquelle porto.

Nesta consideração he certo prometti buscar meio de evitar contendas no futuro, e entendendo que o Sr. Carlos Boone, e hoje V. S.ª se satisfarião tanto das rasões e fundamentos que tem a Coroa Portugueza para os direitos dos Mandovins, portagens e alfandegas das terras dos seus dominios, que lhe pertencerem, e não a Mahim, que facilmente conviria no meio que a V. S.ª propos o General do Norte, por ser materia tão notoria a todos os que por ambas as partes se elegessem para a decisão dirião o que a todos consta, e finalmente fico na certeza que, por V. S.ª estar já bem informado e o não ignorar, regeitou aquelle arbitrio sem que possa ter cabal fundamento para o pertendido. Espero que V. S.ª continue na observancia de não querer violentar as embarcações dos nossos portos, e as que a elles vierem, a que vão fazer direitos a Mahim, para que entre nós não haja motivo algum que nos desgoste, que nunca será bem aceito dos nossos Soberanos, porque eu estou sempre com bom animo de em tudo me mostrar o mais empenhado a tudo o que tocar á nação Britannica e a V. S.ª, que Deus guarde muitos annos. Goa 2 de Março de 1722.—Francisco José de Sampaio e Castro.

---

## Proposta ao Conselho d'Estado, em virtude das cartas do Governador de Bombaim e do General do Norte e assento n'elle tomado

(Collecção dos meus mss.)

1722 Março 27 Aos 27 de Março de 1722, nos Paços da casa da Polvora, sendo convocados os Conselheiros do Estado por ordem do

Ex.$^{mo}$ Sr. Francisco José de Sampaio e Castro, do Conselho d'Estado de Sua Magestade, Vice Rey e Capitão Geral da India, foi proposto pelo dito Sr. que a este Conselho deve estar muito presente a contenda, que o Governador de Bombaim de annos a esta parte tem suscitado sobre querer pertenção a Mahim os direitos das fazendas e mais generos que dos moradores deste Estado navegão pelo rio Mahim Bombaim, o que supposto, bastará fazer reflexão do que já está proposto e discutido em outros conselhos. E agora se offerece novamente a representação de que, sem embargo das varias propostas que da nossa parte se tem feito ao actual Governador de Bombaim, este se queixou ao dito Sr. Vice Rey do Padre Superior da casa de Bandorá, dos Padres da Companhia, com o fundamento de que excedia nos seus procedimentos em forma que offendia as regalias, direito e utilidade da nação Ingleza, e passando da queixa á acção represou huma embarcação de Bandorá, em satisfação do que o dito Padre Superior represou outra de Mahim, e conforme estes procedimentos o General do Norte lhe escreveo varias cartas com allegações, que parece que justificadamente devião embaraçar a resolução do dito Governador; porem este, protestando sempre a inalteravel amisade das nações, não quiz ceder do irregular procedimento de se conservar na pretenção da dita cobrança, mas antes, aggravando mais a exacção com que procede, prendeo em Bombaim a Luiz da Penha, rendeiro de Caranja, com pretexto de que, com damno commum da nação Ingleza, rigorosamente cobrava os direitos em que excedia notavelmente; e remettendo huns papeis em justificação da retenção do dito rendeiro lhe foi requerido pelo General do Norte, em resposta que lhe fez, a irregular forma e excesso que comettia em ter represado hum vassalo de Portugal, que nada lhe hera subalterno, e que isto supposto o devia logo soltar livremente, devendo as queixas ser feitas a elle General para reformar as injustiças que se lhe provassem, e offerecendo-se a fazel-o, porem o Governador de Bombaim não só se escusou de soltar, mas antes, certifica o General, o não licenciará em quanto não der fiança á impor-

1722 Março 27

1722 Março 27

tancia dos excessos das suas cobranças, e declarando que em quanto se não emendarem aquelles impedirá o commercio de Caranja; e querendo o General do Norte inteiramente justificar-se para o futuro pelos accidentes que dos sobreditos principios podem resultar, fez um manifesto em representação do protesto contra o dito Governador e Conselho de Bombaim, que já lhe foi mandado insinuar de que ainda não tem resultado effeito: e porem, vendo o Ex.mo Sr. Vice Rey a rigorosa forma e desabrido proceder do dito Governador, tem ordenado, em carta sua de 2 de Março deste anno, ao General do Norte que, em caso que o dito Governador repreze as embarcações das terras do Estado, represe elle as de Bombaim, e proteste pela conservação da inalteravel aliança das duas Coroas, e que só obra em conservação do direito natural e das gentes, e que, em caso que o dito Governador não queira suspender o excesso, mas antes aggrave mais as suas injustas acções, que o General se lhe opponha com tanta coacção quanta for necessaria para se conservar ileso das violencias do dito Governador.

Quer o Ex.mo Sr. Vice Rey saber se deve aggravar estes procedimentos com os mais que forem precisos para impugnação das resoluções do dito Governador, ou que meio termo se deve tomar para que se suspendão as consequencias relevantes que de principios tão desordenados se podem esperar.

Tambem o dito General do Norte dá conta ao dito Sr. Vice Rey que os Inglezes da ilha das Patecas chamão e fazem chegar por força as nossas embarcações que passão por Caranja, novidade que até agora se não praticou, sendo expressamente prohibido pelo capitulo 1.º das condições com que se lhe entregou Bombaim.

Votarão todos os Conselheiros a saber: Dom Manoel Sottomayor, Capitão da Cidade, o Dr. Christovão Luiz de Andrade, Chanceller da Relação, Dom Luiz da Costa, Dom Christovão de Mello, Vedor Geral da India, Dom João Fernandes de Almeida, General do Estreito e mar roxo, todos uniformemente, que as resoluções que o Ex.mo Sr. Vice Rey tem dado ao General do Norte se devem cumprir e guardar inteiramente, e que se os Inglezes aggravarem o excesso dos seus procedimentos deve este Estado oppor-se-lhe com todo o vigor, de sorte que a regalia e direito das terras deste Estado se conserve e sustente ileso, dispendendo-se o que para este effeito for necessario e usando-se de todo o rigor preciso; e o Ex.mo Sr. Vice Rey se conformou com o parecer dos Conselheiros. Do que eu José da Silva e Gouvea, que sirvo de Secretario, fiz este assento. — Francisco José de Sampaio e Castro — Arcebispo Primaz — Dom João Fernandes de Almeida — D. Christovão de Mello — Dom Luiz da Costa — Christovão Luiz de Andrade—Dom Manoel Souttomayor. 1722 Março 27

---

## Proposta ao segundo Conselho com os pareceres sobre as cousas de Bombaim

(Collecção dos meus mss.)

Aos 11 de Abril de 1722, nos Paços da casa da Polvora, sendo convocados os Conselheiros do Estado por ordem do Ex.mo Sr. Francisco José de Sampaio e Castro, do Conselho de Estado de Sua Magestade, Vice Rey e Capitão geral da India, mandou propor o dito Senhor que, em conselho de 27 de Março proximo, mandára propor aos Conselheiros que se achavão presentes os excessos do Governador de Bombaim, a fim de cobrar os direitos das embarcações de Bandorá, e de todas as mais que vão e vem áquelle porto, de que tinha dado conta o General do Norte D. Antonio Casco e Mello, e as ordens que a este tinha mandado, e na consideração de todas aquellas circunstancias se assentára uniformemente por todos que o dito General devia cumprir inteiramente todas as taes ordens; e que, se os inglezes aggravassem o excesso do seu procedimento, devia o Estado oppor-se-lhe com todo o vigor, de sorte que a sua regalia e direito se sustentasse ilezo, dispendendo-se o que para este effeito fosse necessario. 1722 Abril 11

1722 Abril 11 usando de todo o rigor preciso: e porque agora depois daquelle conselho recebeo S. Ex.ª carta do General de Bombaim, que mandou ler aos Conselheiros, em resposta da que lhe havia escripto em 2 de Março, juntando os documentos, que tambem S. Ex.ª mandou ler aos Conselheiros, com os quaes quer sustentar pertencer-lhe não só os direitos de Bandorá, mas de todos os portos maritimos das nossas terras e ilha de Salcete, augmentando a violencia com que os quer cobrar, obrigando com huma Manchua de guerra, que mandou pôr no meio do rio de Bandorá, a que as nossas embarcações vão pagar direitos a Mahim, o que fizera depois de receber aquella carta de S. Ex.ª, e o protesto que lhe fez o General do Norte, como este avisa por suas cartas, em cujos termos quer o Sr. Vice Rey que os Conselheiros que se achão presentes considerem se os taes documentos ou algum delles pode suspender a resolução que se tem tomado para o Estado se oppor áquelle intento do Governador de Bombaim, ou se o deve mandar continuar na forma dos avisos e ordens expedidas ao General do Norte, e se lhe deve ordenar que a opposição seja impedindo-lhe todo o commercio reciprocamente com as nossas terras, e na forma que aponta o dito General.

Os Conselheiros D. Manuel Sottomayor, Capitão da cidade, o Inquisidor Sebastião Marques de Proença, o Dr. Christovão Luiz de Andrade, Chanceller do Estado, D. Luiz da Costa, D. Christovão de Mello, Vedor da Fazenda, D. João Fernandes de Almeida, General do Exercito, e o Ill.mo Arcebispo Primaz votarão todos uniformemente que devia S. Ex.ª mandar ao General do Norte executasse pontualmente as ordens que lhe tinha mandado e a resolução que se tomou no conselho de 27 de Março proximo, porém que não devia impedir o trato do commercio das nossos terras com as de Bombaim pelas rasões que se ponderarão; e que no que respeitava aos documentos mandados pelo Governador de Bombaim, que, como estes herão extrajudiciaes, e não juridicos, ou tão justificados que fação crer que o dito Governador pretende para que se lhe paguem os direitos de Bandorá e os mais que faz menção, nos não devem estes obrigar a contraria resolução; porém que devia S. Ex.ª, para mais exacta averiguação, mandar examinar se com effeito as embarcações de Bandorá pagarão alguns direitos na Alfandega de Mahim, ou antes ou depois do Tratado que o General do Norte D. João Fernandes de Almeida fez com o Governador de Bombaim Carlos Boone, e nesta parte sendo tambem todos do mesmo parecer, o Dr. Chanceller disse que lhe parecia ociosa diligencia a de se mandar mais averiguar se as embarcações de Bandorá pagavão ou não alguns direitos em Mahim, porque poderia ser (no caso que assim succedesse) violentamente, e não se justifica, porque pelos capitulos da entrega e posse que se deu da ilha de Bombaim isenta todos os nossos portos da jurisdicção dos inglezes, e de serem obrigados a elles em alguma cousa; e que no caso que pareça violencia o não lhe querermos pagar os direitos das embarcações de Bandorá, para os quaes não fazem jus aquelles documentos, que mais justo titulo temos para os não pagar pelos capitulos da entrega do que os inglezes para nos esbulharem da posse em que estavamos das igrejas de Bombaim, contra o capitulado e ajustado na mesma entrega. S. Ex.ª se conformou com o parecer dos Conselheiros. E eu Secretario do Estado João Rodrigues Machado que este assento tomei. — Francisco José de Sampaio e Castro — Arcebispo Primaz — D. João Fernandes de Almeida — D. Christovão de Mello — D. Luiz da Costa — Christovão Luiz de Andrade — Sebastião Marques de Proença — D. Manoel Souttomayor. 1722 Abril 11

---

## Carta do General do Norte D. Antonio Casco e Mello para o Vice-Rey da India, sobre o procedimento do Governador de Bombaim com as embarcações Portuguezas

(Collecção dos meus mss.)

Ha poucos dias escrevi a V. Ex.ª bem largamente por huma Galveta, e agora o torno a fazer na volta desta Armada 1722 Abril 16

1722 Abril 16 para pôr na sua soberana presença o que de então para cá tem acontecido, e de novo se me offerece representar-lhe.

Em huma das cartas que escrevi naquella occasião a V. Ex.ª lhe dizia, por insinuação do Tenente General desta provincia, que os inglezes se satisfarião com chamarem de Mahim as nossas embarcações de Bandorá e Corlem sem lhe fazerem outra alguma opressão para as obrigarem a chegar ao Mandovi a pagar os direitos que pretendem; porem agora me informa o Capitão Francisco de Faria, que esteve em Bombaim e chegou hontem de Bandorá, que o General daquella ilha e os principaes Cabos della tem tomado firme resolução de fazerem chegar todas as nossas embarcações que navegarem pelo rio de Bandorá aos seus postos por qualquer meio que lhe for possivel, e que pelo Cabo de huma das suas Manchuas deixar passar duas Galvetas, em que hião o Capitão Antonio de Sequeira e o seu Sargento, e não as obrigar a chegar a Mahim, o mandárão logo prender, e por fim lhe affirmara o Cowan que antes perderia a ilha de Bombaim do que desistir da cobrança dos ditos direitos sem soberana determinação da Europa.

Á vista desta noticia comecei comigo a discorrer os meios que podia haver para, ou de huma vez se compor esta contenda, ou sahir della em forma que as nossas armas não percão hum atomo da sua reputação, e pelo que respeita á composição parece-me que esta se poderá concluir vindo nós no meio que apontou o dito Cowan, hoje Capitão de Mahim, ao dito Capitão Francisco de Faria, e vem a ser: que, assim como sobre o removimento dos Parochos se tomou a resolução de se esperar pela determinação da Europa, assim no particular dos direitos se faça o mesmo, obrigando-se os inglezes a satisfazerem todos os que daqui por diante se cobrarem, sendo assim lá determinado entre ambos os Soberanos: e que para que conste o que se cobrou permitirão que lá esteja huma pessoa nossa para o apontar, e que sobre este particular se admitirá a conferencia para se ajustar. Este he o meio que apontou o dito Cowan, ao que entendo por insinuação do seu General: veja v. ex.ª se he conveniente que o abracemos, porque eu da minha parte estou prompto para fazer o que me ordenar. 1722 Abril 16

Não se abraçando este meio, he precizo considerarmos o modo com que podemos impedir a cobrança dos ditos direitos. V. Ex.ª me ordena que, no caso que o inglez obrigue as nossas embarcações, ou as que quizerem hir para Bandorá, a que vão primeiro fazer direitos a Mahim, obrigue eu as suas, que entrarem pela mesma barra, vão primeiro fazer direitos a Bandorá; e, quando daquella parte haja mais alguma demonstração, que lhe mande fazer repetidos protestos na fórma que V. Ex.ª me insinua; e, que, quando nada disto baste, que use do poder até nos conservarmos isentos daquella violencia.

Sobre esta ordem tenho que representar a V. Ex.ª que pela barra de Bandorá entrão poucas ou nenhumas embarcações dos inglezes, e que dessas só as grandes, se he que entrarem algumas, poderemos fazer chegar com a artilharia da couraça, porque as pequenas em se encostando á outra banda não podem receber consideravel prejuizo, tanto pela distancia quanto por entrarem com maré e vento feito. No que toca aos protestos, já V. Ex.ª sabe o pouco caso que os inglezes fazem delles; e pelo que obrarão com o primeiro que lhe mandei, de que já dei conta a V. Ex.ª, se póde vir em conhecimento do que obrarão com os mais que lhe repetir: o que supposto, não me fica mais que fazer do que valer-me do poder, para conservar ileso o nosso direito e nos desforçarmos da violencia que nos querem fazer.

Sobre esta materia he que eu quero resolução mais clara de V. Ex.ª, porque verdadeiramente eu ignoro totalmente o que devo fazer. Determino mandar cinco ou seis Manchuas para fazerem opposição ás que os inglezes tem defronte de Mahim, e com effeito, como já escrevi a V. Ex.ª, as enviei á ordem do Tenente General para que este as puzesse no logar que julgasse ser conveniente para impedir a satisfação dos ditos direitos; mas, sem embargo que elle as tinha pedido, ao depois que lá as vio mudou de parecer, assentando que erão inuteis, e que nos não podião servir de outra cousa

1722 Abril 16 senão de nos causar algum desaire, ou de nos meter em maior empenho, e eu me conformei com a sua opinião por entender que, havendo alguma contenda com as embarcações inglezas, estas havião de ficar de melhor partido, assim por terem os soccorros mais promptos, como por pelejarem cubertas de duas fortalezas, quaes são a de Mahim e Sião, e de huma meia laranja, e huma fachina que novamente tem levantado, e aquellas carecerem de ambos estes subsidios, assim porque Baçaim está longe como porque a coiraça da barra fica distante, e havendo qualquer mau successo V. Ex.ª e eu haviamos de ficar com o sentimento delle sem outro despique que assaltar a ilha de Bombaim, o que eu não posso executar sem expressa ordem de V. Ex.ª, que não sei se quererá tomar semilhante resolução: e o mesmo que digo deste numero de embarcações se deve entender de outro qualquer que para aquelle sitio mandar, a quem hade succeder o mesmo pelas rasões referidas, e porque os inglezes não hão de deixar de pôr lá igual ou maior numero, e alem disto, em havendo tiros de artilharia, a Aldea de Bandorá hade ser a mais prejudicada, e não hade ficar nella casa alguma que não seja arruinada, e nem hade ficar de fóra o collegio e igreja dos Padres da Companhia, antes hãode ser o primeiro alvo de todas as ballas, pelo intranhavel odio que tem a estes religiosos: e não sendo por este caminho eu não descubro outro em que possa usar do poder que V. Ex.ª me manda, e por esta causa lhe peço se digne de me exprimir com toda a clareza o que deva obrar.

Suppostas todas estas razões e o estado em que de presente se achão as cousas, eu tenho dado em hum arbitrio que me parece que hade pôr o fim que se deseja a todas estas differenças: digo pois que não façamos nenhum caso de que os inglezes cobrem das embarcações que sahirem de Bandorá e Corlem esses limitados direitos que pretendem; mas que em desconto delles lhe demos tal perda que augmentemos os nossos de maneira que elles nos venhão a largar de boa vontade o que agora com tanta pertinacia procurão e defendem. Para este effeito julgo ser preciso que V. Ex.ª mande de lá um Bando, com pena de morte ás pessoas de inferior qualidade, e para as de maior com pena de desterro, e as mais que lhe parecer, para que ninguem desta Provincia vá a Bombaim fazer negocio algum, ou mande e leve para lá nenhum genero de mantimento ou de outros quaesquer contratos, porem, se os inglezes quizerem alguma cousa das nossas terras, as poderão mandar comprar por pessoa sua, com tanto que os santhomés que trouxerem não valerão mais que treze larins, e as rupias de prata feitas em Bombaim sinco, os venezianos sete xerafins e meio larim, as rupias de ouro feitas em Surrate vinte e dois xerafins, e as fabricadas em Bombaim segundo o toque de ouro, e que nenhum mercador, ou pessoa destas terras, lhe tome as ditas moedas por outro preço, debaixo das mesmas penas, nem em nome dos moradores e outras quaesquer pessoas da ilha de Bombaim fação nenhum genero de contrato nestas terras, e só este seja permittido aos mesmos inglezes e moradores e vassalos do seu dominio: e como da observancia exacta deste Bando depende tudo, deve V. Ex.ª ordenar que nesta mesma Provincia se executem nos transgressores delle as penas estabecidas, mandando ao Desembargador Ouvidor Geral com o Adjunto, que lhe parecer, as faça executar inviolavelmente sem ser necessario nenhum recurso para Goa.

1721 Abril 16

Não pareça a V. Ex.ª que este Bando envolve nenhuma injustiça, principalmente nas deminuições da moeda, porque, se aos inglezes he licito não tomarem a nossa senão pelo preço que lhe parece, como o fizerão primeiro aos pardaos, e agora o praticão com os santhomés, tambem a nós nos não será extranhado o diminuir o valor da que elles fazem em Bombaim; e, se não quizerem ter esta perda que nós cada dia com elles experimentamos, precizamente para levarem das nossas terras o que necessitão nos hão de trazer a ellas as fazendas de que carecemos, em que a fazenda real fica lucrando os direitos da entrada dellas, e a Companhia perdendo os que recebia da que nós lá lhe levavamos, alem das imposições e costumes que cada hora nos impunhão.

Nem V. Ex.ª receie que os inglezes não venhão a esta Pro-

1722 Abril 16 vincia buscar o de que necessitão, por quanto elles não podem passar sem estas terras, nem de outras lhe pode vir com commodo e sem maior dispendio o que hão mister. Bem poderá ser que ao principio ponhão a mesma prohibição aos seus subditos, porem asseguro a V. Ex.ª que não hão de persistir nella, se virem que nós perseveramos e fazemos executar rigorosamente o que ordenamos; antes como mercadores, que não attendem mais que a sua conveniencia, nos hão de rogar e fazer tudo o que nós quizermos, e logo não hão de reparar em nos ceder estes mesmos direitos que tão pertinazmente procurão e defendem, e lhe hade parecer mais suave perder esta limitação do que receberem tão consideravel prejuizo.

A unica cousa que nesta resolução poderá parecer mal he largarmos mão daquillo mesmo que até agora defendiamos; porem, não se descubrindo outro meio nem suave nem violento, como tenho ponderado, para conseguirmos o fim que desejamos, não nos pode ser censurada qualquer dessimulação, principalmente se cobrirmos com o pretexto de se dar parte á Europa e se esperar de lá a ultima decisão, como proximamente se fez na expulsão dos nossos Parochos, que sem duvida, por tocar em materias de religião e do Padroado, he cousa de maior suposição do que esta sobre que ao presente se entende. Isto he, meu Senhor, o que me parece sobre as cousas de Bombaim, e fallo nellas com tanta clareza porque não quero que se me impute o não expor aos pés de V. Ex.ª com zelo e sinceridade o que entendo; mas todo este discurso sujeito de boa vontade ao acertado juizo de V. Ex.ª, para que disponha com a soberana comprehenção de que he dotado o que for mais conveniente ao bem destas terras e decoroso á reputação do Estado.

..........................................

A Ex.ma pessoa de V. Ex.ª guarde Deos muitos annos para augmento deste Estado. Baçaim, 16 de Abril de 1722. — D. Antonio Casco e Mello.

## Carta do Governador de Bombaim ao General do Norte, sobre o embargo das embarcações e prisão dos Inglezes na Ilha de Salcete

(Collecção dos meus mss.)

Recebo a via do Ex.mo Sr. Vice Rey, e com esta vai outra minha em resposta, que V. S.a se servirá de remetter. O embargo das embarcações e prisão da nossa gente, feita na Ilha de Salcete, contradiz muito a boa correspondencia que deve ser praticada entre ambas as nações. Espero da prudencia de V. S.a queira prevenir similhantes procedimentos, porque do contrario serei obrigado a mandar executar o que nunca foi da minha vontade, offerecendo-me, porém, com grande affecto para tudo que for do agrado e serviço de V. S.a, a quem Deus guarde muitos annos. Parella $\frac{23 \text{ de Abril}}{4 \text{ de Maio}}$ de 1722 annos.—William Phipps. 1722 $\frac{23 \text{ Abril}}{4 \text{ Maio}}$

## Resposta do General do Norte á carta antecedente

(Collecção dos meus mss.)

Fui entregue da carta de V. S.a de 4 de maio e da via para o Ex.mo Sr. Vice Rey, que hoje mesmo lhe remetto. 1722 Maio 6

No que respeita ao embargo das embarcações e gente, sobre que V. S.a me falla, digo que não sei que desta Ilha se tenha represado nenhuma gente; mas, quando o mandasse fazer, não seria sem justificada causa, por V. S.a sem nenhuma mandar prender dois homens Portuguezes, que hião em huma galveta de Cordem para Bandorá, porém entendo V. S.a neste particular se quiz sangrar em saude, e supõe feito o que presumo mandaria fazer. As embarcações he sem duvida que se represarão duas, uma em Maulla e outra em Marol, aquella por ordem minha em recompença de outra em que hião os ditos Portuguezes, que por nenhum titulo

1722 Maio 6 se podia tomar, sendo (como he sem duvida que he) o rio por onde ella navegava commum para ambas as nações, e não havendo nenhuma outra rasão que podesse justificar semelhante tomadia, senão a frivola da posse que V. S.ª allega e eu nego: em cujos termos me admiro muito de que V. S.ª me falle em tal materia, e muito mais que affirme que o dito embargo contradiz muito a boa correspondencia que deve haver entre ambas as nações; porque, se esta rasão he forçosa, V. S.ª a devia seguir primeiro, e não fazer-se V. S.ª author de novidades, que sabe encontrão essa mesma boa correspondencia que tanto abona. A que se tomou em Çorlem não foi por minha ordem, antes contra ordem minha, e por assim ser mandei logo remover e castigar o Cabo daquelle Porto, porque eu, assim como não consinto a menor culpa dos meus subditos, assim não sei dissimular nenhuma desattenção dos estranhos; e nesta certeza asseguro a V. S.ª que, ainda que da minha parte não heide dar motivo de desgosto, se da sua vier (o que não espero da prudencia de V. S.ª) o heide receber com os braços abertos, e recompensar com igual fineza, mas nem por isso deixará V. S.ª de experimentar a minha vontade muito prompta para tudo o que for do seu serviço. Deus guarde a V. S.ª muitos annos. Baçaim 6 de Maio de 1722 annos. — D. Antonio Casco e Mello.

---

## Carta do General de Bombaim ao General do Norte sobre o mesmo assumpto

(Collecção dos meus mss.)

1722 27 Abril / 8 Maio Recebi a de V. S.ª de data de 6 de Maio S. N., em a qual diz V. S.ª que o embargo que mandou fazer em a nossa embarcação em Marol foi por se ter feito chegar em Mahim huma Galveta que hia de Corlem para Bandorá; porem como he sem duvida que sempre foi praticado chegar qualquer embarcação, que navega pelo rio de Mahim, á Alfandega do dito Mahim, he escusado V. S.ª pertender com rasões sofisticas a novidade de querer isentar do dito costume as da sua jurisdicção, porque quanto mais V. S.ª persistir nesta isenção, tanto mais me obrigará a sustentar esta regalia. 1722 27 Abril / 8 Maio

Os dois Portuguezes de que V. S.ª faz menção, que se prenderão em Mahim da dita Galveta, ha mais de tres annos que estiverão em nosso serviço do qual desertarão ha pouco tempo, não sei por qual parte e acaso se achárão na dita Galveta, os quaes (conforme ao Tratado da nossa alliança) V. S.ª não devia admittir nas terras da sua jurisdicção, mas antes retornal-os a essa; porem não obstante isso, quando V. S.ª queira que lhos mande, não lhe heide faltar com esta galantaria.

Antes de receber a de V. S.ª, por me constar estarem as ditas nossas embarcações e gente desempedidas, mandei desembarcar todas as que estavam da jurisdicção de V. S.ª, de cuja prudencia espero me não precisar a semelhantes procedimentos, mas antes a dar vivas demonstrações da amisade que deve haver entre ambas as nações, porque para estas e aquellas seguro a V. S.ª saberei corresponder com reciprocas finezas, ficando sempre com grande vontade para servir a V. S.ª Deus guarde a V. S.ª muitos annos. Parella 27 de Abril / 8 de Maio de 1722 annos. —William Phipps.

---

## Carta do Governador de Bombaim para o General do Norte D. Antonio Casco e Mello, sobre os direitos de Bandorá

(Collecção dos meus mss.)

Com mui sentimento tenho achado que o meu intento de preservar a amisade entre ambas as nações parece que frustará, por V. S.ª persistir em seu intento de privar esta Ilha de seus antigos direitos e prerogativas do rio de Mahim. 1722 25 Maio / 5 Junho

Eu tenho repetidas vezes explicado por esta mesma occasião ao Ex.^mo Sr. Vice Rey, e tambem a V. S.ª, e enviado a

1722 25 Maio / 5 Junho S. Ex.ª, para a sua satisfação, provas de que quando se deu esta Ilha a Sua Serenissima Magestade Britannica, os direitos de Bandorá eram pertencentes á nossa arrecadação, porque, nesta proxima aliança concluida entre S. Ex.ª e meu predecessor, se ajustou que as materias desta natureza entre ambas as nações se havião de continuar no estado em que estavão até áquelle tempo, até que de outra maneira fossem determinadas da Europa, e por isto cuidei que S. Ex.ª tivesse dado suas direcções em conformidade para prevenir algumas más consequencias que podem succeder por obstar a nossa justa pertenção.

A respeito da bandeira de Sua Serenissima Magestade de Portugal, eu tinha ordenado que todas as embarcações que a levassem se deixassem passar livremente sem examinar: porem estou informado que por isso embarcações carregadas prezumem, por enganar, usar do dito privilegio de que são indignas em semelhante occasião.

Hontem tres embarcações mercantins vierão ao nosso rio de Mahim, e passando por nossa Alfandega debaixo da comboya de quatro Machuas recusarão de chegar. Pelo que torno a representar esta materia a V. S.ª, porque, como não desejo de innovar, mas preservar o que sempre foi acostumado em tantos annos, e ajustado na predicta aliança de continuar, V. S.ª será servido de não interromper a preservação do mesmo, e de ordenar a prevenção dos insultos de que me queixo, os quaes, se forem repetidos, por consequencia hade haver quebra na correspondencia, que necessariamente devemos de guardar entre ambas as nações, e por manter o nosso direito não se cuidará que é contribuir para essa quebra, e espero que a prudencia de V. S.ª dictará methodos de sua parte para o prevenir. Fico com prompta vontade para servir a V. S.ª, cuja pessoa Deus guarde muitos annos. Parella 25 de Maio / 5 de Junho de 1722. — William Phipps.

## Protesto que o Governador de Bombaim mandou intimar ao General do Norte

(Collecção dos meus mss.)

Dom William Phipps, Presidente da India, Persia e Arabia pela Illustrissima Companhia Ingleza, Governador e Comandador geral da ilha e castello de Bombaim, e todas as suas dependencias, por Sua Serenissima Magestade da Gran Bretanha, que Deos Guarde. 1722 27 Maio / 7 Junho

Como quer que tantas representações feitas ao Ex.mo Sr. Vice Rey, e ao sr. Dom Antonio Casco e Mello, Capitão geral das Fortalezas e terras do Norte athe Dio, com poderes na Real fazenda, por Sua Serenissima Magestade de Portugal, em ordem de preservar a amizade de entre ambas as Nações, mostrando plenamente o direito que por Lei e costume tem esta Ilha aos direitos de Bandorá, não prevalecerão, nem forão bastantes para com o dito sr. general em este caso; mas antes o dito sr. General presiste em negar que as embarcações mercantins, que entrão e sahem de Bandorá, venham a nossa alfandega de Mahim a pagar os direitos sempre acostumados; e por isso o dito sr. general disputa a prerogativa do rio, atirando muitas vezes de suas baterias de Bandorá para fazer chegar as embarcações que passão desta Ilha depois de serem despachadas na nossa Alfandega, e algumas vezes detendo as taes embarcações, e pondo a gente em prisão com sua grande perda, em contrario ás Leis das nações e de algum sabido costume, e immediatamente em prejuizo da prerogativa desta Ilha: e tambem o dito sr. general por sua conta approva a acção do Padre Manuel Dinis, superior passado de Bandorá, em ter detido, aprisionado e roubado a hum morador d'esta Ilha na pertenção da represa pelos direitos de huma Galveta de Bandorá, que se cobrarão como he devido e acostumado: e depois disto hontem as pessoas que tem authoridade do dito sr. general em Bandorá, daquelles fortes e baterias atirarão contra a bandeira de Sua Serenissima Magestade de Gran Bretanha, uma vez a Fortaleza de

1722 27 Maio 7 Junho Mahim, e duas vezes a Manchua de guerra, antes que lhes fizessem retornos de que procederão de ambas as bandas, que laborarão ardentemente até as seis horas da tarde, em a qual occasião alguns vassallos de Sua Serenissima Magestade Britannica perderão as vidas, e succederão outros damnos; e como essa demonstração he de quebrantar a paz, e o dito sr. general he principal por Sua Serenissima Magestade Portugueza nessas terra do Norte: em nome de ElRey de Gran Bretanha, meu amo, protesto tantas vezes quantas em direito posso e devo fazer contra o dito sr. general D. Antonio Casco e Mello, e seus adherentes, como principaes causadores desta rotura, pelo que eu lhes declaro que serão obrigados por suas pessoas e bens a responder por todos os damnos e perdas succedidas, e pelas que podem succeder a ambas as nações Britannica e Portugueza por causa desta hostilidade executada contra os vassallos da Magestade de Gran Bretanha. Parella $\frac{\text{27 de Maio}}{\text{7 de Junho}}$ de 1722.—William Phipps.

---

## Resposta do General do Norte ao Governador de Bombaim sobre o procedimento d'este contra as embarcações Portuguezas

(Collecção dos meus mss.)

1722 Junho 7 Recebi a carta de V. S.ª de 5 do presente, e supposto que nella me assegura V. S.ª do sentimento que lhe assiste de ver se não poderá conservar a boa amisade e correspondencia entre ambas as nações, dizendo-me que espera que a minha prudencia descubra methodos para prevenir esta quebra, comtudo, pelo que V. S.ª proximamente mandou executar contra as galvetas que hião para Bandorá, e por razão dellas contra a mesma Aldea, fico cabalmente entendendo estar V. S.ª de animo de quebrar com pretextos orgulhosos, e desculpas menos bem fundadas, a antiga paz e boa amizade de nossos Soberanos.

Meios são estes muito alheios da sinceridade e lizura, que pede materia de consequencias tão perniciosas, das quaes dará V. S.ª razão á Serenissima Magestade Britannica, que eu, como já he manifesto a ambas as nações, e V. S.ª o não póde occultar, tenho não só apontado a V. S.ª meios conducentes e efficazes para a conservação da dita amizade, mas tambem protestado esta a V. S.ª: a nada V. S.ª tem defferido, e assim o que ao presente me dicta a minha prudencia he esperar que, abusando V. S.ª totalmente della, grangeie com a continuação destes excessos maiores e verdadeiros sentimentos, e me dê o gosto de que, salva a inexplicavel vontade que sempre mostrei, e ainda me assiste, da conservação da paz, possa inculpavelmente expressar a muita que tenho de servir bem a V. S.ª e lhe agradecer os bons officios com que me dá a perceber o seu sentimento. 1722 Junho 7

A pessoa de V. S.ª guarde Deus muitos annos. Baçaim, 7 de Junho de 1722.—D. Antonio Casco e Mello.

Depois de feita accrescerão circumstancias pelas quaes se faz evidente estar V. S.ª de animo, que eu até o presente tenho discursado, pois me dá conta o Cabo, que assiste em Bandorá, e nos mais postos fronteiros a essa Ilha, ter V. S.ª roto com effeito guerra, e quebrado a nossa antiga amisade, termos em que ha só lugar de dizer a V. S.ª que a seu cargo fica responder aos damnos que disso resultar a huma e outra Corôa. Era supra.

---

## Protestos que o General do Norte mandou intimar ao Governador de Bombaim

(Collecção dos meus mss.)

Dom Antonio Casco e Mello, Capitão geral das Fortalezas e terras do Norte até Dio, com poderes na Real Fazenda. Faço saber ao sr. William Phipps, Presidente e Governador geral da Ilha e Castello de Bombaim e suas dependencias, por Sua Serenissima Magestade Britannica, e a todo seu 1722 14 Março e 8 Junho

1722 14 Março e 8 Junho Conselho, e aos mais a quem o conhecimento da materia do presente manifesto e protesto pertencer, que, sendo informado o Ex.<sup>mo</sup> Sr. Francisco José de Sampaio e Castro, Vice Rey e Capitão geral da India, das duvidas que por razão dos direitos, jurisdicção e dominio do rio de entre Bandorá e Máhim se tinhão movido entre os vassalos das Soberanas Magestades Portugueza e Britannica, desejando evitar, prevenir e atalhar as perniciosas consequencias, que das ditas duvidas podião resultar em disprol de ambas as nações, me ordenou representasse ao dito sr. Presidente a boa amizade e inviolavel paz que havia entre huma e outra Corôa, insinuando-lhe juntamente meios conducentes á conservação della; e porque, cumprindo eu completamente a dita ordem, o dito sr. Presidente, levado de razões frivolas e menos bem aconselhado, não quiz de modo algum annuir aos meios que lhe apontei, e que efficazmente se dirigião ao fim pertendido do socego dos vassalos, e observancia da dita antiga paz e boa amizade, antes instou tenazmente no que pertendia, se fez preciso o protestar-lhe da parte de Sua Magestade, que Deos guarde, e da do dito sr. Vice Rey, expreçando-lhe as justas razões e fundamentos que assistião á nação Portugueza, e encarregando-o de todos os damnos, excessos e disturbios, que da quebra da dita paz resultassem a alguma dellas, como com effeito fiz pelo protesto do theor seguinte:

Dom Antonio Casco e Mello, Fidalgo da casa de Sua Magestade e Capitão geral das Fortalezas e terras do Norte até Dio, com poderes na Real fazenda. Faço saber ao Senhor William Phipps, Presidente e Governador geral da Ilha e Castello de Bombaim e suas dependencias, pela Serenissima Magestade Britannica, e a todo seu Conselho, que, pelas differenças que repetidas vezes se tem movido entre os vassalos das Serenissimas Corôas de Portugal e Inglaterra a respeito dos direitos que na Alfandega de Mahim por vezes se intentam cobrar das fazendas que entravão e sahião dos nossos Portos, e pelo requerimento que de presente faz o Reverendo Superior actual da casa de Bandorá sobre a mesma materia, assim a mim como ao Ex.<sup>mo</sup> Sr. Vice Rey e Capitão geral da India, Francisco José de Sampaio e Castro, foi o dito Senhor servido ordenar, por decreto seu de 15 de Janeiro da presente era, que para se evitarem as repetidas contendas escrevesse eu ao dito sr. Presidente, propondo-lhe ser util e conveniente nomear pessoa ou pessoas que da sua parte representassem a razão que lhe assistia para a cobrança dos taes direitos, e que eu pela parte do Estado nomeasse tambem outras que, não só satisfizessem as duvidas que na tal representação se offerecessem, mas que tambem pela parte dos vassalos da Serenissima Magestade Portugueza mostrassem os fundamentos que tinha para os não pagarem, e que ouvidas ambas as partes se tomasse o accordo que pedisse a recta e boa justiça. E, querendo eu dar exacto cumprimento a este decreto, poucos dias depois delle passado, escrevi ao dito sr. Presidente insinuando-lhe o referido meio, a que me respondeo desviando-se da conferencia com razões frivolas e suppostas, cobrindo-as com o pretexto de esperar de Goa a ultima decisão do Ex.^mo^ Sr. Vice Rey, na conformidade da carta que dizia ter recebido seu antecessor feita em 11 do mesmo mez de Janeiro. Porem, como a referida carta fosse anterior á sobredita ordem, me vi precisado a fazer ao dito sr. Presidente segunda insinuação, assegurando-lhe que o unico meio para se evitarem contendas e decidirem duvidas era o pôr em conferencia a tal materia, ao que de nenhuma maneira quiz annuir, continuando no pretexto de esperar de Goa a resolução, alegando ter para isso razões muito cabaes sem embargo que não apontava nenhuma; e supposto que eu entendi sempre que o intento d'estas esperas não era outro senão o de buscar dillações, comtudo quiz (contra o que devia obrar) condescender com a sua vontade, significando-lhe que não duvidaria esperar a tal resolução assentando elle em não alterar cousa alguma, nem pertender que as nossas embarcações chegassem aos Portos de Bombaim, nem menos procurar cobrar direitos de cousa alguma das nossas terras, em quanto o dito Ex.^mo^ Sr. não mandava a ultima decisão. A esta carta me respondeo o dito Sr. Presidente com equivocos, dizen- 1722 14 Março e 8 Junho

1722 14 Março e 8 Junho do-me na resposta della, de 12 de Fevereiro, que não innovaria cousa alguma, mas que observaria aquillo que sempre foi praticado por seus antecessores, aludindo com isto á pertenção que elles sempre tiveram á cobrança dos taes direitos, mostrando ser este o seu designio com a continuação das rondas, que no rio e portos de Bandorá manda actualmente fazer por embarcações de guerra, mostrando que quer obrigar por força as nossas embarcações á satisfação dos taes direitos, para cuja cobrança não tem mostrado até ao presente fundamento algum solido, antes com a renitencia de o fazer manifesta mais a pouca ou nenhuma razão que tem para a intentada violencia; e achando-se (como com effeito se achão) as coroas dos nossos Soberanos, ligadas com tão estreitos vinculos, e ser preciso haver da nossa parte esta attenção para melhor justificar a nossa causa, visto se faltar a ella pela parte do Governo de Bombaim, sou obrigado a fazer este manifesto ao dito Sr. Presidente, e a todo seu Conselho, para que tenha plena noticia dos meios que da nossa parte tenho buscado para a conservação da boa amisade e correspondencia, cuja quebra se não poderá em tempo algum impor á nação Portugueza, antes o dito Sr. Presidente e seu Conselho serão obrigados a dar razão do seu procedimento nesta materia, e de todas as perdas e damnos que por esta causa se seguirem na presença do Serenissimo Rey de Gram Bretanha, que sei de certo não quer nem permitte que seus vassallos, contra o direito e justiça, fação violencia e usurpem os bens dos vassallos da outra coroa. E porque he de direito e obrigação de justiça nos Reis e Principes Soberanos o mantel-a aos seus subditos, e amparal-os e defendel-os de qualquer força que se lhe faça, nos termos presentes me acho obrigado attender aos requerimentos, que o Reverendo Superior de Bandorá tem feito como vassalo da Serenissima coroa de Portugal, não só por palavra, mas tambem por documentos juridicos e autenticos, apresentando a sua differença alem das condições com que foi entregue a Ilha de Bombaim aos Senhores Inglezes, e principalmente a segunda dellas, que com toda a distincção e clareza falla da

Aldea Bandorá, a sua Carta Patente, que o Serenissimo Rey de Portugal Dom Sebastião de saudosa memoria foi servido mandar passar aos Padres da Companhia de Jesus das Aldeas Bandorá e Corlem, da qual consta por palavras muito expressas ter-lhe não só dado mas vendido por contrato oneroso todos os direitos, e ainda os mesmos Mandovins, de tudo o que pertencia ás ditas Aldeas, dispensando para isso na ordenação do L. 2.°, tit. 45 do seu Reino, a qual Carta Patente, foi passada no anno de 1570, noventa e cinco annos antes que a dita Ilha fosse entregue ao Serenissimo Rey de Inglaterra, e porque no discurso de todo este tempo se observarão inviolavelmente os foros e regalias da dita Patente, corroborada com muitos capitulos do foral do mesmo Mandovim, em os quaes expressamente manda Sua Magestade que nelle se não leve cousa alguma das fazendas dos ditos Portos por pertencerem ao Senhorio das ditas Aldeas: me não posso escusar de patrocinar a sua justiça visto ser tão notoria, e da parte dos Senhores Inglezes se não mostrar cousa alguma em contrario, e por este protesto da parte del-Rey meu Senhor, e da do Ex.mo Vice Rey ao dito Sr. Presidente e seu Conselho, todas as perdas e damnos que das referidas contendas resultarem, protestando juntamente a amisade entre os nossos Soberanos, e que, ficando esta ilesa, firme e em seu vigor, fique por conta dos mesmos o darem conta de não abraçarem meios tão suaves de paz e concordia como tenho buscado, fugindo o sobredito Sr. Presidente de assentir a tudo o que se lhe tem proposto, não só com os referidos protestos, mas tambem com o de affirmar que a decisão deste negocio pertence sómente aos nossos Soberanos, em cujas circumstancias bem se deixa ver que não pertende outra cousa senão interter o tempo e hir cobrando os sobreditos direitos, sem mostrar razão ou fundamento algum: motivos todos que me obrigão a crer fundar-se esta materia, da sua parte, mais na ambição e cobiça, do que na justiça, causa por que a todos faço manifesto, serem os ditos Senhores Inglezes, n'este caso, agressores e executores de violencias, e que com ellas nos dão repetidos motivos para

1722
14 Março
e
8 Junho

1722 a justa defeza, que he de direito natural a todos os ho-
14 Março mens. E para que em todo o tempo e em toda a parte conste
e 8 Junho a todos o meu procedimento n'esta materia, e os meios de que tenho usado para a conservação da paz e boa correspondencia entre ambos os Estados, e não provir da nossa parte cousa alguma que a encontre, mas sim da parte do dito Sr. Presidente e seu Conselho, me resolvi a fazer-lhe este manifesto e protesto para que não possão allegar ignorancia alguma. Baçaim, 14 de Março de 1722.—D. Antonio Casco e Mello.

E porque, sendo o dito protesto apresentado ao dito Sr. Presidente, lhe não deo resposta alguma, ordenando a quem lho entregou se recolhesse a esta cidade, porque aquelle papel não tinha resposta, devendo não só de justiça, por conter negocio atinente á utilidade publica e socego de ambas as nações, mas ainda de urbanidade propor a materia delle aos do seu Conselho, esquecendo-se totalmente da paz e alliança destas Corôas, começou a fortificar e guarnecer com artilharia e milicias todos os postos fronteiros ao de Bandorá, e aos mais de Sua Magestade, que Deos guarde, em a mesma Ilha de Salcete; e não contente de declarar com este procedimento o pouco que estimava a dita paz, e o estar de animo de a quebrar, proximamente, aos 4 deste presente mez, entrando pela barra do dito Bandorá sete cibares, que de Manorá transportavão para aquella povoação algumas patingas e outros effeitos, lhe mandou atirar com a artilharia de Mahim e das mais fortificações inglezas, pertendendo obrigar por força aos ditos cibares a chegarem ás ditas suas fortificações, e intimidar e violentar para o futuro aos moradores da dita aldea Bandorá, pois para ella se endereçaram os mais dos ditos tiros, sendo o dito procedimento absolutamente violento e directamente encontrado ás condições, clausulas e pactos dotaes com que a Ilha de Bombaim foi dada em dote á Serenissima Magestade Britannica; e no dia 6 navegando huma galveta portugueza pelo dito rio lhe foi dando caça huma das manchuas inglezas, que por ordem do dito Sr. Presidente, sem mais causa que a do seu

orgulho, novamente ali assistem, e porque sendo isto visto 1722
do porto do dito Bandorá e fazendo-se precisa ao Cabo delle 14 Março
a defença da dita galveta, e atirando por causa della com e
huma peça á dita manchua, logo immediatamente das forta- 8 Junho
lezas do mando do dito Sr. Presidente se começou a fazer continuo fogo de artilharia sobre as terras e fortificações de Sua Magestade, que Deos Guarde; e porquanto em todas estas acções e procedimentos tem sido o dito Sr. Presidente notorio e violento agressor, e tem roto com effeito guerra, e quebrado a paz antiga de ambas as Corôas, ficando autor e causa de todos os damnos que da dita guerra resultarem: lhe torno novamente a protestar huma e muitas vezes a dita paz, e o encarrego pelo presente de dar conta, razão, e inteira satisfação ás Serenissimas Magestades Britannica e Portugueza de seus procedimentos, e de todas as perdas, damnos, mortes, injurias e disturbios que delle se seguirem; e outro sim novamente lhe protesto huma e muitas vezes, que toda e qualquer acção, posto que violenta e offensiva seja, que o dito Sr. Presidente e a nação Ingleza experimentar em o Ex.mo Sr. Vice Rey, em mim, e na nação Portugueza, toda he deffensiva e obrada a fim de desforçar aos vassalos de Sua Magestade, que Deos guarde, das violencias, insultos, e sem razões que o dito Sr. Presidente tem obrado até ao presente, e for obrando ao futuro, pois se usa della como de meio precisámente necessario para a defeza natural e licita a todos os viventes. E para que elle dito Sr. Presidente e seu Conselho o tenha assim entendido, e não possa em algum tempo, ou por algum motivo ou pretexto, allegar ignorancia ou desculpa perante as ditas Soberanas Magestades, antes estejão sempre em consciencia erronea e certeza de que obrão violentamente sem escusa e descargo algum, lhe mando intimar o presente protesto por mim assignado, para por meio d'elle se conhecer o bom fim dos meus procedimentos, e evitar qualquer prejuizo que da dita quebra possa resultar a Sua Magestade, que Deos guarde, e aos seus vassalos, e lhe ficar ileza e inalterada a antiga paz e alliança, e mutua amisade estipulada com a Sere-

1722 14 Março e 8 Junho nissima Magestade Britannica. E de como assim o protestei mandará elle Sr. Presidente passar certidão ao pé desta pelo Secretario a cujo cargo tocar. Baçaim, 8 de Junho de 1722.— D. Antonio Casco e Mello.

---

## Resposta que o General do Norte fez ao Protesto do Governador de Bombaim

(Collecção dos meus mss.)

1722 Junho 10 Dom Antonio Casco e Mello, Capitão geral das fortalezas e terras do Norte até Dio, com poderes na Real Fazenda, por Sua Serenissima Magestade Portugueza.

Como, movendo-se as duvidas de que o Sr. Presidente e Governador geral de Bombaim faz menção, e sendo dellas informado o Ex.$^{mo}$ Sr. Francisco José de Sampaio e Castro, Vice Rey e Capitão geral da India, no desejo de preservar ilesa a paz e aliança de ambas as coroas, me ordenasse que da parte de Sua Magestade que Deus guarde, e da sua, representasse ao Sr. Presidente a dita paz e amisade, insinuando-lhe juntamente meios conducentes á conservação della, e eu em virtude da dita ordem assim o cumprisse; e não obstante a dita representação e insinuação o dito Sr. Presidente (cerrados totalmente os ouvidos aos meios que por mim lhe forão apontados) continuasse em presistir tenaz em a sua opinião, revocando e tomando absolutamente a seu mando como proprio da Serenissima Magestade Britannica o dominio, jurisdicção do rio de Bandorá, e seus direitos, estando elles controvertidos, e assistindo não só notoria justiça a Serenissima Coroa Portugueza, mas sendo em effeito inquestionavelmente seus, e em execução de sua presistencia e tenacidade obrigasse as embarcações Portuguezas, que hião e sahião de Bandorá e outros portos, a que fossem fazer direitos a Mahim, e começasse a fortificar e guarnecer com artelharia e milicias todos os postos fronteiros ás terras de Sua Magestade que Deos guarde; e como outro sim, sendo-me presente este procedimento do Sr. Presidente, lhe protestasse em forma da parte de Sua Magestade, que Deos guarde, e da do Sr. Vice Rey a dita paz, encarregando-o dos damnos, perdas, mortes e injurias, que da quebra della resultassem a alguma das Coroas, e sendo-lhe o dito protesto apresentado, lhe não desse resposta alguma, nem o propuzesse aos de seu Conselho, sendo-lhe isso por mim pedido, e continuasse na mesma violencia, chegando (querendo evital-o o Cabo do posto de Bandorá) a fazer descarga da artilharia das fortalezas de seu mando sobre aquella povoação; se me fez preciso occorrer á dita violencia, e desforçar aos vassalos de Sua Magestade, que Deos guarde; usando de huma defeza natural e permittida a todo e qualquer vivente, e se no desejo e execução desta se fez alguma descarga de artilharia dos postos do meu mando sobre as baterias do dito Sr. Presidente, foi dentro dos limites da dita defeza natural, e por causa de a ter feito primeiro o Sr. Presidente em as terras de Sua Magestade que Deos guarde, e como finalmente por rasão da mesma natural defeza, e só afim de desforçar aos vassalos Portuguezes de outras semelhantes violencias executadas pelo Sr. Presidente, e por pessoas que tinham sua authoridade, he que se represaram algumas embarcações dos moradores daquella Ilha, e se lhe fez pagar direitos em Bandorá, e o mesmo procedimento ouve em o caso que o Sr. Presidente aponta do Reverendo Padre Manoel Diniz, Superior que foi do Collegio de Bandorá, pois (sem offensa da verdade) senão poderá mostrar ouvesse da parte do meu mando acção, que não fosse defensiva e obrada em recompensa, e depois de outra feita primeiro pela nação Ingleza, e se destas acções assim licitas e precisamente executadas resultarão os damnos que o Sr. Presidente menciona; sobre elle devem cahir, como motor, agressor, violador da paz, autor da inimisade, e causa della, todos os damnos, perdas, mortes e injurias que até ao presente tem succedido aos vassalos das Serenissimas Magestades Britannica e Portugueza, e ao futuro succederem; razão por que desde logo pelo presente lhe contra protesto, e o en-

1722 Junho 10

1722 Junho 10 carrego huma vez e quantas he de direito necessario de sua inteira satisfação por sua pessoa e bens, perante a Serenissima Magestade Britannica, para que seja evidente não ser o meu animo mais que preservar a dita paz e aliança, torno outra vez, e quantas em direito posso, a protestar ao Sr. Presidente da parte de Sua Magestade, que Deos guarde, e da do Sr. Vice Rey, que em attenção della desista logo das violencias que obra contra o mesmo titulo por que a Serenissima Magestade Britannica possue a Ilha de Bombaim, e contra os mesmos pactos e clausulas com que foi entregue a seus Ministros e Commissarios, e quando o Sr. Presidente assim o não cumpra, protesto amparar, proteger e defender e disforçar com a maior exacção e a preço da propria vida aos vassalos de Sua Magestade, que Deos guarde, das violencias e opressões que o Sr. Presidente lhe fizer ou pertender fazer. Baçaim, 10 de Junho de 1722 annos. — D. Antonio Casco e Mello.

## Resposta do Governador de Bombaim ao segundo protesto que o General do Norte lhe mandou intimar

(Collecção dos meus mss.)

1722 Junho 2/13 Dom William Phipps, Presidente da India, Persia e Arabia, pela Illustrissima Companhia Ingleza, Governador e Commandador Geral da Ilha e Castello de Bombaim, e todas as suas dependencias, por Sua Serenissima Magestade de Gram Bretanha, que Deos Guarde.

Por quanto em a carta do sr. D. Antonio Casco e Mello, capitão geral das Fortalezas e terras do Norte até Dio com poderes na Real fazenda por Sua Serenissima Magestade de Portugal, de 7 do corrente mez S. N., em resposta da minha de 25 do passado S. N., em o contra protesto do dito Sr. General annexo ao meu mandado aos 27 do passado, e em outro protesto, que me foi entregue n'estes dias da data de 8 do corrente S. N. (porem despachado aqui depois de recebido o meu), em o qual tãobem o dito Sr. General faz menção de seu antigo protesto da data de 14 de Março passado, de que o dito Sr. General se aqueixa não ter eu tomado noticia, o dito Sr. General D. Antonio Casco e Mello ainda persiste na sua orgulhosa e injusta pertenção de invadir aquillo que pura e somente pertence á Real prerogativa desta Ilha, e não obstante todos os meios de que usei para o prevenir, que se quebrou em huma aberta rotura, por atirar contra a bandeira de Sua Serenissima Magestade de Gram Bretanha na pertenção (como o dito Sr. General confessa) de defender huma Galveta mercantil que hia a Bandorá, que a nossa Manchua conforme ao direito e costume compelia chegar a Alfandega de Mahim para ser despachada.

1722 Junho 2/13

E como he indubitavel que, conforme ao intento do Tratado do matrimonio de Sua Serenissima Magestade delRey Carlos segundo e a Serenissima Princeza de Portugal, ambos de feliz memoria, esta Ilha de Bombaim devia de ser dada á coroa da Gram Bretanha com todas as prerogativas pertencentes a ella, da mesma maneira que possuia a Serenissima Magestade Portugueza, e como he notorio conforme o foral antigo da Alfandega de Mahim não somente os direitos de Bandorá, mas de outros Portos e Lugares da Ilha de Salcete comprehende nella, como tambem a livre passagem de Taná e Caranja que nós logramos, ainda que depois de passado algum tempo foi retenida injuriosamente, sendo que outra vez foi concedida em sua inteira força no tratado concluido no 1.º de Janeiro de 1717 S. N. entre o meu predecessor e Dom João Fernandes de Almeida, capitão geral do Norte, posto que por algumas razões, que não sei, não foi ratificado pelo Ex.mo Sr. Vice Rey que succedeo; porem, como tornâmos a insistir no tratado e concluido com o presente Ex.mo Sr. Vice Rey, elle entendeo que não cabia na sua jurisdicção o conceder, desejando que a decisão ficasse referida para Europa o qual (para ficarmos unidos em nossos affectos como em nossas forças então contra o commum inimigo Angria), aceitámos promptamente, e ficando todas as cousas de entre ambas as nações na condição que estavão de antes, e como os direitos

1722 Junho 2/13 de Bandorá nunca faltarão em se receberem na Alfandega de Mahim, foi consentido que se havião de continuar até vir tudo determinado da Europa.

Por tanto, se o Sr. General do Norte está inclinado, como pretende, á paz e preservação da amizade e boa correspondencia entre ambas as nações, o dito Sr. General devia attender a essas razões, e não fortificar os seus Lugares fronteiros contra os nossos somente nesse pouco tempo passado, e prohibir as embarcações que entram e sahem de Bandorá a chegar ao Mandovim de Mahim. Pelo que he claro que o dito Sr. General busca occasião de disputa. E o que o dito Sr. General do Norte falla sobre os Padres da Sociedade de Jesus terem comprado os direitos de Bandorá a ElRey Dom Sebastião, na era de 1570, não pode ser boa authoridade, porque aquella Sociedade nunca sabemos que deixasse de acertar em alguma couza que ella cuida que lhe pertence de seu interesse, e esta he huma couza nova e nunca antes pertendida, e se ella tivesse alguma razão não permittiria tão longo silencio. Seja isso como for, os direitos remanescentes em o antigo foral foram cobrados no Mandovim do Mahim quando esta Ilha foi dada a Sua Serenissima Magestade de Gram Bretanha, e por isso pertence cobrar até o presente no dito Mandovim; e se por isso a Sociedade de Jesus está prejudicada deve appellar á Serenissima Coroa de Portugal para remediar, e o dito Sr. General não se intrometter, como o fez em hostil maneira por parte della, para quebrantar a paz entre ambas as nações, pelas más consequencias da qual o dito Sr. General será obrigado a responder.

Em ordem a preservar a boa correspondencia, eu tenho todos os meios, e mais do que se podia esperar de mim, para dar de toda a maneira satisfação, e para mostrar a justiça da nossa pertenção e o heide se desejar continuar o mesmo. Porem como o dito Sr. General do Norte propoz que fosse determinado por pessoas escolhidas de ambas as partes a quem pertence os direitos de Bandorá, eu não posso admittir, pela mesma razão que o Ex.$^{mo}$ Sr. Vice Rey tem referido as nossas demandas para determinação em Europa; e como esta he a regalia da Coroa, e eu achei que esta Ilha está em possessão della quando entrei neste governo, não posso ceder nem sofrer que se dispute sem huma imediata ordem da Europa. 1722 Junho 2/13

O restante disto portanto he sem duvida pleno que Sua Serenissima Magestade Britannica até o presente não possue esta Ilha com aquellas prerogativas justamente intituladas, por isso digo eu que o dito Sr. General do Norte, sendo agressor, promotor das differenças e violador da paz e antes desta inimizade de entre ambas as nações, assim como eu o tenho protestado, e torno a fazer o mesmo em nome do meu Soberano Senhor ElRey de Gram Bretanha, protesto contra o dito Sr. General do Norte, encarregando-lhe todos os damnos, mortes, perdas e injurias que tem succedido ou podem succeder aos subditos de huma e outra Coroa por cauza desta guerra, que o dito Sr. tem tão injustamente começado, e requeiro ao dito Sr. General de desistir logo de proseguir o mesmo, ou de molestar-me em manter a prerogativa tão justa e devida á Coroa de Gram Bretanha, que eu por este declaro de protestar e defender com o mesmo ardor que o dito Sr. General expressa para resistir; e quando o dito Sr. General não cumpra com isto, outra vez protesto contra elle por todos os damnos predictos que tem succedido e podem succeder aos subditos de huma ou outra Coroa, por sua cauza, declarando ao dito Sr. General e seus bens para responder pela mesma. Dado em Parella $\frac{2}{13}$ de junho de 1722.—William Phipps.

---

## Terceiro protesto que o General do Norte mandou intimar ao Governador de Bombaim

(Collecção dos meus mss.)

Dom Antonio Casco e Mello, Fidalgo da Casa de Sua Magestade e Capitão geral das Fortalezas e terras do Norte até Dio, com poderes na Real fazenda, por Sua Serenissima Magestade de Portugal que Deus guarde. 1722 Junho 19

1722 Junho 19 Faço saber ao Sr. William Phipps, Presidente da India, e Governador geral da Ilha e castello de Bombaim e suas dependencias por Sua Serenissima Magestade de Gram Bretanha, e a todo seu conselho e aos mais a quem o conhecimento do presente manifesto e protesto pertencer, que, tendo eu protestado ao dito Sr. Presidente primeira e segunda vez a amizade e aliança das Soberanas Magestades Portugueza e Britannica, e que para a conservação della hera preciso se buscassem de huma e outra parte os meios mais conducentes a este fim e ao do socego e quietação dos vassallos de ambas as Coroas, expressando-lhe as rasões e fundamentos, porque não pertencião ao Mandovim de Mahim os direitos que nelle se pretendem cobrar das embarcações de Bandorá e dos mais Portos maritimos do dominio de Sua Magestade, que Deus guarde; e outro sim que a violencia e hostilidades que da parte da nação Ingleza se fazião não era o caminho porque se havião de arrecadar os ditos direitos, mas antes procedimento extraordinario, e totalmente alheio da boa correspondencia que deve haver entre amigos e vizinhos, e o dito Sr. Presidente mal aconselhado e levado do seu orgulho, seguindo dictames menos seguros, não quiz dar ouvidos a tão sinceras representações e insinuações, mas antes persiste tenaz na sua opinião, e alem do mais que tem obrado, de que se faz menção nos ditos protestos que aqui hei por expressos, proximamente terça feira que se contárão 16 do corrente pelos cabos de seu mando mandou atirar do Forte de Mahim com algumas ballas de artilharia a hum Cibar da Aldea Bandorá, que hia da praia da caza da dita Aldea para a colluaria della, para se encalhar lá como he costume em todos os invernos, as quaes balas todas derão na dita Aldea, e nas nossas Fortificações, para as quaes principalmente se mostra vinhão dirigidas, pois se não póde presumir outra couza estando o dito Cibar tão chegado a nossa praia e defronte do nosso Forte e baterias; e porque, sendo isto visto do posto da Aldea Bandorá, e fazendo-se precisa ao Cabo della a deffença do dito Cibar, e atirando por cauza della o dito Forte, logo immediatamente se principiou a fazer continua descarga de artilharia e morteiros do dito Forte e das mais fachinas de Mahim sobre as terras e fortificações de Sua Magestade que Deus guarde, que durou todo aquelle dia e muita parte da noite, e até o presente se continúa, sem para esta operação haver nenhum motivo, tanto porque cada hum nas terras do seu mando póde fazer o que lhe bem parecer, quanto porque, ainda que o dito Cibar não fosse navegando junto a nossa praia (como com effeito hia), e sahisse ao meio do rio para conseguir a sua viagem, se lhe não podia impedir, por ser o dito rio commum a ambas as nações, e alem disto constar aos ditos Cabos do mando do dito Sr. Presidente que o dito Cibar não levava carga, em cujos termos (segundo a sua errada opinião) não devia tãobem ser perseguido; e porque em todas estas acções e procedimentos tem sido o dito Sr. Presidente notorio e violento opressor, e tem roto com effeito guerra, e quebrado a paz estipulada por Soberanos de ambas as nações, ficando autor e cauza de todos os damnos que da dita quebra resultarem: lhe torno novamente a protestar, huma e muitas vezes, a dita paz e o encarrego pela presente de dar conta, razão e inteira satisfação as Serenissimas Magestades Britannica e Portugueza de seus procedimentos e de todas as perdas, damnos, mortes, injurias e disturbios que delle se seguirem; e outro sim novamente lhe protesto, huma e muitas vezes, que toda e qualquer acção, posto que violenta e offensiva seja, que o dito Sr. Presidente e a nação Ingleza experimentar em o Ex.mo Vice Rey, em mim, e na nação Portugueza, toda he defensiva e obrada afim de desforçar aos vassalos de Sua Magestade, que Deus guarde, das violencias, insultos e sem rasões, que o dito Sr. Presidente tem obrado até o presente e for obrando no futuro, pois se usa della como meio precisamente necessario para a deffença natural e licita a todos os viventes. E para que elle dito Sr. Presidente e seu conselho o tenhão assim entendido, e não possam em algum tempo ou por algum motivo ou pretexto allegar ignorancia ou desculpa perante as ditas Soberanas Magestades, antes estejão sempre em conciencia erronia e certeza de que obrão violentamente 1722 Junho 19

1722 Junho 19 sem escusa e descargo algum, lhe mando intimar o presente protesto por mim assignado, para por meio delle se conhecer o bom fim dos meus procedimentos e evitar qualquer prejuizo que da dita quebra possa resultar a Sua Magestade, que Deus guarde, e aos seus vassallos, e lhe ficar illesa e inalterada a antiga paz e aliança e mutua amizade estipulada com a Serenissima Magestade Britannica: e de como assim o protestei mandará elle Sr. Presidente passar certidão ao pé desta pelo Secretario a cujo cargo tocar. Collecaliana 19 de junho de 1722 annos.—D. Antonio Casco e Mello.

---

## Carta do Governador de Bombaim ao Vice-Rey da India, Francisco José de Sampaio e Castro, queixando-se do General do Norte D. Antonio Casco e Mello

(Collecção dos meus mss.)

1722 Junho 12/23 Ex.^mo Sr.—Com notabilissimo sentimento tenho visto o que bastantemente tinha aprehendido que viria a succeder pela indiscrição do Sr. Dom Antonio Casco e Mello, General do Norte, que, por favorecer as pertensões frivolas dos Padres da Sociedade de Jesus, tem quebrado a paz de entre ambas as Nações por atirar contra a bandeira e fortificações de Sua Serenissima Magestade de Gram Bretanha.

Por prevenir a rotura de tão más consequencias, eu tenho muitas vezes replicado vigorosamente a V. Ex.ª, remorando que, para o presente, insisto somente na prerogativa do rio de Mahim e direitos de Bandorá, de que achei esta Ilha em posse quando cheguei a este governo, os quaes nunca faltarão de se receber na Alfandega de Mahim, o que se póde justificar com os seus proprios habitantes, e por isso não está em meu poder o ceder d'elles, referindo as outras nossas justas demandas devidas á prerogativa desta Ilha para serem determinadas em Europa, no que V. Ex.ª tem consentido, e por isso esperava que as ordens de V. Ex.ª fossem positivas de observar o mesmo.

Com esta remetto a V. Ex.ª as copias das cartas e protestos que tem passado entre mim e o General do Norte acerca desta infeliz differença, e se V. Ex.ª for servido de julgar dellas imparcialmente me hade achar livre de ser cauza. 1722 Junho $\frac{12}{23}$

V. Ex.ª será servido de tomar noticia do respeito que eu em todo o tempo tenho observado á Bandeira de Sua Serenissima Magestade Portugueza, porque ordenei que as embarcações que a levassem se deixassem passar livremente sem examinar, não obstante que me segurarão da indignidade offerecida a ella, usando-a para Bateis mercantis e carregadas por nos enganar.

Faz-se-me preciso avisar a V. Ex.ª que o General do Norte usa de todos os meios que elle cuida para destroçar esta Ilha, não sómente por cortar toda a communicação de entre ambas, más tambem fazendo tudo o que lhe he possivel para prevenir todas as embarcações dos rios, de não chegar aqui com o necessario. The o presente as minhas acções tem sido somente deffensivas; porém a continuação de suas acções tão maliciosas requerem maior resentimento, que eu estimaria se podesse evitar.

Parecerá estranho que as potencias, que ha pouco tempo passado estavão firmemente unidas em ordem a destruhir o commum inimigo Angria, hum destes poderes se veja tão contrario para separar e divertir por todas as maneiras as armas que somente estavão intentadas contra o mesmo Angria, cujo augmento de poder a V. Ex.ª será sensivel que hade ser mais particularmente em prejuizo da nação Portugueza, que de outra alguma.

Eu folgarei cordealmente de ver as boas disposições das pessoas que V. Ex.ª hade apontar para reconciliar estas differenças, como se tem mostrado prompto o presente General do Norte em as causar.

Fico em grande vontade para servir a V. Ex.ª em tudo o que for do seu gosto. Deus guarde a pessoa de V. Ex.ª muitos annos. Parella $\frac{12}{23}$ de Junho de 1722 annos. De V. Ex.ª muito certo servidor.—William Phipps.

## Assento do Conselho da Fazenda e Pareceres sobre os excessos dos Inglezes de Bombaim contra as terras do Estado, etc.

(Collecção dos meus mss.)

1722 Agosto 22 Aos 22 de agosto de 1722, nos Paços da Casa da Polvora, sendo convocados os Conselheiros do Estado por ordem do Ex.mo Sr. Francisco José de Sampaio e Castro, do Conselho de Estado de Sua Magestade, Vice Rey e Capitão geral da India, e aos que se achão presentes foi proposto pelo dito Senhor que o General das Fortalezas e terras do Norte, Dom Antonio Casco e Mello, por cartas continuadas de 24 de junho até 26 de julho, dava conta dos excessos em que rompêrão os Inglezes da Ilha de Bombaim contra as terras do Estado, invadindo-as de mão armada e em som de guerra, como inimigos declarados, batendo o forte de Bandorá, Collegio e casas dos Padres da Companhia, e as mais da mesma Aldea, não só com a artilharia das suas Fortalezas de Mahim, Bombaim, Forte de Siam, coiraças fachinas, e mais fortificações da mesma Ilha fronteiras á nossa Ilha de Salcete, e do mesmo Forte e Collegio, mas tambem lançando n'elles por espaço de nove dias continuos mais de quatrocentas bombas e granadas reaes, passando na noite de São João pelo nosso rio de Torumba com seis Galvetas e duas Manchuas até Tanna, onde, lançando gente em terra, queimarão a coloaria de Chandany e algumas Galvetas della, e com enganoso recado com a gente das duas Manchuas que se encostarão ao Forte dos Reys Magos o entrarão e matarão ao Capitão delle, levando presos a mulher, filha e genro, encravando as peças e deitando-as ao mar, e pondo fogo ao dito Forte, e na volta que fizerão para Bombaim queimarão as Aldeas Sevem e Nevem da jurisdicção de Caranja; e que no quarto da Lua do dia 4 de Julho atacárão hostilmente a fachina que estava na Aldea Corlem, guarnecida com cinco peças e oitenta homens, matando oito ou nove soldados na oposição do assalto, ainda que por carta particular de capitão vizinho a Bombaim se divulga serem vinte e cinco mortos fóra os feridos, e que montada a fachina a senhoriarão, ficando nella todo o dia seguinte, levando duas peças e lançando trez ao mar: e por outras noticias se sabe ter tambem tomado a Ilha do Elefante, e que a tinha fortificado, afim de impedir a communicação das nossas terras com a nossa Fortaleza de Caranja, e a navegação das Galvetas por aquelles rios; e que o motivo deste rompimento tivera seu principio em 6 de Junho a tempo que, sahindo huma Galvetinha de Bandorá, pertenderão os Inglezes apanhal-a, e para este effeito lhe mandárão dar cassa por huma Manchua, descarregando essa sobre ella alguns tiros de artilharia, o que sendo visto pelo Capitão mandante da guarnição de Bandorá mandára atirar á dita Manchua com algumas balas das nossas fortificações, e no mesmo instante que o executou choverão da Fortaleza de Mahim e de Siam e das Fachinas que ficão no meio dellas sobre o posto de Corlem e sobre o Collegio, fortes e ataques de Bandorá, infinitas ballas, a que se respondeu da nossa parte com igual fogo, durando a contenda até ao sol posto; o que se renovou em 16 do mesmo mez por os Inglezes atirarem algumas ballas a hum Cibar, que se começava a mover para sahir de Bandorá, a que se lhe respondeu na mesma fórma, e continuara a contenda todo o dia, proseguindo os Inglezes com o mais que fica relatado, como se via das cartas do dito General que S. Ex.ª mandou ler aos Conselheiros, dando tambem a noticia, que tinha por avisos quasi certos, que o Dabaria vinha invadir as nossas terras da jurisdicção de Damão por permissão e ajuda de Sahu Raja, e que necessitava do socorro de gente, cabos, e officiaes, polvora balla e dinheiro para se prevenir, com as mais noticias e particulares que das mesmas cartas constam: e quer S. Ex.ª que os Conselheiros que se achão presentes, á vista do que os Inglezes tem obrado, digão o que se deve mandar fazer, e o que deve mandar para o Norte do que pede o General; e o que devem obrar as nossas Fragatas e Pallas encontrando-se com as Naus de guerra Inglezas, e com os Navios da Companhia, e com os de Mouros que andão com a bandeira Ingleza, se estas devem ser 1722 Agosto 22

1722 Agosto 22 trazidas a este Porto até a determinação de Sua Magestade, e se deve alterar a hida da Armada do Norte, se deve levar mais força da costumada.

Foi de parecer Dom Manuel Sotto Mayor, Capitão da Cidade de Goa, que, visto o procedimento dos Inglezes, devia o Sr. Vice Rey mandar todo o poder que fosse possivel para fazer aos Inglezes todas as hostilidades que se podessem executar assim por mar como por terra, e que para esse fim devia S. Ex.ª mandar ao General do Norte tudo o que poder ser das munições que pede; e que, no que respeitava ao que devião obrar as nossas Fragatas e Pallas encontrando as Fragatas de guerra de Inglaterra e navios da Companhia, se compromettia ao que S. Ex.ª fosse servido fazer; e que encontrando navios de Mouros com bandeira Ingleza os deve reprezar e trazer ou mandar seguros para esta Cidade; e que deve S. Ex.ª mandar lançar bando para se saber quantas embarcações ha que queirão fazer viagem para o Norte com seus contratos, e que sendo duas ou trez poderão hir logo em Companhia da armada grande que entende se mandará no sedo.

Foi de parecer o Desembargador Christovão Luïz de Andrade, Chanceller da Relação, que os excessos referidos na proposta executados pelos Inglezes de Bombaim nas terras do Estado fazem justificada por todos os principios a guerra, que o Estado lhe deve fazer tanto offensiva como deffensiva; porem, como a justiça que faz justificada a guerra se deve respeitar não só a respeito dos inimigos, mas tambem dos vassalos, lhe parecia que, vistas as poucas forças do Estado tanto da Soldadesca como de cabedaes a respeito de uma guerra offensiva que depende de maior despeza, se não devia fazer esta quebrando em tudo a correspondencia e liga com os Inglezes, mas só fazer algum projecto de hostilidade que excedesse ao que nos tem feito; e que, supposta a preparação com que os Inglezes poderão estar em Bombaim, ajudados ainda de forças estrangeiras, se não devia intentar o dito projecto na ilha de Bombaim, mas só o que se podesse fazer no mar e rios de Bombaim e das nossas terras: e isto ao presente; porque, correndo algum tempo mais, poderá diminuir-se a cautella nos inglezes, e com menos damno pode-se fazer naquella ilha qualquer hostilidade: e que só ao presente lhe parecia podia o Estado fazer-lhe huma hostilidade com menos perigo, e mais sensivel para os Inglezes, que he dar-lhe com toda a força possivel na feitoria de Caroar, tomar-lha e arrazar-lha, ou conserval-a parecendo ao Estado, o que lhe parecia não muito difficultoso pela tenue fortificação de que se compoem; e sendo necessario pedir o Estado adjutorio ao Rey de Sunda, em cujas terras está a dita Feitoria, não será difficultoso de conseguir, por lhe parecer serem os Inglezes mal recebidos do dito Rey, visto tambem se esperar brevemente o seu Embaixador; e os barcos que se toparem no mar pelas nossas Fragatas e Pallas, sendo mercantes, os tragão a este porto, para por meio destas operações se poder reçarcir aos vassalos do Estado a perda que lhe derão e o Estado desagravar-se da injuria e força que delles tem recebido, protestando-lhe com manifestos que estas operações faz o Estado por desforçar-se da força e violencia que lhe tem feito, querendo conservar sempre a aliança que ha em huma e outra Coroa: e que segundo as referidas razões lhe não parecia util, nem se podia praticar, o mandar-se a armada do Norte de guerra, porque então não haverá poder sufficiente para se fazer com bom successo o referido projecto, e que feito esse com a execução mais prompta que poder ser, para que os Inglezes não intentem por alguns meios estorvar-lhe o effeito, ficasse tempo conveniente para a expedição da armada do Norte, e cafilla, dando-se bom comboy e o que necessitar. 1722 Agosto 22

D. Luiz da Costa disse que por a materia da proposta ser de muita consideração não podia dar logo o seu parecer, e pedio a S. Ex.ª o termo de hum dia para dizer o que nella entendesse e considerasse, e S. Ex.ª o houve assim por bem.

Foi de parecer D. Christovão de Mello, Vedor da Fazenda, que, visto a proposta e cartas do General do Norte que se lerão neste conselho, e as noticias que da forma em que se

1722 Agosto 22 acha guarnecida e fortificada a ilha de Bombaim, e repetidos avisos que tinha de que decia a gente de Sahu Raja sobre as terras do Norte com poder tão formidavel como he patente o que elle tem, e nós com tão pouco como hera notorio, que por hora se não devia fazer guerra mais que deffensiva a Bombaim até se verificar ser ou não certa a vinda do exercito do dito Sahu Raja, e juntamente se as quatro Fragatas de guerra que os Inglezes tem na India vinhão no presente verão para esta costa; e que desvanecendo-se huma e outra cousa se podia de Fevereiro por diante represar todos os barcos que andarem com bandeira ingleza, que he o tempo em que costumão recolher-se para Bombaim e Surrate, e impedir-lhe todas as nossas terras, portos e barras para que nelles não tenhão communicação alguma; e que se remetta ao General do Norte todo o soccorro possivel para a defensa assim dos Inglezes como do Sucagi, e isso e embarcações capazes de poderem entrar nas nossas barras do Norte, para se poder valer da guarnição dellas para qualquer projecto que intentar e se lhe offerecer; e que até o referido tempo tenhão as nossas Fragatas e Pallas com as Fragatas de guerra e navios da Companhia a mesma correspondencia como até agora tinhão, e que só no caso de as quererem atacar pelegem com ellas; e que a armada do Norte devia hir no tempo costumado e então se veria a força de que se devia e podia compor.

Foi de parecer D. João Fernandes de Almeida, General do Estreito de Ormuz e mar Roxo, que se devia mandar para o Norte o maior soccorro que for possivel, porque com este, dando o tempo lugar, se podem castigar as insolencias dos Inglezes, e tambem reprimir quando o Marata pertenda invadir as terras do Estado, e que conforme o que descobrir o tempo uze o General do Norte do poder com que se achar, por ser justo que em semelhante occasião se fie da sua prudencia a resolução que deve tomar, e se lhe parecer que a oportunidade do tempo lhe permittir executar projecto com credito do Estado o não deixe de fazer; e que no que respeita as embarcações mercantes da Companhia e outras mais que navegarem com bandeira Ingleza topando com as nossas Naus ou Pallas sejão represadas e trazidas a esta barra, porque, quando este procedimento altere novamente os animos dos Inglezes, já no Norte teremos poder com que deffender os nossos paizes; e que topando as nossas Fragatas com as dos Inglezes querendo elles combater se lhe corresponda na mesma forma; e que no que respeita a armada do Norte, os parangues que costumão hir hirão tão poucos que com pouco trabalho poderião hir em companhia das primeiras embarcações de guerra que forem para o Norte, visto o nosso pouco poder não permittir muitas diversões. — D. João Fernandes de Almeida — D. Christovão de Mello — Christovão Luiz de Andrade — D. Manoel Sottomayor. 1722 Agosto 22

### Parecer que deu por escripto D. Luiz da Costa

Hontem, achando-me em o Conselho do Estado que por ordem de V. Ex.ª se convocou, e nelle pela mesma de V. Ex.ª sendo-nos lida a proposta pelo Secretario do Estado sobre os excessos que os Inglezes de Bombaim executarão contra as terras do Norte, principalmente das da jurisdicção da ilha de Salcete, matando-nos alguma gente ordinaria, soldadesca e hum Capitão de infanteria, bombeando-nos o collegio e forte de Bandorá, rendendo por entrepreza o forte dos Reys Magos de Tana, e queimando-nos varias Aldeas, demolindo-nos hum ataque de algumas peças de artilharia que estava formado na Aldea Corlem e as peças encravando-as e pondo os nossos soldados que guarnecião em vergonhosa fuga, como fizerão os que escaparão do seu furor, e sendo todas estas operações delles mui sufficientes razões para hum rompimento de guerra offensiva da nossa parte, tãobem me pareceo que ha outras para que se deva cuidar muito nesta materia, e com muita ponderação, e por isso pedi a V. Ex.ª o praso de hum dia, e para o fazer por papel como neste executo.

Bem sabe V. Ex.ª o quão nocivo he hum inimigo visinho, e tal como este, que he Europeo, opolento nos cabedaes que

1722 Agosto 22 menea a sua companhia, bem aceito dos visinhos Asiaticos nas materias de conveniencias de huma e outra parte, alem de que tãobem não duvidará V. Ex.ª a quadrupla aliança que temos feito com esta nação na Europa, e neste Estado a utilidade que nos resulta para os nossos provimentos nos generos que nella introduz pelos seus tractos mercantis: mais deve-se attender se esta pertenção aos direitos de Mahim e Bandorá he justa ou injusta, pois he de crer que por causa tão limitada como podera importar esses direitos tão debatidos ouvessem elles de tomar a resolução que tomarão, sem alguma circunstancia particular ou motivo mais reservado, que até agora nem a nossa diligencia soube penetrar, nem o seu interesse pertende exprimir. Seguindo-se a isto mais o manifesto que publicou o General de Bombaim nos seus districtos, que veio á mão de V. Ex.ª e no conselho se leo, em que mostra que o seu animo não he romper guerra com nosco, e que a obrar o que obrou lhe dera motivo o General do Norte e os Padres (segundo suas palavras) socios da Companhia de Jesus.

Por outra parte vejo que os ditos Padres fazem differentes relações desses destroços que os Inglezes nos fizerão no Norte, como ouvi a hum delles, e que a perda da nossa gente no porto de Corlem foi maior do que a noticia que o General dá a V. Ex.ª de oito ou nove homens, e finalmente mostrão-se queixosos do dito General, por onde se pode inferir que fallão como apaixonados.

O General do Norte, nas cartas que escreveo a V. Ex.ª noticiando os infortunios que tem experimentado nestes excessos dos Inglezes, parece-me, segundo o que percebi dellas quando se lerão no Conselho, se acha tão embaraçado como summamente queixoso dos ditos Padres, no que póde haver a mesma circunstancia que acima refiro; e como nestes successos estes tres sujeitos são os que devem falar e podem ser ouvidos, não sei, havendo tanta disformidade nas relações delles, que noticia legitima e real pode V. Ex.ª ter, e conseguintemente o seu conselho, para votar sem o menor escrupulo nestas materias: por outra parte se me representa os damnos presentes e as perdas que os Inglezes nos causarão na inopinada invasão que fizerão nas nossas terras, que se nos redundou tão lastimosos effeitos que experimentamos e fazem estes accidentes da fortuna mais sensivel á nossa nação Portugueza, pelo costume em que estavão de vencer e não sofrer a outra qualquer por mais belicosa que fosse; e he verdadeiramente espectaculo digno de toda a compaixão o ver que os Portuguezes que, na India erão arbitros em dar leis a estes Asiaticos, hoje estejão tão abatidos e esquecidos do seu antigo ser por nossos pecados. Eu nestas materias proximas, Senhor, pudera-me dar por suspeito, pela perda que me derão os Inglezes na queima da minha colloaria; mas, como para dizer o que sinto em Deos e minha consciencia anteponho mais o serviço de Sua Magestade e o bem commum dos seus vassalos que o meu particular interesse ou de outro qualquer sujeito, sou de parecer que V. Ex.ª mande hum sujeito de capacidade, desinteresse e independente de qualquer destas partes, a informar-se de todos estes successos com verdade, e de quem deo principio a esta quebra, para então resolver o que for mais acertado, pois parece-me cousa dura que por erro de hum Cabo tenhamos huma guerra com huma nação Europea; que por teima de hum religioso percamos a sua amizade; e por ambição ingleza percamos (o que Deus nos livre) a ilha de Salsete: e conforme a noticia que V. Ex.ª tiver desta diligencia pode ser castigado o Cabo que teve o erro, o religioso que instou na sua teima ou caprixo, e a demasiada cobiça dos Inglezes de Bombaim, e se justificará mais nesse expediente, quando acaso V. Ex.ª seja servido de o tomar, a causa justa para fazermos todo o mal a nação Ingleza na Asia por mar e por terra, segundo as nossas forças e cabedaes e os accidentes que sobrevierem nos der lugar. Tambem me parece que, a titulo de se atalhar a invasão do Dabaria, se remetta ao Norte o soccorro possivel, que depois de lá se achar servirá para o que for mais necessario; e talvez que á vista delle continue o Inglez em nos dar equivalente satisfação, cujos preludios são os manifestos que espalharão, e depois de tomar as verdadeiras medidas a esse

1722 Agosto 23 caso, poderá V. Ex.ª resolver no que julgar mais conveniente a este Estado.

A pessoa de V. Ex.ª nosso Senhor guarde muitos annos. Pangim, 23 de Agosto de 1722.—D. Luiz da Costa.

---

## Assento do Conselho do Estado, e Pareceres sobre o procedimento dos Inglezes de Bombaim

(Collecção dos meus mss.)

1722 Agosto 27 Aos 27 de Agosto de 1722, nos Paços da casa da Polvora, sendo convocados os Conselheiros do Estado por ordem do Ex.mo Sr. Francisco José de Sampaio e Castro, do Conselho de Estado de Sua Magestade, Vice-Rey e Capitão Geral da India, e aos que se achavão presentes, mandou propor o dito Senhor que hontem, 26 do corrente, chegára de Coroare a esta Cidade hum Inglez, que se diz ser Capitão da guarnição daquella Fortaleza e Feitoria (com carta do Governador de Bombaim, e copias de algumas cartas e protestos mandados por elle ao General do Norte Dom Antonio Casco e Mello, hum e outro reciprocamente, com que pertende justificar o seu procedimento no rompimento da guerra que tem feito contra a nação Portugueza nas terras do Norte, firmando-se e insistindo na justa causa com que defende ser o rio de Bandorá (a que elle troca o nome chamando-lhe rio de Mahim) perfeitamente, e sem mediação alguma do Senhorio da Ilha de Bombaim; e que os direitos das embarcações de Bandorá pertencem ao Mandovim de Mahim da mesma Ilha, fundando-se no capitulo undecimo da doação feita a ElRey da Gram Bretanha, e no foral antigo do Mandovim de Mahim; e que por estar aquella Ilha nesta posse quando chegou áquelle Governo, não podia ceder dos taes direitos, por tambem se lhe terem reintegrado pelos artigos ajustados com o General seu antecessor, e com o General que foi do Norte Dom João Fernandes de Almeida, e por S. Ex.ª consentir ficasse nesta posse, deixando as outras justas demandas, devidas ás prerogativas daquella Ilha, para serem deferidas em Europa, e que por o dito General do Norte Dom Antonio Casco e Mello querer defender e impedir as embarcações de Bandorá fossem fazer direitos a Mahim, tinha quebrado a paz entre as duas Nações, por atirar tiros contra as bandeiras e fortificações da Magestade Britannica. E porque a narração desta carta e protestos do Governador geral de Bombaim, são tanto contra a sinceridade, e direito procedimento de pessoas de semelhante graduação, pois em todas as circumstancias se encontra ao facto e direito do que representa, porque o rio de Bandorá, pelos capitulos da entrega e posse que se deo á Magestade Britannica, ficou commum a ambas as Nações, sendo antes inteiramente da Corôa de Portugal, e os direitos das embarcações de Bandorá pertencerem ao Mandovim da mesma Aldea, por doação feita por ElRey Dom Sebastião ao Collegio de Jesus desta Cidade, muitos annos antes de se dar Bombaim aos Inglezes, e no caso que antes disto pelo foral antigo pertence ao Mandovim de Mahim: como tudo era da mesma Magestade, se não póde duvidar, que já ficarão pertencendo aos Religiosos da Companhia por aquella doação, e aos quaes o mesmo Rey Dom Sebastião deu o Senhorio directo, que como Rey e Senhor tinha e podia dar, e estando já desmembrados os direitos que se pagassem em o Mandovim de Mahim já não podião dar com a Ilha de Bombaim, e ainda que por violencia os Inglezes os cobrassem por algum tempo (no caso que assim fosse), esta posse lhe não dá direito para dizerem que a tiverão, nem menos podem dizer que a tinhão quando o Inglez Roberto Cowan veiu a esta Cidade a tratar com S. Ex.ª a aliança contra o Angria, porque se a tivessem não a pertenderia, como pertendeo e em S. Ex.ª lhe dizer que as pretensões de Bombaim ficassem affectas á Europa, para se deferirem ficando as cousas como estavão dantes, bem se seguia ficavão isentas (como herão) as embarcações de Bandorá de hirem pagar direitos a Mahim até chegar aquella decisão, e da mesma carta do Governador de Bombaim (que S. Ex.ª mandou ler com as mais cartas e

1722 Agosto 27

1722 Agosto 27 protestos, que remetteo) se via o seu falso trato, pois sendo a tal carta de 25 de Junho do nosso estillo diz esperava ver as pessoas que S. Ex.ª apontava para a reconciliação daquellas discordias, e não muitos dias depois (a 4 de Julho) continuou as hostilidades, que já se propuserão em Conselho de 22 do presente mez, nem podia para desculpar as suas temerarias ousadias e violencias criminar ao General do Norte em defender as embarcações de Bandorá fossem violentamente levadas a Mahim a pagarem os direitos, porque usou (depois de provocado) do direito natural que a todos compete, e nesta parte ter executado as ordens que tinha de S. Ex.ª, e nestas circumstancias quer o Sr. Vice Rey, que os Conselheiros digão se deve responder, e o que se deve responder ao Governador Geral de Bombaim, e o mais que se deve obrar, de sorte que fique bem livrada a opinião do Estado e da Nação.

Dom Manoel Sottomayor, Capitão da Cidade de Goa, foi de parecer, que S. Ex.ª devia responder á carta do Governador de Bombaim, convencendo-o com os mesmos documentos que remetteo, e que na armada de alto bordo que no Conselho passado foi de parecer se devia mandar, podia S. Ex.ª mandar pessoa nomeadamente, que sempre devia ser o General da mesma armada, para reconciliar as duas Nações, por ser pessoa a quem são notorios todos os particulares desta contenda, fazendo se restituão a suas Igrejas os nossos Religiosos, que os Inglezes expulsárão.

O Doutor Christovão Luiz de Andrade, Chanceller da Relação, foi de parecer que visto constar dos papeis remettidos pelo General de Bombaim, que são os treslados dos protestos que lhe fez o General do Norte Dom Antonio Casco e Mello, porque se mostra ter o mesmo protestado ao de Bombaim huma e muitas vezes pela boa paz e aliança de ambas as Corôas, se abstivesse das forças e violencias que fazia, e houvesse de fazer aos vassalos de nosso Soberano, e pedirlhe da parte de S. Ex.ª nomeasse pessoas, e com as que nomeasse o dito General se discutissem as duvidas, que entre ambos havia sobre a quem pertencião os direitos de Bandorá, e o General de Bombaim ter tudo despresado procedendo avante em tudo com o maior orgulho, e finalmente ter entrado com mão armada as nossas Fortalezas e terras, como se vio na proposta do Conselho passado, se não devia responder ao dito General senão mui succintamente mostrando-lhe ressentimento dos seus excessos, porque não estava bem ao Estado e credito da Nação admittir as praticas que elle refere na sua carta, sem que o Estado tome satisfação do obrado pelo General de Bombaim, e ainda com excesso se puder ser, protestando sempre pela boa aliança entre as duas corôas, e que emquanto ao mais que se devia obrar se compromette no parecer que deo no Conselho de 22 do presente mez, por entender ser o projecto mais sensivel aos Inglezes, que outro qualquer que se possa executar, e pelas conveniencias que resultão ao Estado assim por se facilitar a esta Cidade o commercio de que o porto de Carvar com os Inglezes nos previa, e tambem para se tapar aquella porta, que tanto facilita aos soldados do Estado desertarem delle. 1722 Agosto 27

Dom Luiz da Costa foi de parecer devia S. Ex.ª responder ao Governador Geral de Bombaim, que como o General do Norte justifica o seu procedimento com as mesmas cartas e protestos que elle dito William Phipps remetteo, se lhe devia mostrar se estranhava muito o seu procedimento nos excessos comettidos nas nossas terras, pois com as mesmas cartas e protestos se convencia a sua pouca justiça naquelles procedimentos, e que vista a nossa justiça lhe parecia devia S. Ex.ª castigar com toda a exacção aquellas violencias.

João Borges Côrte Real, foi de parecer que devia S. Ex.ª responder na forma que votarão os mais Conselheiros, e que tendo o Estado forças com que poder tomar o desempenho de tantas insolencias comettidas, se devia acometter a Ilha de Bombaim, e fazer nella todas as hostilidades possiveis, comettido o desempenho ao General do Norte.

Dom Christovão de Mello, Vedor da Fazenda, foi de parecer, que S. Ex.ª devia responder á carta do Governador de Bombaim, convencendo-o com as razões da sua mesma carta e protestos que remetteo, pois não mostra fundamento algum solido, porque conste pertencer-lhe os direitos de Bandorá,

1722 Agosto 27 pois se destroem com os que se lhe protestarão pelo General do Norte, e que não acha razão alguma porque possa alterar o que votou no Conselho de 22 do presente mez.

Dom João Fernandes de Almeida, foi de parecer que, no que respeitava a se responder á carta do Governador de Bombaim, se conformava com o parecer do Vedor da Fazenda, e que no que respeitava se se devia obrar mais alguma cousa, que se conformava com o que tinha votado no Conselho de 22 do presente mez com as circumstancias seguintes: que sahindo armada ou Fragata alguma que encontre os navios dos Inglezes os não represem, e tragão a Goa sem primeiro terem a certeza de estar soccorrido o Norte. — D. João Fernandes de Almeida — D. Christovão de Mello — João Borges Corte Real — D. Luiz da Costa — Christovão Luiz de Andrade — D. Manoel Souttomayor.

---

## Resposta do Vice-Rey Francisco José de Sampaio e Castro ao Governador de Bombaim, sobre os procedimentos d'este

(Collecção dos meus mss.)

1722 Agosto 31 Não sei como V. S.ª quer que eu creia o sentimento, que me significa o acompanha do que tem succedido, sendo tudo huma execução tão voluntaria como violenta, e assaz premeditada por V. S.ª, a fim de quebrantar huma paz tão estabelecida, e romper huma guerra tão declarada, batendo com artilharia das suas fortificações, e mais de quatrocentas bombas a nossa Aldeia Bandorá, aquelle Collegio, casas e Igreja por espaço de oito dias successivos, penetrando de noite os nossos rios até chegar a Tanná para assaltar debaixo da boa fé as nossas fortificações, matando, ferindo, levando, encravando e lançando ao mar a sua artilharia, no que dá bem a entender malignidade occulta em seu animo; porque não tem fundamento algum exterior que justifique o seu procedimento, como pelas cartas, e protestos do General do Norte

Dom Antonio Casco e Mello (que V. S.ª por copias me remetteo) melhor se acredita, pois tantas vezes tem manifestado a V. S.ª a isenção que logrão as Aldeias Bandorá e Corlem, de pagarem direitos alguns, nem ainda nos Mandovis das nossas terras, sendo os Religiosos da Companhia de Jesus directo Senhorio dellas, com titulo tão proprio como authentico de doação feita quasi cem annos, antes da doação de Bombaim a Serenissima Magestade Britannica; e o dominio do nosso rio de Bandorá, cujo uso ficou commum a ambas as nações, como se mostra do termo da posse que se deo daquella Ilha aos Senhores Inglezes, do que tudo V. S.ª está bem certificado com certa sciencia, e de ser o agressor violento desta rotura, sem que a possa imputar ao dito General (sendo só culpado no que eu sei), pois por direito natural lhe hera licito repelir as violencias que V. S.ª lhe fez de obrigar com artilharia os Sibares que entrarão pelo nosso rio de Bandorá, e hião para aquella Aldeia, fossem fazer direitos na Alfandega de Mahim, e com huma manchua de guerra querer levar violentamente uma galveta, que sahia da mesma Aldeia Bandorá. Nem V. S.ª póde com razão dizer que quando chegou a esse Governo achara essa Ilha na posse de cobrar aquelles direitos, e que por essa causa não podia ceder delles, porque aquelle fundamento he supposto e só arguido; na realidade se mostra o contrario, pois a cobrança destes direitos hera a pertenção do Cavalheiro Roberto Cowan quando esteve nesta Corte, e vendo eu que esta pertenção devia ser decidida na Europa assim lhe deferi, e que entretanto ficassem as cousas como estavão, no que bem me expliquei, pois antes desta pertenção se não pagavão os taes direitos, porque se se pagassem não haveria da parte do predecessor de V. S.ª a tal pertenção; e sendo este o verdadeiro sentido e manifesto fundamento da minha resposta, quer V. S.ª (a seu modo) com aquella fallencia dar-lhe sinistra intelligencia. 1722 Agosto 31

Não duvido do respeito que V. S.ª sempre mandaria ter as bandeiras da Serenissima Magestade Portugueza, porque assim cumpria reciproca correspondencia, sem que podesse

1722 Agosto 31 estranhar usassem dellas algumas embarcações menores, ainda que levassem carga, porque as da Serenissima Magestade Britannica vemos cada dia não só em embarcações bem limitadas da mesma nação, que vem a esta Cidade carregar de vinhos, mas ainda em muitas embarcações de Moiros que sahem de Surrate a seu contracto, vendendo-se-lhe aquella concessão por qualquer leve interesse.

Condemna V. S.ª o General do Norte impedir as embarcações da sua jurisdicção hirem a essa Ilha com seus contractos, e não sei como se compadeça essa correspondencia no mesmo tempo que V. S.ª nos está fazendo guerra como inimigo declarado. Confesso que não entendo esta politica, nem este termo, porque nunca o vi praticado em parte alguma.

Reparo em V. S.ª me dizer espera mande, ou aponte eu pessoas cujas disposições reconciliem estas differenças: no mesmo tempo em que experimento o seu falso trato, nas hostilidades que (depois de me escrever esta carta) mandou continuar na Aldeia Corlem, fazendo-se mais escusada esta diligencia na asseveração, com que me diz não póde ceder da (profiada e mal fundada) pertenção dos direitos de Bandorá. Deos guarde a V. S.ª, etc. Goa, 31 de agosto de 1722. — De V. S.ª — Seu servidor — Francisco José de Sampaio e Castro.

---

## Carta do Governador de Bombaim ao Vice-Rey da India

(Collecção dos meus mss.)

1722 22 Agosto / 2 Setembro A de cima he copia da que escrevi a V. Ex.ª remettendo-lhe os papeis mencionados em ella em a data que della parece; mas como ainda não tenho recebido a resposta de V. Ex.ª me pareceu duplical-a, visto que a rotura aqui se vae continuando com maior vigor não sei se por ordens de V. Ex.ª, ou se só por determinação do General do Norte. Espero de V. Ex.ª a resposta, para tomar nesta materia a conveniente resolução, posto que desses excessos ja dei conta a Europa na Fragata que despachei em 19 do corrente S. A. 1722 22 Agosto / 2 Setembro

Para servir a V. Ex.ª fico sempre com grande affecto. Deus guarde a pessoa de V. Ex.ª muitos annos. Castello de Bombaim, 22 de Agosto / 2 de Setembro de 1722. De V. Ex.ª muito certo servidor.— William Phipps.

---

## Carta do Vice-Rey da India Francisco José de Sampaio e Castro para El-Rey, sobre as pretensões dos Inglezes de Bombaim e a guerra com o Angria

(Arch. do antigo Conselho Ultramarino.—Original.)

Senhor.—A profiada pertenção que os Inglezes (depois que se lhe deo a Ilha de Bombaim) sempre tiverão, e ainda tem de se senhoriarem com dominio absoluto do rio de Bandorá, e dos mais que penetrão, e cercão a Ilha de Salcete das terras do Norte do dominio de Vossa Magestade, e dos direitos que são obrigadas a pagar as nossas embarcações que por elles sahem, e forasteiras que por elles entrão para os seos portos: tem causado aos vassalos deste Estado, e a quem o governa tão repetidas molestias, quantas são as occasioens em que renovão aquelle empenho, que sempre o reforção, quando a seo salvo podem fazer as violencias de que uzão; as quaes começárão a executar poucos annos depois que se lhe entregou aquella Ilha; desapossando das proprias fazendas, que nella tinhão, os vassalos de Vossa Magestade, o que representando-se a ElRey da Gram Bretanha, as mandou restituir, por reconhecer ser injusto e absoluto aquelle procedimento; e não obstante o grave prejuizo que experimentárão aquelles vassalos no discurso de cinco annos que se lhes retardou aquella restituição, a lográrão sómente por outros tantos annos, por lhes imputarem os Inglezes não defendêrão aquella Ilha, quando o Sidy lhe fez guerra, e a teve de citio, confiscando-lhe as mesmas fazendas, e outras muitas com o titulo de inconfidentes; no numero destas correo 1722 Setembro 14

1722 Setembro 14 a mesma fortuna o Mandoim de Mahim, de que no tal tempo tinha o senhorio directo Francisco Murcelo Coutinho, e antes de se dar aos Inglezes a Ilha de Bombaim Manoel Luiz Coutinho, por doação feita por ElRey Dom Sebastião de saudosa memoria; e por se senhorearem daquelle Mandoim por aquelle titulo, e com o do capitulo undecimo do tratado de aliança com ElRey de Inglaterra, e doação que se fez de Bombaim áquella Corôa em dotte da Serenissima Infanta de Portugal Dona Catharina Rainha da Gram Bretanha (interpetrado a seo modo) o querem ter, para que todas as embarcações que passarem pelo rio de Bandorá (a que os Inglezes trocão o nome, chamando-lhe rio de Mahim) vão fazer direitos ao porto do dito Mahim'Bombaim; e ainda os dos mesmos portos das aldeias de Bandorá, e Corlem, com as quaes no anno de 1570 a mesma Magestade dotou o Collegio de Goa dos Padres da Companhia, dando-lhe o senhorio directo dellas, e de todos os direitos e Mandoins que lhe pertencião, com isenção de qualquer tributo, e ainda dos dizimos, como consta da carta de mercê que se lhe passou naquelle anno, e elles conservão. Com este direito se quizerão sempre (com razão) eximir os ditos religiosos, de que as galvetas, e mais embarcações que sahem daquelles portos e aldeas fossem, assim na entrada como na sahida, fazer diretos no Mandoim, ou alfandega de Mahim Bombaim, a que sempre os Inglezes as quizerão, e querem violentamente obrigar; e ainda as mesmas manchuas de guerra da Corôa de Vossa Magestade, quando entrão naquelle rio, as querem visitar, não obstante as bandeiras de armas Reaes, com que bem se distinguem; prohibindo pescarem nelle os pescadores de Bandorá, e de outras nossas aldeas, permittindo-lho só, reconhecendo o seo dominio com algum tributo. Estas violencias dos Inglezes forão muitas vezes rebatidas, assim no rio (que divide Bandorá, e toda a Ilha de Salcete de Mahim Bombaim, e toda esta Ilha) como nas prayas da mesma aldea Bandorá, e nas de Mahim, aonde muitas vezes quizerão executar as mesmas violencias, a fim de adquirirem aquelle direito e dominio, de que algumas vezes se seguirão mortes e feridas de huma e outra parte. E para os Inglezes melhor segurarem o seu partido, e fazerem reconhecer por seu, e só seu, o rio de Bandorá, no anno de 1701 fabricárão huma fortaleza regular em Mahim fronteira a Bandorá (em opposição do forte que ha muitos annos havia naquella aldea no mesmo Collegio dos Padres da Companhia) e com a artelharia della obrigão todas as nossas embarcações, que sahem e entrão por aquelle rio, a hirem áquelle Mandoim fazer aquelle reconhecimento, com mais ou menos exacção, conforme a resistencia que achão, ou reguladas pella dependencia que tem das nossas terras, que não he pequena. Com os direitos que algumas embarcações lhe pagárão em alguns tempos com aquella violencia, ou por não a quererem experimentar, allegão a posse; e com o capitullo undecimo[1] do tratado que assima refiro (cuja copia com esta envio) e dominio que lhe pertence dos direitos devidos aos Mandoins de Bandorá, Versava, Torumba, e os mais da Ilha de Salcete; dos quaes supposto alguns se pagavão no Mandoim de Mahim em tempo que Bombaim era da Corôa de Vossa Magestade, por maior facilidade de cobrarem os rendeiros os taes direitos só n'aquelle porto; o que não dá direito aos Inglezes para pertenderem os direitos das fazendas que os vassalos de Vossa Magestade extrahirem dos portos da Ilha de Salcete pelo rio de Bandorá, e pellas mais das terras da Corôa de Vossa Magestade, nem das que por elles entrarem e vierem aos taes portos; não só porque os taes direitos e reconhecimento se não deve á Corôa de Inglaterra, como se verifica dos artigos da entrega, e posse que se lhe deo da Ilha de Bombaim, cuja copia tambem com esta envio[2]; mas tão bem porque seria ignominioso á Nação Portugueza que na Azia aonde foi sempre dominante, a vissem os Reys vizinhos dominada pelos Inglezes, hindo as nossas embarcações, e as mais que sahem dos nossos portos a navegar, reconhecer vassalagem, e pagar direitos na alfandega de Mahim Bombaim do dominio de outra Corôa, sem que os

1722 Setembro 14

[1] Tomo II desta collecção, pag. 262.

[2] Pag. 32 deste tomo.

1722 Setembro 14 pagassem nos Mandoins e alfandegas dos portos donde sahem, e adonde entrão que só reconhecem a Vossa Magestade por seo Rey e Senhor; o que he certo não veiu, e nunca viria á Real mente, quando se dotou Bombaim.

Daquella violenta posse (tantas vezes da nossa parte interrompida) quizerão uzar os Inglezes em tempo do Vice Rey Vasco Fernandes Cezar de Menezes, sendo General das terras do Norte Dom João Fernandes de Almeida, quando da couraça que fica na entrada da barra de Bandorá chamandosse huma pequena embarcação forasteira, que entrava, e obedecendo ella, estando naquella praya debaixo da nossa artelharia, a vierão tirar de noite com violencia com quatro galvetas armadas de guerra; atirárão da couraça alguns tiros de espingarda para a fazer voltar; porém logo das fortalezas dos Inglezes fizerão varias descargas de artelharia sobre Bandorá e mais aldeas vizinhas, o que nos deo motivo a se lhe corresponder igualmente da nossa parte, a qual contenda durou por alguns dias com protestos de hum e outro General pello quebramento da paz, athe que convierão em composição, da qual resultarão os quatro capitullos ajustados entre o General de Bombaim Dom Carlos Boone, e o dito Dom João Fernandes de Almeida, de que deo conta o Conde da Ericeira meu antecessor; e Vossa Magestade por carta de 5 de Abril de 1720 foi servido mandar que visto aquelle tratado não ter a aprovação do Estado, nem de Vossa Magestade, se não innovasse nada nas couzas que se observavão antes do tal ajuste, e se conservassem no estado em que estavão, conforme o tratado dotal da Senhora Rainha Dona Catharina; vendo os Inglezes que não conseguirão o que com tanta ancia desejavão de terem francos todos os rios interiores das nossas terras de Tanna e Baçaim, por onde pretendião facilitar o seu commercio para Biundim e Galiana, e extrahirem destes portos toda a madeira de tecca, com grave perjuizo, não só dos Capitaens da praça de Baçaim (que tem a merce daquella Capitania com o contrato daquella madeira por antiga concessão de Vossa Magestade) mas tão bem da Real fazenda que tanto della necessita para a fabrica das embarcações que se fazem na ribeira de Baçaim, e dos proprios moradores daquellas terras, Conventos e Igrejas, que della necessitão para o fazimento, e reparo das suas casas; acrescendo ainda o não pagarem os Inglezes nos portos e caes, aonde chegassem direitos alguns da tal madeira, nem das fazendas que levassem, e introduzissem pelos nossos rios, pois sendo-lhe preciso passar pello rio interior de Tanna, ou de Baçaim, he certo não haviam pagar direitos pelo tal tratado, porque nos taes caes, e portos he certo não havião desembarcar as taes fazendas e madeira. E se entende que sentidos de não terem cumprimento destes cavilosos capitullos, como estava prevenido naquelle tratado, cuja copia tãobem envio[1]; se animarão a fazer a violencia, e lançarem fóra das Igrejas (que sempre se conservárão em Bombaim) os nossos relligiosos Parochos dellas, com gravissimo escandalo, não só da christandade daquella Ilha, e das nossas terras, mas ainda dos mesmos Gentios, por esta acção mandou o Vice Rey Conde da Ericeira prohibir todo o trato, e contracto das nossas terras do Norte com aquella Ilha, pondo em Bandorá milicias para o executarem, e nos rios que vão para Bombaim quantidade de embarcações miudas guarnecidas, para impedirem as que pretendessem levar mantimento das nossas terras para aquella Ilha; este impedimento se continuou athe depois da minha chegada á India, quando se considerou que a experiencia tinha mostrado o pouco que dava que sentir a Bombaim aquelle impedimento; porquanto pella sua barra conduzião e lhe levavão de fóra das terras dos regulos vizinhos tudo o de que necessitavão; por cuja causa, e do pouco effeito, de que servião aquellas milicias em Bandorá, e do muito que dellas se necessitava para outras partes, com parecer dos Conselheiros que me assistem mandei ao General do Norte dissimulasse o trato e contracto com Bombaim, e licenciasse as taes milicias; e tendosse tambem senhoriado da Ilha chamada das Patecas (vizinha á de Bombaim) cita no meyo dos rios que vão de Torumba para Caran-

1723 Setembro 14

[1] Pag. 188 deste tomo.

1722 Setembro 14 ja, a qual por estar deserta, e não produzir mais que pastos, começarão os primeiros actos de posse, mandando para ella os seus gados para pastar; agora a fortificárão com intento de prohibirem a passagem das nossas embarcaçoens por aquelles rios.

Estando por espaço quasi de dous annos socegadas as contendas, e violencias de quererem obrigar as nossas embarcaçoens hirem pagar direitos a Mahim Bombaim: veyo a Goa o Inglez Roberto Cowan com commissão do General de Bombaim Dom Carlos Boone, para tratar huma liga contra os Aziaticos inimigos das Corôas Portugueza e Britannica, que ajustei com os artigos, cuja copia com esta envio[1]; sendo o principal objecto destruhir o levantado Angria, que os Inglezes com igual empenho desejavão. Com este fim passei ao Norte com o Terço de Goa, varios particulares, trezentos Lascarins das terras vezinhas a esta Cidade, e huma Companhia de cavallos; tendo prevenido no Norte as milicias daquellas terras, dous mil Pattanes da costa de Dio, muniçoens de guerra e boca competentes, que tudo se ajuntou em Chaul; aonde tambem os Inglezes de Bombaim conduzirão dous mil homens Lascarins e Pattanes, cento e sessenta Inglezes da guarnição das quatro naos que estavão naquelle porto, e quarenta cavalos; e como o Angria mezes antes tinha esta noticia: abrio o seu thesouro convidando seus parentes, e alliados que o excedem no poder, e pedio a Sahau Rajá (este filho do Sambagi que em tempo do Vice Rey Conde de Alvor fez a Goa, e suas Ilhas, Salcete e Bardes, e a todas as nossas praças do Norte no mesmo tempo a mais cruel guerra) o socorresse. Chegou-lhe o socorro de Pillagi Zodô com dous mil cavallos, alem da gente de pé, antes de eu chegar a Chaul; e sem embargo da sua opposição assentei meu campo, e houve alguns encontros com reciproca fortuna, inclinada esta a nosso favor; e poucos dias depois chegarão sete mil cavalos com Bagi Rao Generalissimo do Sahau Rajá, e em dias sucessivos lhe veyo chegando a mais cavallaria, que

[1] Pag. 242 deste tomo.

excedeo de vinte e cinco mil cavallos; não chegou a batalha campal hum com outro Exercito, não só porque adoecy com humas rigorosas fevres, que andando no campo montado se agravarão mais, e taes que me obrigarão a recolher a minha nao; mas porque o dito Generalissimo me convidou com pazes, que nas circumstancias do seu muito desigual poder, e o achar-me como digo, entendi era prudencia aceital-as, e as ajustei com os artigos, cuja copia remetto, e o dito Bagi Rao a não quiz ajustar com os Inglezes, talvez a instancias do Angria; e como com este as não ajustei direitamente, mas sim com Sahau Rajá por intervenção e commissão dada ao seo Generalissimo, sem este fazer caso dos Inglezes, e não obstante querer eu que tambem estes assignassem no tratado, o não quizerão fazer; e por me achar nos termos que assima digo, não podia regeitar o que por parte de Sahau Rajá se me offerecia, em cujas circumstancias não faltei ao tratado que ajustei com o General de Bombaim. Ficou este e o que veyo com as suas milicias sentidos daquelle ajustamento, ainda que bem virão não havia outro remedio, nem elles o podião dar. Voltei para Goa, e os Inglezes para Bombaim, e logo derão principio a quererem renovar as suas pertenções sobre o dominio do rio de Bandorá, pedindo mandasse ordens para que as embarcações daquelle porto pagassem direitos em Mahim; mandei-lhe dizer pelo General do Norte se ellegessem arbitros de huma e outra parte para a decisão desta materia, não obstante pertencer esta a ambas as Magestades, e regeitando o arbitrio repetirão logo as violencias com as nossas embarcações de Bandorá mandando sobre huma galveta, que sahia deste porto, huma manchua de guerra, atirando-lhe alguns tiros de artelharia para a apanhar; a que defenderão das nossas fortificações com alguns tiros de artelharia, e logo da fortaleza de Mahim se fizerão varias descargas de artelharia sobre o Collegio, Igreja, e casa dos Padres da Companhia de Bandorá, o que de ambas as partes continuou por todo o dia 6 de Junho do presente anno; e no dia 16 do mesmo mez, querendo sahir de Bandorá para outra aldea pello mesmo rio huns sibares carregados de madeira

1722 Setembro 14

1722 Setembro 14 dos mesmos Padres, da fortaleza de Mahim, e do forte de Siam, e mais fortificações daquella Ilha, que olhão para a Ilha de Salcete se fizerão repetidas descargas de artelharia sobre a mesma aldea Bandorá e Corlem, a que corresponderão as nossas fortificações; e durando esta pertinacia dos Inglezes do dito dia até dia de São João, em que lançarão sobre Bandorá mais de quatrocentas bombas com ruina daquelle Collegio, e morte de varias pessoas, na noite do mesmo dia com seis galvetas, e duas manchuas armadas em guerra entrarão pelo nosso rio de Torumba, e chegando a Tanna lançando gente em terra, queimarão a Coloaria de Chandemi, e algumas galvetas della; e no mesmo tempo as duas manchuas se encostarão ao forte dos Reys Magos (que está no meyo do rio daquella Povoação) e com enganoso recado o fizerão abrir, e o entrarão, matando o Capitão, e levando a mulher, filha, e genro, porque nelle não ha mais guarnição que a de quatro soldados, encravarão a sua artelharia (que erão tres peças), e as lançarão ao mar, lançando fogo ao dito forte; e na volta que fizerão para Bombaim, queimarão as aldeas Sevem e Navem da jurisdição da praça da Caranja. No quarto de alva do dia 4 de Julho baterão com a artelharia da mesma fortaleza de Mahim Bombaim, e do forte de Sião da mesma Ilha a aldea Corlem dos mesmos Padres da Companhia, que está junto a Bandorá, e huma fachina que nella estava com cinco peças, e com a gente que conduzirão em varias embarcaçoens a assaltarão; sem embargo de oitenta homens que a guarnecião com hum Capitão, o qual ficou morto, e vinte e cinco daquelles soldados que se entende forão os que tiverão o brio de sustentar o assalto; porque a não fugir a mayor parte delles seria mais custoza aos Inglezes aquella empreza, na qual tambem delles ficarão alguns mortos e feridos, e no numero destes o Commandante daquelle corpo. Como se senhoriarão daquella força, levarão duas peças de bronze, e as tres de ferro que nella estavão, as lançarão ao mar. Senhoriarão-se da Ilha do Elefante vezinha de Bombaim dentro dos nossos rios, na qual como não havia mais que algumas casas de curumbins (lavradores) fugirão alguns destes em duas galvetas, escapando das dos Inglezes que as seguião, por se lhes opor o Capitão da praça de Caranja nas prayas daquella jurisdição, athe onde as seguirão; dizem que tambem a estão fortificando para melhor nos impedirem a communicação das nossas terras por aquelles rios. Estes os effeitos da amizade dos Inglezes de Bombaim, que verdadeiramente se não póde discursar com acerto que impulso foi este seo das nossas terras do Norte tão inopinado; e de tão declarada guerra com o Estado, se acredita a noticia vinda pela Persia, que esta nação está ligada com outras potencias em Europa contra Portugal, Imperio e França empenhadas pello pretendente da Coroa de Inglaterra. Os Inglezes buscarão os mezes de Junho e Julho para estas suas correrias, por serem de inverno, e saberem se me dificulta o socorrer o Norte em tal tempo, o que espero fazer logo que a barra de Goa der logar a poderem sahir quaesquer embarcaçoens; e para proceder nesta materia com aquelle acerto que desejo obrar em tudo, a mandei propor em Conselho do Estado, no qual forão tão diversos os pareceres, quanto os Conselheiros que nelle assistirão. Aos 25 de Agosto entrou por Coculim hum Inglez servidor da Companhia Ingleza, assistente na feitoria de Carvar, o qual chegando á salla dos paços da Casa da Polvora, em que assisto, pertendeo querer-me fallar, para me entregar huma carta do Governador General de Bombaim; e tendo este obrado nas nossas terras do Norte as insolencias que tenho relatado (as quaes continuou depois de me escrever) me não pareceo acertado dar-lhe audiencia, e lhe mandei dizer falasse com o Secretario do Estado, mandando logo prender os Capitães dos paços das nossas terras por onde passou, por o deixarem passar sem me darem parte. Entregou ao Secretario a carta que trazia, pedindo instantemente a resposta; mandei propor no Conselho do Estado a materia della, a qual, e os pareceres dos Conselheiros com esta envio a Vossa Magestade, com os do Conselho de 22 de Agosto, e resposta que fiz ao dito Governador de Bombaim; e porque o pequeno poder com que me acho, me impossibilita mandar executar alguma acção dentro na Ilha de Bombaim

1722 Setembro 14 em nosso despique, e me constar que os Inglezes, por receiarem este, tem novamente fortificado aquella Ilha, e levantado novas milicias: tenho tomado o expediente de mandar socorrer o Norte com trezentos homens do Terço, e alguns Cabos e Officiaes, e ordenado aos Cabos do Mar que represem todas as embarcações da Companhia que encontrarem, e as tragão a este porto, aonde se fará inventario de tudo o que nellas se achar, e que tudo se mutre com os nossos sellos e dos Inglezes, com assistencia, e a vista dos mesmos, athe Vossa Magestade resolver o que for servido; e que os barcos particulares os deixem navegar, sem entenderem com elles; e que encontrando naos da Coroa se portem com ellas com todo o bom termo, como até o presente se usava, e que só no caso de ellas executarem algum rompimento, se defendão, e offendão vigorosamente; protestando lhe primeiro a paz, e boa aliança em que se acham as duas Coroas e nações; e com instrucção ao General do Norte faça huma guerra defensiva assim por mar, como por terra, para que os Inglezes não possão fazer mais outra alguma operação naquellas terras, athe chegarem as naos desse Reino, em que me cheguem os socorros que espero, e de que o Estado necessita; que sendo de gente limpa e de vergonha, poderei tomar outras medidas para castigar os Inglezes; porque sendo a gente como a que tem vindo nestes annos proximos, nada poderei obrar, pois tenho visto o pouco para que presta, falta de honra e de brio, e tal que serve de descredito á nação: por serem muitos, os que todos os dias estão desertando as nossas terras, tomando soldo com os mesmos nossos inimigos, estando já tão acostumados a fugirem nas occasioens, que nenhuma confiança se pode ja fazer de semelhantes homens, que se fazem indignos de terem o nome de Portuguezes, por ser a mayor parte, ou quasi todos os que vem, ladroens tirados do Limoeiro, e insolentes que mais merecião outro castigo, que o degredo que se lhes dá para a India acompanhados de muitos ciganos, dos quaes aprendem facilmente os seos costumes para não obrarem acção de credito e reputação. Esta resolução dos Inglezes me obrigou facilitar ao Padre Frei João de Christo, Religioso Franciscano, fosse por terra, com a brevidade possivel, com estas cartas, pellas quaes ponho na Real consideração de Vossa Magestade os termos em que se acha este Estado, não só opprimido dos Inglezes, mas ameaçado de alguns regulos, sem mais causa que verem as poucas forças com que se acha, sendo a principal falta de gente Portugueza. 1722 Setembro 14

Deos guarde a muito alta e muito poderosa pessoa de Vossa Magestade felices annos. Goa, 14 de Setembro de 1722. — Francisco Joseph de Sam Payo e Castro.

---

## Carta do Governador de Bombaim ao Vice-Rey da India

(Collecção dos meus mss.)

Ex.mo Sr. — Recebi a de V. Ex.a de 31 de Agosto S. N. aos 17 do corrente S. A. o conteudo da qual não me admira pouco, e tambem me dá sentimento de achar a V. Ex.a persuadido que eu lhe pertendo fazer crèr cousa que não seja actualmente verdade: as minhas boas inclinações, no tocante a conservar a antiga e bem estabelecida paz de entre ambas as nações, são evidentes pelas muitas aplicações que tenho feito a V. Ex.a, desejando remover a causa que de consequencia deve crear más intelligencias, e eu aplicando-me a V. Ex.a depois como a hum arbitro, quando sua gente levou ao cabo suas violencias para quebrar em guerra aberta contra nós, o que sufficientemente testifica o respeito que tenho á pessoa de V. Ex.a 1722 21 Setembro / 2 Outubro

Porem V. Ex.a não devia imaginar que eu podesse sofrer que esta parte dos territorios da Serenissima Magestade Britannica (que tenho a honra de governar) fosse canhoada e seus vassalos mortos sem fazer resistencia, a qual ordenei se fizesse por maneira que fosse conveniente tanto por bombas como por ballas, não se tendo porem despendido, pela conta que me derão, nem huma quarta parte do numero que

1722 21 Setembro / 2 Outubro V. Ex.ª he servido de mencionar; e sua gente cada dia principia.

Pois visto que tenho buscado os preditos meios da paz só, V. Ex.ª não se póde lizamente queixar de mim de que tenho malignidade ou prejuizo contra a nação portugueza; mas eu com grandissima razão accuso a sua gente de hum odio inveterado contra nós, como tem sido evidentemente demonstrado antes, e mais muito especialmente desde o tempo que violarão o primeiro artigo da nossa aliança concluida entre V. Ex.ª e meu predecessor Sr. Dom Charles Boone effectuada pelo cavalheiro Roberto Cowan para a destruição do Angria, e depois da paz ajustada com elle tem buscado todas as occasiões de contender e quebrar comnosco, e desde aquelle tempo resolutamente tem-se preparado e fortificado da banda do mar em ordem a apoderar-se do rio de Mahim, e em Corlem tem fabricado huma bateria forte, canhoando de lá as nossas Galvetas, impedindo a passagem dellas pelos nossos rios, com o que se tem cortado inteiramente a communicação de cá para Mahim: portanto achei-me obrigado para minha mesma preservação a tomar as medidas que considerei convenientes para render a dita passagem livre, a prerogativa da qual inteiramente depende da regalia desta ilha, pelo que eu com muito mais justiça posso transformar essas queixas contra a gente de V. Ex.ª, por ter premeditado e feito diligencias para divertir as armas que somente estavão designadas contra Angria, cujas alianças tem solicitado contra nós.

Excepto na causa de Corlem, em a qual me achei absolutamente necessitado para conservação natural, tenho sido cuidadoso e acautelado em não destruir parte alguma dos territorios pertencentes aos vassalos de Portugal, os quaes armando-se contra nós tem deixado abertas as outras suas terras, para serem destruidas pelos que realmente são seus inimigos.

No que V. Ex.ª se queixa em o que relata a Tanna foi absolutamente feito, sem eu saber, por Sipaes que contra ordem saltarão em terra, os quaes, se não fossem castigados por seus cabos e obrigados a recolher, tiverão feito maior damno para o que elles não poderão ter oportunidade. Se me não achasse obrigado a ter Galvetas equipadas para a protecção de algumas outras vindo dos rios com provisões para esta ilha, sendo a causa o General Dom Antonio Casco e Mello por fazer impedimento ás ditas Galvetas, prohibindo d'antes todos os mantimentos de virem das terras da sua jurisdicção, impedindo juntamente a sua gente de ter communicação alguma com a desta ilha sob pena de morte. O dito General não pode ter pertenção alguma desta ou de outra alguma acção que eu tenha feito para guardar tanto numero de Galvetas equipadas á roda desta ilha para impedir a navegação e commercio della, fazendo constantes a tempo para desembarcar; e por via de traição assaltarão o forte de Varoly, e queimarão a maior parte da dita Aldea puramente por destruir e fazer mal, confirmando por estas occasiões de sua parte o que elle escreveo ao Sydy de Danda Rajapuri, de cuja carta tenho copia, e a outros Governos dizendo que elle está em guerra com os inglezes, e pedindo que de nenhuma maneira nos assistissem.

1722 21 Setembro / 2 Outubro

Portanto he evidente que nada he feito da nossa parte mais do que a lei da natureza requer para a prevenção natural, e totalmente declamo contra alguma guerra ser começada por mim ou continuada contra os vassalos dos territorios do Serenissimo Rey de Portugal, e tambem protesto contra o mesmo; e assim não sou (como V. Ex.ª me dá o termo) de violento agressor nesta quebra, mas proclamo ao General Dom Antonio Casco e Mello por tal, por elle invadir os direitos e territorios e destruir os vassalos de Sua Magestade Britannica, e por suas premencionadas declarações e violentos procedimentos contra nós, ainda que eu acho que V. Ex.ª está inclinado a favorecel-o.

V. Ex.ª tem sido assaz informado, por meu predecessor e por mim, das justas pertenções que esta ilha tem aos direitos de Bandorá, os quaes tem-se cobrado ha mais de cincoenta annos que foi entregue ao poder de Sua Magestade Britannica. Eu mandei documentos de como pertencem á alfandega de Mahim para provar o mesmo, ainda que se pode dizer que

1722 21 Setembro 2 Outubro alguns Padres superiores de facciosos humores se fosse possivel não quererião pagar obediencia a Princepe algum, e assim disputarão o mesmo até que forão compelidos a pagar, quando outros de pacifica disposição tem mandado a factura de seus effeitos com toda a urbanidade á alfandega de Mahim e pago todos os direitos sem excepção ou duvida alguma. Em o tempo do Ex.^mo Conde da Ericeira, predecessor de V. Ex.ª, acho que eramos impedidos algum pouco tempo dos ditos direitos sobre o que produzirão disputas e quebra de amizade entre ambas as nações, achamos então expediente para prevenir semelhante para o futuro que se fizesse menção, como de feito fizemos a V. Ex.ª por via do cavalheiro Roberto Cowan, de que observo V. Ex.ª he servido de fazer huma accusação injuriosa para nos, que se fosse direitos que nós tivessemos a aquelles direitos que não havia occasião de os mencionar, ainda que ao mesmo tempo V. Ex.ª mandou ordens ao General do Norte que as cousas ficassem no mesmo modo em que estavão antes do impedimento do dito Ex.^mo Conde da Ericeira, a qual ordem recebendo o dito General do Norte Dom Antonio Casco e Mello escreveo ao meu antecessor informando-lhe della, e que elle se conformaria com ella, escusando-se de não ter cumprido com o predicto por falta das ditas ordens, a copia da qual carta remetto a V. Ex.ª; e como antes da dita prohibição se pagavão os direitos de Bandorá a Mahim, o mesmo foi concedido e continuado até que a separação da aliança contra o Angria deu azos e animo ao Padre Manoel Diniz, Superior que então era de Bandorá, para disputar de novo o que V. Ex.ª tinha concertado e concedido; e, ainda que no tempo do Presidente meu predecessor, e no meu queixando-me a V. Ex.ª foi servido de ordenar remover ao dito Padre, acho que não tem sido effectuado, mas conforme estou informado tem suas influencias na mesma maneira como se estivesse continuando, e, o que he mais ainda para admirar, V. Ex.ª agora mostra como se justificára todos os procedimentos do Norte ao contrario do que V. Ex.ª tinha ajustado.

Portanto se pode concluir que eu achei os direitos de Bandorá cobrados em Mahim ao mesmo tempo que cheguei a este Governo, pelo que estou determinado a não largal-os sem ordem da Europa. As pretenções dos religiosos da Sociedade de Jesus, que V. Ex.ª observa lhe era dado como donativo mais de cem annos antes da entrega desta ilha a Sua Magestade Britannica, parece ser frivola, e se ouver algumas escripturas daquellas sem duvida serão fictinosas, porque as não produzirão antes deste tempo para provarem seu titulo no tempo que a ilha estava na Coroa de Portugal, mas que somente agora por este Padre Superior o que de antes nunca foi pretendido, nem o que allegão tem validade para ser determinado em seu favor por alguma authoridade aqui na India, e sendo resolvido de entregar esta ilha á Magestade Britannica foi com os mesmos privilegios que de antes tinha quando pertencia á Coroa de Portugal.

1722 21 Setembro / 2 Outubro

Estou informado que V. Ex.ª tem ordenado que todos os effeitos dos inglezes em Goa sejão confiscados: isto indica que V. Ex.ª quer confirmar e declarar-se principal nesta guerra injusta começada comnosco por Dom Antonio Casco e Mello, General do Norte, o que hade render huma reconciliação mais difficultosa.

Fico com prompta vontade para servir a V. Ex.ª em tudo que for do seu gosto.

Deos guarde a pessoa de V. Ex.ª muitos annos. Castello de Bombaim 21 Setembro / 2 Outubro de 1722. — De V. Ex.ª — muito certo servidor —William Phipps.

---

## Resposta do Vice-Rey Francisco José de Sampaio e Castro para o Governador de Bombaim

(Collecção dos meus mss.)

Hoje 10 do corrente recebi huma carta de V. S.ª, por via de Carvar, que serve de segunda via da carta de 12 de Junho passado, á qual respondi já em 31 de Agosto, de que V. S.ª

1722 Outubro 10

1722 Outubro 10 já estará entregue, e na poz-data desta carta vejo que V. S.ª quer á força que o General do Norte seja a causa de tudo quanto V. S.ª tem obrado, o que não repito, porque V. S.ª do si para si não deixa de reconhecer tem sido o motor de tudo o que tem havido, como melhor fica justificado vendo-se tudo o que V. S.ª tem obrado, e o que o General do Norte tem feito; e nestes termos digo que, tendo V. S.ª roto a guerra, atacando fortes, demolindo fortificações, queimando Aldeas e embarcações, que estavão nellas, se faz preciso defender a razão de hum tão improprio procedimento depois de eu ter proposto tão justamente que deviamos esperar pela decisão da Europa. Isto he tudo quanto tenho que dizer a V. S.ª neste particular, e no de o servir espero me dê muitas occasiões de gosto. Deos guarde a V. S.ª muitos annos. Goa, 10 de Outubro de 1722. — De V. S.ª — Seu servidor — Francisco José de Sampaio e Castro.

---

## Carta do Vice-Rey Francisco José de Sampaio e Castro em resposta á do Governador de Bombaim William Phipps

(Collecção dos meus mss.)

1722 Outubro 19 Recebo a carta de V. S.ª, e pelo que vejo della devo supor que, ou V. S.ª reconhece as consequencias do que se póde seguir da sua precipitada resolução em ter rompido huma guerra entre duas nações tão aliadas e reciprocas em amizade, ou que lhe não he presente tudo o que se tem passado. e, sem embargo de que a isto me não posso persuadir, não posso deixar de repetir a V. S.ª o de que V. S.ª se quer esquecer.

Primeiramente com seu antecessor de V. S.ª ajustei hũma liga ofensiva e defensiva, como a V. S.ª consta, e em virtude della fomos contra a fortaleza do Colabo, aonde os socorros que o Angria teve embaraçou conseguir-se o pertendido, como consta pelos assentos dos conselhos de guerra feitos pelos officiaes do exercito portuguez e inglez, o qual me precizou ajustar huma paz com o Sahu Raza, por ver que este era o unico caminho das duas nações fazerem o seu commercio livre, porque não podia ter effeito tudo o que se intentasse contra o Angria, porque aquelle socorro e o mais que tem o Sahu Raza se havia de oppor a tudo. 1722 Outubro 19

Na paz que ajustei não alterei o primeiro capitulo da nossa aliança na India, pois não fiz a paz com o Angria; porque, a querel-a fazer, ajustara logo que cheguei a Chaul, onde o Angria me mandou propor com muitas conveniencias cuja pratica não ouvi em virtude do que tinhamos ajustado, e por não faltar á palavra nem á boa amizade que desejava ter com V. S.ª e a sua nação, como em toda a occasião tem bem justificado as experiencias no affecto e na galanteria com que tenho tratado a nação de V. S.ª

Quando entrei a ajustar a paz com o Sahu Raza, partecipei ao General Roberto Cowan que o fazia e mandava o General de batalha Antonio Cardim Froes a ouvir o que Bagi Rao propunha, e que mandasse o dito General de V. S.ª official da mesma graduação á mesma conferencia, para que em nenhum tempo se prezumisse, estando nós aliados, pertendesse para mim maiores conveniencias: o General Roberto Cowan, pelo que me representou Antonio Cardim Froes, não quiz mandar ninguem, e ao depois de persuadido respondeo mandaria um Sargento: pondere V. S.ª a deformidade de posto a posto para hir a huma conferencia.

Ouvindo eu o que tinha proposto Bagi Rao em nome do Sahu Raza, tornei a mandar representar ao dito General Roberto Cowan que entrava a concluir a paz, que quizesse mandar pessoa sua á dita conferencia, o que não quiz fazer tambem, e entrando-se no ajuste começou elle e o General do Norte a mandar retirar do campo artilharia, munições, e gente; e neste tempo veio o General Roberto Cowan á meu bordo, onde me achava doente, e me disse retirava a Bombaim, e propondo-lhe que devia deixar pessoa para o ajuste, me disse voltava logo que chegasse a Bombaim, e se mal me não lembro disse mais que hia buscar as ultimas instrucções para a paz: a isto lhe respondi que esperava que a demora

1722 Outubro 19 não fosse muita, á vista do que se ficava tratando, e que lhe segurava não ajustaria ponto, nem circunstancia que não fosse igual á nação Portugueza e Britannica, como com effeito o fiz, e da dita paz consta no ultimo capitulo della; e, não querendo Bagi Rao vir nisto, respondi a Mahadagi Crisna que não tinhamos ajustado nada, porque tudo o que tinha ajustado para mim havia de ser para a nação Ingleza, e assim se concluio, firmando-se em que tudo o que se havia ajustado com a nação Portugueza ficava ajustado para a Ingleza, com a condição de que dentro em oito dias viria pessoa della com poderes do General de Bombaim para assignar: e no mesmo ponto partecipei esta noticia ao General Carlos Boone para justificar a fineza com que procedia, e vindo no dito tempo o General Cowan com duas Pallas para Chaul me disse e mandou dizer, como consta da sua carta, que elle não queria tal paz, porque a achava ignominiosa. O mais que aqui houve dirá elle: e com isto se retirou elle para Bombaim, e eu para Goa: agora pondere V. S.ª em que eu faltei á boa amizade, ou em que quebrantei a nossa liga, e principalmente ao primeiro capitulo della.

Nesta mesma liga houve um capitulo secreto, que continha que, visto eu me não achar com jurisdicção para a decizão do ponto pertendido dos direitos de Bandorá e rio de Mahim, ficasse tudo suspenso como estava até a decizão da Europa; porque V. S.ª não pode duvidar de que a cobrança que houve algumas vezes foi violenta, porque a não ser assim se não necessitáva de semelhante artigo, e o melhor caminho de se ventilar este ponto era esperarmos a decizão das Magestades Portugueza e Britannica, em cuja demora não havia prejuizo nas regalias de huma ou outra Coroa, e as conveniencias erão tão poucas como V. S.ª conhece lhe resulta dos taes direitos.

Antes de partir de Chaul para Goa recebi huma carta do General Carlos Boone queixando-se do procedimento do Padre Manoel Diniz, da companhia de Jesus, e Superior da casa de Bandorá: a isto respondi que eu me recolhia a esta Corte, e logo daria toda a providencia sobre o que elle me noticiava; e depois de chegar e acabar de convalecer da minha doença chamei o Provincial da Companhia, e lhe mandei que logo removesse daquelle lugar aquelle superior, e puzesse em seu lugar hum tal Padre que não cauzasse perturbações, o que elle promptamente executou tirando o dito Padre Manoel Diniz, e pondo em seu lugar o Padre Valentim de Gouvea. 1722 Outubro 19

Não se satisfazendo V. S.ª com isto nem com o capitulo de segredo, que tinha ajustado com o seu antecessor sobre os direitos do rio de Mahim, que por toda a boa razão, alem do ajustado na entrega dessa Ilha á Coroa da Gram Bretanha, deve ser commum a ambas as nações, por ser de huma parte dominio da Coroa de Portugal, e da outra dominio da Gram Bretanha, persistio V. S.ª em que se pagasse, porque entendeo que assim se devia faser, e eu em que se não pagasse, porque entendi que se não devião pagar, poz V. S.ª manchuas para por força cobrar os direitos, e eu outras para embaraçarem a sua força, até que não havendo nada se retirárão humas e outras; mas em poucos dias entrou V. S.ª a pertender o mesmo pondo huma manchua do rio, que dando cassa a huma Galveta, que sahia de Bandorá, para a obrigar a ir fazer direitos a Mahim, a seguio, atirando a dita manchua bastantes tiros de artilharia sobre a dita Galveta; o que sendo visto da nossa Fortalesa de Bandorá lhe foi preciso atirar sobre a manchua para deffender a nossa Galveta: a isto se seguio o faser a fortificação de Mahim Bombaim huma descarga de toda a sua artilharia sobre a nossa fortificação de Bandorá, com a qual matou alguns soldados e hum Capitão de infanteria: avista da resolução que houve dessa parte seguio a fortificação de Bandorá o mesmo exemplo fasendo outra descarga sobre Mahim, e nesta reciproca correspondencia se esteve todo aquelle dia até ao pôr do sol, o que continuou da mesma forma mais dois outros dias, acrescendo trez morteiros, que de Mahim bombeavão a aldea de Bandorá, matando-se alguns moradores e soldados com as ditas bombas, e, parando dessa parte o fogo, se suspendeo desta o mesmo fogo.

1722 Outubro 19 A isto se seguio entrarem em huma noite seis Galvetas com gente de desembarque pelo rio de Tanná, e hindo chegando ao Forte dos Reis Magos, se perguntou delle quem erão, e das Galvetas foi respondido que hião para Baçaim com cartas do General de Bombaim para o do Norte, para se ajustar as differenças que tinha havido em Bandorá e Mahim, e nesta supposição se deixárão lhe chegar ao Forte, e pedindo lume foi o Capitão delle tão bom homem, que lhe mandou abrir a porta para lho dar, pela qual entrou a gente, que hia nas Galvetas, matando o Capitão, encravando a artilharia, e botando-a no rio, queimarão o que era materia para o fogo, e demolirão o que poderão da fortificação, levando comsigo a gente que acharão.

Depois disto passárão á aldea de Dom Luiz da Costa, que roubárão e queimárão, queimando-se muitas creanças, que os paes não poderão retirar das Cabanas em que vivião; queimárão tambem as Galvetas que se achavão encalhadas, e dois Sibares, que de novo fabricavão; e desta aldea passárão a fazer as mesmas hostilidades em mais duas aldeas nossas, e intentando passar a fazer o mesmo na jurisdicção de Caranja o não conseguirão, por estarem já aquella parte prevenidos, o que não tinha succedido nas outras, fiados na paz de ambas as nações, e na liga que aqui tinhamos feito.

No dia 4 de Julho desembarcou em Corlem hum corpo de quinhentos homens, que V. S.ª mandou atacar a fachina de Corlem, em cuja deffença perdemos vinte e tantos homens, e sendo aquella guarnição da gente infame do paiz, abandonárão a dita fachina, e ficou senhor della por hum dia o corpo que V. S.ª mandou, encravando a artilharia de ferro, e levando para a praya duas peças de bronze, que ainda não sei se forão levadas para Bombaim.

Isto é tudo o que V. S.ª obrou debaixo da amizade em que estavamos; agora pondere V. S.ª quem é o que rompeo á vista de tudo o que fica dito, e estou certo que não deve ter estranhado o General do Norte em atacar o Forte de Varoly, e queimar a sua aldea depois de tanto quanto a resolução de

V. S.ª obrou, sem advirtir as consequencias que envolvia tão precipitado arrojo. 1722 Outubro 19

Tudo o que fica dito he tão publico como consta em todo Bombaim, e todo o Norte, e não cuidando eu em mais que justificar hum e outro procedimento, escrevi ao General do Norte se prevenisse, e não fizesse mais que prevenir os rios com embarcações, as Fortalesas com guarnições, e os portos com gente para embaraçar tudo o que V. S.ª intentasse, porque a deffença era natural, porque não queria faser guerra sem ordem delRey de Portugal meu Senhor, para o que soccorri o Norte com seiscentos Europeus, e todas as munições que me parecerão necessarias para embaraçar o que tão injustamente V. S.ª pode intentar, e assim o declaro a V. S. que desta parte não ha mais que prevenção para o que V. S. quizer intentar, e quando V. S. quizer estar pelo que aqui conferio comigo o Capitão da nau de guerra, ficará tudo com o socego que é rasão, para o que escrevo ao General do Norte, e nisto no mais que tenho obrado fica justificada a minha rasão e a precipitação de V. S., para cada um de nós responder ao seu Soberano sobre o de que fôr por elles arguido.

O que V. S.ª me partecipa sobre o que tem escrito o General do Norte ao Sidy de Danda Rajapury não sei nada; mas, sendo como V. S.ª diz, era mais natural tomar elle essa prevenção quando lhe era presente que V. S.ª tinha induzido, pelo Governador de Galiana e por outras pessoas, que todos os Regulos visinhos do Norte entrassem nas terras do dominio delRey meu Amo, não deixando a diligencia de V. S.ª a pertenção de fazer a paz com o Angria e pertender a vinda dos mesmos Arabios á costa do Norte, e negocear pelo Governador de Carvar que o Rey do Sunda não ajustasse a paz comigo, e intentar que Rama Rao entrasse as terras de Salcete, para o que se lhe offerecerão bastante porção de rupias metade pagas na primeira marcha e a outra metade depois de entrar nas terras: á vista disto devia o General prevenir o que tanto ameaçava tomando V. S.ª tão antecipadamente as prevenções para o que tem obrado.

1722 Outubro 19 No que respeita ao embargo que se fez em Goa nas fazendas de alguns inglezes foi V. S.ª menos bem informado; porque, constando-me que se tinha feito hum por conta de huma divida que deve o Mestre Ormé de huma pouca de artilharia que aqui comprou, mandei logo levantar não só este embargo mas todos os mais que estivessem feitos, porque eu não faço a guerra, que V. S.ª quer persuadir ao mundo, sem ter para isso ordem do meu Soberano: e assim declaro, protesto, que nada he feito da nossa parte com violencia mais do que usar dos meios naturaes e de liberdade que permitte a lei de natureza para a natural prevenção, e particularmente protesto contra V. S.ª ou algum General da Coroa da Serenissima Magestade da Gram Bretanha que com os vassalos da Serenissima Magestade delRey de Portugal meu Amo, e contra os vassalos daquella Magestade que forem causa de todos os disturbios e violencia que experimentarem os mesmos vassalos da Gran Bretanha, e os da Serenissima Magestade de Portugal.

Fico para servir a V. S.ª com prompta vontade em tudo. Deos guarde a pessoa de V. S.ª muitos annos. Goa 19 de Outubro de 1722. De V. S.ª — Seu servidor — Francisco José de Sampaio e Castro.

---

## Carta do Governador de Bombaim para o Vice-Rey Francisco José de Sampaio e Castro

(Collecção dos meus mss.)

1722 Novembro 14 25 Em 16 de Outubro S. A. recebi a carta de V. Ex.ª datada de 19 do dito mez S. N. que veio na Nau de Sua Magestade *Executer*: a carta de V. Ex.ª que veio na mesma Nau para o General do Norte mandei por hum Trombeteiro entregar ao Cabo de Bandorá, a qual não tem tido outros effeitos do que continuar as hostilidades que daquella banda forão tão violentamente principiadas.

Discutindo a carta de V. Ex.ª, acho que V. Ex.ª me culpa em varias cousas, que he notorio são mal fundadas, e isto sem duvida com o intento de desculpar, por falta de melhor razão, os precipitados meios com que a gente de V. Ex.ª começou huma guerra contra huma nação que he tão alliada com a nação Portugueza, a qual guerra estou vendo V. Ex.ª proseguir mandando aprezar e julgando por perdidas as embarcações dos vassalos de Soa Magestade da Gram Bretanha. 1722 Novembro 14 25

Como V. Ex.ª na sua carta pertende justificar o seu procedimento em varios artigos, quero com a brevidade possivel responder particularmente a todos.

Primeiramente as razões que V. Ex.ª me dá por se ter separado de nós na expedição contra o Angria, e que a nossa alliança concluida para destruir ao dito inimigo commum de todas as nações não podia ter effeito pela razão dos grandes soccorros que recebeo o dito inimigo de Sau Raja, e de mais estar esperando outros, esta consideração com licença de V. Ex.ª foi de muito pouca reputação para as armas unidas de duas nações Europeas, que devia consistir, conforme a nossa proporção que era completa de perto de tres mil homens de tropas regulares, e outras tantas de casta tão boa como as do inimigo, hum corpo estimado nos tempos passados e até agora suficiente para resistir a todo o exercito de Sau Raja; e assim não posso concordar com V. Ex.ª que aquella consideração foi sufficiente para justificar huma paz tratada e concluida com o dito inimigo contra a nossa alliança, a qual, ainda que V. Ex.ª pertende allegar que foi com Sau Raja e não com Angria, he notorio que os Ministros do dito Sahu Raja erão só medianeiros de Angria; e, como isto encontra com a nossa alliança, quero repetir o primeiro artigo della.

Artigo 1.º que se fará huma liga ofensiva e defensiva nesta Azia contra todos os Aziaticos que forem inimigos das duas Coroas de Portugal e Gram Bretanha, excepto ElRey Mogor, Persia, Arabia e China, começando logo ambas as nações huma vigorosa guerra contra o Angria, não se ouvindo a este inimigo ajuste algum de paz, e nenhum dos dois alliados ou-

1722 Novembro 14 25 virá só nem particularmente nenhuma cousa que toque á paz, senão sendo ao mesmo tempo presente o que se propuzer a ambas, sem que se resolva nada sem ser a beneplacito de ambas as nações.

Agora deixo a V. Ex.ª ou a qualquer julgar se o ajustamento da paz com Sau Raja, ou com qualquer outro sem consentimento nosso, era quebra evidente da alliança.

Os conselhos de guerra que se fizerão no campo, em que V. Ex.ª falla, erão tão desiguaes a respeito das maiorias do numero de cabos Portuguezes e Inglezes, que não se pode presumir que estas vencessem cousa alguma na opposição daquelles, e assim devião os nossos terem protestado contra a resolução de taes conselhos, e menos devião servir de motivo para V. Ex.ª tratar e concluir a paz, ainda que entre nós não houvesse o contracto que houve.

Se a fama se pode acreditar, não só se fallou n'um tratado com o Angria antes de V. Ex.ª sahir de Chaul para o campo, mas n'uma paz que foi actualmente ajustada, ainda que não ratificada: os progressos depois e a pouca inclinação mostrada para operações contra o inimigo derão motivo a suspeitas que houve para induzir os alliados de V. Ex.ª a termos mui perigosos, mas acharão que os nossos ficavão prevenidos para o que podia succeder: isto he o que contão os mesmos da nação de V. Ex.ª, mas eu nunca me posso persuadir que V. Ex.ª fosse sabedor de tal cousa.

O nosso General Roberto Cowan, como V. Ex.ª confeça, recusara mandar pessoa com o Sargento mór Antonio Cardim para ouvir as proposições de Bagi Rao: mostrou que elle não consentia aquella hida; e isto conforme a nossa alliança devia ter prevenido os mais progressos. O dito General Roberto Cowan nega ter ao depois acordado mandar pessoa alguma, e muito menos hum Sargento, para as conferencias com Bagi Rao, como he certo que ninguem foi; mas antes, como V. Ex.ª bem sabe, protestou contra o General do Norte e Sargento mor de Batalha Antonio Cardim terem tratado e ao depois concluido a paz sem seu consentimento. Á vista de tudo isto não podia fazer outra cousa o nosso General do

que recolher com sua gente para este Bombaim, onde, dando 1722
parte ao General meu antecessor da paz concluida contra seu Novembro
consentimento, foi o seu procedimento bem recebido, e tal 14
paz regeitada por ignominosa como V. Ex.ª diz e muito der- 25
rogante a honra de ambas as nações, e deixo á consideração de V. Ex.ª ponderar se o concluir da dita paz exclusivamente de nós claramente não hera contra o tratado da nossa alliança.

Na carta que V. Ex.ª escreveo ao dito Roberto Cowan residindo em Goa, por equivalente do artigo secreto por elle pedido, não acho nada tocante aos direitos de Bandorá; e como os direitos de Bandorá se pagavão em Mahim ao tempo de concluir a nossa liga, e devião assim continuar, bem se mostra pela carta do General do Norte ao meu antecessor, cuja copia mandei a V. Ex.ª na minha ultima (da qual V. Ex.ª me não falla nada), e agora mando a V. Ex.ª a copia de hum paragrapho de outra carta do dito General do Norte em resposta a huma do meu antecessor, em que confessa pertencerem os direitos de Bandorá a Mahim; e para mostrar a V. Ex.ª que he mal informado em dizer que taes direitos nunca se cobrarão senão com violencia, mando-lhe inclusa a copia de varios bilhetes e cartas, que o Padre Superior de Bandorá escreveo aos officiaes da Alfandega de Mahim, expressando o seu sentimento contra os Colles que furtavão os direitos, e mandando outros para fazer a satisfação. Se tudo isto não basta a V. Ex.ª para certificar a justa razão que temos para cobrar estes direitos por nos pertencerem, assim por justiça como por costume observado, não posso dizer mais do que cuidar que V. Ex.ª tem determinado rejeitar as provas mais evidentes.

Na minha ultima carta a V. Ex.ª dei a entender que a mudança do Padre Superior que foi de Bandorá, Manoel Diniz, foi ardilosa, servindo só para entreter-nos a nós e aos seus Padres de utilidade pela noticia que tenho que elle he o que a fomenta ainda com seus conselhos no Norte todas as differenças que tem até agora havido.

Pelo referido se mostra que o meu procedimento em mandar chegar todas as embarcações que entrão pelo rio de Ma-

1722 Novembro 14 25 him ao Mandovi he conforme o direito e razão; e muito fóra della o Cabo de Bandorá arvorando a bandeira de Portugal atirou sobre os nossos officiaes da Alfandega, que exercitão o seu officio conforme ao estilo sempre praticado, e tãobem contra a nossa Fortaleza com tres tiros, antes que da nossa banda houvesse algum, assim principiando a guerra de que V. Ex.ª sem razão me culpa por author.

O General do Norte ao depois, por hum Pregão publico, prohibindo toda a communicação entre as terras da sua jurisdicção e esta Ilha com a pena de morte, e impedindo quanto lhe era possivel que viessem de qualquer parte mantimentos, foi-me precizo esquipar algumas embarcações para proteger aos commerciantes que quizessem vir para esta nossa Ilha, e as taes embarcações sendo guarnecidas com Lascarins não foi possivel ao Cabo atalhar a desobediencia com que sem ordem alguma saltarão em terra perto de Tanna, cometendo algumas desordens e voltando ao amanhecer para repassar o Fortezinho de Reys Magos, para sua segurança fizerão chamada que rendesse o que fizerão os do Forte sem resistencia alguma, pedindo o Cabo delle que o levassem para Bombaim, como fizerão, e aqui fica com os demais que são testemunhas vivas do que eu relato: e assim V. Ex.ª não foi bem informado deste successo, porque a nossa gente passou de noite sem ser percebida, e o forte rendeo-se de manham, e não houve cavilação nem capa de amizade, nem gente morta alguma, como V. Ex.ª na sua expressa, e muito menos a nossa gente intentou cousa alguma contra Caranja.

Em Corlem fabricou-se huma bateria de donde atirarão nas nossas embarcações que passavão pelo rio de Mahim para Bombaim, cortando a comunicação entre este e aquelle; e para evitar este tão grande prejuizo era precizo obrar aquilo que se obrou para preservação e segurança natural.

V. Ex.ª me diz que tudo isto fizera eu debaixo da capa da amizade (verdade he que eu nego que a guerra seja principiada, intentada ou proseguida por mim entre as duas nações); porem estimar por amigos a quem nos estão combatendo e fazendo toda a diligencia para nos impedir o sustento, escrevendo o General do Norte aos Governos circumvesinhos com a sua firma que elle tem guerra actual com a nação Ingleza, seria huma fineza extraordinaria que eu não posso comprehender. 1722 Novembro 14 25

Depois disto armou-se hum grande numero de Manchuas e Galvetas cercando esta nossa Ilha e envestindo as nossas embarcações de mercancia, saltando em terra e queimando a Aldea Varoly, e impedindo o commercio todo do Norte para cá, represando, como se tem feito em Goa, embarcações e mercancias dos Inglezes, e ao mesmo tempo pertende V. Ex.ª protestar contra a guerra, negando haver obrado cousa alguma daquella banda violentamente, sendo cousa evidentemente entre si contraditoria.

Ainda que V. Ex.ª me diz que não sabe nada do que tem escripto o General do Norte ao Sidy de Danda Rajapory, de cujas cartas mando agora a copia, quer comtudo justificar o seu procedimento allegando que eu, por via do Governador de Galliana e outras pessoas, tinha constrangido os Regulos do Norte para entrar na jurisdicção delRey de Portugal, fazendo dilligencias a ajustar pazes com Angria, e pertendendo a vinda do Arabio, e pelo Governador de Carvar tratando com o Raja de Sunda para não fazer pazes com V. Ex.ª, e animando a Rama Rau para envestir as terras de Salcete, promettendo-lhe por esta diligencia huma boa quantia de dinheiro, ametade ser pago na primeira marcha que fizer, e o restante quando entrar nos territorios de V. Ex.ª, declaro tudo isto ser falso, e em contrario rejeitei todas as propostas para huma semelhante correspondencia, e muitas vezes as offertas do Angria para tratado de paz, sem primeiro elle pôr em liberdade os nossos presos que lá tem, eu não posso deixar de atribuir que estas reflexões escandalosas forão só a fim de desculpar a dilligencia, que estou certo que os subditos de V. Ex.ª fizerão actualmente com Angria pedindo-lhe soccorro para envestir esta Ilha.

O Sr. George Taylor, Major de Carvar, me escreve que V. Ex.ª lhe tinha represado huma embarcação a elle perten-

1722 Novembro 14 25 cente, mandando a carta de V. Ex.ª em resposta de huma sua escrita sobre este particular, pela qual vejo que V. Ex.ª duvida o direito que temos para dar cartazes ás nossas proprias embarcações, allegando que para navegar com segurança nos mares da India era necessario procurar cartaz desse Estado. V. Ex.ª não pode ignorar a authoridade da Coroa Britannica na Europa e particularmente a forças maritimas de Sua Magestade, que nos mares Britannicos dão leis a todo o mundo, não as acceitando em mares nenhuns: á vista do que deixo á consideração de V. Ex.ª ponderar a aceitação que terá em Gram Bretanha a proposta de V. Ex.ª Eu espero que terá o effeito de acabar não só estas nossas diferenças causadas pela temeridade de alguns que intentarão tirar as regalias desta nossa Ilha; mas tambem restituir-nos todas as nossas pertenças com as muitas embarcações de mercancia que injustamente tem represado os antecessores de V. Ex.ª, porque estas injurias se representarão em forma a Sua Magestade da Gram Bretanha.

V. Ex.ª me escreve ter guarnecido as terras do Norte com seiscentos Europeos, munições e petrechos aproporcionados: he lastima, porque tão bom soccorro melhor seria empregar, conjunto com outro que eu espero com tres Galles de guerra fabricadas novamente na Europa, para a destruição do inimigo commum Angria, com quem V. Ex.ª professa amizade, que queira Deos não tenha consequencias perniciosas.

V. Ex.ª me diz que, em caso que eu esteja contente a ficar naquillo que foi praticado entre V. Ex.ª e o Capitão de mar e guerra da Nau de Sua Magestade Britannica *Executer*, tudo ficará em socego: o dito Capitão me diz não ajustou cousa nenhuma mais do que aceitar a offerta de mandar hum official com huma Lancha encontrar no meio do rio de Mahim com outro official Portuguez para praticar tratado de acomodação; e o dito Capitão e eu entendemos que na carta que trouxe para o General do Norte havia ordens expressas de V. Ex.ª para este intento.

Para cumprir com aquillo que o dito Capitão tinha praticado com V. Ex.ª, aceitei o ajustado, esperando alguns dias vendo se o General do Norte me mandava aviso como tinha recebido semelhantes ordens; e depois de doze dias, não tendo noticia alguma, mandei hum official com huma Lancha ao rio de Mahim conforme o ajuste: esperando lá quatro horas sem aparecer alguem para o intento esperado voltou outra vez. 1722 Novembro 14 25

Á vista de tudo que tenho relatado, notorio he que os direitos de Bandorá nos pertencem, e forão cobrados sempre por nós e por nossos officiaes até que proximamente usurparão nos; e tão certo he que por nos deffender a nossa regalia e direito tem-se principiado contra nós huma guerra, a qual não foi da nossa banda respondida senão conforme as Leis da boa razão e prevenção natural: e declaro que não tenho feito guerra nem farei, sem primeiro receber as ordens del-Rey da Gram Bretanha meu Amo; e como tenho buscado todos os meios proporcionados para conservar a paz e boa vesinhança entre os vassalos de ambas as nações nesta India, e para este fim escrevi varias vezes a V. Ex.ª sem ter effeito, agora protesto que nada se tem feito desta banda, senão aquillo que he permittido pelas Leis de todas as nações para conservação do direito e da jurisdicção que me pertence, e particularmente protesto contra V. Ex.ª, ou contra qualquer que possuir o mesmo titulo, e contra os vassalos de ambas as Coroas que forão ou serão em futuro authores e causa das differenças e disturbios, pelos quaes os subditos de ambas as Coroas poderão ser prejudicados.

Ao acabar desta entrarão neste porto as tres Galles equipadas em Inglaterra para destruição do Angria, e em sua companhia duas Pallas que aquellas vierão dando caça desde o Cabo de Rama para o Norte dois dias successivos, e ao depois reconhecendo as Galles as ditas Pallas conforme as Leis maritimas envestirão, atirando huma banda inteira contra as Galles, matando trez pessoas nossas: a qual temeridade, que deo motivo ao combate no qual estas forão vencidas, pelas instrucções de V. Ex.ª aos Cabos das Pallas, vejo que são Portuguezes e com grande admiração vejo as ordens de V. Ex.ª para represar todas as embarcações que trouxessem cavallos com bandeira Ingleza, e com muito mais vejo o atre-

1722 Novembro 14/25 vimento de investir as ditas Pallas com as nossas Galles como se fora guerra declarada, e ao mesmo tempo que V. Ex.ª na sua ultima carta protesta e declara que não ha tal: por esta razão torno outra vez a protestar contra V. Ex.ª, e contra quaesquer vassalos da Coroa de Portugal que forão a causa desta ultima ação, que serão obrigados a dar conta dos prejuizos que resultárão e podem resultar de tal temeridade. Eu requeiro uma resposta de V. Ex.ª clara: se V. Ex.ª tem determinado a proseguir esta guerra tão injustamente começada contra nós, assim por mar como por terra, para conforme ella tomar eu os meios que me forem necessarios, e no entretanto terei cuidado das Pallas e gente.

Fico com prompta vontade para servir a V. Ex.ª em tudo que for do seu gosto. Deos guarde a V. Ex.ª muitos annos. Castello de Bombaim 14/25 de Novembro de 1722. — De V. Ex.ª — muito certo servidor — William Phipps.

---

## Resposta do Vice-Rey Francisco José de Sampaio e Castro ao Governador de Bombaim

(Collecção dos meus mss.)

1722 Dezembro 7 Recebo a carta de V. S.ª de 25 de Novembro e por ella acabo de reconhecer que V. S.ª quiz sempre que estas cousas chegassem ao estado em que se achão; porque, a não ser assim, me teria remettido as copias dos escritos que agora me manda, porque ávista delles tomaria a resolução que fosse mais proporcionada á quietação das nossas nações, o que hoje se me impossibilita attender como em outro tempo podia fazer ás expressões dos mesmos escritos, visto ter dado conta á Serenissima Magestade de ElRey meu amo das violencias que os vassalos da mesma Magestade tem experimentado em o Governo de V. S.ª, das quaes estarião livres se V. S.ª não tivesse recusado propor ao principio o seu direito, quando o General do Norte lhe representou este meio, fazendo-se da nossa parte o mesmo para a quietação que deve haver em nações tão aliadas e tão amigas; e pelo que respeita a V. S.ª querer saber se tenho declarado a guerra por mar ou por terra, não tenho outra resposta que lhe dar mais que retificar o que por varias cartas lhe tenho escrito, por não querer fazer tal guerra por não ter ordem para isso, como melhor será a V. S.ª presente pelo regimento e ordens que me diz tem visto, porque nunca á defeza natural, que he o que da nossa parte só tem havido, se póde atribuir o rompimento, nem animo de declarar guerra; e tanto he o meu de não fazer esta, se justifica em ter ordenado ao General do Norte não permitta que pelo rio de Bandorá naveguem as embarcações que V. S.ª pertende paguem direitos ainda que seja com opressão dos nossos povos, e quem assim obra desta maneira, ainda provocado, bem mostra que não rompe a guerra como V. S.ª á força nos quer imputar: e para de tudo mostrar a minha boa intenção, fico esperando a ultima resolução que o Sr. Commandante da esquadra Britannica ficou de vir conferir comigo para se tomar a ultima resolução neste caso. 1722 Dezembro 7

E para agradar a V. S.ª em tudo o que for do seu agrado fico com huma prompta vontade. Deos guarde a V. S.ª muitos annos. Goa, 7 de Dezembro de 1722. — Francisco José de Sampaio e Castro.

---

## Parecer dos Conselheiros do Estado sobre a proposta da materia que contém as cartas do Governador de Bombaim

(Collecção dos meus mss.)

Foi de parecer Dom Manoel Sottomayor, Capitão da Cidade, e todos os mais Conselheiros que se acharão presentes, que S. Ex.ª devia ratificar ao Governador de Bombaim o meio que já lhe tinha avisado de ordenar ao General do Norte não consentisse que embarcação alguma das nossas terras navegasse pelo rio de Bandorá, por ser este o unico que se achava por mais conveniente para cessarem as controversias e contendas que havião com os Inglezes; e que pelo que respeitava a restituição do barco de cavalos, que estava represado e o Governador de Bombaim pedia, lhe mandasse S. Ex.ª responder que antes de receber esta sua carta tinha já avisado ao Governador de Carvar o mandasse buscar, visto não ter marinheiros seus nesta Cidade que o possão conduzir para Carvar, pois se mostrava pela carta do Juiz dos Feitos da fazenda e Coroa, e fundamentos que nella apontava; entendia que não devia ser julgado por boa presa, e que S. Ex.ª não devia fallar nas pallas, que o Governador dizia restituiria largando-se-lhe o tal barco com sua carga, para que elle não ficasse entendendo que só pela tal restituição se lhe largava o tal barco.—Dom João Fernandes de Almeida—D. Christovão de Mello—Dom Luiz da Costa—Dom Manoel Sottomayor—Christovão Luiz de Andrade.

## Carta do Governador de Bombaim ao Vice-Rey Francisco José de Sampaio e Castro

(Collecção dos meus mss.)

1722 Dezembro 8/19 Recebi a carta de V. Ex.ª de 7 deste mez S. N. na qual he servido V. Ex.ª de dizer-me que eu queria que as cousas viessem ao estado em que estão entre as duas nações, assim porque não aceitei a proposta do General do Norte como não remetti mais cedo os papeis que com a minha ultima enviei a V. Ex.ª—o primeiro fundamento terá pouca valia, quando V. Ex.ª considerar que nas muitas cartas que me tem escrito confeça V. Ex.ª que nem V. Ex.ª nem eu tinha authoridade para decidir o ponto contravertido, e o mesmo consta da nossa alliança proximamente ajustada; e muito menos teria o General do Norte, ou as pessoas que elle e eu determinassemos, para ajustar aquella differença. Ao segundo respondo que os ditos papeis que eu remetti a V. Ex.ª estiverão em poder de alguns particulares de que até então não tinha eu noticia; mas tomo a licença de dizer a V. Ex.ª que os do-

cumentos, que muito antes remetti a V. Ex.ª, herão provas 1722
muíto mais authenticas da posse que tivemos destes direitos Dezembro 8
que eu sempre quiz cobrar. 19

V. Ex.ª quer dizer que nos não faz guerra nem por mar nem por terra por não ter ordem de Sua Magestade de Portugal para isso, e ao mesmo tempo vejo envistir as suas embarcações contra as nossas, para o que me parece tem algum fundamento pelo Regimento de V. Ex.ª, que positivamente lhas manda para aprezar todas as embarcações, sem excepção, que navegarem sem cartas desse Estado, e as que trouxerem cavallos, ainda com bandeira Ingleza. Se isto não he fazer-nos guerra, certo he que nem se chama tratar-nos como amigos mas muito derrogante a authoridade da protecção que Sua Magestade da Gram Bretanha concede aos seus vassalos: sobre esta materia não quero me estender, porque reservo para a prudencia de V. Ex.ª a ponderação della. Diz-me V. Ex.ª que tinha dado ordem para o General do Norte para não permittir navegar pelo rio de Mahim embarcações suas: se esta ordem tivera dado mais cedo, poderão ser prevenidas muitas inconveniencias que tem havido, como serão em futuro, sendo bem observada até que venha a decisão da Europa.

Eu esperava que V. Ex.ª me significasse seu parecer sobre o procedimento dos Cabos das pallas que investirão as nossas galleras, e forão conduzidas a este posto, como na minha ultima avisei a V. Ex.ª; mas este ponto foi V. Ex.ª servido deixar em silencio, e tenho noticia pelo Commandante da esquadra Britannica que V. Ex.ª não o justifica.

Para mostrar a minha boa inclinação para aceitar qualquer meio rasoavel para estabelecer a tranquilidade e amizade entre as duas nações, sou prompto para entregar as ditas duas pallas á pessoa que V. Ex.ª determinar, quando V. Ex.ª for servido mandar fazer entrega da embarcação e sua carga pertencente ao Governador de Carvar, que he verdadeiro senhor della, deixando aos Cabos das ditas pallas receber de V. Ex.ª o castigo que merecerem por haverem tão violentamente e sem razão envestido no mar alto a ban-

1722 Dezembro 8/19 deira de Sua Magestade da Gram Bretanha, esperando de V. Ex.ª que dê as ordens necessarias para que ao diante não succedão semelhantes insultos; e eu com o maior vigor empregarei as nossas armas contra os verdadeiros inimigos de ambas as nações nesta India, ficando para servir a V. Ex.ª muito prompto e com boa vontade em tudo que me mandar do seu agrado.

Deos guarde a pessoa de V. Ex.ª muitos annos. Castello de Bombaim, 8/19 de Dezembro de 1722.—De V. Ex.ª—Muito certo servidor—William Phipps.

## Resposta do Vice-Rey Francisco José de Sampaio e Castro ao Governador de Bombaim William Phipps

(Collecção dos meus mss.)

1722 Dezembro 27 Recebo a carta de V. S.ª de 8 de Dezembro, e pelo que vejo nella confirmo que por força de cartas quer V. S.ª contos para a sua Corte, para mostrar nella que de tudo o que tem havido não he V. S.ª culpado e sim o General do Norte; mas tomara que V. S.ª me dissera quem foi o primeiro que atacou fortes e trincheiras e matou parte de suas guarnições, encravou a artilharia e a botou no rio e levou a de bronze, roubou e queimou aldeias e a gente que por doente não poude sahir das cabanas em que estava, e queimou cibares e galvetas que estavão encalhadas, executado tudo isto debaixo de huma paz e amizade com as circumstancias que se dão entre as Magestades de ElRey de Portugal, meu amo, e ElRey da Gram Bretanha, porque acho que quem primeiro fez tudo o que fica referido he a quem se deve pedir conta de ponto tão grave como este: e como as ditas Magestades de tudo hão de ser sabedoras ellas decidirão semelhante materia.

Pelo que toca á chalupa do Governador de Carvar, ha muitos dias que foi sentenciada por livre pelos Ministros da Real fazenda de Sua Magestade, cujo aviso tenho já ha mais de oito dias participado ao dito Governador de Carvar para a mandar buscar, visto não ter aqui gente para a mareação nem pessoa que haja de receber a sua carga; e para evitar estes procedimentos será necessario que as embarcações que andarem com fazendas de Companhia, sendo das nações da Azia, tragão cartas de V. S.ª, ou Piloto, Mestre, ou sobrecarga, para que assim se veja toca á Companhia, visto que de outro modo poderão todos os Aziaticos andar com os seus barcos, e as suas fazendas, valendo-se da bandeira Ingleza, que podem mandar fazer em qualquer parte, tendo nisto as regalias de ElRey meu amo nos mares da India grandes prejuizos. Assim, espero que V. S.ª ache esta proposição tão justa que queira evitar no mar o que não quiz evitar em terra; porque, sendo por direito natural permitida a defeza, não póde ser culpa tudo o que a bem della se executar, pois não considero razão nenhuma para V. S.ª obrar o que quizer, e eu não me oppor a isso pelas obrigações do lugar que ocupo. 1722 Dezembro 27

Isto he tudo quanto se me offerece dizer a V. S.ª em resposta da sua carta, e que todo o meu procedimento será regulado pelo de V. S.ª, ou para amisade ou inimisade, porque já disse a V. S.ª que não devo fazer guerra sem ordem do meu Soberano, e sem ella estou obrigado a embaraçar as forças que se intentarem contra os vassalos da Serenissima Coroa de Portugal: e pelo que toca ao regimento que V. S.ª accusa, e fico entendendo que só daquelle quer V. S.ª ter noticia, e não de outro que hade precisamente ter visto, porque o de que V. S.ª se faz sabedor foi feito logo que me chegarão as noticias do que V. S.ª tinha executado nos dominios de ElRey meu amo, e depois que V. S.ª me escreveo dei o em que V. S.ª não quer fallar, sem alteração dos que se costumavão dar no tempo em que não havia estas diferenças, o que tudo se prova tão evidentemente como ser obrado tudo tão notoria e publicamente á luz do sol.

E para tudo o que for do gosto e agrado de V. S.ª me achará com huma prompta vontade para o não desagradar em nada.

1722 Dezembro 27 Deos guarde a V. S.ª muitos annos. Goa, 27 de Dezembro de 1722. — De V. S.ª seu servidor — Francisco José de Sampaio e Castro.

Agora mandei vir o registo do regimento que V. S.ª accusa, o qual não acho tão dissonante como V. S.ª me representa, e delle lhe não mando a copia, visto lá estar o original, por onde se póde ver que ainda elle não mostra o rompimento que V. S.ª quer persuadir. — Francisco José de Sampaio e Castro.

---

## Manifesto dos absolutos e roubos que os Inglezes praticaram contra o estabelecido no Auto de posse da Ilha de Bombaim

(Collecção dos meus mss.)

1722 No anno de 1667, dois annos e tantos mezes depois dos Inglezes tomarem posse da Ilha de Bombaim, a qual se lhe entregou em virtude do undecimo artigo do Tratado de paz entre as Coroas de Inglaterra e Portugal, e o ajuste do dote da Serenissima Raynha D. Catharina de Gusmão, no qual capitulo segundo as formaes palavras delle dizendo assim — o dito Rey de Portugal com aviso e consentimento de seu Conselho dá e transfere, e por estes presentes capitulos consente e confirma a ElRey da Gram Bretanha e a seus herdeiros e successores para sempre o porto e Ilha de Bombaim nas Indias Orientaes, com todos os direitos, ganancias e pertenças que a ella lhe pertence. — Se lhe não dá outra cousa mais do que aquillo que o Serenissimo Rey de Portugal possuia naquella Ilha, e de nenhum modo o que possuião os seus vassalos, fosse ou por titulo de herança, compra ou doação, porque os taes bens lhe não pertencião, nem os podia dotar; e contra este direito universal das gentes, e declarado aos mesmos Inglezes no capitulo 11.º que se lhe deo no Auto da mesma posse no anno referido, despojarão a todos os afazendados dos seus bens proprios em tão exorbitante numero como consta do que vae abaixo.

### Declaração do que os Inglezes tomaram contra direito aos vassallos da Corôa de El-Rey de Portugal, assim na Ilha de Bombaim como na peninsula de Mahim

| Bombaim: | Reditos de cada anno |
|---|---|
| Despojarão no anno de 1667 a Dona Ignez de Miranda, viuva de D. Rodrigo de Monsanto, de todas as suas fazendas, que em seu principio forão avaliadas em sessenta mil xerafins, e no presente anno já rendião nove mil xerafins, afora a sua morada de casas de grande valia........................ | 9000-0-00 1722 |
| No mesmo mez despojarão as Provincias de Japão e China de todas as suas fazendas em valia de cincoenta mil xerafins, que rendião em cada anno cinco mil e seiscentos xerafins... | 5600-0-00 |
| Tomarão todas as fazendas do Collegio de Chaul em valia de oitocentos xerafins............ | 0800-0-00 |
| Tomarão os bens da Igreja de Bandorá em valia de mil e setecentos xerafins, que rendião duzentos e vinte xerafins ............... | 0220-0-00 |
| Tomarão aos moradores da Aldeia Bandorá fazendas de valia de treze mil e quinhentos e noventa xerafins, que rendião............ | 2031-0-00 |
| Tomarão as fazendas de Francisco Mursello Coutinho, e seu sogro, que rendião ....... | 1980-0-00 |
| Tomarão em fazendas de rais a Bernardino de Tavora cinco mil novecentos e sincoenta xerafins, que rendião por anno ............ | 0895-0-00 |
| | 20526-0-00 |
| **Maim:** | |
| Tomarão todas as fazendas do Collegio de S. Paulo de Goa em valia de noventa mil xerafins, que rendião em cada anno .............. | 13000-0-00 |
| Tomarão aos Padres da Companhia e Christãos da Missão de Agra fazendas de valia de trinta | |

1722 e sete mil xerafins, que naquelle tempo rendião .......................... 05250-0-00

Tomarão a Bernardino de Tavora todas as suas fazendas e cazas em valia de oitenta e oito mil xerafins, que naquelle tempo rendião... 13066-0-00

Tomarão a Francisco Mursello Coutinho o seu Mandovim e outras fazendas em valia de seis mil e duzentos xerafins, que tudo junto lhe rendia naquelle tempo.................. 02930-0-00

Tomarão a D. Isabel de Miranda a Aldeia Sião em valia de quatro mil e seiscentos xerafins, que naquelle tempo rendia .............. 00690-0-00

Tomarão aos moradores de Bandorá todas as suas fazendas que rendião............... 12056-0-00

Tomarão aos moradores das Ilhas de Salcete e Caranja e mais terras nossas todas as suas fazendas que rendião.................. 03087-0-00

Somão os reditos de Mahim....... 50079-0-00

Somão os reditos de Bombaim..... 20526-0-00

70605-0-00

Alem do esbulho e roubo manifesto das fazendas e reditos acima declarados, usurparão os Inglezes aos mesmos possuidores muito dinheiro e mercadorias; mas só nos reditos acima numerados somão só do primeiro esbulho, feito no anno de 1667 até o anno de 1672, em que as tornárão a restituir a seus donos por ordem do Serenissimo Rey de Inglaterra, em que se contárão cinco annos... 353025-0-00

Restituidas assim as fazendas e não os reditos a seus donos, lançarão os Inglezes vinte mil xerafins de penço em todas as fazendas daquellas Ilhas, contra o estabelecido e pactuado em o capitulo 13 do mesmo auto de posse; e não contentes com isto, entrando o Sidi no anno de 1689 naquella Ilha, da qual se não fez senhor pela resistencia valerosa de alguns Portuguezes que se achavão na fortaleza de Bombaim, antes se foi della no anno de 1690, e querendo os senhorios

tratar do concerto de suas fasendas destruidas pela invasão 1722
do inimigo, os Inglezes lhe não consentirão, dizendo as tinhão perdido por titulo de inconfidencia, e não assistirem pessoalmente á defença daquella Ilha, motivo que tomarão para usurparem a todos a quarta parte do valor do proprio das ditas fasendas, como o fiserão no anno de 1694 a todos aquelles que se quiserão sujeitar a este latrocinio, visto lhe não valerem nem a razão nem a justiça, e pouco tempo depois obrigarão aos vassalos da Coroa de Portugal afasendados naquella Ilha a que assistissem as suas vigias e alardos, pondo condemnações muito rigorosas aos que faltavão a esta ordem, sem admittirem requerimento algum nem lhe valer a isenção que tinhão como vassalos da outra Coroa, mas como esta os não defendia de tão repetidos roubos e tão manifestas sem razões, aceitarão por comutação deste jugo o pagarem em cada anno quinze mil xerafins por titulo de pensão de espingardas, o qual penço cobrarão por espaço de cinco annos, ajuntando-lhe os Inglezes a tão repetidas perdas e damnos a prohibição de poderem grangear as suas fazendas com boboxim e mais necessario, por cuja causa se achão todas arruinadas, para segurança das mesmas assim perdidas ratiarão em todas ellas os Inglezes doze mil rupias para ajuda da fortificação da nova Cidade, a qual arrecadarão pelos mesmos termos com que tinhão cobrado tudo o mais.

No anno de 1720, lançando fora os Inglezes os Parochos legitimos daquellas Igrejas contra o estabelecido no capitulo 4.º do mesmo Auto da posse, por cuja causa como no mesmo capitulo se expreça perderão os Inglezes o direito daquella Ilha, mandou o General do Norte levantar as passagens e suspender todo o commercio com os Inglezes daquella Ilha, e aproveitando-se elles desta occasião tão legitima como as mais para confiscarem os bens dos vassalos da Coroa Portugueza, mandou o General daquella Ilha lançar um Bando que, sob pena de perdimento das fazendas, todos os afazendados na dita Ilha se recolhessem a ella dentro de tantos dias com suas armas, o que não fizerão os moradores

1722 das nossas terras, assim por não estarem obrigados ao tal Bando, como tambem por lhe estar prohibido por Bando publico o trato e passagem áquella Ilha; restituido porem o trato novamente com os Inglezes, requererão os moradores das nossas terras a restituição de suas fazendas, e depois de muitos debates, tomando dos reditos o que quizerão, condenarão a todos em cinco por cento do proprio, que cobrarão inviolavelmente afóra as custas e propinas dos vereadores, que tudo se lhe arrecadou com tão manifesta injustiça como tudo o mais que até agora se lhe não tem usurpado, não fallando porem nos reditos de quatro annos que os Inglezes possuirão todas as fazendas atraz mencionadas, que não importa menos que duzentos oitenta e dois mil e quatrocentos e vinte xerafins ........................ 282420-0-00
E ajuntando a estes a somma atraz ........ 353025-0-00

Sommão os reditos dos nove annos ........ 635445-0-00

Mas porque na segunda restituição que fizerão os Inglezes das fasendas no anno de 1690 muitos dos afasendados não quiserão tomar posse dellas, por não quererem pagar a quarta parte do proprio, ficárão até agora despojados em solido de tudo o que naquellas Ilhas possuhião, e como os principaes prejudicados forão os Padres da Companhia de Jesus, Francisco Murcello Coutinho, Dona Izabel de Miranda, e Dona Ignes de Miranda, viuva de Don Rodrigo de Monsanto, destes se tratará agora, visto Bernardino de Tavora e outros possuirem por partes as suas fasendas.

Somma dos reditos vencidos dos afasendados acima referidos desde o anno de 1690 até o presente em que estamos de 1722:

Sommão os reditos em cada anno das fazendas de Dona Ignez de Miranda nove mil xerafins ............................ 9000-0-00
Sommão os reditos em cada anno dos bens de Dona Izabel de Miranda ............ 0690-0-00
Sommão os reditos em cada anno das fasen-

das do Mandovi de Francisco Mursello Coutinho .............................. 2930–0–00 1722

Sommão os reditos em cada anno das fazendas pertencentes aos Padres da Companhia ............................. 24960–0–00

37580–0–00

Multiplicada esta quantia por trinta e dois annos, que tantos ha que os Inglezes possuem em solido as fasendas dos acima mencionados, sommão os reditos dos ditos annos hum conto dusentos dous mil quinhentos e sessenta xerafins .....................1202560–0–00

Ajunta-se a este numero os reditos dos nove annos dos primeiros dois espolios.......0635445–0–00

Somma hum conto oitocentos trinta e oito mil e cinco xerafins .......................1838005–0–00

He de advertir que nesta somma de reditos não entrão os penços, tributos, quartas partes, cinco por cento, que tem usurpado os Inglezes, nem se faz menção de muitas outras miudezas, e bem de menor quantia, porque isto só se poderá averiguar quando se chegar a fazer estas contas com os Inglezes, como a justiça e boa razão pede.

Alem das razões tão manifestas dos particulares vassalos da Serenissima Coroa de Portugal contra as insolencias, roubos e injustiças da nação Ingleza executados na Ilha de Bombaim, he ainda muito mais de reparar a vergonhosa pensionalidade com que nos tem feito seus tributarios em todo o rio de Bandorá e seu districto até Maula, contra o estabelecido e pactuado no 1.º e 2.º capitulos do mesmo Auto da posse que se lhe deo, fazendo-nos por força de armas chegar aos seus postos, não só como seus sujeitos a pedirmos licença para a passagem, mas tambem como senhores do Rio e Mandoins delles a lhe pagar os direitos, contra todo o direito e pactuado nos mesmos capitulos; e como já em outras occa-

1722 siões se falou nestas materias, sem se proseguir nellas como era justo até a total decisão, comtudo sabemos que, arguidos os Inglezes de seus absolutos, dão por razão para os cometterem o não serem asseitas pelo seu Monarca as taes capitulações apontadas, fundando esta proposição meramente no seu dito, alegando por outro semelhante fundamento que ElRey de Inglaterra escrevera huma carta ao Vice Rey da India Luiz de Mendonça Furtado, em que lhe declarava que não estava por semelhante concerto, porem nem a tal carta apparece, nem ainda que apparecesse era de mais vigor do que o podia ser de qualquer outra particular de outra qualquer nação. Nem menos vale a razão que alegão de terem cobrado direitos alguns annos das nossas fasendas, porque esta cobrança não só he contra o direito, e se vê expressamente do foral do mesmo Mandovi a propriedade delle e do pactuado no capitulo 11.°, não falando já no que pertence á administração da casa de Bandorá, porque esta como consta da sua Patente comprou a Sua Magestade que lhe vendeo os direitos dos tres Mandovins, termos em que de nenhum modo e no caso que os taes Mandovins fossem de Sua Magestade lhe não devião de pagar os direitos vendidos na dita Patente; e se se não devem de pagar ao proprio Rey, com muito menos razão ao estranho.

---

## Carta do Governador de Bombaim para o Vice-Rey Francisco José de Sampaio e Castro

(Collecção dos meus mss.)

1723 Janeiro 12/23 Ex.mo Sr.—Recebi a carta de V. Ex.a de 27 de Dezembro S. N. á qual respondo que as violencias de que V. Ex.a faz menção, de queimar Aldeas, Sibares, Galvetas e etc., se taes se executarão, não se podem atribuir a mim por serem feitas sem minha ordem e noticia, só a fachina de Corlem fabricada de novo para impedir a passagem do nosso rio de Mahim tirando-nos os meios de mandar mantimentos para esta Fortaleza, e assim para prevenção de maiores inconveniencias me era precizo tirar o dito impedimento; mas passando todas as allegações de huma e outra parte para a decisão de nossos Soberanos, conforme a melhor razão e informação e provas que cada qual de nós para seu direito mostrar, muito estimo que os Ministros da Real fazenda da Serenissima Magestade de Portugal se mostrassem tão rectos em sentencear por livre a embarcação do Governador de Carvar, e que V. Ex.ª fosse servido de mandar avizar a seu dono, que ordenasse gente para tomar entrega della. 1723 Janeiro 12 23

Certo he que nenhuma embarcação pertencente aos vassalos da Coroa da Gram Bretanha navega nestes mares da India sem passaporte meu, ou de algum maior das Feitorias debaixo deste Governo, a quem concedo a faculdade para passar os taes cartazes, e sendo assim sera muito facil evitar taes violencias, e neste particular, como em todos os mais, seguro a V. Ex.ª que não desejo prejudicar as regalias da Serenissima Magestade de Portugal, mas sim somente conservar o direito da Serenissima Magestade delRey da Gram Bretanha meu Amo.

Como V. Ex.ª me diz que o procedimento de V. Ex.ª será regulado conforme ao meu para a amizade ou inimizade, declaro que o meu intento he e sempre foi para a primeira, e nunca será para a ultima, que quando não possa ter outro recurso em defeza natural.

Tocante ao regimento de que V. Ex.ª falla, declaro debaixo da minha palavra de honra que nunca vi senão dois: hum de V. Ex.ª de 10 de Setembro a Antonio Barbosa de Menezes, e outro de Lopo Sanches da Silveira ao dito Antonio Barbosa de 20 de Outubro, ambos do mesmo teor, e deixo á ponderação e prudencia de V. Ex.ª se taes regimentos são consoantes á amizade que V. Ex.ª pertende conservar.

Como tenho noticia que outro General vem para governar as terras do Norte, logo escreverei ao dito General que mande pessoa sua para tomar entrega das duas Pallas com

1723 Janeiro $\frac{12}{23}$ sua gente, e se necessario for as mandarei comboiar para o porto que elle quizer; e ao mesmo General segurarei a vontade com que me acho para restabelecer huma boa correspondencia e amizade entre os vassalos das duas Coroas, e a V. Ex.ª o quanto dezejo de ter occasiões de o servir e agradar em tudo que for do seu gosto.

Deos guarde a pessoa de V. Ex.ª muitos annos. Castello de Bombaim, $\frac{12}{23}$ de Janeiro de 1723. — De V. Ex.ª — muito certo servidor — William Phipps.

---

## Carta do Governador de Bombaim para o Vice-Rey Francisco José de Sampaio e Castro

(Collecção dos meus mss.)

1723 $\frac{26\ \text{Janeiro}}{5\ \text{Fevereiro}}$ Ex.^mo Sr. — Não obstante ter eu escrito a V. Ex.ª, na minha de data de 12 do corrente mez S. A., que só esperava a chegada de novo General para o Norte para lhe fazer aviso de mandar pessoa para tomar entrega das duas Pallas, como vejo tardar a vinda do dito General, e eu dezejo de não perder tempo algum de certificar a V. Ex.ª a grande vontade com que me acho sempre de agradar a V. Ex.ª, e de mostrar-lhe o meu bom affecto e inclinação, mando as ditas duas Pallas acompanhadas de duas Fragatas nossas, ficando em toda a occasião prompto para servir e agradar a V. Ex.ª em tudo que for do seu gosto. Deos guarde a pessoa de V. Ex.ª muitos annos. Castello de Bombaim $\frac{26\ \text{Janeiro}}{6\ \text{Fevereiro}}$ de 1723. — De V. Ex.ª — muito certo servidor — William Phipps.

---

## Carta do Vice-Rey Francisco José de Sampaio e Castro para o Secretario d'Estado, Diogo de Mendonça Côrte Real

(Collecção dos meus mss.)

1723 Fevereiro 3 Hontem, que se contarão 2 de Fevereiro, tomarão uns Cavalheiros Francezes, que aqui se achavão vindos em huma

Nao Franceza, que se acha querenando, a resolução de passarem á Europa em huma Fragata de guerra Ingleza, que nos ultimos dias do mez passado tomou esta barra, da Esquadra que estava em Bombaim, a qual passa toda á Europa, segundo a carta que o commandante della me escreveo, que remetto a V. S.ª para que lhe seja presente os trincafios do ponto de Bombaim. 1723 Fevereiro 3

Já agora não duvido que o General de Bombaim venha no que até agora não havia de vir, por conta de quatro Fragatas que cá tinha, até que da Europa chegue a mim e a elle a ultima resolução sobre esta materia.

Tambem remetto a V. S.ª a copia da ultima carta, que escrevi ao General de Bombaim, e a resposta a ella do dito General, vinda nesta Fragata, da qual verá V. S.ª que elle já bota pelo caminho de dizer que tudo o que houve no principio foi sem ordem sua; mas repare V. S.ª tambem em que não diz que castigou a quem tal executou, nem que me desse satisfação nenhuma sobre o executado em os Dominios de Sua Magestade que Deos guarde.

Ao general do Norte expedi logo huma Galveta com ordem para não mandar tomar entrega das duas Pallas, que estão em Bombaim, sobre que já pela monção deste anno dei conta, antes lhe respondesse que as Pallas não necessitavão de se tomar entrega dellas, visto terem officiaes, soldados, marinheiros e artilheiros com que poderem fazer viagem, ou para esta Corte, ou para os nossos Portos do Norte, e á vista disto as poderia elle dito Governador de Bombaim largal-as, se lhe parecesse, ou não.

A razão que tive para não mandar tomar entrega das Pallas foi por entender que não era tão decoroso, como o mandarem-nas os mesmos Inglezes; e porque não as mandando lhe heide mandar esperar os barcos da China para pegar nos que puder para refens ou troca das ditas duas Pallas, o que até aqui não fiz por não pôr este ponto em maior alteração, porque achando-se aqui as Fragatas as precizaria qualquer procedimento meu a ficarem, ficando os Inglezes com mais força que nós para obrarem á vista do lastimoso estado em

1723 Fevereiro 3 que isto está de gente, pois não tive com que aprestar trez Fragatas, que necessitavão de oito centos Infantes, quando me achava com dozentos e cincoenta, e oito centos que esta vão destacados no Norte, e mais Pallas das da Armada do Norte e Sul.

Tomo a resolução desta representação pela que tiverão os Francezes de hirem, porque entendo vai segura esta carta, que a não ser isso a não mandara pelos Inglezes; e torno a pedir a V. S.ª huma cifra, porque com ella poderei dizer tudo por todas as partes que se me offerecer escrever.

E como não devo tirar a gente que tenho no Norte até não ver a ultima resolução que toma o General de Bombaim, se me dificulta o mandar neste inverno a Armada á Persia, como tinha escrito, o que tudo faz tão necessarios os soccorros que tenho pedido como deixo á ponderação de V. S.ª E como por ora não devo fallar em outros particulares o deixo de fazer.

Folgarei muito que todas as pessoas Reaes passem como devemos desejar.

Deos guarde a V. S.ª muitos annos. Goa 3 de Fevereiro de 1723. — Francisco José de Sampaio e Castro.

---

## Resposta do Vice-Rey Francisco José de Sampaio e Castro para o Governador de Bombaim

(Collecção dos meus mss.)

1723 Fevereiro 14 Nem o General do Norte que tem hido, Luiz de Mello de Sampaio, nem o que o era Dom Antonio Casco e Mello, havião mandar tomar entrega das duas Pallas da Serenissima Magestade delRey de Portugal, meu Amo, que as Galeras da honoravel Companhia de Inglaterra tinhão levado prisioneiras a esse porto, porque bem sabe V. S.ª que as ditas Pallas não erão de homens de negocio para haverem de trazer fazendas, de que houvesse de se mandar tomar conta, acrescendo a isto acharem-se com as suas guarnições e marinhagem para poderem fazer viagem, logo que V. S.ª entendesse que as devia largar, o que não podia deixar de se fazer á vista das circunstancias que se havião de seguir precizamente de assim se não executar.

1723 Fevereiro 14

O comboi que trouxerão o acho mui digno para castigo dos officiaes que a tão pouco custo cederão as suas obrigações, pelo que já ficão cassados para que lhe não torne a succeder o mesmo de que já sem remedio se achão arrependidos, porque isto he o que succede a quem faz o que elles obrarão.

Devo suppor da rectidão de V. S.ª que estará já melhor informado do successo, que sendo assim, como espero que seja, não pode deixar de lhe parecer disforme o procedimento dos officiaes que mandavão as suas Galeras, porque, andando as Pallas de guarda costa desde a Praça de Anjediva até aos Ilheos queimados em huma e outra volta na forma do regimento que levavão, o qual V. S.ª vio, e hindo ellas na do Norte, em que tambem hião as ditas Galeras, entenderão estas que a seguião, o que poderão deixar de entender quando vião que as Pallas não fazião força de vella, sobre as quaes arribarão, e, perguntando de que nação erão, ao mesmo tempo que vião as bandeiras largas, se lhe respondeo que a mesma bandeira que vião lhe servia de resposta, a isto seguiu-se o dizer-se-lhe das Galeras que arriassem e mandassem a barquinha a bordo; se isto he bem feito ou não lá o ponderará V. S.ª, e isto foi a causa do que se seguio e que houve, e que noticio a V. S.ª para que, succedendo alguma desordem no mar semelhante á praticada pelos officiaes de V. S.ª por ignorancia dos desta parte, não estranhe V. S.ª o seguir-se o mesmo facto que lhe ensinarão os ditos seus officiaes, ainda que da minha parte não faltará advertencia aos officiaes da Coroa de Portugal para não mandarem arrear a bandeira de qualquer Monarca com quem a dita Coroa esteja em boa paz, visto que exemplos maus se não devem seguir, accrescendo a razão que tenho de queixa o ser aprovado em Bombaim o que obrarão os officiaes dessa parte, e não menos que pelo Cavalheiro Roberto Cowan, a quem

1723 Fevereiro 14 o Capitão de mar e guerra Lopo Sanches se queixou do estilo com elle praticado, tendo por resposta da queixa, que quem tinha maior força e mais groço canhão he que tinha razão; eu acho esta resposta mui justa e tão boa, que não heide usar de outra, quando da parte de V. S.ª haja no mar ou na terra algum procedimento que me precize o seguir o que ahi se acha por bem praticado.

Para tudo o que for do agrado de V. S.ª me achará sempre tão prompto como lhe segurarão as experiencias em tudo o que for do seu gosto.

Deos guarde a V. S.ª muitos annos. Goa 14 de Fevereiro de 1723. — De V. S.ª — seu servidor — Francisco José de Sampaio e Castro.

---

**Carta de El-Rey ao Vice-Rey Francisco José de Sampaio e Castro communicando-lhe terem os Inglezes renunciado a estabelecerem-se em Lourenço Marques, e para que tome precauções contra os Hollandezes.**

(Liv. das Monções, n.º 89, fol. 300.)

1723 Abril 12 Francisco José de Sampaio, Vice Rey e Capitão Geral do Estado da India, amigo. Eu ElRey vos envio muito saudar. Em 16 de Abril do anno de 1721 vos mandei escrever a carta, de que com esta será a copia, em ordem á resolução que tinha tomado de mandar huma Fragata de guerra com gente e muniçois necessarias para o estabelecimento da bahia de Lourenço Marques, sita na Costa da Africa, por se ter noticia que os Inglezes se querião apoderar daquelle porto, sendo pertencente á minha Coroa, e que no caso que os achasse nelle fortificados, fizessem muito pelos desalojar, e se mettessem de posse delle, tudo com as cautelas e precauções declaradas na dita carta, e desvanecendo-se a dita noticia, se suspendeu mandar-se a dita Fragata, que se achava já preparada para a referida expedição; e porque agora corre que os Hollandezes se teem estabelecido em hum porto, dez ou quinze leguas ao sul de Moçambique, e poderá ser mui factivel que seja na mesma bahia de Lourenço Marques, ainda que esta fique mais distante, por dizerem os praticos, a quem mandei ouvir sobre esta materia, que naquella costa não ha porto sufficiente mais que o da dita bahia, tinha resolvido mandar preparar outra Fragata que vá para a mesma expedição, destinada contra os Inglezes, por ser não só da reputação da minha Coroa impedir que as nações da Europa se estabeleção em terras pertencentes aos meus dominios, mas evitar o grave prejuizo que se póde seguir ao commercio desse Estado e de Moçambique, ou outra qualquer nação, de que me pareceu mandar-vos avizar para que fiqueis entendendo a minha resolução, e pela vossa parte obreis nesta materia com aquella actividade que me promette o zelo, com que sempre vos empregastes em meu serviço. 1723 Abril 12

Escripta em Lisboa occidental, a 12 de Abril de 1723.— REY.— Para Francisco José de Sampaio, Vice Rey e Capitão Geral do Estado da India.

---

## Carta do Vice-Rey João de Saldanha da Gama para El-Rey, remettendo-lhe a informação do valor de Bombaim

(Arch. Portuguez-Oriental, 2.º supp., p. 287.)

Senhor.— A informação, que remetto junta a Vossa Magestade, he a mais exacta que pude tirar sem estragar aquelle segredo, com que Vossa Magestade ma recommendou; mas por ella se não pode proporcionar mais valor que a dos rendimentos, ficando pela estimação dos que a possuem as fortificações, e a nobreza de outros edeficios. Seria mui util ao serviço de Vossa Magestade se seguisse nesta materia o effeito pretendido, pois ficando por conta deste Estado o commercio daquella Ilha, não só lucraria o dos Portuguezes a introducção de todos os generos que consomem os dominios de Vossa Magestade, de que a Companhia se tem feito arbitro, mas tambem os que pelos Gates se introduzem para os Reinos do Marata e Mogol. 1727 Janeiro 18

1727 Janeiro 18 Quanto ao dinheiro que neste Estado se poderá pôr prompto, me parece será todo aquelle que possa pagar o capital do rendimento pela forma seguinte, permittindo Vossa Magestade que os seus vassalos Christãos comprem athé donde lhe chegarem seus cabedaes as fazendas, que se achão incorporadas na Companhia, e como estes segundo a pobreza em que se achão, não poderão produzir mais de quinhentos athé seiscentos mil pardáos, para o resto deve Vossa Magestade permittir que os gentios as possão comprar, conservando-lhe os privilegios, que os Inglezes lhes tem concedido; o que convem não só para este fim, mas para que os que se achão naquella Ilha, para onde se retirarão dos Estados de Vossa Magestade, a não tornem a largar com o horror da Inquisição; e como estes homens tem atrahido com o seu credito o commercio Asiatico para a dita Ilha, se se apartarem della, o levarão comsigo, e ficarão as alfandegas de Vossa Magestade sem essa utilidade.

Os Padres da Companhia hão de requerer a restituição de suas rendas, e me parece que Vossa Magestade lhes não deve fazer esta graça, sem que elles paguem o valor dellas, pois lhe sobra cabedal para o fazerem; e quando Vossa Magestade lhes permitta comprem todas as mais fazendas, creio da sua economia não porão duvida.

Quanto ao pagamento das fortificações e edeficios, me parece que sem entrar o braço de Vossa Magestade se não poderá conseguir; lembra-me porem que os Armenios Christãos tem feito aos governos da India certos requerimentos para lhes darem hum porto, em que fação á sua custa as fortificações necessarias para a sua defensa, sogeitando-se em tudo o mais ás leis de Vossa Magestade, e como estes homens são opprimidos de todas as nações, assim Europeas como Asiaticas, não duvido abracem este arbitrio quando se lhe proponha. Não succedendo assim, Vossa Magestade forçosamente lhe hade satisfazer esta importancia pela sua real fazenda, nessa Corte, ou neste Estado, mandando o dinheiro em patacas, que produzem cincoenta por cento de avanço, ou em ouro que produz trinta; e para Vossa Magestade recobrar esta despeza, se pode facilitar meio de tirar daquella alfandega huns tantos por cento, para se ajuntarem em hum cofre para se remetterem para essa Corte n'aquelles generos que parecerem mais convenientes, em que tambem haverá lucro. 1727 Janeiro 18

Deos guarde a muito alta, e muito poderosa pessoa de Vossa Magestade felices annos. Goa 18 de Janeiro de 1727.— Rubrica do Vice Rey João de Saldanha da Gama.

### Informação do valor de Bombaim

A Ilha de Bombaim consta das fazendas seguintes:

A Aldea Mazagão, de que he foreira D. Senhorinha de Sousa e Tavora, moradora na cidade de Baçaim; tem de torrão 184 murás de batte, pouco mais ou menos, e 250 palmeiras bravas; renderá por anno 4000 xerafins, pouco mais ou menos, e valerá entrando os foros 40000 xerafins.

A Aldea Varoly, de que he foreiro hum Antonio da Silva, natural de Bombaim, e escrivão da fortaleza da dita cidade em serviço da Companhia, por compra que fez á dita D. Senhorinha; tem de torrão 34 murás de batte, pouco mais ou menos, e valerá 7000 xerafins.

A Aldea Parella com suas Pacarias Boyvary, Pomalla, Salgado, tem de torrão 154 murás, 15 parás, e 15 adolins, e algumas palmeiras bravas de pouca entidade, e renderá 4000 xerafins, pouco mais ou menos, e entrando os foros valerá 40000 xerafins. Declara-se que esta Aldea he da Companhia, e foi dos Padres Jesuitas.

A Aldea Vadallá, e suas Pararias Iyory, e Gonvary, tem de torrão 75 murás, 4 parás, e 4 adolins de batte, e algumas palmeiras bravas de pouca entidade; renderá por anno 1900 xerafins, pouco mais ou menos, e valerá entrando os foros athé 19000 xerafins. Esta Aldea foi tambem dos Padres Jesuitas do Collegio de Agrá, e he ao presente da Companhia.

A Aldea Nagão tem de torrão 42 murás, 15 parás, e 15 adolins de batte, e algumas palmeiras bravas de pouca entidade; renderá por anno athé 1000 xerafins, e valerá 10000

1727 Janeiro 18 xerafins entrando os foros. Esta Aldea foi dos Padres Jesuitas, e he ao presente da Companhia.

A Aldea Matuguem, tem de torrão 65 murás, 4 parás, e 3 adolins de batte, e 100 palmeiras bravas: renderá por anno 1700 xerafins, e valerá entrando os foros 17000 xerafins. Foi tambem dos Padres Jesuitas, e he actualmente da Companhia.

A Aldea Sião, que foi de Miguel Murzello Coutinho, e hoje he da Companhia: tem de torrão 54 murás de batte, e algumas palmeiras bravas de pouca entidade: renderá 1400 xerafins, e valerá até 14000 xerafins entrando os foros.

A Pacaria Daravy, tem de torrão 8 murás, e 8 parás de batte, e algumas palmeiras bravas de pouca entidade: renderá por anno 225 xerafins entrando os foros, valerá 2000 xerafins. Tambem foi dos Padres Jesuitas, e he actualmente da Companhia.

A Pacaria Bamanavaly e Coltem, tem de torrão 15 murás, 4 parás, e 11 adolins de batte, e algumas palmeiras bravas de pouca entidade: renderá por anno 400 xerafins, e valerá entrando os foros athé 4000 xerafins. Foi tambem dos Padres Jesuitas, e he da Companhia.

O Cassabé de Bombaim. Cassabé val o mesmo que terra de arvoredo e hortas [1]. Este Cassabé he de varios foreiros, e terá athe 40000 palmeiras mansas, alem de outras arvores. Nelle possue a Companhia athé quatro a cinco mil palmeiras, que forão de varios possuidores, e o valor de cada huma palmeira he de 6 athé 9 xerafins conforme a sua bondade.

O Cassabé de Mahim [2] terá athé 70000 palmeiras mansas. Neste Cassabé tem a Companhia algumas propriedades, que

[1] Cassabé vale o mesmo que povoação principal de hum districto, ilha, ou praganã, com as hortas, palmares, etc., de seus moradores. Aqui a povoação havia-se convertido em cidade, e por isso não entra na lista por não render senão foros.

[2] Mahim era ilha separada de Bombaim, e por isso tinha tambem o seu Cassabé.

forão dos Padres Jesuitas, e outros foreiros, e serão 23000 palmeiras mansas. Tambem possue algumas ortas, de que se empossou por falta de herdeiros. Mais se declara que nestes dous Cassabés ha algumas terras de batte, e serão de torrão de 592 murás, as quaes possuem varios foreiros, e entre estes terá a Companhia 18 murás, 7 parás, e 6 adolins, que forão dos Padres Jesuitas, e 18 murás, 5 parás, e 4 adolins, que forão de outros foreiros, e passarão á dita Companhia por pretexto, ou titulo de fisco. No Cassabé Bombaim possue tambem a mesma Companhia algumas terras de batte pelos mesmos pretextos e titulos, e serão de torrão athé 8 ou 10 murás. 1727 Janeiro 18

Ha mais na Ilha de Bombaim algumas terras de batte salgadas, que de novo, e já em tempo dos Inglezes, fabricarão algumas pessoas, e renderão para a Companhia de foros 200 xerafins pouco mais ou menos.

Alem das fazendas mencionadas ha na dita Ilha algumas marinhas de sal, a saber, Rauly na Aldea Matuguem, que produz 36 raixas de sal, por anno, e todas a preço ordinario importão 1200 xerafins, e assim valerá athé 12000 xerafins entrando os foros.

As marinhas Siury e Vadalay na Aldea e Pacaria dos mesmos nomes produzirão 34 raixas de sal, que importão 1100 xerafins por anno, e valerá entrando os foros 11000 xerafins pouco mais ou menos.

Algumas marinhas mais ha particulares, e produzirão 9 athé 10 raixas de sal.

Na ponta da Ilha para a parte do ponente tem a Companhia hum chão, a que chamão o Ilheo Coleo[1], e valerá 4 athe 5000 xerafins.

Tem mais a Ilha Bombaim varias Colluarias, ou povoações de Colles, que são pescadores, a saber, Bombaim, Mazagão, Varoly, Parella, Sião, e Daravy. Estas Colluarias são annexas das Aldeas de seus nomes, e não vão expressadas ao pé dellas, por se ignorar a certeza de seus rendimentos,

[1] He o *Cutabo* sem duvida.

1727 Janeiro 18 e serem todas da Companhia; renderão porem athé 7000 xerafins.

Ha tambem na dita Ilha dous Bandrastaes, que vem a ser hum jus, ou faculdade de tirar o sumo, a que vulgarmente se chama sura, das palmeiras bravas e mansas, do qual se fez o vinho da terra, a saber o Bandrastal de Bombaim, que foi de D. Ignez de Miranda, viuva de D. Rodrigo de Monsanto, e he actualmente da Companhia; e o Bandrastal de Mahim, que foi dos Padres Jesuitas, e he tambem da Companhia: renderão estes dous Bandrastaes por anno 2000 xerafins, e valerão 20000 entrando os foros.

Esta he a informação mais distincta, que por ora se pode dar das fazendas de Bombaim, e para maior clareza lea-se o seguinte: Toda esta Ilha rendia de foros para a fazenda real no tempo do dominio portuguez 5000 xerafins por anno; e entrando nella o dominio Inglez no anno de 665, no de 662 *(sic)*, sendo presidente pela Companhia Gerardo Aunger, se realçarão os ditos 5000 xerafins a 20000, entrando nos ditos 20000 os sobreditos 5000, e os foros das fazendas, que hoje são da Companhia. Não se declara o motivo deste realce, por não ser do caso.

### Rendas e direitos da dita ilha

As alfandegas de Bombaim e Mahim em o anno de 668 andavam arrendadas em 60000 xerafins por anno; no de 708 em 52000 xerafins, padecendo a baixa, que se deprehende em razão de se abaterem os direitos de todo o mantimento, que nellas entrasse, e como ao presente corrão por conta da Companhia, se não declara ao certo o seu rendimento; renderão porem 55000 xerafins por anno.

A renda do tabaco de folha anda arrendada em 49000 xerafins por anno.

A renda das urracas, ou vinho da terra andará em 12000 xerafins por anno pouco mais ou menos.

Os foros do chão da cidade renderão por anno 3000 xerafins.

As passagens de Mahim e Sião renderão por anno 1200 xerafins pouco mais ou menos. 1727 Janeiro 18

As rendas do azeite, mantimento, especiaria, algodão, e bangue, não as ha ao presente, porque os Inglezes as abaterão.

### Fortalezas da ilha Bombaim

A fortaleza chamada Castello de Bombaim, sita na cidade, a qual he cercada de seis baluartes, obra ao moderno, e principiada no anno de 1716. Ignora-se a sua artelharia, porem está sufficientemente artilhada.

O forte chamado Dongrim, cavalleiro á cidade, e he de pouca entidade.

O forte sito na Aldea Mazagão, que guarnece hum sargento com vinte e quatro soldados, tem hum pequeno baluarte com tres peças.

O forte Siury situado na praia defronte da nossa Aldea Maula, e guarnecido com 50 sipaes, e hum sobedar, e terá 8 ou 10 peças.

O forte de Sião defronte da nossa Aldea Corlem, consta de huma pequena torre, e huma couraça, com 9 ou 10 peças, guarnecido com 60 soldados, e hum capitão.

A fortaleza Mahim, que consta de tres baluartes, e tem athé 30 peças, e 100 soldados de guarnição; está situada na praia defronte da Aldea Bandorá.

O forte de Valory situado em hum alto defronte da Hermida de N. S. do Monte da mesma Aldea Bandorá, terá 7 ou 8 peças, e de guarnição hum Alferes com 25 soldados.

A Ilha das Patecas annexa da Aldea Mazagão, não he de rendimento. Nella principiou o General Carlos Boone no anno de 722 huma fortificação, que hoje se acha perfeita, e terá 6 ou 7 peças, e athé 70 lascarins de guarnição.

O que supposto, renderá a Ilha Bombaim á Companhia athé 160000 xerafins pouco mais ou menos; e por este rendimento se poderá arbitrar o seu valor, regulando-se a dez por cento segundo o estillo; deve-se porem advertir que a maior parte do dito rendimento pende do comercio e trafico,

1727 Janeiro 18 que ao presente ha na dita Ilha, e juntamente da liberdade de consciencia, que nella se observa, etc.—Saldanha.[1]

## Carta do Vice-Rey Conde de Sandomil para o Governador de Bombaim

(Collecção dos meus mss.)

1731 Agosto 31 Dillatei até agora esta resposta sobre a questão dos direitos do Mandovim de Caranjá, porque quiz averiguar tudo o que houvesse nesta materia, e ainda que ha mezes me chegárão as informações que mandei buscar ao Norte, outras occupações me impedirão o exame dellas, o qual feito agora dou a V. S.ª a resposta que lhe prometti, quando me mandou o requerimento dos seus mercadores, os quaes fundados no foral antigo, sem advertirem que depois delle e muito antes da entrega de Bombaim á Serenissima Coroa Britannica se impuserão novos direitos pertencentes á administração de Baçaim com os quaes se excedeo muito a disposição do antigo foral, como V. S.ª verá da copia inclusa das noticias que me remetterão de Caranjá, dos quaes se conhece que os rendeiros na sua cobrança não excedem a quantia que pelo foral e pelas ditas imposições lhe é devida, antes a recebem ainda diminuta, como se verifica do mesmo requerimento, que os mercadores fizerão a V. S.ª em que declarão a quantia que pagão, a qual não chega a importar tudo o que elles devem pelas ditas imposições, e como estas estavão ja estabelecidas muito tempo antes da entrega de

[1] Este documento, mui curioso para a historia de Bombaim, mostra tambem que o governo de Portugal julgava possivel comprar n'esse tempo aquella Ilha aos Inglezes; e sobretudo se faz notavel pelo bom senso, com que o Vice Rey insinua á Corte de Lisboa os damnos que á India se seguiam das perseguições do Santo Officio aos infieis, e as vantagens que aos Inglezes haviam resultado em Bombaim da liberdade de consciencia. Não ficou na secretaria a carta de Sua Magestade a que esta do Vice Rey serve de resposta.

Bombaim segue-se que nada tem alterado a dita cobrança, e que injustamente se queixarão a V. S.ª os mercadores, aos quaes sem duvida deffiriria se tivessem justiça neste seu requerimento, assim como me pareceu que a tinhão na nova contribuição de uma Rupia em cada murà applicada para as obras que actualmente se fazem em Tannà, a qual já ordenei que dos ditos mercadores se não cobrassem como a V. S.ª escrevi; e para tudo o que for do seu agrado me achará sempre com grande vontade de o servir. Deus guarde a V. S.ª muitos annos, etc. Goa, 31 de Agosto de 1731. — Servidor de V. S.ª — Conde de Sandomil. 1731 Agosto 31

Noticias que accusa a carta acima

Para dar solução ao requerimento que os mercadores de Bombaim, que traficão nos rios da terra firme do Dacaó pelo passo, e rio de Caranja, fizerão ao seu General, queixando-se dos Rendeiros actuaes do Mandovim desta Ilha da Caranjá, Rogu Sinai Sidar Pascho, e Vina Sinai Devascar, dizendo estarem estes cobrando os direitos exorbitantes contra a forma do foral, me foi preciso tomar as informações necessarias com os que administrarão e administrão a dita renda do Mandovim, e as mais de administração, e de suas informações, e das mais consta ser o tal requerimento muito alheio da verdade.

Primeiramente alègão os ditos mercadores que os direitos dos Mandovins se não devião praticar com a fazenda que de Mahim Bombaim se exporta para os rios e passos de Caranjá, valendo-se para a sua prova do primeiro capitulo do titulo dos direitos dos Boimis com protesto de que estes fossem carregados aos Mondovins dos ditos Portos, avultando porém a resolução do capitulo do titulo dos mesmos direitos cujas palavras vão aqui transcriptas:

«Os direitos destes Boimis se não entenderá nos navios Fustas e Cutias, e quaesquer outras vasilhas, que vierem de Baçaim, Tannà, Salcete, Sabajo, Talloya, nem dos que sahirem de Mahim Bombaim pelo mar para fora».

1731 Agosto 31 No que claramente mostra que toda a embarcação que sahir sómente mar para fora não seja obrigada a pagar taes direitos, mas sempre que entrarem pelo rio e passo de Caranjá: o que, se assim não fosse não praticaria nos cápitulos do mesmo foral offerecidos pelos mesmos mercadores com aquella circunstancia que embarcações e galvetas que passarem com pescado seu, ou cocos, ou qualquer outra cousa vindo de Mahim Bombaim, Marzagão, Bandorá e Salcete, pagaria um tanto segundo a vasilla. Logo é certo que são obrigados á pagarem inquestionavelmente os taes direitos.

Com pouco ou nenhum fundamento accusão aos Rendeiros actuaes de terem largado a forma do foral nas cobranças de seus direitos, porque, permittindo o foral a cada murà de bate cobrar duas fedeas daquelle tempo (que redusidos ao presente fazem tres fedeas) cobra meio xerafim, tem quatro Leaes, como são ignorantes ou fazem ser, porque as Rendas de administração tem tres por cento, e as cutellas hum larim em cada murà, e assim cobrando quatro larins cabe ao Rendeiro de Mandovim o mesmo que lhe faculta o seu foral, e cobrando meio xerafim como os mesmos mercadores confessão, nem chegão para hum Terço, e assim no azeite e manteiga como disem pagarem a tres e meio por cento, e por li carrega como lhes pareceu, não considerando que as ditas rendas da administração só hão de haver desta copia tres por cento pelo seu Regimento, pois estas Rendas forão criadas muito depois da expedição do dito foral.

Para o trigo a imposição em cada candil meio xerafim, culletas dois Larins, fóra dois por cento das Rendas da administração ao Mandovim conforme o seu foral, que todos juntos segundo o preço delle a liquidão e reparte entre elles para todas as Rendas como lhes pertence.

Pelo mesmo modo é nos outros legumes dos quaes tambem cobra a colleta, imposição, dois por cento de administração, e o Mandovim, e como tudo cobrassem por junto parece que lhes fasem exorbitancia, porem provavelmente os ditos mercadores são os que mais usurpão os direitos, porque confessão pagarem tres e meio por cento, e muitas vezes pagão mais ou menos; porem tirada a colleta, imposição, e dois por cento da Renda da administração quanto poderá restar para a Renda de Mandovim, porem os Rendeiros com interesse de haver maior commercio não molestão os mercadores. 1731 Agosto 31

Das Galvetas da linha não costumão cobrar por avaliação, como os mercadores allegão, mas sim conforme a vasilla, e nestes tambem entrão as ditas Rendas da administração.

---

## Carta de El-Rey para o Vice-Rey Conde de Sandomil

(Collecção dos meus mss.)

Dom João por graça de Deos Rey de Portugal e dos Algarves, daquem e dalem mar em Africa, Senhor de Guiné, etc. Faço saber a vós Conde de Sandomil, Vice Rey e Capitão General do Estado da India, que, sendo-me presente a representação de que com esta se vos envia a copia assinada pelo Secretario do meu Conselho Ultramarino, em que o Enviado Extraordinario e Plenipotenciario de Inglaterra expõe que nesse Estado obrigão os navios da mesma nação Ingleza a pagar certo direito nos Fortes e Collonias Portuguesas situadas sobre o rio de Gunnach e Galian, me pareceu ordenar-vos por resolução de 18 deste presente mez e anno, em consulta do meu Conselho Ultramarino, informeis com vosso parecer sobre a dita representação, declarando os direitos que os navios do commercio Inglezes pagão nas partes que o Enviado refere, e se os mesmos direitos são novamente impostos, ou se os costumavão pagar sempre assim os moradores Inglezes, como os das mais nações que commercião nessas partes, para que com esta informação possa eu tomar a resolução que for servido a respeito do dito Enviado. ElRey nosso Senhor o mandou por Gonçalo Manoel Galvão de Lacerda, e o Doutor Alexandre Metello de Sousa e Menezes, Conselheiros do seu Conselho Ultramarino, e se 1736 Abril 19

1736 Abril 19 passou por duas vias. Pedro Alexandrino de Abreu Bernardes a fez em Lisboa occidental a 19 de Abril de 1736. O Secretario Manoel Caetano Lopes de Lavra a fiz escrever. — Alexandre Metello de Sousa e Menezes — Gonçalo Manoel Galvão de Lacerda.

---

## Traducção do capitulo de uma carta que escreveu ao Secretario d'Estado o Barão de Tirawley, Enviado Extraordinario e Plenipotenciario da Gram Bretanha

(Collecção dos meus mss.)

Meu Senhor. — Tenho ordem de representar-vos que os vassallos delRey meu Amo, que commerceão com o titulo da Companhia da India Oriental, tem feito huma representação em que dizem que os Fortes e Collonias de Sua Magestade Portugueza situados sobre os rios de Gunnach, e Galian fazem pagar certos direitos aos nossos navios pertencentes a Bombaim nas viagens que fazem Bolongasil, ainda que elles não desembarquem as suas fazendas nos ditos territorios; e supposto que os direitos são mui pouca cousa, e de nenhuma consequencia para Sua Magestade Portugueza, com tudo não deixão de ser de bastante peso para o commercio pelas vexações de Officiaes das ditas Alfandegas; e assim tenho ordem para fazer instancia a Sua Magestade para que se sirva de mandar as suas ordens áquellas terras para que não pertendão direito algum dos vassallos que pertencem á Ilha de Bombaim na sobredita derrota, e que tambem queira ordenar aos seus Vice Reys da India que não pertendão direito algum dos navios que levarem a bandeira Inglesa, e nenhum nos portos e inseadas dos rios da India, se não no caso que desembarquem alli as fasendas.

O procedimento dos vassallos de ElRey meu Amo para com os vassallos de Sua Magestade Portuguesa tem sido sempre tão conformes á estreita união que subsiste entre as duas Coroas, que se não duvida de que Sua Magestade Portuguesa dê as ordens necessarias para isso, e Sua Magestade está inteiramente informado que em Junho de 1730 o Forte de Bessum como tambem a Ilha de Salcete forão conservadas na obediencia de Sua Magestade Portuguesa pelo soccorro de tropas que o Governador da Companhia da India Oriental lhes mandou, o qual não sómente obrigou os inimigos de Sua Magestade a deixar aquella empresa, mas foi mediador da paz que alli se restabeleceu. — Manoel Caetano Lopes de Lavra.

## Resposta do Vice-Rey Conde de Sandomil a El-Rey

(Collecção dos meus mss.)

1738 Janeiro 15

Senhor. — O requerimento dos mercadores de Bombaim, de que procedeo a representação feita pelo Enviado Extraordinario e Plenipotenciario de Inglaterra, me foi aqui apresentado pelo General de Bombaim em carta que me escreveo sobre esta mesma materia, a qual mandei examinar, e pela resposta que lhe fiz, e noticias que lhe mandei com ella, o que tudo vai na copia inclusa, será presente a Vossa Magestade, o que averiguei neste particular, sobre o qual não instou mais o dito General depois de recebida a minha resposta. Deos guarde a muito alta e muito poderosa pessoa de Vossa Magestade felices annos. Goa 15 de Janeiro de 1738. — Conde de Sandomil.

## Carta de El-Rey ao Vice-Rey, Conde de Sandomil

(Collecção dos meus mss.)

1739 Abril 22

Dom João por Graça de Deos Rey de Portugal e dos Algarves, daquem e dalem mar em Africa, Senhor de Guiné, etc. Faço saber a vós Conde de Sandomil, Vice Rey e Capitão General do Estado da India, que se vio o que respondestes á ordem que foi na monção de 1736, sobre a representa-

1739 Abril 22 ção que nesta Corte fez o Enviado Extraordinario e Plenipotenciario da Inglaterra a respeito de obrigarem nesse Estado aos navios da mesma nação Inglesa a pagar certo direito nos Fortes e Collonias Portuguesas situadas sobre os rios de Gannach e Galian, expondo-me na vossa resposta que os requerimentos dos mercadores de Bombaim, de que procedera a representação feita pelo dito Enviado, vos fora apresentada ahi pelo General de Bombaim em carta que vos escrevera sobre esta mesma materia, a qual mandarei examinar, e pela resposta que lhe fizesteis e noticias que juntamente lhe enviaste, de que me remetteste copia, me seria presente o que averiguasteis neste particular, sobre o qual não instára mais o dito General; e, sendo certo que os Rendeiros na cobrança do tal direito não exceda a quantias que pelo foral e imposições lhe é devida, antes a recebem ainda diminuta, sou servido por resolução de 20 deste presente mez e anno, em consulta do meu Conselho Ultramarino, que visto o que representaes se continue a cobrança destes direitos na forma que sempre se praticou. ElRey nosso Senhor mandou pelo Doutor Thomé Gomes Moreira e Martinho de Mendonça de Pina e de Proença, Conselheiros do seu Conselho Ultramarino, e se passou por duas vias. Manoel Pedro de Macedo Ribeiro a fez em Lisboa Occidental a 22 de Abril de 1739.— O Secretario Manoel Caetano Lopes de Lavra a fiz escrever.—Martinho de Mendonça de Pina e de Proença—Thomé Gomes Moreira.

Fim do Tomo III

# INDICE

DOS

# DOCUMENTOS CONTIDOS N'ESTE TOMO